Antoine Lasalle, traducteur
de Francis Bacon
*politiques de la science sous
la Révolution et l'Empire*

OXFORD UNIVERSITY STUDIES IN THE ENLIGHTENMENT
– formerly *Studies on Voltaire and the Eighteenth Century* (*SVEC*),
is dedicated to eighteenth-century research.

General Editor
Gregory S. Brown, University of Nevada, Las Vegas

Associate Editors
Jenny Mander, University of Cambridge
Alexis Tadié, Sorbonne Université

Ex-officio
Nicholas Cronk, University of Oxford

Editorial Board
Katherine Brading, Duke University
Jean-Luc Chappey, Université de Paris Panthéon-Sorbonne
Andrew Curran, Wesleyan University
Schmuel Feiner, Bar-Ilan University
Amy Freund, Southern Methodist University
Emily Friedman, Auburn University
Aurélia Gaillard, Université Bordeaux – Montaigne
Charlotte Guichard, Centre national de la recherche scientifique
Catherine M. Jaffe, Texas State University
Bela Kapossy, Université de Lausanne
Minchul Kim, Sungkyunkwan University
Avi Lifschitz, University of Oxford
Anton Matytsin, University of Florida
Pierre Musitelli, Ecole normale superieure
Nathalie Ferrand, Ecole normale superieure
Christy Pichichero, George Mason University
Siofra Pierce, University College Dublin
Glenn Roe, Sorbonne Université
Kelsey Rubin-Detlev, University of Southern California
Neil Safier, Brown University
Ayana O. Smith, Indiana University
Karen Stolley, Emory University
Geoffrey Turnovsky, University of Washington
Thomas Wallnig, University of Vienna
Masano Yamashita, Colorado University

Consultative Editors
Elisabeth Décultot, University of Halle
Andrew Jainchill, Queen's University
Andrew Kahn, University of Oxford
Lawrence Klein, University of Cambridge
Christophe Martin, Sorbonne Université
Kate Quinsey, University of Windsor

Antoine Lasalle, traducteur de Francis Bacon
Politiques de la science sous la Révolution et l'Empire

SYLVIE KLEIMAN-LAFON

Published by Liverpool University Press on behalf of
© 2025 Voltaire Foundation, University of Oxford
ISBN: 978 1 83624 245 1
eISBN: 978 1 83624 248 2
ePUB: 978 1 83624 249 9

Oxford University Studies in the Enlightenment 2025:05
ISSN 2634-8047 (Print)
ISSN 2634-8055 (Online)

Voltaire Foundation
99 Banbury Road
Oxford OX2 6JX, UK
www.voltaire.ox.ac.uk

A catalogue record for this book is available from the British Library

The correct style for citing this book is
Sylvie Kleiman-Lafon, *Antoine Lasalle, traducteur de Francis Bacon: politiques de la science sous la Révolution et l'Empire*
Oxford University Studies in the Enlightenment
(Liverpool, Liverpool University Press, 2025)

Cover illustration: 'Death of Chatterton' (Thomas Chatterton) by Edward Orme; after Henry Singleton © National Portrait Gallery, London

Printed and bound by CPI Group (UK) Ltd, Croydon CR0 4YY
The manufacturer's authorised representative in the EU for product safety is: Easy Access System Europe, Mustamäe tee 50, 10621 Tallinn, Estonia
https://easproject.com (gpsr.requests@easproject.com)

Oxford University Studies in the Enlightenment

Antoine Lasalle, traducteur de Francis Bacon
politiques de la science sous la Révolution et l'Empire

Ce livre se propose, à travers le portrait du traducteur Antoine Lasalle, d'éclairer la diffusion et la réception de la philosophie baconienne en France à la fin du dix-huitième siècle et pendant la première moitié du siècle suivant, mais aussi de montrer dans sa matérialité le travail du traducteur et l'influence de son réseau scientifique, politique et amical étendu sur la diffusion de l'œuvre de Francis Bacon en France entre la Révolution et la Seconde Restauration. Il se penche également sur le devenir de cette traduction – souhaitée par les encyclopédistes, puis par le comité d'Instruction publique – après sa parution. Elle a été violemment critiquée dès la sortie des premiers volumes par le géologue suisse André de Luc, qui considérait qu'elle faisait la promotion d'un Bacon athée. Elle a pourtant été rééditée partiellement à plusieurs reprises, avec ou sans le nom de son traducteur, avant que le travail de ce dernier soit paradoxalement réhabilité peu de temps avant sa mort dans un ouvrage à charge contre Bacon rédigé par le penseur catholique Joseph de Maistre.

Through a portrait of the translator Antoine Lasalle, this book aims to shed light on the circulation and reception of Baconian philosophy in France at the end of the eighteenth century. It explores the work of the translator and the influence of his extensive scientific, political and social network on the dissemination of Francis Bacon's works in France between the Revolution and the Second Restoration. It also looks at what happened to this particular translation – which was encouraged by the *encyclopédistes* and then by the Comité d'instruction publique – after it was published. As soon as the first volumes of the translation were published, it was fiercely criticised by Swiss geologist André de Luc, who thought it promoted an atheist version of Bacon's philosophy. It was partially republished several times, with or without the name of its translator, before the latter's work was paradoxically rehabilitated shortly before his death in an indictment of Bacon written by the Catholic Joseph de Maistre.

Table des matières

Liste des figures	ix
Remerciements	xi
Introduction	1
Lire ou ne pas lire Bacon	1
Portrait d'un traducteur et d'une traduction	4
1. Antoine Lasalle, 'traducteur de François Bacon'	7
Naissance d'une traduction	11
Naissance d'un traducteur	29
2. Vie et destin d'un traducteur	47
Un Montmorency	54
'M. de La Salle, cy-devant Officier de Vaisseau'	66
'Antoine Lasalle, membre de la Société philomathique et de l'Académie de Virginie'	77
Un aventurier philosophe	97
Antonio: religion et politique	108
Le Diogène du Luxembourg, ou le pauvre Pierre	117
3. 'Une traduction complète de Bacon, la seule qui ait jamais existé'	133
Traduire de l'anglais et du latin	135
Traduire pour la jeunesse	141
La 'bizarre nomenclature' de Bacon	146

L'art de traduire	151
Le 'Bacon français'	160
4. 'Bacon tel qu'il est': l'histoire d'une querelle qui n'a jamais eu lieu	175
Portrait du traducteur en génie persécuté	176
Jean-André de Luc contre Antoine Lasalle	186
Un Bacon chrétien	205
5. L'éclipse	227
Lecteurs	229
Itinéraire d'une traduction	236
Contre Bacon	242
Epilogue	273
Bibliographie	281
Index	311

Liste des figures

Figure 1: 'Le pauvre Pierre à l'hôpital St Louis', estampe de Lorieux d'après Maurice, illustrant le chapitre du 'Pauvre Pierre' (28,5×19,8cm), dans Jean-Louis Alibert, *Physiologie des passions, ou Nouvelle Doctrine des sentimens moraux*, 2 vol. (Paris, 1825), t.1, p.91.   129

Figure 2: Disposition typographique de la première et de la dernière page du supplément de Lasalle (format in-8°), dans Francis Bacon, *Œuvres de François Bacon*, traduit par Antoine Lasalle, 15 vol. (Dijon, Frantin, 1799-1803), t.6, p.310 et 367.   171

A R.K., H.K. et H.K., pour leur patience et leur soutien

Remerciements

Le travail de recherche qui a donné lieu à ce livre a été commencé vers la fin de l'année 2019, au moment même où je venais d'accepter, sans doute par inconscience, de devenir directrice de mon unité de formation et de recherche, à l'Université Paris 8, où j'étais alors en poste. Quelques mois plus tard, la pandémie de COVID-19 allait fermer durablement les universités en France et ailleurs, ainsi que les bibliothèques et les centres d'archives, qui n'ont rouvert que très progressivement. Ces recherches, qui devaient initialement prendre trois ans, en ont pris presque cinq. Il est vrai que je n'avais pas prévu qu'Antoine Lasalle ait eu une vie aussi riche, faite d'un si grand nombre de mystères. Je n'avais pas prévu non plus que sa traduction des œuvres de Francis Bacon connaisse elle aussi une existence aussi compliquée. Mais la pandémie a bien sûr considérablement ralenti le travail des chercheurs et le mien ne fait pas exception. Comme souvent dans le monde universitaire, que l'on aime présenter – à tort – comme une collection d'individus enfermés dans leurs travaux solitaires, c'est à la formidable solidarité de collègues proches ou lointains, universitaires, conservateurs de musées ou de bibliothèques, que je dois d'avoir pu achever cet ouvrage malgré un contexte peu propice. Toutes celles et tous ceux dont les noms vont suivre ont contribué, d'une manière ou d'une autre, à la naissance de ce livre.

Parce que mon intérêt pour Lasalle est d'abord né d'un travail de traduction collective d'une œuvre de Bacon, mes premiers remerciements vont à Claire Crignon et Sandrine Parageau, dont les encouragements et la bonne humeur m'accompagnent depuis de nombreuses années, et qui ont eu la patience de me lire. Je ne pourrai jamais assez remercier Alexis Tadié, pour ses relectures, ses conseils, sa confiance et son amitié. Je remercie Ann Thomson, pour ses encouragements et pour m'avoir donné l'occasion de présenter les premiers résultats de mes recherches lors d'un colloque mémorable sur les traducteurs des Lumières qu'elle organisait à Florence avec Alessia Castagnino. Je remercie également Lynn Festa, Nathalie Ferrand, Pierre Carboni et Richard Scholar, pour leurs généreux encouragements. Parce qu'ils ont aboli les distances ou les barrières mises en place contre le COVID-19 en me faisant parvenir de précieux clichés de documents manuscrits aussi indispensables qu'inaccessibles, je remercie très chaleureusement Vincent Haegele, conservateur de la bibliothèque municipale de Versailles, Isabelle Despeyroux, conservatrice des fonds patrimoniaux de la bibliothèque Inguimbertine de Carpentras, Jean-Pierre Barbiche, directeur de la bibliothèque de Périgueux, Melanie Leug, du service photographique de la Folger Shakespeare Library, François Léger, conservateur de la bibliothèque de l'Académie nationale de médecine, Jean-Claude Leroux, chef de division du Service historique de la Défense à Lorient. Je remercie tout spécialement Nadine Férey, conservatrice à la bibliothèque de l'Arsenal, Virginie Ravarotto, conservatice de la bibliothèque de Semur-en-Auxois, pour son accueil et son aide précieuse quelques jours à peine avant le premier confinement, ainsi que Pierre-Yves Beaurepaire et Simon Dolet, qui ont partagé très généreusement avec moi les innombrables photos de la correspondance de Jean-André de Luc qu'ils ont prises aux archives de l'Université de Yale, où je ne pouvais me rendre. D'autres, et ils sont nombreux, ont répondu avec beaucoup de gentillesse et de patience à mes questions sur les sujets les plus divers ou m'ont aidée lorsque mes piètres talents de paléographe ne me permettaient pas de déchiffrer un manuscrit: Mathieu de Oliveira, Johanna Daniel, Thomas Guillemin, Paul Chopelin, Rémi Mathis, Paul A. van Dyke, Helwi Blom et Alicia Montoya, François Pépin, Martine Groult, Guillaume Coatalem, Anne Bonzon, Nathalie Sage-Pranchère, Jean-Yves Pranchère, Stephen Tabor de la Huntington Library, qui m'a aidée à m'y retrouver dans le maquis des différentes éditions des œuvres de Bacon, Patrice Pauly et Marie Jolly, qui m'ont guidée dans le labyrinthe de la généalogie, Michèle Bonafos et les membres du Centre généalogique des Pyrénées-Atlantiques, Thierry Joffredo, Frédéric Métin et Lisa Rougetet, qui m'ont aidée à comprendre les enjeux et la valeur des travaux mathématiques de Lasalle, Chanel de Halleux, Annie Duprat, et toutes celles et ceux que j'oublie et que je prie de m'excuser. Mes recherches sur Lasalle ont souvent pris des allures d'enquête et c'est souvent sur une vaste somme de bonnes volontés que j'ai pu compter, même si je n'ai pas toujours trouvé ce que je cherchais. Lorsque j'ai voulu en savoir plus sur les liens entre Lasalle et l'abbé Grégoire, ma quête a commencé à la bibliothèque de Port-Royal, avec l'aide de Fabien Vandermarcq, s'est poursuivie avec le père Dubray qui, avec Yves-Marie Quemener et Inès Coupe, a guidé mes pas jusqu'à la demeure de M. et Mme Carnot, qui veillent sur les archives d'Henri Grégoire et m'ont ouvert très généreusement leur porte et leur table. J'ai cherché en vain un manuscrit sur la mort de Louis XVI qu'aurait rédigé Lasalle lors de son second séjour à Rome. Même s'il semble aujourd'hui disparu à jamais (si tant est qu'il ait jamais existé), je remercie Giovanni Prampolini et Luisa Benatti, ainsi que les institutions italiennes qui ont pris la peine de me répondre longuement, y compris pendant la pandémie, qui a si durement touché l'Italie: Archivio Communale di Modena, Archivio di Stato di reggio Emilia, Biblioteca dell' Academia Nazionale di Scienze Lettere e Arti in Modena, Biblioteca 'Estense' di Modena, Biblioteca 'Palatina' di Parma, Biblioteca di Storia Moderna e Contemporanea in Roma.

Pour leur indéfectible amitié et leur soutien infatigable, je remercie Patrick Hersant, Caroline Marie et Anne Chassagnol, ainsi qu'Anne-Marie et Charles Gazelle. Je remercie enfin toutes celles et tous ceux qui ont manifesté, depuis la naissance de ce projet de recherche jusqu'à la rédaction de ce livre, leur intérêt pour la vie mouvementée d'Antoine Lasalle et pour ses activités de traducteur.

Introduction

> L'idée d'un essai qui aurait pour titre: *De l'éminente dignité des traducteurs dans la République des Lettres* semble à première vue séduisante. On perçoit le parallèle avec le sermon de Bossuet sur l'Eminente dignité des Pauvres dans l'Eglise, et on en devine le développement: le traducteur est méconnu; il est assis à la dernière place; il ne vit, pour ainsi dire que d'aumônes; il accepte de remplir les plus infimes fonctions, les rôles les plus effacés; 'servir' est sa devise, et il ne demande rien pour lui-même, mettant toute sa gloire à être fidèle aux maîtres qu'il s'est choisis, fidèle jusqu'à l'anéantissement de sa propre personnalité intellectuelle.[1]

Lire ou ne pas lire Bacon

En 1734, Voltaire écrivait déjà dans les *Lettres philosophiques* que le *Novum organum*, d'après lui 'le plus singulier et le meilleur' des ouvrages de Bacon, était désormais 'le moins lu et le plus inutile', puisque la 'nouvelle philosophie' qu'il avait contribué à bâtir était désormais bâtie.[2] Quinze ans plus tard, Diderot place pourtant tout le projet de l'*Encyclopédie* sous la protection de la figure tutélaire du chancelier:

> Si nous en sommes sortis avec succès, nous en aurons principalement obligation au Chancelier Bacon, qui jettoit le plan d'un Dictionnaire

---

1. Valéry Larbaud, *Sous l'invocation de saint Jérôme* (Paris, 1946), p.9.
2. V[oltaire], *Lettres philosophiques* (Amsterdam, E. Lucas, 1734), lettre 12, p.106-10.

universel des Sciences & des Arts, en un tems où il n'y avoit, pour ainsi dire, ni Sciences ni Arts. Ce génie extraordinaire, dans l'impossibilité de faire l'histoire de ce qu'on sçavoit, faisoit celle de ce qu'il falloit apprendre.[3]

En 1751, D'Alembert rappelle à nouveau dans le 'Discours préliminaire des éditeurs' l'importance de 'l'immortel chancelier d'Angleterre, François Bacon, dont les ouvrages si justement estimés, et plus estimés pourtant qu'ils ne sont connus, méritent encore plus notre lecture que nos éloges'.[4] Jusqu'à la parution du premier volume de l'*Encyclopédie*, Bacon, auteur à la fois immortel et génial, est donc peu lu et suspecté d'être devenu inutile. En 1755, pourtant, Diderot s'estime l'artisan de sa juste réhabilitation et se félicite d'avoir réussi à convaincre les lecteurs de l'*Encyclopédie* de le lire ou le relire enfin:

> Je crois avoir appris à mes concitoyens à estimer & à lire le chancelier Bacon; on a plus feuilleté ce profond auteur depuis cinq à six ans, qu'il ne l'avoit jamais été. Nous sommes cependant encore bien loin de sentir l'importance de ses ouvrages; les esprits ne sont pas assez avancés. Il y a trop peu de personnes en état de s'élever à la hauteur de ses méditations; & peut-être le nombre n'en deviendra-t-il jamais guère plus grand. Qui sait si le *novum organum*, les *cogitata & visa*, le livre *de augmento scientiarum*, ne sont pas trop au-dessus de la portée moyenne de l'esprit humain, pour devenir dans aucun siècle, une lecture facile & commune? C'est au tems à éclaircir ce doute.[5]

Le nom du chancelier apparaît, il est vrai, dans de nombreux articles de l'*Encyclopédie*, et Jean Pestré y consacre d'ailleurs un article entier au 'Baconisme, ou philosophie de Bacon',[6] mais Bacon avait-il pour autant regagné les faveurs des lecteurs français en 1755? Rien

---

3. Denis Diderot, 'Prospectus de l'*Encyclopédie*' (publié séparément en 1750 et repris l'année suivante en tête du premier volume de l'*Encyclopédie*), dans *Encyclopédie*, t.1, p.1-5 (2), http://enccre.academie-sciences.fr/encyclopedie/section/S01-ac333ee72ea6/?p=v1-p991& (date de dernière consultation le 14 octobre 2024).
4. Jean D'Alembert, 'Discours préliminaire des éditeurs' (1751), dans *Encyclopédie*, t.1, p.i-xlv (xxiv), http://enccre.academie-sciences.fr/encyclopedie/section/S01-85e1e524ff91/?p=v1-p42& (date de dernière consultation le 14 octobre 2024).
5. Diderot, 'Encyclopédie', dans *Encyclopédie*, t.5 (1755), p.635r-48v (647v), http://enccre.academie-sciences.fr/encyclopedie/article/v5-1249-0/ (date de dernière consultation le 14 octobre 2024).
6. Jean Pestré, 'Baconisme, ou philosophie de Bacon', dans *Encyclopédie*, t.2 (1752),

n'est moins sûr. Cyril Le Meur soupçonne certains de ceux qui, comme Sénac de Meilhan, font du philosophe anglais un éclaireur (fût-il de génie) de n'en avoir pas lu une ligne et de n'en connaître en réalité 'que ce qui en est dit dans les *Lettres philosophiques*'.[7] Le lecteur de la seconde moitié du dix-huitième siècle désireux de suivre les exhortations de Diderot et des encyclopédistes et de lire Bacon a, il est vrai, assez peu d'éditions récentes à sa disposition, et moins encore en traduction. Celle qui apparaît le plus souvent dans les catalogues de ventes aux enchères de livres ou dans les catalogues des libraires parisiens est l'*Analyse de la philosophie du chancelier François Bacon* de Deleyre, publiée en 1755 et rééditée ensuite à trois reprises. Certaines œuvres de Bacon circulent sans doute encore sous forme manuscrite au dix-huitième siècle, comme c'est le cas de la traduction partielle des *Essais* conservée à la bibliothèque de Périgueux et attribuée au comte d'Aydie,[8] des fragments traduits par le chevalier d'Arcy conservés à la bibliothèque de l'Arsenal,[9] ou encore de la traduction des *Essais*, faite à partir d'une édition italienne et conservée à la bibliothèque Inguimbertine de Carpentras.[10] En dehors de ces versions manuscrites fragmentaires, dont la circulation a certainement été très limitée, il semble donc que Bacon n'ait guère été lu en France jusqu'à la parution, en quinze volumes, de la traduction d'Antoine Lasalle.[11] On peut toutefois se demander s'il a davantage été lu après. Dans un ouvrage publié à titre posthume en 1836, mais écrit vingt ans plus tôt, Joseph de Maistre affirme ainsi que les 'détestables théories' scientifiques de Bacon n'avaient fort heureusement pas pu nuire au progrès scientifique 'pour une raison toute simple, c'est qu'il n'y a pas eu peut-être d'écrivain moins connu et moins consulté que Bacon par tous les hommes qui se sont illustrés dans les sciences naturelles'. Pour

---

p.8-10, http://enccre.academie-sciences.fr/encyclopedie/article/v2-75-0/ (date de dernière consultation le 14 octobre 2024).

7. Cyril Le Meur, *Les Moralistes français et la politique à la fin du XVIIIe siècle* (Paris, 2002), p.171.
8. Périgueux, bibliothèque municipale, Ms 74-170, *Traduction des essais de morale et de politique de Bacon, par le comte d'Aydie*.
9. Paris, bibliothèque de l'Arsenal, Ms 2858, *Fragments du chancelier Bacon [...], par le chevalier d'Arcy*.
10. Carpentras, bibliothèque Inguimbertine, collection Peiresc, Ms 1789, *Supplément de deux chapitres du livre des essais moraux de François Bacon*.
11. *Œuvres de François Bacon*, traduit par Antoine Lasalle, 15 vol. (Dijon, Frantin, 1799-1803). La traduction de Lasalle sera ci-après désignée par l'abréviation *OFB*.

Maistre, ni Voltaire, ni les encyclopédistes, ni de Luc, ni Garat n'ont lu Bacon, mais tous ont contribué à sa 'gloire factice'.[12] Un siècle plus tard, il semble qu'on ne lise toujours pas Bacon puisqu'en 2016, Alexis Tadié a ouvert le livre qu'il lui consacre par cette affirmation: 'On ne lit plus Francis Bacon.'[13] Un projet de retraduction des œuvres du chancelier, en cours depuis 2017 aux éditions Classiques Garnier sous l'égide du Labex COMOD de l'ENS Lyon,[14] est né du même constat et animé par la volonté de permettre aux étudiants d'aujourd'hui de lire Bacon, à défaut de le relire. Pourquoi alors consacrer un ouvrage entier à un traducteur oublié de tous de son vivant et dont la traduction a depuis laissé la place à d'autres? Tout d'abord parce qu'il est malgré tout le véritable artisan de la pénétration de la philosophie baconienne en France en offrant aux lecteurs français, et surtout à la jeunesse du pays, une traduction cohérente et moderne des écrits majeurs du philosophe britannique, traduction que les encyclopédistes avaient en vain appelée de leurs vœux. Ensuite parce que, si Joseph de Maistre fustige ceux qui, n'ayant pas lu Bacon, l'ont injustement porté aux nues, il considère justement qu'Antoine Lasalle est bien le seul (avec lui-même) à avoir lu Bacon et à en avoir compris les erreurs.

Portrait d'un traducteur et d'une traduction

Le présent ouvrage se propose, à travers le portrait du traducteur Antoine Lasalle, d'éclairer la diffusion et la réception de la philosophie baconienne en France à la fin du dix-huitième siècle et pendant la première moitié du siècle suivant, mais aussi de montrer dans sa matérialité le travail du traducteur et l'influence de son réseau étendu dans la diffusion de l'œuvre de Francis Bacon en France entre la Révolution et la Seconde Restauration.

Dans ses deux volumes consacrés aux *Portraits de traducteurs* et *Portraits de traductrices* Jean Delisle rappelle la nécessité de placer le traducteur au centre de la réflexion sur la traduction et sur la diffusion des idées.[15] Le grand projet de dictionnaire en ligne des traducteurs

---

12. Joseph de Maistre, *Œuvres complètes*, 14 vol. (Lyon, 1893), t.6, p.66.
13. Alexis Tadié, *Francis Bacon: le continent du savoir* (Paris, 2016), p.9.
14. Ce projet, dirigé par Arnaud Milanese (ENS Lyon), n'a pour l'instant abouti qu'à la publication d'une nouvelle traduction de *New Atlantis*: Francis Bacon, *La Nouvelle Atlantide et autres textes littéraires*, traduit par Mickaël Popelard (Paris, 2022). D'autres traductions sont en cours.
15. *Portraits de traducteurs*, éd. Jean Delisle (Ottawa, 1999); *Portraits de traductrices*, éd. Jean Delisle (Ottawa, 2002).

inauguré par Ann Thomson, Luisa Simonutti, Alessia Castagnino et Rolando Minuti à l'Institut universitaire européen de Florence (https://eutec-project.it/) a précisément pour objet de combler le manque de ressources sur les traducteurs et leurs conditions de travail pour une période qui est marquée par l'intensification des échanges culturels et de la circulation des idées en Europe.

Des biographies et des portraits de traducteurs ont été publiés dans le passé, notamment des thèses comme celle que Michèle Bissière a consacrée en 1990 à Mme Riccoboni (à laquelle un colloque a également été consacré en 2006), celle d'Antoine Culioli sur 'Dryden, traducteur et adaptateur de Chaucer et de Boccace' (1960), celle de Roland Beyer sur Alexis-François Artaud de Montor (1979) ou d'Antoine Berman sur Jacques Amyot publiée en 2012.[16] Les études sur des traducteurs et traductrices restent cependant rares et généralement disséminées sous forme d'articles ou de chapitres dans des volumes collectifs consacrés à la traduction et/ou à la circulation et la réception des œuvres étrangères, comme par exemple le chapitre de Jean-Philippe Beaulieu consacré à 'Betje Wolfe traductrice de Madame de Genlis' dans le volume *D'une écriture l'autre: les femmes et la traduction sous l'Ancien Régime* (2004), celui d'Annie Geoffroy sur Louise de Keralio dans *Lectrices d'Ancien Régime* (2003), de Pierre Macherey sur Jules Barni dans *Traduire les philosophes* (2000), de David Hopkins sur 'Dryden as translator' (*Translation and literature*, 1993), d'Asaph Ben-Tov sur August Tittel (*Erudition and the Republic of Letters*, 2017), ou encore de Birgit Tautz sur la trace laissée par les traducteurs ('The messy side of the Enlightenment: eighteenth-century translators, reviewers, and the traces they left behind', *The Germanic review*, 2020).[17]

---

16. Antoine Berman, *Jacques Amyot, traducteur français* (Paris, 2012); voir également du même auteur: 'La traduction des œuvres anglaises aux XVIIIe et XIXe siècles: un tournant', *Palimpsestes* 6 (1993), p.15-21.
17. Jean-Philippe Beaulieu, 'Betje Wolfe traductrice de Madame de Genlis', dans *D'une écriture l'autre: les femmes et la traduction sous l'Ancien Régime*, éd. Jean-Philippe Beaulieu (Ottawa, 2004), p.265-78; Annie Geoffroy, 'Louise de Keralio, traductrice, éditrice, historienne et journaliste, avant 1789', dans *Lectrices d'Ancien Régime*, éd. Isabelle Brouard-Arends (Rennes, 2003), p.103-12; Pierre Macherey, 'De la philosophie à la politique: l'œuvre de Jules Barni traducteur de Kant', dans *Traduire les philosophes*, éd. Jacques Moutaux et Olivier Bloch (Paris, 2000), p.393-406; David Hopkins, 'Dryden as translator', *Translation and literature* 2 (1993), p.132-40; Asaph Ben-Tov, 'August Tittel (1691-1756): the (mis)fortunes of an eighteenth-century translator', *Erudition and the Republic of Letters* 2:4 (2017), p.396-430; Birgit Tautz, 'The messy side of the

Une tendance se dessine cependant: la recherche actuelle s'affranchit d'une approche centrée sur les textes traduits eux-mêmes ou, comme le souligne Sabine Juratic, sur la langue source ou un genre littéraire particulier (roman, théâtre…), pour adopter une approche plus holistique de la traduction comme objet éditorial, produit d'une époque et d'une somme d'intérêts intellectuels, politiques et économiques parfois contradictoires.[18]

Cet ouvrage propose donc à la fois le portrait d'une traduction et celui de son traducteur, dans le contexte de leur époque. Il s'attache à montrer l'influence de la personnalité d'Antoine Lasalle, de sa trajectoire personnelle, de ses réseaux, de ses intérêts intellectuels, politiques et économiques sur sa traduction des œuvres de Francis Bacon, envisagée sous l'angle de l'analyse traductologique, mais aussi dans sa matérialité, sous l'angle de l'histoire du livre, en replaçant ces éléments dans le contexte plus vaste de la politique de traduction philosophique et scientifique telle qu'elle se développe entre 1780 et 1815 sous l'impulsion, entre autres, des institutions savantes ou de l'action gouvernementale.

Enlightenment: eighteenth-century translators, reviewers, and the traces they left behind', *The Germanic review: literature, culture, theory* 95:4 (2020), p.241-56.

18. Sabine Juratic, 'Traduction francophone, édition scientifique et communication savante au siècle des Lumières: premiers enseignements d'une enquête en cours', dans *La Traduction comme dispositif de communication dans l'Europe moderne*, éd. Patrice Bret et Jeanne Peiffer (Paris, 2020), p.19-39.

1. Antoine Lasalle, 'traducteur de François Bacon'

> Avant de commencer une chose difficile, dit Bacon, nous la regardons comme impossible; quand elle est achevée, nous sommes surpris de ne l'avoir pas faite plutôt.[1]

Lorsqu'Antoine Lasalle se lance dans la traduction des œuvres de Francis Bacon dans les dernières années du dix-huitième siècle, il a sans doute déjà derrière lui une certaine expérience en traduction, à commencer par celle que lui a offerte la formation classique manifestement reçue dans son enfance, entre autres au Collège des Quatre-Nations: 'celle d'un gentilhomme' destiné par son tuteur Charles François Christian de Montmorency-Luxembourg, prince de Tingry, 'à l'état ecclésiastique',[2] où la traduction des auteurs classiques forme le socle des apprentissages. Il n'est pas non plus exclu que le jeune Antoine, placé dans un premier temps en pension par son tuteur, ait appris quelques rudiments de langues étrangères dans cet établissement et que cet enseignement se soit appuyé également sur le thème et la version. Françoise Huguet souligne que certains maîtres de pension avaient à cœur de se distinguer de l'enseignement classique dispensé par les collèges et mettaient 'l'accent sur l'enseignement des langues étrangères, plus utiles dans l'exercice de certaines professions'.[3] Pour Ulrike Krampl, les langues vivantes sont, dès le début

1. Théodore Pierre Bertin, *Système universel et complet de sténographie* (Paris, Didot l'aîné, An III), p.81.
2. Jean-Baptiste-Modeste Gence, *Notice biographique et littéraire du philosophe français Antoine Lasalle* (Paris, 1837), p.2.
3. Françoise Huguet, 'Les pensions et institutions privées secondaires pour garçons dans la région parisienne (1700-1940)', *Histoire de l'éducation* 90 (2001), numéro thématique: *L'Etablissement scolaire*, p.205-21.

du dix-huitième siècle, introduites dans les programmes des établissements chargés de former les élites, la priorité étant tout d'abord donnée à l'italien et à l'allemand, puis à l'anglais. A partir de la seconde moitié du dix-huitième siècle, 'Les pensions et maisons d'éducation privées, qui se multiplient à la périphérie des grandes villes, se placent également dans la logique d'une instruction non domestique et urbaine des élites: les pensions qui n'intègrent pas d'enseignements de langue dans leur plan d'éducation constituent désormais l'exception.'[4] Lasalle a également pu assister à des cours de langue publics organisés à l'initiative de particuliers.[5] Jean-Baptiste Gence confirme en tout cas que, quelle qu'en ait été la nature, Lasalle avait bien reçu un enseignement en langue étrangère au cours de ses études. Dans la notice qu'il rédige en 1842 pour la *Biographie universelle, ancienne et moderne* éditée par Michaud, Gence rapporte qu'on 'lui fit apprendre l'anglais, afin de le placer à Londres dans le commerce'.[6] Envoyé pour finir à l'école d'hydrographie de Saint-Malo, Lasalle y a poursuivi l'étude et la pratique des langues étrangères, qu'il a pu perfectionner quelques années plus tard lors de ses nombreux voyages au long cours, même si lui-même n'en évoque pas directement la pratique. En août 1778, à son retour définitif de ses expéditions maritimes, il passe l'examen de maître ès arts afin – espère-t-il – d'occuper par la suite une chaire de professeur d'arabe classique à ce qui s'appelle encore le Collège royal. Il est question à l'examen non pas d'arabe mais d'une version latine, et Lasalle affirme avec modestie: 'je traduisis, sans balbutier, les morceaux les plus difficiles de Salluste, dont je n'avais jamais lu une seule ligne, & les Examinateurs furent éblouis de cette facilité.'[7] Il déclare plus loin avoir été reçu, mais n'a jamais enseigné l'arabe classique par la suite, pas plus d'ailleurs que le latin ou une langue étrangère, contrairement à d'autres traducteurs exerçant parallèlement comme maîtres de langue.[8]

---

4. Ulrike Krampl, 'Education et commerce à Paris à la fin de l'Ancien Régime: l'offre d'enseignements de langues modernes', *Histoire de l'éducation* 140-41 (2014), p.135-56 (139), http://journals.openedition.org/histoire-education/2834 (date de dernière consultation le 15 octobre 2024).
5. Voir U. Krampl, 'Education et commerce', p.146.
6. J.-B.-M. Gence, 'Notice sur Antoine Lasalle', dans *Biographie universelle, ancienne et moderne*, t.70 (Paris, 1842), p.315-16.
7. Antoine Lasalle, *La Balance naturelle, ou Essai sur une loi universelle appliquée aux sciences, arts et métiers, et aux moindres détails de la vie commune*, 2 vol. (Londres [Auxerre], s.n., 1788), t.2, p.231.
8. Voir à ce sujet Sylvie Le Moël, 'L'enjeu des langues: enseignement des langues et

En dehors du latin et de l'anglais, Lasalle maîtrise suffisamment l'italien pour prêter son concours à l'ecclésiastique et homme de lettres romain Giulio Nuvoletti pour des traductions et des rédactions à quatre mains. Comme on le verra plus en détail au Chapitre 2, il effectue au moins deux séjours de longue durée en Italie, notamment à Rome, où il s'installe une première fois en 1780 avant d'y retourner après la Révolution, en 1791. D'après Gence, Lasalle est hébergé cette année-là chez l'abbé Nuvoletti (dont Gence écorche le nom en 'Nivoletti'), qui met sa bibliothèque à sa disposition. La même année, Nuvoletti publie une traduction du français à l'italien – *Campana a martello*, traduction du *Tocsin* de l'écrivain protestant Louis Dutens, dont l'édition originale française avait été publiée à Rome en 1769 – à laquelle Lasalle semble avoir collaboré.[9] Gence, parti à Rome pour tenter de convaincre Lasalle de rentrer en France, est présenté par celui-ci à l'auteur italien et précise:

> Un ouvrage français de Dutens, intitulé *le Tocsin*, était dans la bibliothèque du prélat. Ils le traduisaient ensemble. Lasalle y mêlait des réflexions énergiques. Il s'était chargé d'y joindre, en note, des portraits piquants de Voltaire, de J.-J. Rousseau, et des personnages marquants de l'assemblée constituante, de Mirabeau, de Syeyès [sic], etc. Quoique le prélat romain [...] dût réviser les notes de son collaborateur, il avouait que Lasalle enrichissait l'italien de locutions nouvelles qui étaient, non des gallicismes, mais des tours et des expressions propres à donner plus de souplesse et de nerf à la langue.[10]

Il rapporte qu'à la même époque Lasalle 'fit d'autres ouvrages' dont il donne en note une liste qui n'est apparemment pas exhaustive: '*Examen critique* de la constitution de 1791; *Jean Jacques Rousseau* à l'assemblée nationale; – *Dialogue* des vivants; – *Défense* contre les légistes, publicistes et autres juristes'.[11] Aucun de ces ouvrages n'apparaît parmi ceux qui sont généralement attribués à Lasalle aujourd'hui. Le second n'est pas, comme on pourrait le penser, la traduction du *J. J. Rousseau à l'Assemblée nationale* d'Aubert de Vitry, mais un ouvrage à part entière publié anonymement; le *Dialogue des*

---

formation des traducteurs', dans *Histoire des traductions en langue française: XVIIe et XVIIIe siècles*, éd. Yves Chevrel et autres (Lagrasse, 2014), p.89-94.

9. *Campana a martello*, traduit par Giulio Nuvoletti (s.l., s.n., 1791); [Louis Dutens], *Le Tocsin* ([Rome], s.n., 1769).
10. J.-B.-M. Gence, *Notice biographique et littéraire*, p.91-92.
11. J.-B.-M. Gence, *Notice biographique et littéraire*, p.92.

vivants est un autre ouvrage attribué à Nuvoletti, *Dialoghi dei vivi*, publié en 1792 en italien, mais présenté comme imprimé à Paris par François-Jean Baudouin, imprimeur de l'Assemblée nationale.[12] Le premier titre est bien répertorié par le catalogue de la Bibliothèque nationale de France, mais attribué à un quasi-homonyme d'Antoine Lasalle, le médecin et député de la Meurthe Jean-Baptiste Salle (1759-1794).[13] Le dernier titre est introuvable en français comme en italien. Rien n'indique que les *Dialoghi* soient une traduction, et sans doute Lasalle a-t-il revendiqué lui-même la paternité de ces ouvrages auprès de Gence, sans préciser l'étendue de son implication. Il est possible qu'il ait participé à la rédaction de *Gian Giacomo Rousseau* et il est à peu près certain qu'il a rédigé au moins une partie des *Dialoghi*, considérant par la suite, comme pour la *Théorie de l'ambition* d'Hérault de Séchelles, qu'il en était en réalité l'unique auteur véritable.[14]

---

12. *Dialoghi dei vivi, o Trattenimenti sulle materie correnti*, traduit par [Giulio Nuvoletti] (Paris, Presso Baudoin stampatore dell'AN, 1792). Baudouin, imprimeur de l'Assemblée nationale dès juin 1789, ne saurait être l'imprimeur de ces dialogues. Une comparaison sommaire des caractéristiques typographiques laisse penser que l'imprimeur des *Dialoghi* est le même que celui de *Campana a martello*. François Jean Philibert Aubert de Vitry, *J.-J. Rousseau à l'Assemblée nationale* (Paris, s.n., 1789); *Gian Giacomo Rousseau all' Assemblea nazionale, o Commentario postumo di questo filosofo sul Contratto Sociale: versione con note*, traduit par Giulio Nuvoletti (Philadelphie, PA, s.n., 1791), sur ces ouvrages en italien, voir Chapitres 2 et 4. Un fleuron identique sur le *Rousseau* d'Aubert de Vitry et sur la *Méchanique morale* semble indiquer que les deux ouvrages ont été imprimés la même année (1789) à Genève par Bassompierre, sans doute pour le compte de l'un des libraires de la rue Hurepoix, adresse indiquée pour le *Rousseau*. Voir la base de données Fleuron de la Bibliothèque cantonale et universitaire de Lausanne: https://db-prod-bcul.unil.ch/ornements/scripts/Info.html (date de dernière consultation le 15 octobre 2024).
13. Deux éditions sont répertoriées dans le catalogue de la BnF: *Examen critique de la constitution, par Salle* (s.l.n.d.) et une autre, qui semble plus tardive, *Examen critique de la constitution de 1793, par feu Salle* (Paris, Vve Gorsas, An III). Gence mentionne peut-être par erreur la Constitution de 1791, mais quoi qu'il en soit l'attribution à Lasalle semble erronée, sans qu'il soit possible de déterminer s'il s'agit d'une erreur de Gence a posteriori ou si Lasalle lui-même s'en revendiquait l'auteur.
14. Gence reprend cette attribution comme acquise dans la notice de 1842, précisant que c'est la traduction du *Tocsin* qui valut à Lasalle de devoir quitter Rome précipitamment pour rentrer à Paris au plus fort de la Terreur: 'Notice sur Antoine Lasalle', p.316. Sur la publication de *Théorie de l'ambition*, voir Chapitre 2.

Naissance d'une traduction

Hormis cette tentative italienne à quatre mains aux contours incertains, Lasalle s'attaque donc à la traduction des œuvres de Bacon sans être véritablement traducteur lui-même, mais non sans expérience. Le projet de traduire Bacon, à partir de textes latins et anglais, est un projet au long cours, non seulement en raison du volume et de la difficulté des textes à traduire, mais aussi en raison de la vie mouvementée du traducteur lui-même. Il en esquisse la genèse et l'avancement dans les multiples indications autobiographiques dont il parsème chacun de ses écrits et dans les rares lettres manuscrites encore conservées aujourd'hui. Avant de se concrétiser par la publication rapprochée des quinze volumes des œuvres de Bacon, entre 1799 et 1803, il s'agit d'une entreprise maintes fois interrompue, reprise et abandonnée par son traducteur.

C'est dans les premières pages du *Désordre régulier*, son premier ouvrage publié trois ans avant le début de la Révolution, que Lasalle fait part de sa découverte déterminante de l'œuvre de Francis Bacon:

> Je balançois encore sur le choix [de l'écriture], lorsque le premier ouvrage de Bacon m'est tombé entre les mains. Je l'ai lu, non sans étonnement qu'il fût si peu connu. Ce beau livre m'a fait jeter au feu un quart de mes manuscrits, qui n'auraient été que des répétitions; il m'en a bien dédommagé en me faisant naître de nouvelles idées.[15]

Il ne précise malheureusement pas dans quelles circonstances a eu lieu sa rencontre providentielle avec l'œuvre du chancelier (il ne mentionne pas le titre de l'ouvrage lu, mais affirme qu'il s'agit du 'premier' ouvrage du philosophe anglais),[16] mais il est indéniable qu'elle va infléchir durablement le cours de sa vie. En 1786, Lasalle se voit avant tout comme un philosophe et un auteur, mais à la fin de ce premier ouvrage, qu'il envisage comme un dialogue critique avec Bacon, il annonce son intention de le traduire: 'Je travaille à

---

15. Antoine Lasalle, *Le Désordre régulier, ou Avis au public sur les prestiges de ses précepteurs & sur ses propres illusions* (Berne [Auxerre], s.n., 1786), p.13.
16. Il est difficile de savoir ce qu'Antoine Lasalle entend par 'le premier' ouvrage de Bacon: s'agit-il d'un ordre chronologique ou d'un jugement de valeur? Il est cependant plus que probable que Lasalle ait commencé par traduire *The Two books of Francis Bacon: of the proficience and advancement of learning, divine and humane* (Londres, Henrie Tomes, 1605), même s'il ne s'agit pas à proprement parler de son premier ouvrage publié. L'édition indiquée ici est la première édition. Aucun indice ne permet de savoir quelle édition il avait entre les mains.

la traduction de l'ouvrage de Bacon; si le public juge qu'elle puisse lui être utile, je la donnerai *sous peu*.'[17] Le premier avis sur le *Désordre régulier* et sur l'annonce de cette traduction paraît en novembre 1786 dans la *Correspondance littéraire*. La critique de Jacques-Henri Meister est aussi cruelle que laconique:

> L'auteur très-inconnu de cet ouvrage annonce qu'il s'occupe d'une traduction des *Œuvres* du chancelier Bacon; mais pour la faire paraître, il attend l'accueil dont le public daignera honorer le premier essai de sa plume. Nous avons lieu d'espérer, pour la gloire du philosophe anglais, que cette traduction ne paraîtra jamais. Comment le public pourrait-il accueillir un amphigouri de métaphysique sans plan, sans but, sans liaison, et dont le style, toujours insipide et lourd, n'est souvent ni français ni même intelligible?[18]

La *Correspondance littéraire* étant envoyée sous forme manuscrite à quelques souscripteurs prestigieux,[19] peut-être Lasalle n'a-t-il jamais eu directement connaissance de cet avis tranché, ou n'en a-t-il été informé que bien plus tard; il est toutefois certain qu'il s'est rapidement su l'objet de critiques virulentes. En février 1787, un autre compte-rendu paraît dans l'*Année littéraire*. L'auteur anonyme achève sa critique négative en citant le long passage dans lequel Lasalle demande l'indulgence du lecteur pour un ouvrage rédigé en trente jours, et il ajoute cette conclusion assassine: 'Que dire après une telle supplique? Engager du moins l'Auteur à mettre plus de trente jours à la traduction de *Bacon* qu'il nous annonce.'[20] Peu de temps après ces deux avis, il est toutefois de nouveau question de la traduction de Bacon dans le *Journal de Paris* du 16 mars 1787. L'article, que Lasalle et Gence attribuent à Dominique Garat, alors collaborateur occasionnel et anonyme des rubriques de littérature et de morale du quotidien, est cette fois plus qu'élogieux:

---

17. A. Lasalle, *Désordre*, p.418. Sauf indication contraire, les italiques sont dans le texte cité.
18. *Correspondance littéraire, philosophique et critique*, t.13 (1786; Paris, 1829-1831), p.218.
19. Voir à ce sujet Joseph R. Smiley, 'The subscribers of Grimm's *Correspondance littéraire*', *Modern language notes* 62:1 (1947), p.44-46; ainsi que la thèse de doctorat de Véronique Roy-Marraci: 'La *Correspondance littéraire* de Grimm et Meister de 1776 à 1789: écrire et lire un périodique des princes éclairés d'une révolution à l'autre', Université de Tours, 1999.
20. *L'Année littéraire, ou Suite des lettres sur quelques écrits de ce temps* (Paris, Mérigot le jeune, 1787), t.1.2, p.153.

M. *de la Salle* annonce une Traduction de Bacon, qui est faite; et qu'il va publier incessamment. On a de Bacon une analyse très bien écrite, & faite par un homme de beaucoup d'esprit & de talent (M. Deleyre); mais Bacon tout entier, tel qu'on désire de l'avoir, manquoit à la Littérature Françoise. C'est un beau présent que va lui faire M. *de la Salle*; il y ajoutera des notes très étendues, & c'est à M. *de la Salle* seul peut-être qu'il appartenoit aujourd'hui de traduire & de commenter Bacon. On peut remarquer que M. *de la Salle*, fait sans doute pour succéder aux Grands Hommes que nous avons perdus, aux d'Alembert, aux Diderot, se présente comme eux dans la Littérature Françoise, Bacon à la main.[21]

L'attente est visiblement grande, mais, contrairement à ce que semble vouloir croire le critique enthousiaste, au début de l'année 1787 la traduction de Lasalle est encore loin d'être 'faite' et ne sera pas publiée 'incessamment'. Sa parution semble avoir été d'autant plus retardée que Lasalle est devenu rapidement une figure contestée. Au milieu des éloges, Garat souligne que cet inconnu dont il annonce 'le génie' s'autorise à railler les 'défauts des gens de Lettres', évoquant des vers présomptueux 'où Diderot, Rousseau, d'Alembert, les Académies et M. de Buffon ne sont pas traités avec beaucoup de respect'.[22] Gence affirme que Buffon – le 'Pline français' –, s'étant senti particulièrement visé par ses remarques, 'fit suspendre l'audacieux journal', qui ne dut qu'à 'l'autorité de Suard' de voir lever l'interdiction.[23] La notice sur le *Journal de Paris* dans le *Dictionnaire des journaux* ne note aucune suspension pour cette période, et l'intervention autoritaire de Buffon, si elle a bien eu lieu, ne semble pas avoir été suivie d'effet.[24] Pour Gence, cette querelle avortée, ajoutée au panégyrique de Garat, a toutefois fait du *Désordre régulier* un véritable succès de librairie: 'L'exemplaire in-18, qui se vendait en secret sous la rubrique de Berne, mais imprimée à Auxerre, fut payée alors jusqu'à douze francs.'[25] Que Lasalle ait pu dès lors se sentir encouragé à poursuivre sa carrière littéraire, et à se présenter comme le commentateur et continuateur de Bacon, ne fait aucun doute.

21. *Journal de Paris*, nº 75 (vendredi 16 mars 1787), p.326-27.
22. *Journal de Paris*, nº 75 (vendredi 16 mars 1787), p.326.
23. J.-B.-M. Gence, *Notice biographique et littéraire*, p.46.
24. Voir http://dictionnaire-journaux.gazettes18e.fr/journal/0682-journal-de-paris (date de dernière consultation le 15 octobre 2024). Sur la réaction de Buffon, voir Chapitre 2.
25. J.-B.-M. Gence, *Notice biographique et littéraire*, p.46.

L'année suivante, en 1788, celui qui se présente encore comme 'ci-devant officier de vaisseau' revient de fait, dans *La Balance naturelle*, à la philosophie de Bacon. Il lui semble d'autant plus indispensable de s'en faire l'exégète que, déplore-t-il, 'tandis qu'un Bacon est à peine connu de nos Gens de Lettres, un Voltaire l'est chez les peuples des autres nations'.[26] Dans sa critique, Garat avait évoqué l'*Analyse de la philosophie du chancelier François Bacon* d'Alexandre Deleyre, qui résume l'œuvre du philosophe anglais pour les lecteurs français 'qui ne peuvent prendre le tems ni la peine d'aller à la source'.[27] Lasalle, qui ne mentionne pas l'ouvrage dans le *Désordre régulier*, l'a sans doute lu ou du moins feuilleté à l'instigation de Garat puisqu'il lui consacre un assez long passage dans *La Balance naturelle*. En 1788, Alexandre Deleyre, contributeur de l'*Encyclopédie*, collaborateur du *Journal des sçavants* et du *Journal étranger*, proche de Diderot, de Rousseau, de l'abbé Raynal et de l'abbé Prévost, est un acteur important de la vie littéraire. Son *Analyse*, largement présente dans les catalogues des bibliothèques privées durant la seconde moitié du dix-huitième siècle, est traduite en russe en 1760 et en allemand en 1780. Il est sans aucun doute pour beaucoup dans l'intérêt que l'on porte alors à Bacon en France.[28]

Sous couvert de rendre hommage aux qualités de l'ouvrage, Lasalle se livre à une attaque en règle contre 'M. de Lerre'. S'il reconnaît tout d'abord que 'cet ouvrage est très-bien écrit' et s'il le juge même 'supérieur en bien des endroits à l'original', il explique avec ironie que 'le Traducteur, entraîné par une imagination brillante & féconde, vole souvent de front avec le Philosophe Anglois, & le passe quelquefois en généralisant ses idées particulières.'[29] Lasalle fait à Deleyre les reproches qu'il fait par ailleurs à Bacon, dont il déplore les 'axiomes scabreux'[30] et contre le style métaphorique duquel il s'emportait déjà dans le *Désordre régulier*: 'Ah, Bacon, quel style! du figuré, des métaphores, dans des matières qui demandoient tant d'exactitude!'[31] Mais il reproche surtout à l'encyclopédiste bordelais de n'avoir pas compris Bacon et de n'en proposer qu'un florilège décousu:

---

26. A. Lasalle, *Balance naturelle*, t.1, p.445.
27. Alexandre Deleyre, *Analyse de la philosophie du chancelier François Bacon*, 2 vol. (Paris, Desaint & Saillant et Prault, 1755), t.1, 'Avertissement'.
28. Sur Deleyre, voir Franco Venturi, *Europe des Lumières: recherches sur le 18ᵉ siècle*, traduit par Françoise Braudel (La Haye, 1971), p.51-90.
29. A. Lasalle, *Balance naturelle*, t.1, p.394.
30. A. Lasalle, *Balance naturelle*, t.2, p.3.
31. A. Lasalle, *Désordre*, p.321.

Mais, je crois que M. de Lerre a eu tort de faire ainsi de ses Chapitres, des monceaux de propositions générales, qui se succèdent sans intermédiaires qui les lient, & s'étouffent en quelque sorte les unes les autres, & quoiqu'un livre soit destiné à être lu à tête reposée, de pareilles lectures fatiguent & laissent dans la mémoire des traces peu durables. Le livre de M. de Lerre n'est point, à proprement parler, une analyse; car, une analyse est la réduction d'un composé à ses élémens les plus simples, & quand il s'agit d'un philosophe, c'est la réduction de ses pensées aux propositions les plus simples, dégagées d'exemples, de conséquences, d'applications, & tellement générales, qu'elles contiennent en puissance tout ce que ce philosophe a écrit […] mais, pour faire de pareilles analyses, il faudroit peut-être être supérieur à l'Auteur même.[32]

Plus loin, Lasalle étrille Buffon sans le nommer. Ce 'philosophe en qui la forme l'emportoit sur le fond' n'a pas compris Bacon dont il se fait un mauvais 'traducteur' (que Lasalle emploie ici au sens de passeur ou commentateur). A propos d'un passage du discours de réception de Buffon à l'Académie française,[33] dans lequel celui-ci s'interroge sur la perfection des ouvrages de la nature, Lasalle commente: 'Ce grand homme qui traduisoit ici Bacon avec ce talent qu'on lui connoît, a mal entendu son original qui, en employant cette image, avoit un but diamétralement opposé à celui du traducteur; le François, trompé à son ordinaire par le brillant de sa phrase, a enté le fonds sur la forme.'[34]

Lasalle s'impose donc à ses propres yeux comme le seul à même de commenter et de traduire le philosophe anglais et, s'il achève le second tome de *La Balance naturelle* sans reparler de sa traduction, il revient sur les encouragements de Garat et, derrière l'apparente modestie de la conclusion, annonce en tout cas la poursuite de ses travaux sur Bacon:

> Nous avons vu nos premiers pas favorisés par nos émules mêmes; un homme généreux (M. Garat) à qui nous étions inconnus, nous démêla dans la foule, nous produisit, nous encouragea, & nous lui devons les progrès que nous venons de faire; que n'avons-nous un talent

---

32. A. Lasalle, *Balance naturelle*, t.1, p.394.
33. *Discours prononcé dans l'Académie françoise, par M. de Buffon le samedi 25 août 1753* (s.l., s.n., 1753), p.13. Buffon ouvre également son discours par un long développement sur l'éloquence et la rhétorique, que Bacon traite longuement dans *The Advancement of learning* et auxquelles Lasalle consacre une grande partie de ses propres essais.
34. A. Lasalle, *Balance naturelle*, t.2, p.445.

assez mûr, pour éterniser le témoignage de notre reconnaissance & répandre au loin cet exemple de désintéressement?[35]

La parution, en 1789, du troisième essai d'Antoine Lasalle, *Méchanique morale*, marque un tournant dans la maturation de son projet de traduction.[36] Il occupe même une partie non négligeable de cet imposant ouvrage de deux tomes et plus de huit cents pages, puisque Lasalle annonce qu'il donnera 'ici, par extrait, la partie la plus difficile du Novum Organum, l'ouvrage favori de Bacon' accompagné d'un exposé de sa méthode inductive assorti d'une explication et d'un 'jugement où nous balançons les avantages & les inconvéniens de cette méthode'.[37] C'est pourtant par l'annonce d'un renoncement que s'ouvre la *Méchanique morale*. Rappelant la promesse faite '*conditionnellement*' de mener à bien 'la traduction du dernier ouvrage de Bacon' (il ne s'agit donc plus, apparemment, de traduire *De augmentis*), Lasalle semble annoncer qu'il ne l'honorera pas, ou très partiellement, 'la condition n'ayant pas été remplie'.[38] Cette condition était d'y être encouragé par le public qui devait juger l'entreprise 'utile', même s'il est assez difficile de savoir au juste quelle forme devaient prendre ces encouragements dans l'esprit du futur traducteur. Attendait-il un courrier de lecteurs impatients, ou une aide financière qui lui aurait été refusée? C'est en tout cas dans une très longue note de bas de page que Lasalle annonce avec une rhétorique pour le moins confuse tout à la fois qu'il a traduit *Novum organum*, mais qu'il refuse d'en livrer autre chose qu'un court extrait:

> Cependant, comme la force de notre engagement se tiroit, moins de notre promesse & de la condition inhérente, que du vœu public, nous nous regardions toujours comme engagé, & nous achevâmes cette traduction: mais l'ayant laissé dormir dix-huit mois, pour nous livrer à différentes recherches, [...] quand nous vinmes à la regarder de nouveau, nous ne la vîmes plus du même œil, & nous éprouvâmes un profond dégoût pour ce genre de travail: comme nous ne pouvions assembler les Etats-Généraux, pour connaître, *au juste*, le vœu national, nous consultâmes, à ce sujet, des personnes mûres, placées à notre portée: elles nous répondirent: eh, laissez-là

---

35. A. Lasalle, *Balance naturelle*, t.2, p.559.
36. Antoine Lasalle, *Méchanique morale, ou Essai sur l'art de perfectionner et d'employer ses organes, propres, acquis et conquis*, 2 vol. (Genève [Semur], [Junot], 1789).
37. A. Lasalle, *Méchanique morale*, t.1, p.15.
38. A. Lasalle, *Méchanique morale*, t.1, p.14.

cette traduction; suivez votre propre génie; & travaillez plutôt à nous donner un Bacon.[39]

Il s'agit bien en réalité pour Lasalle de consacrer ses efforts à devenir le Bacon français plutôt qu'à perfectionner une traduction ardue qui ne lui permettra guère de se faire un nom, et l'on devine derrière cette ambition les exhortations de Jean-Baptiste Gence, rencontré au début de l'année 1786, et qui le sacrera d'ailleurs 'Bacon de la France' dans une adresse au grammairien François-Urbain Domergue parue dans le *Journal de la langue françoise* en 1791.[40] Dès la parution du *Désordre régulier*, Lasalle avait eu pour objectif de marcher dans les pas de Bacon et même de le dépasser. Il pouvait donner Bacon à la France en en publiant une traduction exacte et complète, mais aussi en offrant au pays un philosophe de génie digne de celui que l'*Encyclopédie* s'était choisi pour guide. Trois ans plus tard, cette traduction lui semble une entreprise des plus hasardeuses et Lasalle, comme pour expliquer ce renoncement, consacre d'ailleurs une autre longue note de bas de page aux difficultés que doit surmonter le traducteur qui s'attaque à l'œuvre de Bacon. Depuis un siècle, affirme Lasalle, 'un assez grand nombre de Philosophes ont tenté la traduction du *Novum Organum*'.[41] Il ne précise pas lesquels, mais s'empresse d'affirmer qu'ils ont tous échoué. Partant de la difficulté que représente la définition des mots 'nature' et 'forme' chez Bacon, Lasalle attribue l'échec de ses prédécesseurs à un problème de lexique – 'ils n'ont pas commencé par s'assurer du dictionnaire de l'Auteur' – dont il a manifestement triomphé avec une facilité déconcertante: 'en lisant la première page de la seconde partie, où Bacon semble se piquer d'obscurité, j'ai d'abord apperçu ces deux mots [nature et forme] qui les avoient arrêtés, & je les ai traduits aussitôt, comme je viens de le faire, pour me frayer la route & la frayer aux autres.'[42] Il explique ensuite le sens d'une autre expression qui aurait, selon lui, rebuté les aspirants-traducteurs: '*la Nature naturante*': 'd'après notre définition, l'on doit voir que ces mots barbares signifient, ce qui, dans la matière brute des corps extérieurs & dans la matière organisée de notre corps, occasionne

---

39. A. Lasalle, *Méchanique morale*, t.1, p.15.
40. J.-B.-M. Gence, 'A Urbain Domergue', *Journal de la langue françoise, soit exacte, soit ornée* (21 mai 1791), p.279.
41. A. Lasalle, *Méchanique morale*, t.1, p.214.
42. A. Lasalle, *Méchanique morale*, t.1, p.214. Lasalle fait ici allusion au premier aphorisme du second livre du *Novum organum*: 'Aphorismum de interpretatione Naturæ sive de regno hominis'.

nos différentes sensations.'[43] Cette expression, qui avait mis d'autres que lui à la peine, avait selon Lasalle découragé Diderot lui-même. L'anecdote mérite que l'on s'y arrête, car il y revient des années plus tard dans la 'Préface du traducteur' qui ouvre le premier des quinze volumes de sa traduction des œuvres de Bacon. Lasalle justifie les très nombreuses notes de bas de page qu'il explique devoir ajouter à sa traduction par la nécessité de clarifier certains obstacles tenant à l'"excessive précision' de Bacon, et mentionne également 'une sorte de commentaire placé sous ce passage que Diderot jugeoit si obscur, et dont l'obscurité un peu affectée allumoit sa bile, *naturam naturantem, fontem emanationis*, etc.'[44] Il y revient ensuite dans ce commentaire long de plusieurs pages:

> Depuis que cette note est écrite, le citoyen *Berthier* [...] nous ayant procuré l'ouvrage de Diderot, qui porte pour titre, *de l'interprétation de la nature*, et qui n'est qu'une dérivation du *Novum Organum*, nous y avons trouvé une conjecture fort analogue à celle-ci, mais appuyée sur un autre fondement. Le lecteur pourra choisir entre les deux raisonnemens, ou, ce qui vaudroit mieux, les réunir; car n'ayant rien d'opposé, ils peuvent fort bien subsister ensemble.[45]

Cette nouvelle note semble indiquer qu'au moment où il écrit la *Méchanique morale*, Lasalle n'a pas lu *L'Interprétation de la nature* de Diderot, qu'il ne connaît peut-être que par le compte-rendu qu'en avait donné le *Journal encyclopédique* en janvier 1756. L'eût-il lu, qu'il n'y aurait d'ailleurs rien trouvé qui puisse indiquer que Diderot avait eu le projet de traduire Bacon et moins encore qu'il y avait renoncé en raison de difficultés particulières. Si la *Correspondance littéraire* du 1er novembre 1755 rapporte que 'Monsieur Diderot dit quelque part qu'il faudra peut-être plusieurs siècles pour rendre le *Novum Organum* tout à fait intelligible',[46] on ne saurait en déduire que Diderot a reculé devant cette tâche. Un article du *Journal encyclopédique* présente toutefois Diderot comme l'héritier de Bacon en France: 'Ne croirait-on pas, d'après l'idée que nous avons donnée de *Bacon*, entendre parler

43. A. Lasalle, *Méchanique morale*, t.1, p.214.
44. Antoine Lasalle, 'Préface du traducteur', dans *OFB*, t.1, p.i-lxxx (lxix).
45. Antoine Lasalle, 'Commentaire du premier chapitre', dans *OFB*, t.5, p.379-408 (389).
46. *Correspondance inédite de Grimm et Diderot* (Paris, 1829), p.27. Ernest Bersot précise dans une note que c'est dans une lettre à Sophie Voland (11 septembre 1769) que Diderot a tenu ces propos sur Bacon, mais il n'en est rien; voir E. Bersot, *Etudes sur le XVIIIe siècle* (Paris, 1855), p.167n1.

ce grand homme par la bouche de son premier disciple. Ainsi *Platon* rendoit autrefois en maître les idées de *Socrate*.'[47] Pour Herbert Dieckmann, cette remarque élogieuse a suffi à ancrer pour longtemps la conviction que *L'Interprétation de la nature* de Diderot était largement marquée par l'influence de Bacon.[48] Lasalle a-t-il voulu, en reprenant à plusieurs reprises cette anecdote sur l'échec supposé de Diderot, montrer qu'il avait su rendre Bacon 'intelligible' et que lui seul pouvait prétendre au titre de traducteur de Bacon, comme l'avait annoncé Garat? Il répond à cette question de façon détournée en poursuivant cette longue note sur la traduction de Bacon par une remarque dans laquelle il semble expliquer ce qu'implique justement l'acte de traduire et de rendre intelligible, et ce qui le conduit à l'échec. Traduire signifie pour Lasalle faire parvenir 'les grandes vérités' aux 'dernières classes de la société', entreprise rendue particulièrement ardue, voire impossible, parce que 'pour entendre la langue, l'espèce d'algèbre que ceux qui découvrent ces vérités sont obligés d'imaginer pour simplifier les questions n'ayant pas trouvé dans la langue vulgaire l'instrument dont ils avoient besoin, il faut avoir déjà fait seul le même chemin qu'eux, & être devenu presque leur égal, ou du moins être destiné à le devenir.'[49] Lorsque la *Méchanique morale* paraît en 1789, Diderot est pourtant mort depuis cinq ans, mais, en l'attaquant, Lasalle s'en prend surtout une nouvelle fois à Deleyre, que Jonathan Israel décrit comme le disciple et l'ami dévoué du philosophe.[50] Ami et correspondant régulier de Rousseau, D'Alembert ou d'Holbach, Deleyre était alors, comme on l'a vu, le grand promoteur de Bacon en France et il avait connu avant Lasalle l'avenir radieux promis par Garat. La 'Notice sur la vie et les ouvrages du Citoyen Deleyre' rédigée à sa mort le range d'emblée parmi les 'hommes célèbres' dont la vie est 'l'école de morale la plus instructive'. Comme Lasalle presque un demi-siècle plus tard, 'il commença sa carrière littéraire par une analyse de la philosophie de Bacon', ouvrage 'justement célèbre auquel il travailloit quatorze

---

47. *Journal encyclopédique* (15 janvier 1756), t.1, 2ᵉ partie, p.17.
48. 'Since this early date, the conviction of a strong influence of Bacon on Diderot's *Interprétation* has been restated or repeated again and again, until it has become a commonplace, an undoubted matter of fact.' Dans Herbert Dieckmann, 'The influence of Francis Bacon on Diderot's *Interprétation de la nature*', *Romanic review* 34 (1ᵉʳ janvier 1943), p.303-30 (304).
49. A. Lasalle, *Méchanique morale*, t.1, p.214.
50. Jonathan Israel, *Democratic Enlightenment: philosophy, revolution, and human rights, 1750-1790* (Oxford, 2011), p.422. Israel décrit Deleyre comme le 'trusted disciple' de Diderot.

heures par jour'.⁵¹ Les mots employés par l'auteur de la notice (sans doute Silvestre, devenu ensuite proche de Lasalle) auraient pu s'appliquer à Lasalle, au moment où celui-ci se consacrait entièrement à sa traduction de Bacon: 'abandonné à lui-même et privé du nécessaire', sujet à 'des accès de mélancolie violents', affaibli par une 'longue maladie'.⁵² Dans le chapitre qu'il consacre à Deleyre, Franco Venturi explique à propos de son *Analyse* qu'il 'avait mêlé nombre de ses pensées personnelles aux pages tirées du philosophe anglais', rapprochant 'la prose de *Novum Organum* [...] de la philosophie des lumières'.⁵³ Lasalle se trouvait donc devancé dans le projet même qui sous-tendait son troisième essai. Venturi rappelle en outre l'hommage rendu à Diderot dans l'édition de 1778 de l'*Analyse*, à laquelle Deleyre ajoute des 'Eloges du chancelier François Bacon':

> Enfin le public ne sauroit avoir assez d'obligation à M. Diderot, qui a ressuscité en France la mémoire d'un homme que les Philosophes ses rivaux, & l'Ecole ennemie du véritable savoir, avoient fait oublier, pour l'intérêt de leur vogue personnelle. Combien de grands hommes avoient puisé dans cet arsenal littéraire? Mais aucun avant ce dernier, n'avoit eu assez de Philosophie pratique pour dire de Bacon ce qu'Antisthène avoit dit de Socrate: *voilà le moindre qu'il nous faut écouter.*⁵⁴

Pour se faire un nom et une place comme traducteur, commentateur et continuateur de Bacon, Lasalle devait tenter d'effacer ou de minimiser le succès de ce prédécesseur adoubé par les philosophes comme par le 'public' (les 'dernières classes de la société'?), qui lui refusait manifestement les encouragements qu'il avait accordés à Deleyre. Lasalle conclut d'ailleurs la longue note qu'il consacre à ces 'philosophes' qui n'ont pas su traduire Bacon par une remarque pour le moins embrouillée sur ceux dont il attend en vain les suffrages:

---

51. 'Notice sur la vie et les ouvrages du Citoyen Deleyre', dans Gaspard-Clair-François-Marie Riche et Augustin-François de Silvestre, *Rapports généraux des travaux de la Société philomatique de Paris (déc. 1788-jan. 1792)*, t.1 (Paris, Ballard, s.d.), p.247-54.
52. 'Notice sur Deleyre', p.251, 253-54.
53. F. Venturi, *Europe des Lumières*, chap.3: 'Un encyclopédiste: Alexandre Deleyre', p.54.
54. A. Deleyre, *Analyse de la philosophie du chancelier François Bacon, avec sa vie*, 2 vol. (Leyde, Les Libraires associés, 1778), t.1, p.236n. Cette note est en partie reprise par Naigeon dans le premier volume consacré à la *Philosophie ancienne et moderne* de l'*Encyclopédie méthodique* (Paris, Panckoucke, 1791).

> Le public, c'est-à-dire, ce grand nombre de particuliers, dont chacun s'arroge le droit de juger les motifs & d'estimer la portée de ceux dont il exige des leçons, sans être informé si l'ouvrage dont il commande la traduction ne contient pas un ordre de ne point le satisfaire; ce public, dis-je, qui se croit juste en récompensant ceux de ses membres dont il a besoin, en proportion des services qu'il s'imagine en tirer, doit-il trouver injustes ceux qui aspirent au prix le plus noble? Le travail & le prix doivent être proportionnés; la dette sociale est réciproque, & la loi doit être commune.[55]

Jaloux du succès de l'*Analyse* de Deleyre, Lasalle estime donc aussi, alors qu'il n'a encore rien produit d'autre qu'une interprétation sans structure de l'induction baconienne, ne pas avoir été suffisamment payé en retour. L'impécuniosité et le spectre de la misère le hanteront toute sa vie, mais la récompense qu'il attend est sans doute d'un autre ordre. Quelques années plus tôt, dans le *Désordre régulier*, il subordonnait sa carrière littéraire au succès de ce premier essai, sachant qu'il pouvait encore compter sur le soutien financier de Charles François Christian de Montmorency-Luxembourg: 'Ce n'est qu'un essai dont le succès m'apprendra si je dois continuer le pénible métier d'auteur, ou me livrer au repos dont ma position me permet de jouir.'[56] La mort de ce dernier un an plus tard complique sans aucun doute sa situation et le pousse peut-être alors à envisager de vivre de sa plume. Mais la récompense à laquelle il aspire en réalité n'est pas matérielle. Il l'annonçait déjà dans le *Désordre régulier* sur le ton de la boutade: 'J'aime la gloire, je ne m'en défends pas, quel est le lâche qui ne l'aime pas?'[57]

La gloire, pourtant, s'éloigne d'autant plus que d'autres traductions de Bacon, quoique plus confidentielles que celle de Deleyre, ou projets de traduction, renforcent la relative invisibilité de son entreprise. Pendant toute la seconde moitié du dix-huitième siècle les *Mélanges de littérature, d'histoire et de philosophie* de Jean D'Alembert, initialement publiés à Berlin en 1753, feront l'objet de rééditions augmentées (passant de deux volumes à cinq).[58] Ces mélanges contiennent dès

---

55. A. Lasalle, *Méchanique morale*, t.1, p.215.
56. A. Lasalle, *Désordre*, p.14.
57. A. Lasalle, *Désordre*, p.168.
58. Jean D'Alembert, *Mélanges de littérature, d'histoire et de philosophie*, 2 vol. (Berlin et Paris, Briasson, 1753); édition augmentée en quatre volumes (Amsterdam, Chatelain, 1759), puis parution d'un dernier volume en 1767 (même éditeur). Rééditions supplémentaires en 1770 et 1773 (Amsterdam). Voir Véronique Le Ru, 'D'Alembert (1717-1783) et l'art de traduire', dans *Transferts linguistiques,*

l'origine des traductions de Tacite auxquelles seront ajoutés ultérieurement un essai sur 'L'art de traduire' et des 'Observations sur la division des sciences du chancelier Bacon'.[59] Les traductions de Tacite font l'objet d'une édition séparée en 1763 à destination des étudiants,[60] puis d'une autre en 1784, avec cette fois l'ajout de 'la Traduction de quelques autres Morceaux de différens Auteurs, anciens & modernes', dont des extraits d'œuvres de Bacon.[61] Ces traductions additionnelles sont précédées d'un 'avertissement' dans lequel D'Alembert clarifie ses intentions en justifiant sa traduction par rapport à celle de Deleyre:

> On a publié, il y a plusieurs années, une analyse très-estimable des Ecrits de ce Philosophe; mais, dans cette analyse, on s'est donné, peut-être avec raison, une liberté que je ne me suis pas permise. Mon but a été de montrer Bacon tel qu'il est, & de faire connoître, par une version plus rapprochée de l'original, sa manière de voir, de penser & d'écrire. En traduisant les morceaux que je donne ici, je ne prétends ni adopter ni approuver tout ce qu'ils renferment, soit pour le fonds des choses, soit pour la façon de les exprimer; mais je crois que ces morceaux feront connoître Bacon pour un esprit étendu & profond, dont les idées étoient celles d'un grand génie, & les défauts ceux de son siècle.[62]

Les fragments de traduction, tirés exclusivement des *Essays or counsels, civil and moral*[63] (1625 pour la dernière édition augmentée publiée du vivant de Bacon), forment vingt-six chapitres rassemblés

---

hybridations culturelles, éd. Céline Denat et Patrick Wotling (Reims, 2015), p.179-92; Jean D'Alembert, *Mélanges de littérature, d'histoire et de philosophie*, éd. Martine Groult (Paris, 2018).

59. 'Observations sur la division des sciences du chancelier Bacon', dans *Mélanges de littérature*, éd. M. Groult, p.185-91.
60. *Morceaux choisis de Tacite, traduits en françois avec le latin à côté, avec des notes en forme d'éclaircissemens sur cette traduction, & des observations sur l'art de traduire, à l'usage de ceux qui étudient dans les universités & les collèges, par M. D'Alembert* (Lyon, Bruyset, 1763).
61. *Morceaux choisis de Tacite, traduits en françois avec le latin à côté: on y a joint des notes, des observations sur l'art de traduire, & la traduction de quelques autres morceaux de différens auteurs, anciens & modernes, par M. D'Alembert*, 2 vol. (Paris, Moutard, 1784), t.2.
62. *Morceaux choisis de Tacite* (1784), t.2, p.351-52.
63. Publiés pour la première fois en 1597, les *Essays* font l'objet de deux autres éditions augmentées, en 1612 puis en 1625, passant de dix essais à trente puis cinquante-huit: Francis Bacon, *Essayes or councels, civill and morall* [...] *newly enlarged* (Londres, Hanna Barret et Richard, 1625).

sous le titre 'Traduction de quelques pensées du chancelier Bacon sur différens sujets' et qui occupent les cinquante dernières pages du volume 2 des *Morceaux choisis*.[64] La sélection de D'Alembert recoupe en partie celle opérée par Deleyre. Contrairement à celui que Naigeon surnommera l'"élégant paraphraste"[65] de Bacon, D'Alembert traduit sans mêler au texte ses réflexions personnelles, mais, alors qu'il se proposait d'offrir au lecteur 'une version plus rapprochée de l'original', il donne en réalité une version tronquée et non dénuée d'erreurs. C'est ainsi qu'il présente sous le titre 'Du mariage & du célibat' (chap.4), une combinaison tronquée de l'essai 'Of parents and children' et de l'essai 'Of marriage and single life'. Si la traduction de Deleyre pouvait être accusée de n'être qu'une paraphrase, celle de D'Alembert n'est le plus souvent qu'un résumé.

Si Diderot et D'Alembert, décédés avant même que Lasalle découvre Bacon, ne représentent que des figures prestigieuses qu'il s'agit d'égaler ou de dépasser, Deleyre demeure un rival, non seulement parce qu'en 1789 sa traduction, malgré ses défauts, reste la traduction de référence, mais aussi parce qu'il peut encore (il ne meurt qu'en 1797) projeter de traduire d'autres ouvrages du philosophe anglais. C'est pourtant d'ailleurs que viendra la concurrence.

En 1788 paraît en effet une nouvelle traduction de la *Vie de Bacon* de David Mallet.[66] Une précédente traduction attribuée à Pouillot avait été reprise dans l'édition amstellodamoise de l'*Analyse* de Deleyre en 1755. Pour Théodore Bertin, sténographe et traducteur, entre autres, de Sheridan et d'Edward Young, Bacon – 'écrivain sublime' et 'auteur célèbre'[67] – mérite 'd'être mieux connu en France' et autrement que par les 'très-courts extraits de sa vie & de ses Ouvrages' disponibles jusqu'ici: 'une Traduction complette de toutes les productions dont il a enrichi la littérature Anglaise, serait d'autant plus précieuse, qu'elle offrirait au Lecteur un cercle immense d'instructions sur tout ce qui intéresse l'humanité.'[68] Fort de ce constat, Bertin forme, malgré des réticences feintes ou réelles, le projet de cette ambitieuse traduction:

---

64. *Morceaux choisis de Tacite* (1784), t.2, p.397-442.
65. J.-A. Naigeon, *Encyclopédie méthodique: philosophie ancienne et moderne*, p.439. Naigeon reproduit la traduction de Deleyre dans l'article 'Baconisme'. A ce sujet, voir plus haut.
66. *La Vie de François Bacon, baron de Vérulam, vicomte de Saint-Alban et chancelier d'Angleterre, suivie des maximes de cet illustre auteur*, traduit par Théodore Pierre Bertin (Londres et Paris, Defer de Maisonneuve, 1788).
67. T. P. Bertin, 'Préface', dans D. Mallet, *Vie de Bacon*, p.v-xii (vi et viii).
68. T. P. Bertin, 'Préface', p.ix.

Je n'ai point osé, jusqu'à présent, me charger de cette tâche importante, dans la crainte d'avoir des concurrens, ou d'être devancé; rassuré cependant par les apparences du contraire, je compte m'occuper bientôt de cette laborieuse entreprise, & c'est pour réveiller & fixer l'attention du Public sur le mérite de ce grand homme, que j'ai placé à la suite de sa vie, un choix de ses Maximes.[69]

Il est facile d'imaginer l'effet que cette annonce, et notamment la remarque de Bertin sur l'absence de projet concurrent, a pu avoir sur Antoine Lasalle, qu'il en ait eu connaissance par d'autres ou directement, en lisant cette nouvelle traduction de la biographie de Mallet. Elle explique en tout cas l'abandon soudain de son projet de traduction du *Novum organum*, tout comme elle explique que bien des années plus tard le projet modeste formulé en 1786 se soit transformé en un projet de traduction des œuvres complètes du philosophe. Lasalle l'annonce en effet sans ambages dans la *Méchanique morale*: de Bacon il ne traduira rien d'autre que les fragments qu'il livre assortis de ses commentaires. Les raisons qu'il donne – au-delà d'un désaveu supposé d'un 'public' indéfini – semblent confirmer qu'il était informé du projet de Bertin. Satisfait d'avoir donné, avec la traduction 'par extrait' de 'la partie la plus difficile du Novum Organum', la preuve de sa 'déférence', Lasalle conclut: 'nous croyons être fondés à déclarer que nous renonçons pour toujours à toute espèce de traduction; déclaration qui a pour but de déterminer les personnes, très-capables de traduire Bacon, qui en ont l'intention & que notre irrésolution sembloit tenir en échec.'[70] Plus loin, Lasalle donne même des conseils au futur traducteur:

> Nous laisserons aussi au traducteur le plaisir de donner la troisième partie qui est plus intéressante, en lui conseillant toutefois de supprimer certaines choses peu dignes d'un si grand homme, telles que; *l'horreur du vuide, l'immobilité de la terre, l'esprit inné qui réside dans tous les corps tangibles, brutes ou organisés, qui travaille dans leur intérieur & les pulvérise, ainsi que l'esprit branchu, l'esprit encaqué, &c.* & un assez grand nombre de termes scholastiques; toutes choses que ne supporteroient pas les personnes mêmes qui exigent qu'on leur donne Bacon tel qu'il est.[71]

Il n'est pas indifférent que Lasalle reprenne ici la formule de D'Alembert, qui annonçait déjà vouloir 'montrer Bacon tel qu'il est'. Il

---

69. T. P. Bertin, 'Préface', p.ix-x.
70. A. Lasalle, *Méchanique morale*, t.1, p.15-16.
71. A. Lasalle, *Méchanique morale*, t.1, p.209-10.

martèle à nouveau la formule dans une note du premier volume de sa traduction pour justifier d'avoir traduit un passage dans lequel Bacon s'en remet à Dieu: 'Ce n'est pas sans quelque répugnance que nous traduisons cet *oremus*; mais le public a demandé Bacon tel qu'il est, et nous avons obéi.'[72] Elle se retrouvera, des années plus tard, sous la plume du géologue suisse Jean-André de Luc, qui en fera le titre d'un essai virulent contre la traduction de Lasalle (voir Chapitre 4).[73]

Jean-Baptiste Gence rend compte de la *Méchanique morale* dans une très longue recension publiée dans le *Journal encyclopédique* du 1er octobre 1790. Sur la vingtaine de pages qu'il consacre à la pensée 'physico-morale' du théoricien de 'l'induction antonine', le projet de traduction, qui n'est donc plus à l'ordre du jour, est évacué en quelques lignes: 'Un aperçu du *Novum Organum* précède l'explication de quelques termes obscurs ou équivoques employés dans la même méthode. Les mots *Nature*, *Forme*, &c., avoient arrêté Diderot & d'autres philosophes. Ces mots une fois éclaircis, la route est frayée aux traducteurs de Bacon.'[74] Il ne sera plus question avant quelques années de traduire Bacon, et, si Lasalle reviendra finalement sur sa résolution, Bertin ne tiendra jamais son engagement.

Il faut attendre 1794 pour que le projet de traduire les œuvres complètes de Francis Bacon soit de nouveau d'actualité. Après la parution de la *Méchanique morale*, Antoine Lasalle quitte la France pour l'Italie au début de l'année 1791. Gence l'accompagne à pied de Paris à Marseille, précisant que son prolifique compagnon de route avait, arrivé à destination, 'composé, débattu, terminé un livre, entièrement écrit, à longues lignes, sur papier de Hollande, dans un caractère menu et abrégé pour tenir le moins de place possible'.[75] L'ami fidèle semble tout ignorer du contenu de l'ouvrage comme de son devenir: 'Qu'est devenu ce livre? Est-ce la copie en pieds de mouche dont il parle dans une lettre qu'il m'écrivait sous la date de [juin] 1791?'[76] Il est cependant peu probable, à cette date, qu'il se soit agi de la traduction de Bacon abandonnée quelques mois plus tôt. Une fois à Rome, on l'a vu, Lasalle traduit des ouvrages français en italien avec l'aide de l'abbé Nuvoletti et s'attelle à d'autres travaux de

---

72. *OFB*, t.1, p.31.
73. Jean-André de Luc, *Bacon tel qu'il est, ou Dénonciation d'une traduction françoise des œuvres de ce philosophe, publiée à Dijon par M. Ant. La Salle* (Berlin, 1800).
74. *Journal encyclopédique* (1er octobre 1790), t.7, partie 1, p.28.
75. J.-B.-M. Gence, *Notice biographique et littéraire*, p.83.
76. J.-B.-M. Gence, *Notice biographique et littéraire*, p.83.

nature scientifique et politique. Rentré en France au printemps 1793, il retourne à Semur un an plus tard, après un séjour semi-clandestin à Paris, au plus fort de la Terreur. Pour Gence, c'est une 'rivalité présomptueuse' qui avait empêché Lasalle de mener à bien son projet de traduction 'dans la capitale, presque entièrement livrée, d'ailleurs, comme centre du mouvement, à la révolution politique qui s'était opérée'.[77] Le 25 ventôse An II (14 janvier 1794), le robespierriste Bertrand Barère rédige un mandat d'arrêt à l'encontre de Marie-Jean Hérault de Séchelles, accusé d'avoir hébergé 'un homme prévenu d'émigration, & recherché depuis longtemps comme tel'.[78] L'ami de Lasalle est arrêté le jour même, emprisonné au Luxembourg tandis que ses papiers sont mis sous scellés; il meurt guillotiné avec les dantonistes le 16 germinal An II (5 avril 1794). Cet événement a-t-il poussé Lasalle à quitter Paris? Rien ne permet de l'affirmer et Gence ne s'y risque pas, n'évoquant qu'à demi-mots la mort du conventionnel. Elle est pourtant étroitement liée au projet de traduction de Bacon. Gence précise en effet qu'au moment où il quitte Paris pour Semur, Lasalle 'avait néanmoins traduit le traité *De Augmentis Scientiarum*, qu'il avait communiqué, mais qu'il ne put recouvrer, et qu'il lui fallut refaire', et il précise en note que d'après Lasalle, qui lui en avait fait part dans une lettre écrite de Semur, 'il se pouvait que la traduction, trouvée chez un supplicié, et prêtée à Hérault, fût la sienne. On croit qu'après la mort du conventionnel, elle passa au député Grégoire, et que l'auteur la réclama vainement'.[79]

Le 25 brumaire An III (15 novembre 1794), soit six mois après la mort d'Hérault et la disparition du manuscrit de Lasalle, Lakanal intervient devant la Convention nationale:

> Citoyens, depuis long-tems la partie éclairée de la Nation demande une bonne traduction de Bâcon, l'illustre philosophe anglais. Cet ouvrage est indispensable aujourd'hui pour les écoles normales que vous avez fondées. Il existe une version des écrits de ce célèbre

---

77. J.-B.-M. Gence, *Notice biographique et littéraire*, p.110.
78. Jean-Baptiste-Michel Saladin, *Rapport au nom de la Commission des vingt-un* (Paris, Rondonneau et Baudouin, An III), p.244. Une biographie sérieuse d'Hérault reste à écrire, mais on pourra lire celle (plutôt romancée) de Jean-Jacques Locherer, *Hérault de Séchelles* (Paris, 1984), notamment p.259-80, ainsi que celle, plus fouillée quoique datée, d'Emile Dard, *Un Epicurien sous la Terreur: Hérault de Séchelles (1759-1794), d'après des documents inédits* (Paris, 1907).
79. J.-B.-M. Gence, *Notice biographique et littéraire*, p.110.

analyste dans les papiers d'un des conspirateurs que vous avez frappés. Cette version est attribuée à un littérateur distingué.

Votre Comité d'instruction, propagateur de toutes les lumières, nous a chargés, Deleyre, notre collègue et moi, d'examiner cette traduction, de la comparer avec l'original, et de présenter sans délais le résultat de notre travail. On sait que Deleyre a donné aux lettres l'Analyse de la philosophie de Bâcon: ainsi son opinion, dans cet examen, doit être d'un grand poids.[80]

Lakanal achève son intervention en demandant à la Convention nationale l'autorisation de 'faire imprimer aux frais du gouvernement' la traduction, en cas de rapport positif. La proposition est adoptée juste avant que la séance soit levée.[81]

Il ne reste aucune trace du rapport que devaient rédiger Lakanal et Deleyre, et le manuscrit de cette traduction par un 'littérateur distingué' semble perdu à jamais. Au moment des célébrations du centenaire de l'Ecole normale, en 1895, Paul Dupuy, ancien surveillant général de l'Ecole, se demande, dans un chapitre qu'il consacre au budget de l'établissement, si les élèves maîtres de conférences avaient reçu un exemplaire de la traduction: 'Peut-être a-t-on donné aux élèves la traduction de Bacon que Lakanal fit décréter par la Convention du 25 brumaire.'[82] Cette traduction, pourtant, n'a jamais été imprimée, ou tout au moins n'a pas été imprimée au cours de la dernière décennie du dix-huitième siècle.

Le 10 nivôse An III (30 décembre 1794), *La Décade philosophique* annonce l'exécution d'un décret du 27 vendémiaire (18 octobre) prévoyant la mise à disposition de la commission exécutive de l'instruction publique de la somme de 300 000 livres à répartir entre les différents bénéficiaires des 'secours apportés aux gens de lettres'. Plusieurs traducteurs sont ainsi encouragés dans leurs efforts: Delille

---

80. *Gazette nationale, ou le Moniteur universel*, n° 57 (septidi 27 brumaire An III [17 novembre 1794]), p.3.
81. Le *Bulletin de littérature, des sciences et des arts* (n° 3, t.1, 1794, p.18), rend compte de la décision de la Convention en citant non pas Deleyre mais un certain Pelet parmi les deux experts chargés d'évaluer la traduction: 'Dans la *séance du 2 [sic] Brumaire*, Lakanal, au nom du comité d'instruction publique a annoncé que, dans les papiers d'un homme dont la tête est tombée sous le glaive de la loi, on a trouvé une traduction manuscrite des *œuvres philosophiques* du célèbre Bacon. Cette traduction est attribuée à un littérateur très-estimé. Lakanal a été chargé de l'examiner de concert avec Pelet dont le suffrage peut avoir d'autant plus de poids qu'il a fait publier des *notes raisonnées* sur les œuvres de Bacon.'
82. *Le Centenaire de l'Ecole normale, 1795-1895*, éd. Paul Dupuy (Paris, 1895), p.251.

reçoit une aide de 3000 livres (la somme la plus élevée) pour sa traduction des *Géorgiques*, l'abbé Blavet, traducteur d'Adam Smith, se voit attribuer 2000 livres, de même que Jean-Baptiste Dureau de La Malle, traducteur de Tacite. Antoine Lasalle se trouve parmi les récipiendaires énumérés par *La Décade philosophique*; mentionné comme l'"auteur de la *Balance naturelle*', il reçoit lui aussi 2000 livres.[83] Rien ne permet de conclure que l'aide attribuée l'ait été pour encourager Lasalle à mener à bien la traduction de Bacon. S'il est avéré que le 'supplicié' chez qui le manuscrit fut trouvé était bien Hérault de Séchelles,[84] rien ne permet d'affirmer avec certitude, sur la seule foi du témoignage de Gence, que le manuscrit de cette traduction était bien de la main de Lasalle (qui faisait, il est vrai, circuler des manuscrits de ses travaux pour avis et qui avait déjà prêté à Hérault celui de *La Balance naturelle*), malgré la proximité temporelle de ces événements. Comme le laisse entendre Gence, Lasalle a cependant bien écrit à l'abbé Grégoire pour tenter de récupérer le manuscrit perdu:

> Je dois te dire que Herault-Séchelles avec qui j'ai été fort lié en 87 et 88, m'ayant demandé ma traduction de l'ouvrage de Bacon intitulé de Augmentis Scientiarum, je la lui prêtai durant quelques mois avec liberté d'en tirer copie; si c'était celle-là dont parloit le citoyen Lakanal il y a quelques mois, je souhaiterais qu'on ne la publiât point sans me la laisser retoucher: je craindrois de faire dire à ce grand

---

83. *La Décade philosophique, littéraire et politique*, t.4, n° 25 (10 nivôse An III [30 décembre 1794]), p.122-23. Voir Patrice Bret et Jean-Luc Chappey, 'Pratiques et enjeux scientifiques, intellectuels et politiques de la traduction (vers 1660-vers 1840) – vol.1 – Les enjeux politiques des traductions entre Lumières et Empire', *La Révolution française* 12 (2017), http://journals.openedition.org/lrf/1768 (date de dernière consultation le 15 octobre 2024). Voir également Jean-Luc Chappey et Virginie Martin, 'A la recherche d'une "politique de traduction": traducteurs et traductions dans le projet républicain du Directoire (1795-1799)', *La Révolution française* 12 (2017), http://journals.openedition.org/lrf/1732 (date de dernière consultation le 15 octobre 2024).
84. Pierrefitte, Archives nationales, Papiers des comités d'Instruction publique de la Législative et de la Convention, t.4, F/17/1320, dossier 5, pièces 21-68, Commission temporaire des arts, arrêté du 20 brumaire An III, n° 231: 'Le comité arrête que la commission temporaire des arts fera remettre sur le bureau le manuscrit de la traduction de la philosophie de Bacon, qui se trouve dans les papiers d'Hérault de Sechelles, et charge les citoyens Lakanal et Deleyre d'examiner cet ouvrage et de lui rendre compte du résultat de cet examen.' Une annotation marginale précise que la demande a été renvoyée à la section de bibliographie.

homme ce qu'il n'a pas dit, et j'y ajouterai de petites notes pour éclairer et étendre le texte.[85]

Il est impossible de savoir si Lasalle a écrit d'autres lettres à Grégoire au sujet de ce manuscrit et si le destinataire y a répondu. Aucun manuscrit de Bacon ne se trouve dans les archives privées de l'abbé.

Naissance d'un traducteur

Le projet de traduction réapparaît sous la plume de Lasalle quelques mois plus tard, au cours de l'année 1796. Dans une lettre non datée qu'il adresse depuis Semur-en-Auxois à Charles Henri Frédéric Dumont de Sainte-Croix, il évoque à nouveau l'engagement pris auprès du public: 'Vous sçavez peut-être que j'ai été annoncer au public faire la traduction des ouvrages de Bacon qui est désirée depuis 1750.'[86] Le renoncement de 1789 semble oublié et Lasalle souligne à nouveau le désir du 'public' pour une traduction nouvelle qui viendrait combler les lacunes de l'*Analyse* de Deleyre, ici implicitement visée. Reclus à Semur, où il a fui la Terreur, et privé de ressources financières pérennes, Lasalle cherche également à tirer quelque moyen de subsistance de ses écrits et voit désormais sa traduction comme une source de revenus qu'il lui faut négocier:

> Si Mr Denis ou quelque autre voulait faire une spéculation là-dessus, j'offrirais de fournir la traduction de chaque feuille in folio de l'original pour le prix d'un écu. Le prix est fort bon, il n'est guère que la 30e partie de ce qu'on eût donné dans le bon tems. Mais je veux que l'affaire soit très avantageuse afin que celui qui l'entreprendra puisse s'il le veut la revendre à un autre en y gagnant beaucoup. L'argent est rare et comme c'est à si bas prix je ne puis traiter qu'argent comptant; il faut que je donne toutes sortes d'avantages au premier acquéreur.[87]

---

85. Pierrefitte, Archives nationales, 510AP/2, Archives privées du Fonds abbé Grégoire, lettre n° 247, f.1*v*. Une exploration des archives de l'abbé Grégoire conservées par les descendants de Lazare Carnot n'a pas non plus permis de retrouver ce manuscrit ou d'autres lettres à ce sujet.
86. Paris, Bibliothèque nationale de France, Ms NAF 12300, Quinze lettres d'Antoine de La Salle à Charles Dumont, f.23. L'ordre des lettres dans le dossier n'est pas l'ordre chronologique.
87. Ms NAF 12300, f.23-23*v*.

A titre indicatif, l'édition in-folio de 1620 de l'*Instauratio magna* compte 360 pages.[88] Le gain espéré par Lasalle pour ce seul volume serait donc de 360 écus blancs soit (si l'on retient une valeur moyenne de 5 lt pour 1 écu) 1800 lt – pour ainsi dire le montant de la gratification accordée par la commission exécutive de l'instruction publique.

C'est dans les premiers jours du mois de thermidor An IV (fin juillet 1796), que Lasalle écrit à Dumont pour la première fois. Dans sa lettre, il fait allusion à leur ami commun, Jean-Baptiste Gence. Gence est alors réviseur en chef de l'Imprimerie nationale dont Dumont est le directeur. Au bout de quelques échanges épistolaires, Lasalle compte sur Dumont pour lui servir d'intermédiaire, espérant conclure un contrat d'édition avec un imprimeur et un libraire parisien. Il évoque à la fois les aléas du travail du traducteur et l'aide, sous diverses formes, qu'il espère obtenir de son entourage amical étendu. Dans une lettre datée du 13 août (probablement de l'année 1797), il écrit ainsi: 'Les grandes chaleurs m'ont obligé d'interrompre mes traductions; les matinées et les soirées fraîches étant revenues, j'ai repris le travail.'[89] Il insiste à nouveau sur sa volonté de conclure un contrat commercial: 'Si vous connaissiez quelqu'un aimant les sciences qui voulût m'aider dans la publication de ces écrits, je lui adresserai les plus importants. Les amis que j'ai ici trouvent le novum organum bien éclairci par ma traduction et mes notes.'[90] Certains de ceux qu'il met à contribution, comme M. Denis, lui fournissent des conseils, des ouvrages ou des précisions documentaires: 'Mr Denis me fait grand plaisir en m'offrant les éclaircissements dont j'ai besoin relativement au Bacon; car il y a beaucoup de fautes dans mon exemplaire.'[91] D'autres usent de leur influence ou de leur position pour tenter de lui obtenir quelque secours de l'Etat: 'Un ami très-affectif que j'ai ici avait écrit au ministre de l'intérieur et à celui de la guerre, pour tâcher d'obtenir une petite gratification qui m'aiderait à achever mes traductions: au moment où l'affaire ruminait, ils ont été renvoyés tous les deux.'[92]

Lasalle fait d'ailleurs de son impécuniosité un argument commercial: 'Qu'ils profitent de l'occasion', écrit-il ainsi quelque temps plus tard à Dumont, 'car ils n'en trouveront peut-être jamais de

---

88. Francis Bacon, *Francisci de Verulamio, summu Angliæ cancellarii: instauratio magna* (Londres, Apud Joannem Billium Typographum Regium, 1620).
89. Ms NAF 12300, f.3*v*.
90. Ms NAF 12300, f.3*v*.
91. Ms NAF 12300, f.4.
92. Ms NAF 12300, f.3*v*.

pareilles. Il faut qu'ils rencontrent un homme tout à la fois aussi féru que je le suis sur ces matières et aussi malaisé que je le suis [...] Si l'affaire se concluoit, je me bornerois à un certain nombre de feuilles par mois que l'acquéreur détermineroit'.[93] Impécuniosité certainement réelle puisque Lasalle se trouve alors privé de toute autre source de revenu (voir Chapitre 2) et que sa situation est alors partagée par bien d'autres traducteurs: le comité d'Instruction publique, 'jaloux de mettre à profit toutes les occasions qui se présentent pour œuvrer au secours des savans', décide ainsi, en date du 2 brumaire An IV (24 octobre 1795), de permettre à Blavet, 'premier traducteur de l'ouvrage de Smith sur les richesses des nations', alors 'retiré à Vincennes pour y trouver le repos dont il a besoin tant pour porter ledit ouvrage au dernier degré de perfection dont il est susceptible, que pour se livrer à d'autres ouvrages d'instruction publique', d'être inclus dans la distribution de pain faite par le boulanger de la ville et d'ordinaire réservée aux ouvriers des travaux publics.[94]

Une étude socio-économique des traducteurs au dix-huitième siècle reste à écrire. Si aujourd'hui les travaux universitaires sur l'origine sociale et culturelle des traducteurs et des traductrices ne manquent pas et si l'*Histoire des traductions en langue française: XVIIe et XVIIIe siècles* consacre un long chapitre à la traduction comme objet éditorial,[95] on sait peu de choses sur le prix des traductions et sur la nature des contrats, le plus souvent sous seing privé, qui liaient traducteurs, imprimeurs et libraires. Dans son étude sur l'éditeur Toussaint Du Bray, Roméo Arbour fait état d'un contrat passé devant notaire avec le traducteur Jean Baudoin concernant la traduction des fables d'Esope, payée 168 lt, puis d'un autre contrat pour la traduction en trois volumes d'œuvres de Le Tasse, payée 150 livres par volume.[96] Le même Jean Baudouin, 'interprette du roy en langues estrangères', signe également en juillet 1625 devant le notaire Fiacre Jutet un contrat avec les libraires Pierre Rocolet et François Targa pour la traduction des 'œuvres meslées de Me François Baccon grand chancelier d'Angleterre asscavoir ses polyticques et moralles et

---

93. Ms NAF 12300, f.23*v*.
94. Pierrefitte, Archives nationales, archives du pouvoir exécutif, t.2 (1792-An IV), AF/II/70/517, f.96-97.
95. Sabine Juratic et autres, 'La traduction, un objet éditorial', dans *Histoire des traductions en langue française: XVIIe et XVIIIe siècles*, éd. Y. Chevrel et autres, p.187-248.
96. Roméo Arbour, *Un Editeur d'œuvres littéraires au XVIIe siècle: Toussaint Du Bray (1604-1636)* (Genève, 1992), p.98-101.

quelque traité de l'histoire naturelle'. Le contrat indique le versement de 3 livres par 'feuille de gros romain';[97] une quittance ajoutée au bas du contrat précise que Targa a versé au traducteur une avance de 150 livres pour les cinquante premières pages, qui doivent être livrées 'lundy prochain, en avant de jour à jour sans y comprendre les festes et dimanche'.[98] Un tel luxe d'informations reste cependant rare, même à la fin du dix-huitième siècle. L'abbé Morellet (1712-1819) raconte dans ses mémoires comment il est devenu traducteur professionnel et non plus occasionnel à partir de 1797, c'est-à-dire à l'époque où Lasalle envisage pour les mêmes raisons de reprendre son projet de traduire Bacon: 'à peu près ruiné' par la Révolution, Morellet devient traducteur de romans anglais grâce à Lallemant, secrétaire-interprète pour la Marine. Comme il s'agit pour lui avant tout de compléter la rente de 1200 livres grâce à laquelle il fait également vivre sa sœur, il n'est pas avare de détails sur ce que lui rapporte cette nouvelle activité:

> Il me donna d'abord l'*Italien,* ou *le confessional des pénitens noirs,* ouvrage en trois volumes, dont je vendis la traduction à Denné, libraire, rue Vivienne, pour une somme de 2000 liv., payable par quartiers, à commencer trois mois après la publication. Je traduisis dans la même année, *The Children of the Abbey,* les Enfans de l'Abbaye, six volumes in-12, que je vendis 100 louis.[99]

Il ajoute plus loin la traduction des livres 9 et 10 de l'*Histoire de l'Amérique* de Robertson, pour laquelle une rémunération de 30 louis lui fut accordée par Denné. Morellet précise d'ailleurs que cette dernière traduction fut l'objet d'une dispute avec un libraire concurrent, Buisson, qui avait engagé une traductrice pour le même texte et n'avait déboursé que 15 louis. Voyant Morellet plus avancé dans son travail, Buisson 'menaçait de faire imprimer en quatre jours

---

97. Le 'gros romain' est un caractère d'imprimerie d'assez grande taille. Cette indication permet de déterminer le nombre de caractères ou de mots que doit contenir le feuillet qui servira à calculer le prix de la traduction.
98. Paris, Archives nationales, MC/ET/VIII/619, Minutes et répertoires du notaire Fiacre Jutet, 18 juillet 1625.
99. André Morellet, *Mémoires de l'abbé Morellet*, 2 vol. (Paris, 1821), t.2, p.169. Les ouvrages traduits par Morellet sont les suivants: Regina Maria Roche, *Les Enfans de l'abbaye*, 6 vol. (Paris, Denné jeune, 1797); Ann Radcliffe, *L'Italien, ou le Confessional des pénitens noirs*, 3 vol. (Paris, Denné jeune, 1797); William Robertson, *Histoire de l'Amérique, livres IX et X contenant l'histoire de la Virginie jusqu'à l'année 1688 et celle de la Nouvelle-Angleterre jusqu'en 1652: ouvrage posthume de feu Robertson*, 2 vol. (Paris, Denné jeune, 1798).

sa traduction, et de la donner à 15 sous pour faire tomber la [sienne], si Denné ne lui remboursait pas les 15 louis qu'il avait, disait-il, déjà payés'.[100]

Les indications données par Morellet montrent que la traduction d'un volume relativement important pouvait rapporter entre 2000 et 3000 livres à son traducteur, mais Morellet traduit alors essentiellement des romans, source de profits généralement rapides et importants pour les libraires. Il ne dit rien de précis des émoluments perçus avant la Révolution pour la traduction du *Traité des délits et des peines* de Beccaria, traduction effectuée en 1766 'à l'invitation de M. de Malesherbes' et terminée 'au bout de six semaines'. Il y en eut 'sept éditions en six mois', mais Morellet conclut malgré ce succès: 'Cette traduction, faite avec tant de soin, et si répandue en si peu de temps, ne m'a valu presque rien, attendu la grande habileté des libraires, et la grande ineptie des gens de lettres, ou du moins la mienne, en matière d'intérêt.'[101]

L'évocation par Lasalle de ses demandes d'aide incessantes comme de ses tractations avec imprimeurs et libraires par l'intermédiaire de Dumont permet d'éclairer cet aspect matériel pourtant essentiel de l'activité du traducteur. Avoir le projet de traduire ne suffit pas, encore faut-il avoir les moyens de le mener à bien et que cette traduction paraisse rentable à ceux qui se chargeront de la faire paraître. Lasalle résume sa situation financière dans une longue lettre datée du 25 vendémiaire (sans doute An IV): 'Point de terre, point de maisons, point de rente, point de métier, point d'argent, point de crédit, point d'habits, point de souliers, point de linge, c. à d. pas d'espérance.'[102] Plus loin, la traduction est évoquée comme une 'affaire' parmi d'autres susceptibles ou non de réussir: 'Si l'une de ces 3 affaires, celle de la rente, du Bacon, ou des petits ouvrages que j'ai, me réussissoit, je tâcherois, en vivant fort économiquement, d'amasser une petite somme qui me servira à aller passer quelques mois avec mes amis de Paris; puis je m'en reviendrois à mon poste, continuer mes écrits.'[103] Lasalle laisse entendre également qu'il a fait bon usage de la gratification octroyée presque trois ans auparavant: 'J'ai dû croire, par les 2000lt d'encouragement que le gouvernement m'a envoyées, qu'étant content de la manière dont je m'étois occupé jusque-là, il m'exhortoit à

---

100. Morellet, *Mémoires*, t.2, p.171.
101. Morellet, *Mémoires*, t.1, p.157-58.
102. Ms NAF 12300, f.24*v*.
103. Ms NAF 12300, f.24*v*.

continuer et c'est ce que j'ai fait en travaillant depuis la pointe du jour, jusqu'aux 2/3 de la nuit.'[104] Dans une autre lettre datée du 5 prairial (l'année n'est pas précisée), il s'engage à traduire 'les 5 plus difficiles ouvrages de Bacon' car il entend 'répondre à la gratification' qui lui a été accordée.[105] Quelque temps plus tard, Lasalle revient plus en détail sur 'l'affaire'. Dans une lettre non datée qui suit manifestement une ou plusieurs autres lettres qui ne font pas partie des manuscrits conservés à la Bibliothèque nationale, Lasalle poursuit la négociation entamée quelques mois plus tôt en précisant à la fois les conditions financières de la traduction et son échéancier:

> Par 3lt, j'entends un écu en argent, c'est pour avoir un peu de comptant et de quoi exister en achevant mes écrits; c'est pour rendre l'affaire très avantageuse à celui qui voudroit l'entreprendre, et par conséquent possible. Il ne faut pas que la mise de fonds effraye qui que ce soit. Mon intention est de produire cela successivement, fort lentement et de manière que l'entrepreneur puisse avant d'imprimer le second ouvrage recueillir les fruits du premier, du moins en partie. Je fournirois, comme je l'ai dit, un certain nombre de feuilles chaque mois, nombre qu'il détermineroit lui-même, mais pas au-dessous de 8, et pas au-dessus de 12; par ce moyen, il n'aura jamais de grosses sommes à débourser avec moi; cela n'ira jamais à 400lt par an. Si par la suite, il voulait aller plus vite, il en sera le maître.[106]

Répondant par l'intermédiaire de Dumont au 'citoyen Gence', lui aussi chargé de chercher un débouché pour la traduction de Bacon, Lasalle apparaît non comme un auteur désintéressé ou susceptible, comme Morellet, d'être 'la proie des libraires', mais comme un professionnel avisé qui a planifié cette entreprise risquée dans les moindres détails. Il balaye ainsi d'un revers de la main les difficultés potentielles que représente cette transaction entre un libraire parisien et un traducteur retiré en Province:

> Comment s'effectuera le payment? voici mon idée: j'enverrai le manuscrit à une personne de confiance et en le remettant elle prendra la somme due à raison d'un écu par feuille de l'original in folio: je n'en ai ici qu'une partie mais cela est bien aisé à vérifier sur le premier exemplaire. Il y en a tant à Paris, entre autres à la bibliothèque cy devant de Ste Geneviève. Nota bene qu'en partant de l'original

---

104. Ms NAF 12300, f.24*v*.
105. Ms NAF 12300, f.18*v*.
106. Ms NAF 12300, f.7*v*.

pour compter les feuilles je cède beaucoup du mien, car la feuille en français fera ¼ ou ½ de feuille de plus.[107]

Soulignant encore davantage la tension qui caractérise les relations entre libraire et traducteur, Lasalle s'entoure de précautions supplémentaires: 'il serait à propos de ne traiter qu'avec un libraire établi depuis un peu de tems; et cela pour toutes sortes de raisons.' Il ne donne pas plus d'explication, mais ajoute un dernier argument: 'D'ailleurs, nous nous engagerons par écrit, afin d'ôter toute équivoque de l'engagement qui sera pour un, 2, 3 ouvrages, ou le tout, à la volonté de l'entrepreneur.'[108] Si Lasalle présente un projet de traduction flexible, il est cependant clair qu'il envisage de traduire la totalité des textes qui paraîtront effectivement quelques années plus tard, comme le montre le plan d'exécution dont il donne le détail dans sa lettre:

> Suivant mon plan cela fera 2 à 3 volumes in 8° par année. Les ouvrages que je traduirai sont 1° Novum Organum; 2° Sylva Sylvarum, c'est le plus curieux. 3° De dignitate et augmentis: 4° Historia vitæ et mortis. 5° Historia ventorum: 6° de interioribus rerum: 7° de sapientia veterum: 8° Cogitatio et visa. Je fournirai le novum organum 4 mois après la date de la conclusion de l'affaire; le citoyen Gence sait combien je suis assisté: je joindrai quelques petites notes absolument nécessaires. Si d'ici à 6 semaines, l'affaire était conclue, je fournirais le premier ouvrage au premier de Mars; et si je ne tiens pas parole, je perdrai un écu pour chaque jour de délai.[109]

Quelques mois plus tard, Lasalle écrit de nouveau à Dumont. Au détour d'une longue lettre au ton acrimonieux, il revient brièvement sur le projet de traduction, dont la concrétisation semble alors incertaine:

> Mes amis de Paris ne sont pas obligés de réussir dans l'entreprise de Bacon, mais après les sacrifices que j'ai faits pour la rendre possible en la rendant tentative, je soutiens qu'il faut essayer avant de parler d'autre chose. Si elle réussit, j'aurai de tems en tems l'occasion et les moyens de passer quelque tems avec vous, j'irai et je viendrai.[110]

Lasalle revient sur son projet dans quatre autres lettres dont l'ordre chronologique est difficile à établir. Leur teneur laisse toutefois

---

107. Ms NAF 12300, f.8-8v.
108. Ms NAF 12300, f.8v.
109. Ms NAF 12300, f.8.
110. Ms NAF 12300, f.20.

entendre qu'il se consacre activement à sa tâche de traducteur qu'il décrivait pourtant dès le début comme une 'effrayante besogne [...] sans gloire ni profit à espérer'.[111] Dans la lettre du 5 prairial évoquée plus haut, il fait état de l'avancement de son travail: 'J'ai traduit le Novum Organum du chancelier Bacon; traduction à laquelle j'ai joint des notes et des commentaires. Mais avant de faire une copie au net, j'aurois besoin de quelques éclaircissements relativement à des fautes qui se trouvent dans mon exemplaire.'[112] Une fois ces éclaircissements apportés par M. Denis, Lasalle réclame à plusieurs reprises l'envoi d'une main de papier: 'Je voudrais avoir une main ou deux de papier de Hollande le plus fin qu'il sera possible de trouver, pourvu seulement qu'il ne bave pas', écrit-il dans sa lettre du 13 août, avant d'ajouter que l'envoi de ce papier conditionne la possibilité de vendre sa traduction: 'pour que j'en vienne là, il faut que j'aie achevé certaine copie qui ne peut se faire sans le papier fin que je vous demande.'[113] Deux semaines plus tard, dans une lettre écrite dans la première moitié du mois de fructidor, Lasalle réclame de nouveau à Dumont l'envoi du papier de Hollande, en précisant: 'j'ai oublié, au sujet du papier hollandais superfin, de vous prier de vouloir bien, en me l'envoyant, le plier sous format in 8°, afin que les plis ne me nuisent point.'[114] En attendant de pouvoir recopier sa traduction du *Novum organum*, Lasalle s'est manifestement lancé dans la traduction du *De augmentis*, ou tout au moins s'apprête à le faire et réclame, toujours indirectement, par l'entremise de Dumont, plusieurs choses auxquelles il n'a pas accès à Semur. Il demande tout d'abord que l'on aille chercher pour lui une malle contenant des effets personnels, et notamment des livres dont la vente doit lui assurer de quoi survivre (voir Chapitre 2). Elle contient aussi – du moins l'espère-t-il – 'la Traduction de l'ouvrage de Bacon intitulé <u>De Dignitate et Augmentis Scientiarum</u> & Traduction qui commence par ces mots: <u>Sous l'ancienne loi ... il y avait des offrandes</u>'.[115] Il ne précise pas s'il s'agit du manuscrit retrouvé chez Hérault, d'un autre manuscrit ou d'un exemplaire imprimé d'une traduction existante, mais, quelques lignes plus loin, il espère se faire prêter 'durant 2 ou 3 mois' par l'obligeant M. Denis une 'vieille traduction de l'ouvrage <u>De Dignitate</u>; laquelle a été publiée au

---

111. Ms NAF 12300, f.4v.
112. Ms NAF 12300, f.18.
113. Ms NAF 12300, f.4-4v.
114. Ms NAF 12300, f.15.
115. Ms NAF 12300, f.14v.

siècle dernier'.[116] Deux traductions différentes sont parues, à huit ans d'écart, au cours du dix-septième siècle: celle d'André Maugars (1624) et celle de Gilbert de Golefer (1632).[117] Lasalle ne dit pas laquelle des deux il souhaite emprunter à Denis, mais aucune de ces deux traductions ne débute en tout cas par les mots 'Sous l'ancienne loi'. Maugars choisit de commencer par cette phrase: 'Sire, on offroit à Dieu en l'ancienne loy deux sortes de sacrifices, les nécessaires et les volontaires', tandis que Golefer écrit: 'Sire, il y avait en l'ancienne Loy des offrandes volontaires qui dépendaient de la dévotion de chacun; & des sacrifices journaliers que l'on devait nécessairement faire par devoir de religion.'[118] La traduction que Lasalle publiera entre le milieu de l'année 1799 et le début de l'année suivante semble en revanche correspondre à celle qu'il espère trouver dans sa malle puisqu'elle débute par cette phrase: 'Sous l'ancienne loi, monarque plein de bonté, on distinguoit des offrandes volontaires et des sacrifices journaliers.'[119] Doutait-il d'avoir passé le manuscrit à Hérault? Voulait-il explorer une dernière possibilité avant de renoncer à ce premier manuscrit et de refaire entièrement sa traduction? Nous n'aurons sans doute jamais la réponse. Quelques mois plus tard, vers la fin du mois de nivôse (probablement An VI), Lasalle annonce toutefois à Dumont qu'il a terminé deux traductions. 'L'affaire' semble pourtant assez mal engagée et, sans entrer dans des détails manifestement connus de Dumont, Lasalle laisse poindre rancœur et découragement:

> La traduction de Bacon n'est pas non plus une ressource certaine; mais comme je vois dans les papiers publiés que des libraires entreprennent tous les jours des ouvrages tout aussi sérieux et de moins haute réputation, je veux essayer. Les arts déclinent certainement, mais si nous n'opposons à ce malheur que des lamentations, ils déclineront bien plus vite. Quant à moi, si tous les hommes de lettres perdent cœur je serai le dernier. Et peut-être que la constance avec laquelle j'endure ma situation assez fâcheuse les fera rougir d'avoir cédé si aisément à quelques obstacles.[120]

116. Ms NAF 12300, f.15.
117. Francis Bacon, *Le Progrez et avancement aux sciences divines & humaines*, traduit par A. Maugars (Paris, Pierre Billaire, 1624); Francis Bacon, *Neuf livres de la dignité et de l'accroissement des sciences*, traduit par G. de Golefer (Paris, J. Dugast, 1632).
118. F. Bacon, *Le Progrez et avancement*, p.1; F. Bacon, *Neuf livres*, p.1.
119. *OFB*, t.1, p.73.
120. Ms NAF 12300, f.21*v*.

Lorsqu'il écrit cette lettre (la dernière du lot conservé à la BnF), Lasalle n'a manifestement pas encore pu conclure un accord définitif avec un libraire, ou, plus exactement, ses 'amis de Paris' n'ont pas pu trouver de libraire susceptible de s'engager à lui acheter le fruit de sa 'fort longue besogne'. S'il a plusieurs fois parlé de renoncer pour mieux proclamer sa ténacité, c'est le manque de persévérance ou les hésitations supposées de son entourage qu'il dénonce:

> Il semble à voir nos amis quitter une affaire qui a du moins pour elle quelque probabilité pour s'accrocher à une affaire visiblement mauvaise, qu'ils seroient presque fâchés que les traductions réussissent. La manière dont le citoy. Gence vous a parlé la première fois qu'il en a été question était visiblement insidieuse. C'est le jugement qu'en ont porté tous les amis que j'ai ici. Si je ne trouve dans les prétendus amis que des obstacles à mes entreprises philosophiques, je les regarderai comme ennemis.[121]

Quelles que soient les raisons de son emportement, Lasalle termine cette lettre par un 'Je vous embrasse très cordialement' et rajoute un post-scriptum écrit verticalement dans la marge gauche. Il est de nouveau question d'argent et le ton se fait presque menaçant: 'je vous préviens, que tout argent reçu de la vente de mon affaire, je ne le rendrai pas; des gens très actifs dont 2 sont à Paris s'occupent chaudement de mes 2 traductions qui sont finies.'[122]

Aucun autre document autographe ayant trait à la traduction de Bacon n'a semble-t-il été conservé. Le catalogue de la vente, par la maison Silvestre, de lettres ayant appartenu à Antoine-Augustin Renouard fait état d'un ensemble de cinq lettres signées de Lasalle et adressées à Frantin et à Renouard entre l'An IX et 1807; elles ont hélas disparu.[123] Avant la parution des premiers volumes, il est cependant de nouveau question de la traduction de Bacon, cette fois-ci dans la presse. Au début de l'année 1799, le *Magasin encyclopédique* du naturaliste et bibliothécaire Aubin-Louis Millin de Grandmaison reproduit dans sa rubrique des 'nouvelles littéraires' une lettre qui lui est adressée par Jacques Berthier, conservateur de la bibliothèque de Semur-en-Auxois, en date du 12 pluviôse An VII (31 janvier 1799). Berthier y salue 'un nouvel acte de bienfaisance du gouvernement, sollicité par le Ministre de

---

121. Ms NAF 12300, f.22.
122. Ms NAF 12300, f.22v.
123. *Catalogue des lettres autographes provenant du cabinet de feu M. Antoine-Augustin Renouard*, vente du 21 juin 1855 (Paris, 1855), p.24.

l'Intérieur envers un homme de lettres, que les circonstances ont réduit à la plus grande détresse'.[124] Evoquant la situation économique dans laquelle se trouve 'l'auteur du désordre régulier', Berthier précise que la gratification de 2000 lt allouée par la Convention 'lui a été payée dans un temps où les assignats n'avoient aucune valeur' et ne lui avait donc pas permis de vivre. Pourtant, insiste Berthier: 'Malgré sa situation, le citoyen Lasalle n'a pas discontinué un jour de se livrer au travail le plus assidu; et depuis près de deux ans, il a entrepris la traduction de Bacon. Déjà celle du livre *De dignitate et augmentis scientiarum*, et du *Novum organum* est finie, et celle du *Silva silvarum* est presque achevée.'[125] A la suite de cet exposé, Berthier joint la réponse du ministre de l'Intérieur Nicolas François de Neufchâteau qui lui annonce accorder à Lasalle 'à titre d'encouragement, une somme de cinq cents francs, qui pourra le mettre à portée de se livrer à sa traduction de Bacon, sans être distrait par le sentiment pénible du besoin'.[126] Berthier ajoute un post-scriptum sur l'avancement de la traduction elle-même:

> Vous apprendrez avec intérêt, que la traduction du livre *De dignitate et augmentis scientiarum* s'imprime à Dijon, chez le citoyen Frantin, sur beau papier, avec les caractères du Télémaque de Causse. Il y a déjà plus d'un volume et demi d'imprimé; ainsi on a lieu d'espérer que, dans 4 à 5 mois, le public pourra jouir de cet intéressant ouvrage, qui sera éclairci par beaucoup de notes.[127]

Le fait que l'impression soit en cours semble confirmer à ses yeux tout le mérite du traducteur, et la qualité de l'impression vient renforcer l'idée que le gouvernement n'a pas investi en vain dans le travail de Lasalle. Il est intéressant de remarquer que Berthier cite deux imprimeurs dijonnais, Louis-Nicolas Frantin (1740-1803) – imprimeur entre autres de l'*Encyclopédie méthodique* – et Pierre Causse (1761-1834), mais ne mentionne pas le nom du libraire impliqué dans l''affaire'. C'est pourtant déjà pour Antoine-Augustin Renouard que Causse imprime en 1795 une édition en deux volumes in-4°, particulièrement élégante, des *Voyages de Télémaque* de Fénelon.[128] Dans l'ouvrage qu'il consacre

---

124. *Magasin encyclopédique, ou Journal des sciences, des lettres et des arts*, 4ᵉ année, t.5 (Paris, Fuchs, An VII [1799]), p.544-45.
125. *Magasin encyclopédique*, p.545.
126. *Magasin encyclopédique*, p.546.
127. *Magasin encyclopédique*, p.546.
128. François Fénelon, *Les Aventures de Télémaque, fils d'Ulysse*, 2 vol. (Paris, Antoine-Augustin Renouard, 1795).

aux imprimeurs de la Côte-d'Or, Michel-Hilaire Clément-Janin souligne les caractéristiques des ouvrages qui sortaient alors des presses de Pierre Causse: 'bon goût, correction, beauté d'impression', et il ajoute: 'c'est notre meilleur typographe.'[129] Renouard, libraire et bibliophile connu lui aussi pour la grande qualité des éditions qu'il fait imprimer, travaille à plusieurs reprises avec Causse, mais les 265 exemplaires du *Télémaque* seront leur dernière collaboration puisque l'imprimeur met un terme à ses activités cette même année 1795. C'est tout naturellement que le libraire parisien se tourne alors vers Louis-Nicolas Frantin, ancien rival de Jacques Causse (père de Pierre, imprimeur également). Frantin est alors le plus important imprimeur de Dijon et détient le titre envié d'imprimeur du roi qu'avait tenté de lui disputer le père de Pierre Causse. Clément-Janin note à son propos que ses presses rivalisent avec celles de Causse 'sans cependant atteindre la même perfection'.[130] En insistant sur la qualité du tirage de la traduction de Bacon, sur le 'beau papier' et sur les caractères en plomb provenant de l'imprimerie Causse, Berthier souligne donc l'ambition de l'entreprise, qui allie la réputation de deux imprimeurs de renom et, en creux, celle du libraire Renouard: les quinze volumes traduits par Lasalle ont vocation à orner les rayonnages des collections bibliophiliques. D'après Clément-Janin, Frantin produit souvent 'des tirages à petit nombre, sur papiers de luxe, fort recherchés';[131] il ne tire ainsi que vingt-quatre exemplaires, sur vergé de Hollande, du *Voyage sentimental* de Laurence Sterne dans la traduction de Pierre-Joseph Fresnais.[132] Si le tirage exact des *Œuvres de François Bacon* reste inconnu, on peut supposer qu'il n'atteignit pas 200 exemplaires. Dans le *Catalogue de la bibliothèque d'un amateur*, dans lequel il dresse l'inventaire de ses propres collections, juste après une édition rare des œuvres de Bacon en latin imprimée à Amsterdam par Henri Wetstein, Renouard consacre une longue notice aux quinze volumes de Lasalle, dans laquelle il précise qu'il en 'a été tiré fort peu d'exemplaires sur grand papier': une édition luxueuse, sur grand papier d'Annonay satiné à larges marges.[133]

---

129. Michel-Hilaire Clément-Janin, *Les Imprimeurs et libraires dans la Côte-d'Or* (Dijon, 1883), p.54-55.
130. M.-H. Clément-Janin, *Imprimeurs et libraires*, p.76.
131. M.-H. Clément-Janin, *Imprimeurs et libraires*, p.76.
132. Laurence Sterne, *Voyage sentimental en France et en Italie*, traduit par P.-J. Fresnais (Dijon, L.-N. Frantin, 1797).
133. Antoine-Augustin Renouard, *Catalogue de la bibliothèque d'un amateur, avec notes bibliographiques, critiques et littéraires*, 4 vol. (Paris, 1819), t.1, p.193.

L'entourage de Lasalle a semble-t-il rempli au mieux sa mission; les quinze volumes seront publiés sur quatre ans, entre 1799 et 1803. Le 12 novembre 1799, la *Gazette nationale* rend compte de la parution des trois premiers tomes,[134] vendus 27 francs pour le tirage limité et 13,5 francs pour le tirage secondaire:

> Ces trois volumes contiennent le traité *de la dignité et accroissement des sciences*; ils seront bientôt suivis du *novum organum*, et successivement de tous les autres ouvrages de Bacon, qui jusqu'ici n'avaient été traduits dans notre langue qu'en très petite partie, et par extrait. Le cit. Lasalle se propose de nous donner complettes toutes les œuvres de ce grand homme, à qui la philosophie et les sciences auront d'éternelles obligations.[135]

L'année suivante, le même journal annonce la sortie des trois tomes suivants: 'Cette 2ᵉ livraison contient le *novum organum* avec beaucoup de notes; la suite est sous presse, et paraîtra très-incessamment.'[136] Fin 1799 encore, le *Magasin encyclopédique*, qui avait publié la lettre de Berthier au ministre de l'Intérieur, fait paraître un long compte-rendu de la première livraison de la traduction. Cette présentation, qui synthétise la préface de Lasalle, s'achève sur ces mots: 'On ne peut qu'applaudir au zèle du citoyen La Salle, à son courage pour se dévouer à une si grande entreprise. On connoit la manière piquante dont il a traité plusieurs questions de métaphysique. Ses talens suffisent pour bien faire présumer de cette production, et on peut assurer qu'elle n'est pas au dessous de ses talens.'[137] La *Décade philosophique* annonce également la parution des trois premiers tomes 'très bien imprimés, avec le portrait de Bacon, d'une beauté achevée' et ajoute: 'Ce qui doit étonner, c'est qu'une telle entreprise littéraire soit nouvelle à la fin du 18ᵉ siècle, et que jusqu'à

---

134. Il est difficile de dater avec précision la parution des trois premiers volumes. La presse en rend compte dans les derniers mois de 1799, mais, en juin de la même année, le *Courrier des spectacles* annonce qu'à la séance du 11 messidor du Conseil des anciens, 'Garat, au nom des citoyens Sogrin et Cotte, fait hommage au conseil 1º d'une nouvelle édition des œuvres de Buffon, in-18; 2º d'une nouvelle édition des œuvres de Bacon, si bien caractérisé quand il a été appelé nourricier de la philosophie.' *Le Courrier des spectacles, ou Journal des théâtres* (12 messidor An VII [30 juin 1799]), p.2.
135. *Gazette nationale, ou le Moniteur universel* (21 brumaire An VIII [12 novembre 1799]), p.4.
136. *Gazette nationale, ou le Moniteur universel* (7 vendémiaire An IX [29 septembre 1800]), p.4.
137. *Magasin encyclopédique*, 5ᵉ année (1799), t.4, p.281-82.

ce moment on n'ait traduit qu'une très petite partie, et par extrait, des ouvrages de ce grand homme à qui la philosophie et les sciences auront d'éternelles obligations.'[138] En 1804, le *Journal typographique* rend compte de la publication des 'tomes XIII, XIV, XV et dernier' qui 'complettent cette belle et importante traduction, qui manquait à la fois à la littérature et aux sciences. L'édition est très-soignée'.[139] Dans une lettre qu'il adresse au 'Citoyen ministre' Chaptal le 23 ventôse An IX (14 mars 1801) pour le remercier de l'aide qu'il vient de lui accorder, Lasalle lui promet l'expédition rapide des neuf premiers volumes déjà imprimés, l'assure qu'il sera 'sur le 12ème volume avant de toucher la gratification' et qu'il 'espère que les 16 seront terminés cette année'.[140] Il n'y aura cependant jamais de seizième volume.

On pourrait croire qu'une fois la publication lancée, Lasalle ait tiré de 'l'affaire' des rentrées d'argent régulières et suffisantes pour le mettre à l'abri du besoin pendant quelque temps; il n'en est rien. Jean-Baptiste Gence dresse au contraire le portrait d'un traducteur misérable, insensible aux rigueurs du quotidien et tout entier absorbé par sa tâche. 'C'est du grenier d'un artisan' que sortira 'cet important et difficile ouvrage qu'avaient tenté vainement d'entreprendre les coryphées de l'Encyclopédie',[141] affirme-t-il. Donnant au traducteur les traits de l'artiste romantique, inspiré mais pauvre et tourmenté, Gence ajoute:

> L'ancien ami de Lasalle, M. Silvestre, qui l'alla voir en passant à Semur, le trouva occupé à sa version, dans un galetas des plus sombres, travaillant à la lueur d'une lampe pour ainsi dire sépulcrale, à côté d'un dur lit de sangle, et sans autre feu que celui d'un estomac qui ne cédait qu'à la faim pressante. Cependant il annotait et commentait Bacon avec un tel scrupule, qu'il ne lui échappait aucun passage obscur, aucune expression équivoque, sans l'éclaircir et l'expliquer.[142]

Les demandes d'aide adressées au gouvernement au nom de Lasalle confirment cependant l'évocation de Gence. Le 26 thermidor An VIII

---

138. *La Décade philosophique, littéraire et politique*, 1er trimestre (20 brumaire An VIII), p.309.
139. *Journal typographique et bibliographique*, sixième année, n° 13 (8 nivôse An XI), p.99.
140. Pierrefitte, Archives nationales, F/17/3173, demandes d'indemnité, Dossier Lasalle, lettre de Lasalle à Chaptal, 23 ventôse An IX.
141. J.-B.-M. Gence, *Notice biographique et littéraire*, p.111.
142. J.-B.-M. Gence, *Notice biographique et littéraire*, p.111.

(14 août 1800), Noël Berthet, le tout nouveau sous-préfet de l'arrondissement de Semur, écrit au préfet de la Côte-d'Or pour lui demander d'octroyer une aide à Antoine Lasalle, alors que s'impriment 'les dernières feuilles des volumes 4, 5 et 6'.[143] Pour appuyer le cas du traducteur, ruiné et endetté, Berthet précise que 'son existence repose sur quarante-huit francs par mois que lui donne le citoyen Frantin, imprimeur de sa traduction des Œuvres de Bacon'.[144] La demande de secours remonte jusqu'à Paris et aboutit au ministère de l'Intérieur, bureau des Beaux-Arts. Le préfet Guiraudet insiste: si Lasalle 'fait paraître actuellement sa traduction des œuvres de Bacon', il n'en reste pas moins que 'le faible produit de ce dernier ouvrage est bien loin de suffire à ses plus pressants besoins.'[145] Le ministère accordera 600 francs au traducteur de Bacon. Au début de l'année 1801 (pluviôse An IX), Jacques Berthier écrit, par l'intermédiaire de Berthet, une longue lettre à Chaptal à propos de la situation 'du Citoyen Antoine Lasalle, qui actuellement fait passer dans notre langue les ouvrages immortels du Chancelier Bacon'. Neuf volumes 'fruit de 3 ou 4 ans de travail' ont alors déjà été imprimés et le traducteur poursuit son entreprise 'avec un zèle infatigable'.[146] Les 500 francs accordés en 1799 par Neufchâteau (que l'auteur de la lettre réévalue à 300 francs) n'ont été 'qu'un secours passager' pour des raisons que le conservateur explique en détail:

> Un imprimeur distingué dans son art, le Cit. Frantin de Dijon s'est chargé de l'impression de Bacon, et assurément il a achevé un des beaux monumens de l'imprimerie françoise pour la beauté du caractère, la netteté de l'exécution et la correction du texte. Cette entreprise sera certainement glorieuse pour l'imprimeur; mais il est douteux si elle lui sera utile, vu la difficulté des temps et les avances qu'il a été obligé de faire ne luy ont permis que d'offrir environ 600fr par an au C. Lasalle. Ces 600fr sont la seule ressource du Cit. Lasalle et ne luy sont payés que depuis 2 ans environs 48fr par mois. Il a cependant des dettes qu'il a été forcé de contracter. Depuis 1793, jusqu'en 1798 sur la fin, il n'a reçu, Citoyen ministre, que des libéralités de plusieurs de nos concitoyens, qui pendant tout ce temps l'ont logé, nourri et habillé; et je peux vous assurer que si son travail

143. AN F/17/3173, Dossier Lasalle, lettre de Berthet à Guiraudet, 26 thermidor An VIII.
144. AN F/17/3173, Dossier Lasalle, Berther à Guiraudet, 26 thermidor An VIII.
145. AN F/17/3173, Dossier Lasalle, lettre de Guiraudet au ministère de l'Intérieur, 11 fructidor An VIII.
146. AN F/17/3173, Dossier Lasalle, lettre de Berthier à Chaptal, pluviôse An IX.

luy procure actuellement de quoi ne pas avoir recours pour subsister à l'humanité de ses concitoyens, il est dans une position qui intéresse toutes les âmes sensibles, et surtout celles qui aiment les sciences et les lettres.[147]

Lasalle lui-même demande (et obtient) des aides répétées afin de poursuivre sa traduction, mais il ne demande pas que de l'argent et adresse ainsi le 23 ventôse An IX (14 mars 1801), au ministère de la Guerre, une demande qui concerne directement un soldat:

> Il y a un sujet dont la coopération me seroit bien nécessaire pour mon travail; c'est le citoyen Lalevé, soldat de la 4ᵉ compagnie du 2ᵉ bataillon de la 23ᵉ ½ brigade de ligne, armée du Rhin. Tant que la guerre a duré, je n'ai voulu faire aucune démarche pour le ravoir parce que je ne devais pas travailler à diminuer le nombre des défenseurs de la patrie; mais actuellement la paix étant faite, peut-être auroit-il moins d'indiscrétion à demander le retour d'un sujet visiblement infirme. Si ma démarche, citoyen ministre, tend à violer quelque loi ou quelque convenance, je vous supplie de vouloir bien l'excuser et n'y voir que mon intention.[148]

Lasalle ne précise pas la nature de l'aide que lui apporterait ce soldat dans sa traduction, et il est plus que probable qu'il écrit en réalité à la demande de la famille du soldat. Ce nom n'apparaît d'ailleurs pas dans la liste de ceux que Lasalle remercie pour leur aide dans les volumes 1, 4 et 9 de sa traduction. Un dossier existe bien pour un certain Nicolas Lalevée (matricule 406) dans les registres militaires: 'conscrit de l'an 9', il arrive le 11 prairial An XI à la 40ᵉ demi-brigade de ligne, c'est-à-dire deux ans après la dissolution de l'armée du Rhin par arrêté du 15 floréal An IX. Malgré l'intervention de Lasalle – sans doute pour complaire au père du conscrit, tailleur à Semur-en-Auxois – le citoyen Lalevée n'a quitté l'armée que le 21 vendémiaire An XIII (13 octobre 1804), date à laquelle il a été 'congédié par réforme pour infirmité',[149] les arguments du traducteur n'ayant manifestement pas convaincu l'administration militaire.

---

147. AN F/17/3173, Dossier Lasalle, Berthier à Chaptal, pluviôse An IX.
148. AN F/17/3173, Dossier Lasalle, Lasalle à Louis-Alexandre Berthier, 14 mars 1801.
149. Vincennes, Service historique de la Défense, ministère des Armées, SHD/GR21 YC 350, 40ᵉ demi-brigade de ligne, 1ᵉʳ messidor An XI-3 prairial An XIII (matricules 1 à 3000), p.72, matricule 406.

Si sa traduction, son 'affaire' conclue de haute lutte et grâce à tant d'intermédiaires, ne lui procure pas la tranquillité financière qu'il avait envisagée, Lasalle y gagne toutefois un titre, celui de 'traducteur de Bacon'. C'est d'ailleurs ainsi qu'il signe la lettre de remerciement qu'il adresse à Chaptal. Quelques années plus tard, en 1810, il signera même une autre lettre 'Ant. Delasalle, traducteur de Bacon, ouvrage de longue haleine imprimé à Dijon'.[150] Si tous ceux qui appuient ses demandes d'indemnité soulignent les grandes qualités de la nouvelle traduction comme du traducteur, l'un et l'autre tomberont cependant rapidement dans l'oubli. Le faible tirage et le prix élevé des *Œuvres de François Bacon* l'expliquent sans doute en partie, mais un événement inattendu est venu précipiter les choses. Selon Clément-Janin, après la mort de Louis-Nicolas Frantin le 17 février 1803 d'une attaque d'apoplexie alors qu'il 'achevait d'imprimer une traduction des *Œuvres de Bacon*', ses héritiers détruisirent les exemplaires qui n'avaient pas été envoyés à Renouard: 'Ce Bacon ayant froissé les susceptibilités religieuses de quelques personnes tenant de près la famille, les deux fils Frantin n'hésitèrent pas, dit-on, à en sacrifier l'édition. Elle aurait été mise au pilon. Des exemplaires échappèrent pourtant à la destruction.'[151] Gence en donne un récit plus circonstancié et plus tragique:

> Le libraire de Paris, M. Antoine-Augustin Renouard, reçut en dépôt des exemplaires de cette collection. Mais après la mort de l'imprimeur Frantin, un scrupule de conscience, à l'instigation, dit-on, du confesseur du défunt, a fait livrer à l'épicier les volumes en feuilles, mêlées à dessein, de la traduction de Lasalle, comme s'il eût été un annotateur impie, et peu fidèle au texte religieux de son auteur. Quoi que M. Renouard lui-même l'eût justifié dans la note que nous avons citée de son catalogue, le bibliographe connaissait plutôt son livre que sa personne; et le malheureux Lasalle, plus tard, a végété, pauvre, isolé et infirme, dans l'arrondissement même du quartier où avait été déposé et se débitait son ouvrage.[152]

Nul ne sait si Lasalle eut vent de la destruction (partielle) de son grand œuvre, mais celle-ci dut avoir des répercussions sur sa situation financière. On ignore également si le contrat qui liait Lasalle à l'imprimeur Frantin et au libraire Renouard prévoyait que le traducteur se vît octroyer quelques exemplaires de sa traduction,

---

150. AN F/17/3173, Dossier Lasalle, Lasalle à Chaptal, 5 janvier 1810.
151. M.-H. Clément-Janin, *Imprimeurs et libraires*, p.77.
152. J.-B.-M. Gence, *Notice biographique et littéraire*, p.132-33.

mais il offre les quinze volumes – imprimés sur vergé et non sur le 'grand papier d'Annonay satiné' –, assortis d'une dédicace, à son ami François Menassier, avocat devenu juge de paix et grande figure politique de Semur-en-Auxois.[153] En 1799, il envoie également les trois premiers volumes de sa traduction à l'Institut national des sciences et des arts pour appuyer sa candidature à un siège de la classe des sciences morales (voir Chapitre 2), puis les volumes 4, 5 et 6 l'année suivante, pour une autre candidature.[154] En 1821, dans l'une des lettres qu'il adresse aux différents ministres de l'Intérieur pour obtenir un secours ou une pension, Lasalle affirme enfin, au titre des 'services littéraires' rendus, que les quinze volumes des *Œuvres de François Bacon* font partie des '25 volumes déposés dans les bibliothèques royales'.[155]

Si certains exemplaires se sont retrouvés dans des bibliothèques privées (voir Chapitre 4), ce sont là les rares vestiges d'une traduction qui fut l'entreprise d'une vie et qui, de son aveu même, fit vieillir Lasalle prématurément sans le tirer de l'existence misérable qui était devenue la sienne:

> J'ai déposé dans toutes les bibliothèques publiques, 20 et quelques volumes, notamment la traduction et les commentaires des œuvres du Chancelier Bacon, en 15 vol.; Traduction qui avait été jugée impossible et abandonnée comme telle. Ce grimoire m'a fait vieillir avant le tems; ayant fait passer ma chevelure, dans l'espace d'un an, du blond au brun; et du brun au gris.[156]

Le mot de grimoire n'a rien d'anodin. Il exprime tout ce que le texte de Bacon était réputé avoir d'obscur et laisse entendre que, pour le traducteur, ce long travail n'aura sans doute été qu'une malédiction.

---

153. Cet exemplaire, dont certains volumes sont annotés par Menassier, est conservé dans le fonds ancien de la bibliothèque de Semur-en-Auxois.
154. *Mémoires de l'Institut national des sciences et des arts: sciences morales et politiques*, t.4 (Paris, vendémiaire An XI), p.96-109.
155. AN F/17/3173, Dossier Lasalle, Lasalle au ministre de l'Intérieur, 24 février 1821.
156. AN F/17/3173, Dossier Lasalle, Lasalle au ministre de l'Intérieur, 18 décembre 1815.

2. Vie et destin d'un traducteur

> 'Time is like a river, which carries things down
> to us that are light and frothy, but into which
> weighty and solid things sink.'[1]

Si l'on ne sait rien de Pierre Amboise, traducteur de *Sylva sylvarum* en 1631, rien non plus de M. Mary Du Moulin, traducteur de *Fragmens extraits du chancelier Bacon* en 1765 et qui a souvent été pris à tort pour une traductrice, et fort peu de choses de Gilbert de Golefer, traducteur des *Neuf livres de la dignité et de l'accroissement des sciences* en 1632, Antoine Lasalle a laissé de nombreuses traces directes ou indirectes, dont l'exploitation peut toutefois s'avérer délicate. Dans un article qu'elle consacre à Lasalle, Luisa Benatti, paraphrasant *Les Fiancés* de Manzoni – 'Chi era costui?' – se demande qui est ce 'philosophe'.[2] Le même titre est également repris par Sylvie Lefèvre en tête du premier chapitre du livre qu'elle consacre à Antoine de La Sale, s'étonnant de voir l'article de sa collègue italienne rangé par le *Manuel bibliographique* de Klapp dans la section consacrée à la période médiévale: 'or, conclut-elle, l'Antoine de La Salle de Luisa Benatti n'est pas le nôtre, même si cet homme du dix-huitième siècle fut lui aussi voyageur infatigable et penseur éclectique. Pourtant l'erreur bibliographique est pleine d'enseignements sur les dangers et les charmes de l'homonymie.'[3] Sylvie Lefèvre souligne avec raison la confusion que génère ce nom somme toute assez porté, suffisamment

---

1. Francis Bacon, *Advancement of learning*, éd. Michael Kiernan (Oxford, 2000), p.29.
2. Luisa Benatti, '"Antoine de La Salle! Chi era costui?" Un "philosophe" davanti al suo secolo', *Studi francesi* 37 (1993), p.70-81.
3. Sylvie Lefèvre, *Antoine de La Sale: la fabrique de l'œuvre et de l'écrivain* (Genève, 2006), p.21.

répandu en tout cas pour que la bibliothèque municipale de Lyon attribue au philosophe et traducteur de Bacon certaines des œuvres du précepteur de Jean de Calabre – erreur rapidement corrigée après signalement. On comprend mieux cette confusion en constatant que Sylvie Lefèvre orthographie le nom du satiriste médiéval 'Antoine de La Sale' tandis que Joseph Nève consacre en 1975 un ouvrage au même auteur qu'il orthographie 'Antoine de La Salle', forme cependant rejetée par la Bibliothèque nationale de France. Ferdinand Denis, fils d'un ami de Lasalle (Joseph-André Denis) et directeur de la bibliothèque Sainte-Geneviève, souligne lui-même à la fin d'une note sur le traducteur: 'Il y a un étrange personnage qui porte ce nom au XVe siècle, c'est Ant. de la Salle auteur du petit Jéhan de Sintré et de la Salade, salmigondis géographique.'[4]

Le nom du traducteur de Bacon lui-même est passé par plusieurs états. S'il apparaît sur les rôles d'équipage sous le nom de 'Charles Antoine de la Salle', il devient ensuite 'Antoine de la Salle' ou 'de Lasalle', puis 'Delasalle' après la Révolution, pour finalement signer sa traduction 'Antoine Lasalle'.[5] Il reprendra parfois la particule à partir du Consulat dans les divers courriers de demande d'aide qu'il adressera pendant une vingtaine d'années à différents ministères. Francisque Bouillier (dont nous reparlerons aux chapitres suivants) recommande en outre aux lecteurs de ses *Etudes familières de psychologie et de morale* de se méfier des homonymies et de ne pas confondre l'auteur de *La Balance naturelle* 'avec un autre philosophe presque contemporain, Delisle de Salle'.[6] Qu'il s'agisse de documents imprimés ou de manuscrits, de témoignages directs ou indirects, honnêtes ou biaisés, la première difficulté consiste donc, comme le soulignait Sylvie Lefèvre, à savoir de qui l'on parle, d'autant plus qu'un auteur, selon la définition qu'en donne Alain Viala, 'c'est avant tout un nom signant une œuvre'.[7]

---

4. Bibliothèque Sainte-Geneviève, Manuscrits du fonds Ferdinand Denis, Ms 3881, 'Notes prises au courant de la plume', f.110.
5. Une recherche pour 'Antoine de Lasalle' ou 'Antoine de La Salle' sur le catalogue de la BnF propose également des notices d'ouvrages de et sur Charles Antoine de Lasalle, maréchal d'empire sans aucun lien de parenté avec le traducteur. Sur la question du nom des traducteurs, voir par exemple le passage que lui consacre Anthony Pym dans *Method in translation history* (Abingdon, 1998), 'Translators can go by several names', p.174-76.
6. Francisque Bouillier, *Etudes familières de psychologie et de morale* (Paris, 1884), p.220.
7. Alain Viala, *Naissance de l'écrivain* (Paris, 1985), p.84.

Au-delà de ce nom qu'il n'a jamais cherché à modifier radicalement ou à remplacer par un pseudonyme, Lasalle a par ailleurs opté dans un premier temps pour l'anonymat (pour la publication du *Désordre régulier*), sans doute pour ménager ses tuteurs, avant de signer de son nom. Il choisit ensuite, de temps à autre, d'ajouter à sa signature des titres qui insistent sur un statut variable: il signe 'cy-devant Officier de Vaisseau' les deux volumes de *La Balance naturelle* puis, la réputation littéraire aidant, il signe à la fin d'une petite brochure de huit pages sur la recherche des causes 'Antoine Delasalle, auteur de la *Balance naturelle* & de la *Méchanique morale*',[8] fondant ainsi sa carrière philosophico-littéraire sans pour autant renoncer à faire figurer son nom, contrairement aux exemples que donne Michel Delon, où le titre proclamé prend la place du nom, comme chez Delisle de Sales qui devient 'le philosophe de la nature' ou Louis-Claude de Saint-Martin, qui se mue en 'philosophe inconnu'.[9] Le traducteur de Bacon signe les quinze volumes de sa traduction de son nom, mais précise en exergue de la préface qu'il insère au début du neuvième volume que le texte a été traduit 'par Antoine Lasalle, membre de la Société philomatique et de l'Académie de Virginie'.[10] On lui connaîtra enfin deux surnoms qui n'ont cependant jamais été utilisés pour signer ses œuvres, mais qui correspondent à un goût du pseudonyme antique propre à la période révolutionnaire:[11] 'l'Anaxagore moderne' et 'le Diogène du Luxembourg'. Chacune de ces façons de se (ou de le) présenter aux lecteurs raconte l'une des multiples vies du 'traducteur de Bacon', titre dont il se prévaudra avec le plus de constance jusqu'à sa mort.

La première des sources biographiques disponibles est constituée par les ouvrages publiés par Lasalle lui-même, qui écrivait pourtant au détour d'une note de bas de page: 'Si l'on dit du bien de soi, l'on n'est pas cru; si l'on en dit du mal, on est pris au mot: on ne gagne donc rien à parler de soi.'[12] Il glisse en effet dans la plupart de ses livres – *Le Désordre régulier*, *La Balance naturelle*, la *Méchanique morale*, *L'Ordre irrégulier* et surtout les quinze volumes de sa traduction[13] – de très

---

8. [Antoine Lasalle], *Règle universelle, pour la recherche des causes, dans la théorie, & celle des moyens dans la pratique* (s.l.n.d.), p.8.
9. Michel Delon, 'Le nom, la signature', dans *La Carmagnole des muses: l'homme de lettres et l'artiste dans la Révolution*, éd. Jean-Claude Bonnet (Paris, 1988), p.277-332 (281).
10. *OFB*, t.9, p.i.
11. Voir M. Delon, 'Le nom, la signature', p.283-86.
12. *OFB*, t.12, p.323.
13. Ces ouvrages sont cités dans le chapitre précédent à l'exception de ce rarissime

nombreux détails autobiographiques qui lui permettent de composer au fil du temps un autoportrait changeant et parfois contradictoire. Ces indications autobiographiques ont largement servi de trame aux notices biographiques rédigées de son vivant ou après sa mort, à commencer par la courte notice que son ami Gence fait insérer en 1818 dans la *Biographie des hommes vivants*,[14] suivie de la *Notice biographique et littéraire* posthume, également rédigée par Gence et dont les informations seront reprises avec plus ou moins d'exactitude par des recueils biographiques comme la *Biographie universelle et portative* qui en donne une paraphrase.[15] Le témoignage de Gence, témoignage direct d'un ami resté proche de Lasalle jusqu'à sa mort et compagnon de voyage aussi dévoué qu'infatigable, est des plus précieux, mais c'est aussi celui d'un homme qui, en cherchant à réhabiliter la mémoire d'un philosophe et traducteur tombé dans un oubli qu'il juge injuste, se met en avant comme l'ami providentiel. En outre, de nombreux détails donnés par Gence ont été prélevés après coup dans les notes que Lasalle ajoute à sa traduction. En 1853, Ferdinand Denis, qui a lui aussi connu personnellement Lasalle, fait paraître dans la *Nouvelle biographie générale* de Jean Chrétien Hoefer une notice pour laquelle il s'est appuyé sur des notes manuscrites que le traducteur lui avait confiées.[16] Une trentaine d'années plus tard, Francisque Bouillier précise que sa propre esquisse biographique de Lasalle s'appuie sur les notices de Gence et Denis: 'Le savant bibliothécaire de Sainte-Geneviève, M. Ferdinand Denis, a bien voulu nous communiquer quelques notes autobiographiques qu'il tenait de la Salle lui-même, ainsi que la notice biographique, aujourd'hui fort rare, de Gence.'[17]

---

recueil en vers: Antoine Lasalle, *L'Ordre irrégulier, ou Pièces diverses, que les sots et méchans ne doivent pas lire* (Semur, Junot, An IV [1796]).

14. *Biographie des hommes vivants, ou Histoire par ordre alphabétique de la vie publique de tous les hommes qui se sont fait remarquer par leurs actions ou leurs écrits, par une société de gens de lettres et de savants*, 5 vol. (Paris, 1816-1819), t.4, p.114-15. La notice est signée de l'initiale E, mais Gence en parle comme de 'son article' dans sa *Notice biographique et littéraire*, p.139.

15. *Biographie universelle et portative des contemporains* [...] *ouvrage entièrement neuf*, éd. Alphonse Rabbe et autres, 5 vol. (Paris, 1834), t.3, p.165. Gence affirme avoir fourni à Rabbe une 'notice *autobiographique* sur Lasalle'. Voir J.-B.-M. Gence, *Notice biographique et littéraire*, p.2, n.2.

16. *Nouvelle biographie générale depuis les temps les plus reculés jusqu'à nos jours*, éd. Jean Chrétien Hoefer, 46 vol. (Paris, 1853), t.29, col.730-31.

17. F. Bouillier, *Etudes familières*, p.220. Ces notes autobiographiques de la main de Lasalle ne figurent pas dans les archives de Ferdinand Denis conservées à la bibliothèque Sainte-Geneviève. Il est impossible de savoir s'il s'agit du même

Bouillier ajoute d'ailleurs en parlant de ce dernier: 'Ami dévoué du malheureux philosophe jusqu'à sa mort, compagnon de ses voyages en France et en Italie, nul mieux que Gence ne pouvait nous raconter sa vie, ses bizarreries, ses vicissitudes, ses misères, et nous mettre au courant de ses idées et de ses travaux.'[18] C'est en s'appuyant sur ces notices que Guy Thuillier rédige dans les années 1960 les deux articles qu'il consacre à Lasalle dans *La Revue administrative*.[19] A ces sources s'ajoutent un ensemble de lettres adressées par Lasalle à diverses personnes, de rares manuscrits de sa main portant sur des observations scientifiques, ou encore des documents d'archive (dossiers de demande d'aide adressés à différents ministères ou institutions, actes notariés, rôles d'armement et de désarmement de navires, etc.) qui permettent de recouper ou de corriger les informations biographiques ou autobiographiques.

Nous savons aussi sur quels documents nous ne pouvons plus compter. Les 'cinq lettres autographes signées', envoyées par Lasalle à 'M. Frantin et à M. Renouard. An IX à 1807' et qui consistent en douze pages in-4° formant le lot 212 du catalogue des lettres autographes vendues après la mort du libraire, sont aujourd'hui introuvables.[20] Elles auraient pu nous éclairer utilement sur les relations entre le traducteur, l'imprimeur et le libraire. Introuvables également les lettres que Lasalle avait adressées à son ami Gence et dont celui-ci fait état dans sa notice: une lettre 'du temps de la *République une et indivisible*', un 'fragment d'une lettre de Lasalle, écrite en 1793', un autre 'fragment d'une lettre du mois de juin 1791', une 'lettre n° 11' de décembre 1818, une 'lettre n° 12' de février 1819, une autre du 19 octobre de la même année, envoyée depuis l'hôpital Saint-Louis.[21] Disparue enfin la 'silhouette exécutée au physionotrace, le seul portrait qui nous est resté' et que Gence n'avait finalement pas pu faire reproduire en frontispice de sa *Notice* comme il en avait l'intention, mais qu'il dit se trouver 'en tête d'un exemplaire de la *Mécanique*

---

document que celui que Gence avait prêté à Rabbe et qu'il affirme avoir laissé 'entre les mains de M. Taschereau' (*Notice biographique et littéraire*, p.2).
18. F. Bouillier, *Etudes familières*, p.220.
19. Guy Thuillier, 'Un aventurier philosophe: Antoine de Lasalle', *La Revue administrative* 97, 17ᵉ année (janvier/février 1964), p.21-28; Guy Thuillier, 'Un aventurier philosophe II: la "Méchanique morale" d'Antoine de Lassale', *La Revue administrative* 99, 17ᵉ année (mai/juin 1964), p.238-44.
20. *Catalogue des lettres autographes*, p.24-25.
21. J.-B.-M. Gence, *Notice biographique et littéraire*, p.26n; p.61, n.2; p.83, n.1; p.139n; p.140n; et p.141n.

morale que nous possédons'.[22] Pour reconstituer l'apparence physique d'Antoine Lasalle, nous devrons nous contenter de la description sommaire qu'en donne son ami: 'd'une physionomie et d'un regard doux et agréables, ayant des traits féminins et toutefois des contours mâles, le front haut et la tête levée'.[23]

Dans la préface du volume collectif *Portraits de traducteurs*, Jean Delisle rappelle l'évolution relativement récente des études de traductologie qui placent désormais le traducteur 'au centre de la réflexion sur la traduction' puisqu'il est 'présent dans ses travaux, y laisse son empreinte, consciemment ou non'.[24] On verra d'ailleurs dans le chapitre suivant qu'Antoine Lasalle est de ce point de vue un cas d'école. S'intéresser à la vie des traducteurs c'est tenter de mettre en évidence, au-delà du contexte historique, 'les circonstances ayant entouré la production de l'œuvre', les informations biographiques entrant désormais dans les modèles théoriques.[25] Mais Delisle s'interroge également sur les limites de l'exercice. S'il souligne la nécessité de ne pas 'restreindre l'histoire de la traduction à la seule étude des individus, ne serait-ce que parce que la biographie présente le risque de détourner l'attention de l'œuvre traduite elle-même', Delisle reprend une remarque d'Anthony Pym pour qui les détails de la vie privée des traducteurs ne sont pertinents que dans la mesure où ils expliquent la façon dont la traduction a vu le jour, même si Pym admet que les limites de cette pertinence sont par nature extrêmement floues.[26]

Il est sans doute illusoire de penser trouver avec certitude dans la vie privée des traducteurs les causes premières d'une traduction. On l'a vu dans le premier chapitre de ce livre, le projet de traduire Bacon est né en grande partie de la révélation qu'a été pour Lasalle le premier ouvrage qui lui avait été donné de lire du philosophe, et cette traduction – envisagée puis abandonnée et reprise – a vu le jour à la fois parce que le traducteur s'était assigné une mission d'éducateur, mais aussi, plus prosaïquement, parce qu'il avait besoin d'argent. On verra plus loin que ses détracteurs ont voulu le croire missionné par les encyclopédistes pour tordre Bacon et le faire correspondre

---

22. J.-B.-M. Gence, *Notice biographique et littéraire*, p.28n et page de garde.
23. J.-B.-M. Gence, *Notice biographique et littéraire*, p.28.
24. J. Delisle, *Portraits de traducteurs*, p.1.
25. J. Delisle, *Portraits de traducteurs*, p.2.
26. J. Delisle, *Portraits de traducteurs*, p.2. Voir A. Pym, *Method in translation history*, p.167.

de force à leurs préoccupations idéologiques et notamment à leur athéisme (voir Chapitres 4 et 5). Connaître certains détails de la vie de Lasalle devrait permettre à tout le moins d'évaluer la pertinence de ces réactions critiques en mettant en évidence les réseaux du traducteur, le milieu intellectuel et politique dans lequel il évoluait, ainsi que les contingences et les influences qui ont pu conditionner sa manière de traduire. Mais est-ce là le seul intérêt que représente la biographie d'un traducteur? Anthony Pym rappelle à juste titre qu'un traducteur n'est pas qu'une subjectivité discursive, un agent abstrait dont l'existence serait limitée à la traduction produite, mais qu'il s'incarne dans un corps:

> A human body does several things. It consumes resources, it affords pleasures and pains, it interrelates and reproduces, and it moves. This means translators who have bodies must be concerned with getting paid not just for one translation but for providing services throughout their lives, for the continued feeding and care of their bodies, usually by doing more than one translation and very often by doing a lot more than translating. Translators with bodies might also be expected to avoid physical hardship, prison and torture, be it for themselves or for their family and future generations. And translators with bodies tend to be more mobile than any norm, purpose or system. They can get up and go from town to town, culture to culture; if they eat and exercise, they can survive from period to period. Elemental things. None of these aspects are very important from the perspective of the abstract 'translator', singular. Yet they are all extremely pertinent to the way translators can help shape translation history. That's why, when I talk about 'translators', plural, I refer to people with flesh-and-blood bodies. If you prick them, they bleed.[27]

Sans doute plus que d'autres, Antoine Lasalle a été un corps: un corps mobile, un corps souffrant, un traducteur de chair et de sang. Retracer la trajectoire personnelle et professionnelle du traducteur, lui 'donner corps', c'est-à-dire écrire sa biographie au sens où l'entend Paul Murray Kendall – pour qui cet exercice peut se définir comme 'la simulation, en mots, de la vie d'un homme, à partir de tout ce qui est connu de cet homme'[28] – c'est aussi donner à voir, pour paraphraser Michel Foucault, la vie d'un homme infâme.

---

27. A. Pym, *Method in translation history*, p.161.
28. 'I suggested that [biography] may be defined as "the simulation, in words, of a man's life, from all that is known about that man"' (c'est moi qui traduis); Paul Murray Kendall, *The Art of biography* (1965; New York, 1985), p.15, cité dans *La*

Lasalle, qui s'était imaginé réussir là où Diderot lui-même avait échoué, n'a jamais été Diderot, même si Cyril Le Meur ne craint pas d'affirmer au contraire que: 'Lasalle est un Diderot, et il ne faudrait pas trop se gausser de la comparaison, car il a véritablement de Diderot l'ampleur des vues, l'audace conquérante de l'esprit, le sens du travail.'[29] Relativement connu en son temps (à défaut sans doute d'être tout à fait reconnu), sa pauvreté l'a rendu invisible des années avant sa mort. Sa vie est l'une de ces 'vies singulières, devenues [...] d'étranges poèmes' dont Foucault a cherché la trace dans les archives, et qui ne sont que 'des malheurs et des aventures sans nombre, ramassés en une poignée de mots'.[30] Ce n'est d'ailleurs pas *une* vie, mais *des* vies qu'a vécues Antoine Lasalle et qui toutes ont contribué à faire de lui un traducteur.

Un Montmorency

Selon son ami Jean-Baptiste Gence, Antoine Lasalle est né à Paris, paroisse de Saint-Germain-l'Auxerrois, le 18 août 1754, enfant naturel du 'comte de Montmorency-Pologne' et d'une noble polonaise qui se serait retirée au couvent 'après l'annulation de leur union secrète'.[31] Ferdinand Denis ne retient que la date et le lieu de naissance de Lasalle sans évoquer ses parents, quant à la courte notice de la *Biographie universelle*, elle le fait naître à Paris en 1754 (sans plus de précision) et ajoute qu'il 'passa pour le fils naturel du comte de Montmorency-Pologne',[32] cette formulation laissant entendre qu'il n'en était rien. Que Lasalle lui-même ait été convaincu d'être lié aux Montmorency et à la Pologne par sa naissance ne fait aucun doute puisque, dans une lettre à Charles Dumont dans laquelle il évoque avec insistance 'les 26 800 francs' dont la Révolution l'a privé, il précise que 'la nation françoise avait d'autant moins droit de s'en emparer qu'ils ne me viennent pas d'elle mais des Polonois avec qui elle n'étoit point en guerre.'[33]

Vérité d'une vie: études sur la véridiction en biographie, éd. Joanny Moulin et autres (Paris, 2019), p.16.
29. C. Le Meur, *Les Moralistes français*, p.271.
30. Michel Foucault, 'La vie des hommes infâmes', publié initialement dans les *Cahiers du chemin* 29 (1997), p.12-29, et réédité dans les *Archives de l'infâmie* du Collectif Maurice Florence (Paris, 2009), p.7-30.
31. J.-B.-M. Gence, *Notice biographique et littéraire*, p.1.
32. *Biographie universelle, ou Dictionnaire de tous les hommes*, t.11 (Bruxelles, 1845), p.115.
33. Ms NAF 12300, lettre 11, f.17*v*.

La question de ses origines l'a hanté toute sa vie, notamment parce qu'il s'était retrouvé privé de ce revenu après avoir fait de multiples démarches pour être rétabli dans ses droits. C'est lorsque le soutien financier, d'abord régulier puis de plus en plus ponctuel, des Montmorency s'est tari que la question de la publication de la traduction de Bacon est devenue une question de survie pour Lasalle. Tenter d'y voir plus clair n'est cependant pas simple. Le 'comte de Montmorency-Pologne', en réalité Alexandre-Joseph de Montmorency-Bours (1687-1759) 'vulgairement appelé Montmorenci le Polonois',[34] est le fils de Daniel de Montmorency-Bours, seigneur d'Acquet et de La Court-au-Bois et de Marie de Lescar, veuve d'un gentilhomme béarnais. Il doit ce surnom de 'Pologne' à ses états de service en tant que lieutenant général des armées du roi de Pologne et à son mariage en 1730 avec une riche Polonaise: Agnès-Emérentienne de Warszicki, veuve de Louis Constantin de Pociey, palatin de Vilna et grand maréchal de l'armée polonaise.[35] Bouillier précise à son propos que ce 'Montmorency Pologne' était aussi distingué 'dans cette riche famille, par le surnom familier de Montmorency le pauvre', ajoutant que ce surnom était 'de mauvais présage pour notre philosophe né d'une union secrète ou de quelque mariage de la main gauche avec une noble Polonaise'.[36] La première incohérence saute aux yeux: comment Alexandre de Montmorency, marié en septembre 1730 avec une Polonaise dont il n'a jamais divorcé, pouvait-il avoir contracté un mariage 'de la main gauche' – c'est-à-dire un mariage morganatique – ou une 'union secrète' annulée par la suite, avec une Polonaise? Comment le fruit de cette union prétendument secrète a-t-il pu porter le nom de 'de La Salle'?

L'état civil de la ville de Paris, reconstitué après l'incendie de 1871, ne comporte qu'un seul acte au nom d'Antoine de La Salle pour l'année 1754. Il s'agit d'une copie d'acte de baptême effectuée en décembre 1754 pour une cérémonie ayant eu lieu le 31 août de la même année, pièce transmise à la commission de reconstitution par la direction des Domaines. On peut lire au recto du document:

Extrait des registres des Baptêmes de l'église royale et paroissiale Saint Germain l'Auxerrois à Paris. ––

---

34. François Alexandre Aubert de La Chenaye Desbois, *Dictionnaire généalogique, héraldique, chronologique et historique*, 2 vol. (Paris, Duchesne, 1757), t.2, p.574.
35. Henri-Paul-César de Chastelux, *Notes prises aux archives de l'état-civil de Paris, avenue Victoria, 4, brûlées le 24 mai 1871* (Paris, 1875), p.630.
36. F. Bouillier, *Etudes familières*, p.221.

Du samedy trente et unième aoust mil sept cens cinquante quatre fut baptisé Antoine fils de Mre Antoine de la Salle, écuyer et de Marie Madeleine du Morfay son épouse rue du Roule. Le Parein Jean Ignace Cordier suisse de cette église. La Mareine Marie Marguerite Bignon femme de Jean Louis du Buisson, M[d] Mercier. L'enfant est né aujourd'huy et ont signé Bignon, de Lassalle, Cordier, Sion vic. ——

Délivré par moy soussigné prêtre docteur de Sorbonne curé de lad[e] église le onze décembre mil sept cens cinquante quatre.
        Ransnay

Nous vicaire Général de Mgr l'Archevêque de Paris, certifions que le Sr Ransnay qui a signé de l'autre part, a été tel qu'il s'est qualifié.[37]

Cet acte porte dans le coin inférieur gauche une inscription manifestement faite a posteriori: 'pièce unique/cote unique'. Cette mention particulière se retrouve soixante-quinze ans plus tard dans l'inventaire après décès d'Antoine Lasalle, où se trouve consignée la présence, parmi divers papiers, d'un acte d'état civil 'pouvant servir de renseignement de famille – laquelle pièce a été cotée, paraphée et inventoriée *pièce unique de la présente cote unique*'. Le juge de paix note par ailleurs: 'Les papiers ont été triés et classés et ceux formant la cote unique ont été cotés, paraphés, analysés, inventoriés par le notaire, ainsi qu'on peut s'en assurer par le même inventaire même séance de ce jour.'[38] S'agissant d'une succession en déshérence, le notaire présent était celui des Domaines et il n'est donc sans doute pas hasardeux de penser que la 'pièce unique/cote unique' versée par les Domaines pour la reconstitution de l'état civil en 1872 ait été celle que Lasalle avait chez lui à sa mort en 1829 et que cet acte de baptême est bien le sien. Mais alors quel rapport entre les informations consignées sur cet acte et les Montmorency et plus encore la Pologne? Un début d'explication se trouve peut-être dans le testament d'Alexandre-Joseph de Montmorency-Bours – qui meurt, officiellement sans descendance, le 10 mars 1759 – par lequel il 'donne et lègue à Messieurs de la Salle, [ses] cousins, la somme de 60.000 livres pour être partagée entre eux suivant la coutume de Béarn' et donne 'à Monsieur le Prince de Tingry seul, tous les droits et reprises qui me seront dus par quelque personne que ce soit en Pologne et en Lituanie suivant mon contrat

---

37. Paris, Archives départementales, Actes de l'état civil reconstitué, 5Mil 27, naissances (1754), n° 447708.
38. Paris, Archives départementales, D. 11U¹ 107, 'Scellés après décès de Mr. Antoine Lasalle, rentier' (4 mars 1830), f.3. C'est moi qui souligne.

de mariage après la mort de ma femme sans qu'il soit obligé d'en rien donner à personne'.[39] Le règlement de la succession a donné lieu à une longue bataille juridique entre le prince de Tingry et la veuve du comte de Montmorency-Bours autour de la validité du contrat de mariage établi à Varsovie. Il est inutile ici d'entrer dans les détails du procès, mais on y trouve plusieurs informations intéressantes. Tout d'abord que le défunt, avant de s'installer en Pologne et de s'y marier, 'avoit vendu pour 20 ou 24000 liv. le peu de biens qu'il avoit en Béarn' et que 'son nom fut la seule dot qu'il apporta en mariage',[40] ce que confirme d'ailleurs l'avocat du prince:

> Le Comte de Montmorency-Bours, né avec un bien très-médiocre, a été élevé & soutenu dès ses premières années jusqu'à l'âge de trente-trois ans dans la maison, & par les soins de feu M. le Maréchal & de feue Madame la Maréchale de Montmorency, père & mère du prince de Tingry. Né pour penser noblement, son cœur en a toujours conservé une reconnaissance, qu'on va voir être le principal motif de ses dernières dispositions.[41]

Alexandre-Joseph de Montmorency-Bours, de vingt-cinq ans l'aîné de Charles François Christian de Montmorency, a donc passé une partie de sa jeunesse sous le même toit que lui, et la reconnaissance qu'il éprouvait vis-à-vis de ceux qui l'avaient ainsi accueilli s'étendait de toute évidence au premier né de Christian Louis de Montmorency-Luxembourg et de Louise Madeleine de Harlay.

---

39. Paris, Archives nationales, 'Pièces d'intérêt familial relatives aux princes du sang' (maisons de Bourbon, de Condé, de Conti et d'Orléans et leurs alliances, 1736-1760), K//545/79 (bobine 2), 'Procès-verbal d'ouverture du testament d'Alexandre-Joseph de Montmorency-Bours'. Des recherches effectuées par les membres du Centre généalogique des Pyrénées-Atlantiques dans les relevés de l'abbé Aloys de Laforcade confirment que divers membres de la famille Desclaux-Lassalle ont donné procuration en 1759 à Pierre Desclaux-Lassalle pour représenter leurs intérêts dans cette succession en tant que cousins et neveux du comte de Montmorency-Bours.
40. Jean-Baptiste Gerbier, *Mémoire pour la comtesse de Montmorency contre le prince de Tingry, le comte de Montmorency et le sieur Desclaux de La Salle* (Paris, L. Cellot, 1766), p.2. Les relevés de Laforcade conservent la trace de la vente de son fief de Bellocq, en Béarn, au profit de son cousin Daniel de Lescar, en date du 17 janvier 1724.
41. Trousseau, *Mémoire pour le prince de Tingry, légataire universel, avec charge de substitution, du comte de Montmorency-Bours, et le comte de Montmorency-Logny, appelé à la substitution, intimés contre la dame comtesse de Montmorency-Bours, appelante* (Paris, G. Desprez, 1766), p.3.

Le nom de Lasalle semble donc bien lié à celui de Montmorency-Bours, mais encore faut-il comprendre, avant même de revenir aux informations que livre la copie d'acte de baptême, pourquoi ce nom en particulier a été donné au fils naturel du comte. Une piste possible est offerte par l'histoire d'une autre branche Montmorency, celle du duc Anne Charles Sigismond de Montmorency-Luxembourg, maréchal de camp des armées du roi et fondateur du Grand Orient de France. Paul Filleul, qui lui a consacré un ouvrage en 1939, évoque une lettre écrite en 1828 par un certain Emmanuel d'Apremont et dont il juge le contenu 'parfaitement exact pour ce que j'en puis vérifier'.[42] L'homme affirme être 'fils naturel de feu M. le chevalier de Montmorency-Luxembourg', placé en nourrice à Montreuil avant d'être confié à une gouvernante dans le quartier de Gros-Caillou. Chétif, élevé 'suivant le système de J.-J. Rousseau', il est mis en pension à l'âge de sept ans, 'à Picpus, chez M. Audet'. A la mort de son père supposé, le reste de son éducation est pris en charge par le prince de Tingry jusqu'à la Terreur, où il est abandonné par ceux qui s'étaient occupés de lui. Paul Filleul affirme avoir dûment vérifié ces informations et ajoute: 'Emmanuel d'Apremont tire son nom d'une terre en Normandie, vendue par le prince de Luxembourg pour payer son expédition de Jersey' en 1781.[43] On peut penser qu'une terre béarnaise autrefois propriété de Montmorency-Bours a pu donner le nom de Lasalle – nom porté par certains membres de la branche maternelle du comte – à ce fils naturel. Le baptême a très bien pu légitimer cet arrangement afin que le nom de Montmorency ne soit pas entaché par cette naissance: Sylvie Steinberg montre en effet que le recours à des faux noms ou à des prête-noms lors des baptêmes était une pratique sinon courante du moins envisageable notamment pour les bâtards de la noblesse, malgré l'obligation faite aux curés de tenir des registres sincères.[44] Cette pratique avait pour but de préserver la réputation du père (et parfois de la mère) du déshonneur que représentait la bâtardise. La date tardive de la cérémonie de baptême – une douzaine de jours après la date de naissance revendiquée par Lasalle et reprise par ses biographes – peut s'expliquer par une santé précaire à la naissance: le nouveau-né jugé intransportable, il a peut-être été décidé de

---

42. Paul Filleul, *Le Duc de Montmorency Luxembourg* (Paris, 1939), p.183.
43. P. Filleul, *Le Duc de Montmorency Luxembourg*, p.182-84.
44. Sylvie Steinberg, *Une Tache au front: la bâtardise aux XVIe et XVIIe siècles* (Paris, 2016), p.120, 127 et 139.

procéder à un ondoiement le jour de la naissance en attendant qu'un baptême tardif puisse être organisé en cas de survie. Cette supposition a le mérite de correspondre à la constitution fragile que Lasalle a toujours mise en avant, dont témoigne Gence et sur laquelle nous reviendrons plus tard.

Le comte de Montmorency-Bours meurt en 1759 et la notice de la *Biographie des hommes vivants* précise qu'à l'âge de six ans, Lasalle est orphelin de père et de mère et qu'il est élevé 'dans la maison et sous la tutelle du prince de Montmorenci-Tingri [*sic*]',[45] ce que confirme Gence qui ajoute: 'on lui assigna, pour son entretien, un fonds de trente mille livres dont il toucha le revenu jusqu'à la perte irrémédiable du capital en 1789.'[46] Bouillier donne plus de détails sur ce point important: 'Sans l'adopter hautement, la famille de Montmorency n'a pas méconnu qu'il lui appartenait par les liens du sang. La Salle fut élevé dans la maison d'un Montmorency, le prince de Tingry, capitaine des gardes de Louis XVI' avec pour tout bien les trente mille livres placées sur sa tête.[47] Un enfant illégitime ne pouvant hériter, c'est peut-être la raison pour laquelle le comte de Montmorency avait légué – fictivement ou non – par testament à ses cousins de La Salle une somme susceptible de couvrir 'l'aliment', c'est-à-dire l'éducation et l'entretien de son fils. Antoine Lasalle est donc sans doute le fils naturel du comte de Bours et d'une femme inconnue (appartenant peut-être à l'entourage de la comtesse de Bours). Une autre hypothèse, plus rocambolesque sans être invraisemblable, ferait de Lasalle l'enfant adultérin de Louise-Madeleine Du Faÿ de La Tour-Maubourg, seconde épouse du prince de Tingry, fille d'un maréchal de France, morte brutalement à vingt-deux ans 'sans postérité' le 15 septembre 1754, quelques semaines après la naissance d'Antoine. On peut ainsi imaginer que Charles François Christian de Montmorency ait fait promesse à son épouse mourante de prendre soin de l'enfant, de lui donner un avenir à défaut de lui donner un nom, et que le comte de Bours ait contribué à bâtir une fiction nécessaire autour de son identité.[48]

---

45. *Biographie des hommes vivants*, t.4, p.114.
46. J.-B.-M. Gence, *Notice biographique et littéraire*, p.2.
47. F. Bouillier, *Etudes familières*, p.221.
48. Le nom de la mère mentionné sur l'acte de baptême, Marie Madeleine Du Morfay (patronyme que l'on ne retrouve sur aucune base de données généalogiques), pourrait se lire comme une clef et Morfay se décomposer en Mort[e] Faÿ pour désigner la jeune mère décédée.

Sous la tutelle du prince, l'enfance d'Antoine Lasalle ressemble étrangement à celle du jeune Emmanuel d'Apremont. Gence se fonde sur une note autographe de Lasalle que lui a communiquée Mathieu Guillaume de Villenave et décrit une scolarité primaire prometteuse 'au collège de Picpus', puis 'aux quatre grands collèges, où il emporta presque tous les prix dans les différentes classes, et surtout dans celles de rhétorique et de philosophie'.[49] Picpus, alors situé en dehors de Paris et dont l'air était réputé très salubre, comptait plusieurs pensions destinées à l'éducation des garçons et placées sous l'autorité du chantre de l'Eglise de Paris. Aucun indice ne permet d'affirmer que Lasalle a été éduqué chez Watrin, chez Lottin ou encore chez Colin plutôt que chez Cloutier ou Audet de La Mésanguère. Toutes ces pensions fonctionnaient peu ou prou sur le même principe et aux mêmes tarifs. La pension Audet – celle d'Emmanuel d'Apremont – est tenue par Gabriel Antoine Nicolas Audet, originaire d'Agde, auteur de poésies latines et connu plus tard pour ses poèmes révolutionnaires. En 1787, il est 'Maître-ès-Arts en l'Université de Paris' (après avoir raté l'agrégation des belles-lettres en 1766) et membre de l'académie des sciences, arts et belles-lettres de Châlons-sur-Marne.[50] Il veille dans sa pension 'très avantageusement située entre cour & jardin' sur des garçons de cinq à douze ans pour un prix qui varie entre 500 et 600 livres par an, en fonction de l'âge de l'enfant:

> Dans ce prix sont compris les Maîtres d'étude, de lecture, de calcul & d'écriture, le blanchissage, le luminaire & le feu. Le papier, plumes, encre, poudre & pommade tous les jours, se paient 24 l. par an. On

---

49. J.-B.-M. Gence, *Notice biographique et littéraire*, p.2. Les 'grands collèges' ou collèges 'de plein exercice' sont ceux qui enseignent le cycle complet des humanités et de la philosophie, conduisant à l'obtention du titre de maître ès arts. Au dix-huitième siècle, ils sont au nombre de dix, et Gence veut sans doute ici désigner, en parlant des 'quatre grands collèges', le collège Mazarin également appelé collège des Quatre-Nations. Voir Marie-Madeleine Compère et Dominique Julia, *Les Collèges français (XVIe-XVIIIe siècles): répertoire*, 3 vol. (Paris, 1984), t.3: *Paris*; voir également Boris Noguès, 'Les collèges de la faculté des arts de Paris au XVIIIe siècle', http://rhe.ish-lyon.cnrs.fr/colleges_facsarts/ (date de dernière consultation le 21 octobre 2024).
50. On trouve le nom d'Audet dans les *Ressources numériques en histoire de l'éducation* de l'UMR LARHRA, à la rubrique 'Candidats aux trois concours pour l'agrégation de l'Université de Paris (1766-1791)', http://rhe.ish-lyon.cnrs.fr (date de dernière consultation le 21 octobre 2024); on le trouve aussi sur le site *Poètes en Révolution* de la MSH Clermont-Ferrand, https://poetes-en-revolution.msh.uca.fr/front (date de dernière consultation le 21 octobre 2024).

> donne en outre en entrant 12 liv. de bienvenue, tant pour les maîtres que pour les domestiques: les étrennes sont arbitraires, & dépendent de l'aisance & de l'honnêteté des parens.
>
> Les Maîtres de Mathématiques, de Langues étrangères, de Dessin, de Musique vocale & instrumentale, d'Armes, de Danse, d'Exercice militaire, &c. se paient à part.
>
> Tout ce qui regarde la toilette & les petits soins est du ressort de Madame AUDET & de ses suppléantes, qui ont soin de tenir les enfans dans la plus exacte propreté.[51]

La formation que reçoit Lasalle dans la pension où il a été placé est sérieuse et complète et, à supposer qu'Audet de La Mésanguère l'ait bien accueilli, le goût de celui-ci pour la version et le thème latins ont pu donner une certaine aisance en la matière au futur traducteur de Bacon, aisance confirmée ensuite par la formation reçue chez les jésuites.

Après ses études, la duchesse de Tingry – la troisième épouse du prince, Eléonore Pulchérie Des Laurents – pousse apparemment le jeune Antoine 'à embrasser un état qui pouvait le conduire aux premières dignités de l'Eglise'.[52] Les enfants illégitimes étaient à cette époque frappés d'empêchement perpétuel et ne pouvaient devenir prêtres (et a fortiori porter l'habit violet des chanoines) sans dispense spéciale.[53] A supposer qu'on la lui eût obtenue, Lasalle a finalement refusé de suivre la voie qu'on lui avait tracée, passant brutalement, selon les auteurs de la *Biographie nouvelle des contemporains*, d'une insouciance affichée à une 'répugnance invincible' pour cet état.[54] On ne peut exclure que ce revirement soudain ait pu être causé par un refus de dispense.

Lasalle parle peu de son enfance et de ses tuteurs. Au détour d'un passage du *Désordre régulier* consacré aux 'Abus du génie analogique & du calcul', il confie en note à propos de 'l'heureuse expression' de 'moulin à calcul' qu'elle est 'de monsieur le prince de Luxembourg' et il ajoute (sans mentionner leurs liens): 'c'est le nom qu'il donne à ces automates qui passent leur vie à combiner des signes, qui ne voient

---

51. Luc-Vincent Thiéry, *Guide des amateurs et des étrangers voyageurs à Paris*, 2 vol. (Paris, Hardouin & Gattey, 1786-1787), t.1, p.635.
52. J.-B.-M. Gence, *Notice biographique et littéraire*, p.2.
53. La notice de la *Biographie nouvelle des contemporains* (publiée du vivant de Lasalle) précise que celui-ci, destiné à l'état ecclésiastique, 'commença des études analogues, et porta même l'habit violet': A. Arnaud et autres, *Biographie nouvelle des contemporains*, t.11 (Paris, 1923), p.58.
54. A. Arnaud et autres, *Biographie nouvelle des contemporains*, t.11, p.58.

dans le magnifique spectacle de la nature que la quantité et non l'harmonie.'[55] Il reparle brièvement de lui dans la *Méchanique morale*, au détour d'un passage assez long sur le rapport entre les caractéristiques physiques et les dispositions morales, dans lequel il affirme que les hommes dont le tronc est plus long que les jambes ont 'l'imagination plus vive que forte, & le jugement plus subtil que sûr [...] l'esprit confus et le cœur faible': 'Je sçais qu'il y a des exceptions à cette règle [...] entr'autres, le Maréchal de Luxembourg; mais ici une cause morale puissante lutte contre la disposition naturelle.'[56]

Lasalle évoque aussi à deux reprises dans sa traduction des souvenirs d'enfance qu'il situe à Saint-Germain-en-Laye. Un passage de *Sylva sylvarum* dans lequel Bacon parle 'des hommes qui savent, en affoiblissant leur voix, la rendre semblable à une voix qui viendroit de fort loin [...] ce qui ne laisse pas d'être effrayant' lui remet en mémoire 'un curé de St. Germain-en-Laye, qui avoit ce petit talent [et] s'amusoit à effrayer de vieux militaires avec lesquels il se promenoit le soir'.[57] Plus loin, alors que Bacon, toujours dans *Sylva sylvarum*, décrit 'des espèces de *châteaux d'arbres*, ayant des tours, des voûtes, des arcades, etc. par le moyen d'une charpente dont ces arbres suivoient la forme et qui, en même temps, leur servoit d'appui', Lasalle se souvient avoir 'dîné, il y a trente-quatre ans, à St. Germain-en-Laye, dans un arbre dont on avoit fait une espèce de chambre'.[58] Cette construction remarquable se trouvait dans le parc à l'anglaise de l'hôtel du duc de Noailles à Saint-Germain-en-Laye. L'arbre en question est décrit au milieu du dix-neuvième siècle par Jean Vaysse de Villiers à un moment où l'hôtel (construit par Mansart) et son parc

---

55. A. Lasalle, *Désordre*, p.200. Lasalle a gardé en mémoire cette citation alors même qu'il a accordé une large part aux mathématiques dans ses travaux personnels. Par une curieuse ironie, Heilbron note dans la correspondance entre Jean-André de Luc (contempteur de Lasalle) et Lichtenberg une phrase similaire fustigeant ceux qui sont trop arithméticiens et pas assez portés sur les qualités du monde naturel qu'ils étudient. Heilbron ajoute d'ailleurs que 'Deluc himself might have written the preface to La Salle's *Récréations mathématiques*'; voir John L. Heilbron, 'J.-A. Deluc and the fight for Bacon around 1800', dans *Advancements of learning: essays in honour of Paolo Rossi*, éd. J. L. Heilbron (Florence, 2007), p.77-100 (89). Sur les travaux mathématiques de Lasalle, voir plus bas dans ce chapitre.
56. A. Lasalle, *Méchanique morale*, t.2, p.86-87.
57. *OFB*, t.7, p.414.
58. *OFB*, t.8, p.289. Si ce dîner est contemporain de la rencontre avec le curé ventriloque, les 'vieux militaires' pourraient être le maréchal de Noailles et Charles François Christian de Montmorency, nés tous deux en 1713.

sont laissés à l'abandon: 'Une tour, en forme de vieux tronc d'arbre parfaitement imité, et frappé aujourd'hui d'une vieillesse réelle, laisse voir dans son état de décrépitude les moyens artificiels auxquels elle devait le secret de sa ressemblance, et c'est encore ce que j'ai trouvé de moins détruit dans cet enclos.'[59] Jacques Proust parle quant à lui d'un 'boudoir aménagé au creux d'un énorme chêne'.[60] L'indication chronologie que donne Lasalle, qui traduit la *Sylva* dans les dernières années du dix-huitième siècle, situe ce dîner autour de 1766, alors qu'il a une douzaine d'années. Julia Desagher, qui a consacré un chapitre au parc des Noailles, indique les différentes étapes de l'agrandissement du parc avec notamment l'ajout de deux grandes parcelles données par Louis XVI en 1773 et 1775. Selon elle, l'aménagement des diverses fabriques du parc a eu lieu à cette époque ou quelques années plus tard et non avant 1770 comme le laissent supposer les souvenirs de Lasalle, qui y est plus probablement allé après son retour de Chine en 1775.[61] Lasalle ne précise pas à quelle occasion il avait été invité à dîner dans le faux chêne du duc de Noailles, mais il accompagnait probablement le prince de Tingry ou une autre personne de son entourage.

Lasalle consigne deux autres souvenirs dans les notes qu'il ajoute à sa traduction de *Sylva sylvarum*, volume particulièrement riche en commentaires autobiographiques. A la suite d'un passage consacré à la technique du marcottage, le traducteur détaille le procédé par lequel, enfant, il tentait de faire prendre une bouture d'arbre: 'Cette expérience date de quarante-deux ans; je me vois encore plantant mes branches, y touchant chaque instant, comme certaine nation asiatique à sa constitution politique; et réussissant quelquefois, quoique je fisse tout ce qu'il falloit faire pour échouer.'[62] Lasalle se remémore ici sa petite enfance et, en faisant le lien entre les expériences horticoles suggérées par Bacon et la curiosité qui était la sienne, il se présente aussi comme un expérimentateur-né, destiné plus que tout autre à traduire le philosophe anglais. Le dernier souvenir, plus difficile

---

59. Jean Vaysse de Villiers, *Routes de Paris au Havre, à Honfleur, Fécamp et Dieppe* (Rouen, 1840), p.37-38.
60. Jacques Proust, 'Le paradoxe du *Fils naturel*', dans *Diderot studies IV*, éd. Otis Fellows (Genève, 1963), p.209-20 (215). Voir *Une Maison de plaisance au XVIIIe siècle: l'hôtel de Noailles à Saint-Germain-en-Laye*, éd. Françoise Brissard et Gabriel Wick (Paris, 2016), pour un plan détaillé du parc et une hypothèse de restitution de cette fabrique.
61. Julia Desagher, 'Les jardins de l'hôtel de Noailles au XVIIIe siècle', dans *Une Maison de plaisance*, éd. F. Brissard et G. Wick, p.81-100.
62. *OFB*, t.8, p.176.

à dater sans équivoque, illustre un passage sur l'harmonie sonore. Lasalle trouve une fois de plus dans son expérience personnelle de quoi illustrer le propos de celui qu'il traduit:

> Par exemple, une harmonie très agréable, c'étoit celle que formoient les voix de cinq cents écoliers chantant le *Magnificat* dans la chapelle de leur collège; voix qui se fondoient avec celles des professeurs, des principaux et sous-principaux, des domestiques, etc. surtout à *Louis-le-Grand*, où se trouvoient des étudiants de tous les âges jusqu'à 35 ans; harmonie d'autant plus parfaite, qu'on y distinguoit point les quatre parties du grand accord *ut, mi, sol, ut*, sinon les deux extrêmes *ut, ut*, liés ensemble par une infinité de moyennes proportionnelles harmoniques; et d'autant plus suave, qu'elle étoit sans art et sans apprêt.[63]

En dehors de ces rares anecdotes piochées dans ses souvenirs, la seule information substantielle que Lasalle livre sur son enfance se trouve dans une longue lettre qu'il adresse à l'abbé Grégoire dans l'espoir de récupérer le manuscrit de sa traduction perdu lors de l'arrestation d'Hérault de Séchelles et d'obtenir une aide financière à un moment où, comme le soulignent Jean-Luc Chappey et Virginie Martin, nombreux sont ceux qui mettent en avant une activité de traducteur et de passeur de savoir pour obtenir un statut et un secours financier.[64] Lasalle mérite d'autant plus d'être aidé par le gouvernement que le temps lui est compté en raison d'une constitution fragile, qu'il tient, dit-il, de son père: 'ma surdité; d'autres signes de dépérissement; la ressemblance de ma taille et de ma complexion avec celle de mon père qui est mort assez jeune, tout cela me dit qu'il me reste peu d'années à vivre, et que je dois me hâter de transcrire et d'organiser ce manuscrit qui sans cela seroit perdu.'[65] Lasalle a donc connu celui qu'il dit être son père, disparu pourtant alors qu'il n'avait pas encore six ans. Mais parle-t-il bien d'Alexandre-Joseph de Montmorency-Bours, ou parle-t-il de celui qu'il déclare comme son père sur le rôle d'équipage du *Superbe*? Outre son nom, son prénom, son âge et la couleur du 'poil' – dix-neuf ans, taille moyenne, châtain pour Lasalle – chaque membre d'équipage doit aussi donner le nom de son père et sa ville ou son village d'origine. Le jeune Antoine

---

63. *OFB*, t.7, p.398.
64. J.-L. Chappey et V. Martin, 'A la recherche d'une "politique de traduction"'.
65. Pierrefitte, Archives nationales, 510AP/2, Fonds abbé Grégoire, lettre n° 247, f.1*v*.

se présente à l'officier qui tient le registre comme 'fils de François Christian, de Paris'.[66] Il est cependant difficile de dire qui était à ses yeux ce père 'mort assez jeune' puisqu'Alexandre de Montmorency meurt à soixante-douze ans et le prince de Tingry à soixante-quatorze ans.

Dans la même lettre à l'abbé Grégoire, il livre enfin un autre détail qui a son importance puisqu'il explique pourquoi c'est précisément à Semur-en-Auxois qu'il a choisi de se retirer pour traduire les œuvres de Bacon:

> ma surdité m'interdisant le séjour habituel à Paris, ville où il faut être en état d'entendre ce qui vient derrière soi; je me suis décidé à partir, s'il est possible, auprès de la famille où j'ai été élevé et qui me veut beaucoup de bien: je trouverai là un logement commode, un potager, et des gens qui m'aiment et qui s'intéressent vivement à mes travaux.[67]

De fait, les deux lettres adressées à Grégoire conservées aux Archives nationales sont datées de 'Semur, Dept. Côte d'Or, chez Jacques Berthier, Bibliothécaire du district'. Il semble donc que Lasalle ait été confié peu après sa naissance aux bons soins des parents du chanoine Berthier: Jacques Berthier de Gandry, écuyer, seigneur de Gandry et de La Borde, lieutenant-colonel du 10ᵉ régiment de grenadiers royaux de Moulins et chevalier de Saint-Louis, et Claude Marguerite Chevanne, qui résidaient à Châtel-Censoir, dans l'Yonne. Le *Dictionnaire des familles françaises* fait état en 1754, au moment où naît Antoine Lasalle, d'un changement notable pour la famille Berthier de Grandry:

> La famille Berthier, à laquelle on ne connaissait pas de principe d'anoblissement et qui n'avait pas été maintenue noble lors des diverses recherches ordonnées par Louis XIV, ayant été inquiétée dans l'exercice de ses droits nobiliaires, Jacques Berthier se fit accorder en août 1754 par un certain nombre de gentilshommes de sa région un certificat attestant que ses ancêtres avaient toujours été considérés comme nobles. Sur le vu de ce certificat il obtint cette même année l'admission de ses quatre fils à l'école militaire.[68]

---

66. Lorient, Service historique de la Défense, 2P 13-5-4, Rôle d'armement n° 11, *Le Superbe* (mars 1774), f.10.
67. Lettre n° 247, f.1*v*.
68. [Gustave Chaix d'Ange], *Dictionnaire des familles françaises anciennes ou notables à la fin du XIXᵉ siècle*, 20 vol. (Evreux, 1903-1929), t.4, p.112-13.

Il peut s'agir d'une coïncidence, mais la famille Berthier, famille de militaires, a pu aussi bénéficier à cette occasion de l'appui et de la protection d'une autre famille de militaires proches du pouvoir royal comme les Montmorency.

'M. de La Salle, cy-devant Officier de Vaisseau'

N'ayant finalement pas embrassé la carrière ecclésiastique qu'on avait voulue pour lui, Lasalle est placé avant ses seize ans chez Pierre-Jacques Meslé de Grandclos, l'un des plus riches armateurs de Saint-Malo, qui a en grande partie bâti sa fortune grâce au commerce triangulaire. Il doit y suivre des cours d'hydrographie et s'initier au négoce. Sur son séjour chez l'armateur malouin, Lasalle livre deux anecdotes. Le premier souvenir est celui de sa rencontre avec le chat de l'armateur, deux jours après son arrivée, alors qu'il se trouve seul 'dans la maison où l'on m'avoit mis en pension, et qui avoit l'air d'un vrai château à revenant'. Pris de frayeur en voyant la porte s'ouvrir seule, il finit par comprendre qu'à force d'observation, le chat avait appris à tirer sur un loquet pour se glisser dans la maison.[69] Dans une note ajoutée à la fin de l'essai 33 'Des richesses', Lasalle évoque cette fois l'armateur lui-même: '*Ce sont les premiers mille écus qui sont les plus difficiles à gagner, le reste va de suite,* me répétoit sans cesse, en 1771 et 1772, *Grand Clos-Meslé*, célèbre armateur de *Saint-Malo*, qui étoit alors mon patron; leçon perdue!'[70] Malgré les conseils de Grandclos, Lasalle n'a effectivement jamais fait fortune; ces années malouines ont cependant eu une influence considérable sur le reste de sa vie. On l'a vu, c'est en tant qu'ancien officier de marine que Lasalle signe en 1788 les deux volumes de *La Balance naturelle*. Ce titre qui, sans être tout à fait usurpé, ne reflète pas non plus la réalité de ces années passées chez l'armateur Grandclos, montre l'importance que cette expérience a pu avoir pour le philosophe et traducteur, même quinze ans après. Il montre aussi son désir de reconnaissance sociale.

On ne sait rien ou presque des conditions d'apprentissage d'Antoine Lasalle à l'école d'hydrographie de Saint-Malo, où les cours étaient donnés par un maître payé par la ville.[71] Henning Hillmann décrit

---

69. *OFB*, t.5, p.400.
70. *OFB*, t.12, p.344.
71. Voir Danielle Fauque, 'Les écoles d'hydrographie en Bretagne au XVIIIe siècle', *Mémoires de la Société d'histoire et d'archéologie de Bretagne* 78 (2000), p.369-400; Thierry Sauzeau, 'Les filières d'apprentissage des gens de mer

la formation des futurs officiers de marine, c'est-à-dire celle des fils de l'élite marchande du port breton, comme un mélange de formation théorique et pratique avec d'un côté des cours de navigation théorique, de mathématiques et d'astronomie et de l'autre un apprentissage pratique de la navigation sur les bateaux armés pour Terre-Neuve, les Antilles ou la Méditerranée.[72] Au début du dix-huitième siècle, il faut en théorie cinq ans de navigation et au moins deux campagnes sur les vaisseaux de la marine royale pour passer l'examen et devenir capitaine.[73] Alain Roman retrace les étapes de cette formation très polyvalente jusqu'à l'obtention du brevet de capitaine: la première expérience de navigation s'acquiert à partir de treize ou quatorze ans comme enseigne lors de deux à trois campagnes de pêche à la morue; viennent ensuite, vers seize ou dix-sept ans, d'autres campagnes effectuées avec le grade de lieutenant, puis comme second trois ans plus tard vers des destinations généralement plus lointaines comme les Antilles ou les côtes africaines.[74] Les archives du port de Saint-Malo donnent quelques exemples de carrières. Le dénommé Jean Marie Leyritz, natif de la ville, embarque ainsi en 1764 comme volontaire sur *La Charmante Lucie* pour six mois à Terre-Neuve, puis deux fois sur le *Comte de La Tour d'Auvergne*, une fois comme volontaire (onze mois) et une autre fois comme enseigne (huit mois), toujours pour Terre-Neuve. Il repart comme enseigne sur son premier bateau, pour un voyage de neuf mois en Martinique, avant d'embarquer à deux reprises comme second lieutenant sur *Le Vaillant* (dix mois en Martinique) et *La Fontaine de Jouvence* (quinze mois à Saint-Domingue). Suivront ensuite un voyage sur *L'Aimable Marianne* comme lieutenant pour une campagne de douze mois à Saint-Domingue, puis deux campagnes un peu plus courtes vers Saint-Domingue comme second capitaine à bord du *Luminy* et de *La Mimy*. En 1774, il repart pour huit mois en Guadeloupe et fait l'année suivante une dernière campagne comme second capitaine sur *L'Equité* à destination de 'Gorée en Affrique' dont il revient seize mois et vingt-quatre jours plus tard.[75]

---

aux XVIIIe-XIXe siècles', *Technique & culture*, http://journals.openedition.org/tc/1393 (date de dernière consultation le 21 octobre 2024).

72. Voir Henning Hillmann, *The Corsairs of Saint-Malo: network organization of a merchant elite under the Ancien Régime* (New York, 2021), chap.2; voir également Alain Roman, *Saint-Malo au temps des négriers* (Paris, 2001), p.108-12.
73. D. Fauque, 'Les écoles d'hydrographie', p.376.
74. A. Roman, *Saint-Malo*, p.110.
75. Brest, Service historique de la Défense, 1P8 12, Etats de service des gens de mer, Saint-Malo, n° 140.

Lasalle suit donc à la fois une formation théorique – dont il gardera un vif intérêt pour les mathématiques et l'astronomie – et une formation pratique à bord de plusieurs navires. Gence précise qu'il est parti 'de Saint-Malo pour la pêche de Terre-neuve, le 25 mars 1771, sur le vaisseau de commerce *Le Saint-Pierre*, commandé par le sieur de la Villegrie, natif de Cancale', information qu'il dit en note reprendre directement du texte de Lasalle sur Terre-Neuve transmis par M. de Villenave, directeur des *Annales littéraires*.[76] Puis, toujours selon Gence, Lasalle repart de Marseille sur le même bateau pour Saint-Domingue et passe six mois au Cap-Français. Il repart ensuite de Lorient pour la Chine en 1774, sous le commandement du chevalier de Vigny.[77] Les campagnes de Lasalle ont effectivement laissé une trace dans les archives. Le registre des volontaires du port de Saint-Malo contient une copie du rôle d'équipage du *Grand Saint-Pierre*, 'destiné pour le voyage de Marseille' en 1771, c'est-à-dire armé pour la pêche à la morue à Terre-Neuve et pour la livraison du produit de la pêche au port de Marseille. Un bulletin d'avril 1770 décrit le *Grand Saint-Pierre* comme un navire de 128 hommes d'équipage. Le capitaine prépare alors la future campagne de pêche, véritable expédition de vingt-quatre bateaux qui nécessite l'envoi d'un officier sur place chargé de 'prendre havre', c'est-à-dire de retenir un mouillage dans les zones de pêche les plus intéressantes, en l'occurrence pour cette campagne, celle du Quairpont dans le Petit Nord (la côte nord de l'île de Terre-Neuve).[78] Parmi les officiers, aux côtés du capitaine Claude Helvent de Villegris, de son second, Gilles Baudouin, de ses lieutenant et second lieutenant, 'Anthoine de la Salle, de Paris', âgé de seize ans, figure comme enseigne avec trois jeunes Malouins. Il est le seul à ne toucher aucune avance, tandis

---

76. J.-B.-M. Gence, *Notice biographique et littéraire*, p.3.
77. J.-B.-M. Gence, *Notice biographique et littéraire*, p.10 et 12.
78. Brest, Service historique de la Défense, 1P10 30, Terre-Neuve, bulletin n° 27 (avril 1770). Les bulletins, en grande partie pré-imprimés et à remplir, avaient pour fonction de certifier 'la validité de la prise de toute place à Terre-Neuve'. Sur l'organisation de la pêche à la morue à Terre-Neuve, et même si ces deux articles portent essentiellement sur le dix-septième siècle, voir par exemple Peter E. Pope, 'Le Petit Nord de Saint-Malo', *Annales de Bretagne* 125:3 (2018), numéro thématique: *Saint-Malo: construction d'un pôle marchand (1500-1660)*, p.195-222; Annick Le Corre, 'Le grand commerce malouin', *Annales de Bretagne* 65:3 (1958), p.275-331. Sur le regard des philosophes sur la pêche à la morue, voir Jacques Gury, 'Le philosophe et la morue: histoire philosophique et politique de la pêche et du commerce de la morue de la Terre-Neuve', *Dix-huitième siècle* 33 (2001), p.81-100.

que les autres enseignes touchent entre 8 et 36 livres. Sur une feuille volante présente dans le même dossier, le capitaine fait les comptes de cette campagne (commencée le 24 avril 1771) pour le trajet de retour, entre le 28 septembre 1771, date du passage du bateau par le détroit de Gibraltar, et le 24 mai 1772, date de son arrivée à Saint-Malo: l'enseigne Antoine de La Salle reçoit 'un lot, sans salaire au mois'.[79] L'attribution d'un 'lot' relevait de ce que l'on appelait l'engagement à la mode du Nord: un système par lequel l'équipage recevait au retour une fraction (généralement un cinquième) du produit de la pêche à la morue, ce 'cinquième' étant divisé en autant de lots que de membres d'équipage, avec une part supplémentaire pour le capitaine.[80] Si Gence affirme qu'après Marseille, le *Grand Saint-Pierre* a mis le cap sur Saint-Domingue, les archives n'ont pas gardé trace de ce détour, qui expliquerait cependant le temps écoulé entre le départ de Marseille et l'arrivée à Saint-Malo via Le Havre. Tous les bateaux partis pour une saison de pêche à la morue ne faisaient pas escale à Marseille, et généralement ceux qui le faisaient repartaient pour Cadix ou un autre port de la côte espagnole, parfois même pour une destination plus lointaine avec d'autres chargements à destination des colonies.[81]

Lasalle effectue quoiqu'il en soit un (autre) voyage à destination de Saint-Domingue, sans passer par Terre-Neuve. Quelques mois après son retour à Saint-Malo, on retrouve 'Charles Antoine la Salle, de Paris' comme premier enseigne dans la liste des officiers de *L'Américain*, commandé par Jean Baptiste Nicolas de La Ville-Collet pour le compte de l'armateur Grandclos. Le navire appareille le 6 octobre 1772 et arrive au Cap-Français à Saint-Domingue le 12 janvier 1773; il est de retour à son port d'attache le 30 juillet 1773.[82]

---

79. Brest, Service historique de la Défense, 1P8 22, Volontaires, Saint-Malo (1771), rôle d'équipage du *Grand St-Pierre* et feuille de compte. Le *Grand Saint-Pierre* arrive à Quairpont le 1er juin 1771 et reste dans la zone de pêche jusqu'au 31 août. Il arrive à Marseille pour y débarquer son chargement le 9 octobre et en repart le 26 novembre, passe par Sète deux jours plus tard et fait sans doute voile vers l'Espagne avant de remonter au Havre le 17 mai et à Saint-Malo le 24. Brest, Service historique de la Défense, 1P7 127, Rôles long cours, f.33, n° 132 (1771), *Grand Saint-Pierre*.
80. Sur ces 'lots de Nord', voir Jean-François Brière, *La Pêche française en Amérique du Nord* (Québec, 1990), p.120-22; [Pierre André d'Heguerty], *Remarques sur plusieurs branches de commerce et de navigation* (Amsterdam, Schreuder et Mortier le jeune, 1758), p.98-102.
81. Voir A. Le Corre, 'Le grand commerce malouin', p.301-17.
82. Brest, Service historique de la Défense, 1P7 129, Rôles long cours, f.39, n° 154 (1772), *L'Américain*.

Lasalle a dix-huit ans et, comme les autres enseignes – Jacquin Jean Danjou, écuyer d'Avranches, et Jean-Baptiste Magon, rejeton d'une dynastie de navigateurs et armateurs malouins – il embarque sans solde. *L'Américain* emporte à son bord '80 barils de bœure, 100 pièces toiles de halle, 100 sacs de toile, 20 qx cloux de fer, 160 paquets de feuillures de bois de 48 cercles chaque, 600 chemises Bretagne, 600 chemises Bretonnes, 3 pièces d'Indienne plombée, des plombs de la compagnie, 16 pièces coutils, 100 pièces de toile à voiles'.[83] D'après Ferdinand Denis, Lasalle retourne à Paris après ce deuxième voyage et, quelques mois plus tard, 'après avoir entrepris quelques excursions en France', repart pour sa dernière campagne au long cours à bord du *Superbe*, un navire de 1300 tonneaux, équipé de 20 canons, propriété de l'armateur Grandclos et armé pour la Chine.[84] Parti de Lorient le 11 mars 1774, *Le Superbe* emporte 236 hommes d'équipages et passagers, dont 'Charles Antoine de la Salle, fils de François Christian, de Paris', qui est à bord comme volontaire et payé cette fois 120 livres par mois.

S'il évoque très peu son enfance, Lasalle livre en revanche beaucoup de détails sur ses trois campagnes maritimes, à la fois dans *La Balance naturelle*, son second ouvrage, et dans les notes de bas de page de sa traduction. Danielle Fauque rappelle que la formation pratique des futurs capitaines impliquait un certain nombre d'observations à bord: régime des vents, observations astronomiques, sondages, latitudes et longitudes observées.[85] Lasalle a donc été sans

---

83. Brest, Service historique de la Défense, 1P10 1 à 8 (6), Bateaux pour les colonies (octobre 1772), 'Chargement de *L'Américain*, 450tx, au Cap François'.
84. F. Denis, 'Lasalle', p.730; Lorient, Service historique de la Défense, 2P 13-5.4, Rôle d'armement n° 11, *Le Superbe* (1774). Cette campagne a également fait l'objet d'un enregistrement auprès de l'amirauté de Vannes (Vannes, archives départementales du Morbihan, 'Commissions d'armement: autorisations d'armer en guerre et en marchandises délivrées par les directeurs de la Compagnie des Indes', 9-B-76 (1750-1779), 2Mi 109 R12, f.107). La lettre d'autorisation pour le vaisseau *Le Superbe* est du négociant et armateur lorientais René Foucaud, en date du 28 janvier 1774; le document détaille le tonnage, le nombre de canons et de marins à bord du navire 'armé en guerre et en marchandise [...] pour aller trafiquer aux Indes orientales'. Sur le commerce maritime avec la Chine après la fin du monopole de la Compagnie, voir L. Denoix, 'La Compagnie des Indes au XVIIIe siècle, ses activités diverses', *Revue d'histoire économique et sociale* 34:2/3 (1956), p.141-52; Philippe Haudrère, 'Jalons pour une histoire des compagnies des Indes', *Revue française d'histoire d'outre-mer* 78:290 (1er trimestre 1991), p.9-27; Philippe Haudrère, *Les Compagnies des Indes orientales: trois siècles de rencontre entre Orientaux et Occidentaux* (Paris, 2006).
85. D. Fauque, 'Les écoles d'hydrographie', p.375-77.

aucun doute encouragé à observer et ne manque pas de mettre en avant la valeur de l'expérience et les connaissances ainsi acquises: 'un grand nombre de Philosophes ont traité cette partie de la physique [les vents]; mais comme peu d'entr'eux avoient observé en personne, on ne sera peut-être pas fâché de voir leurs conjectures vérifiées par l'expérience, & leurs opinions d'accord avec les miennes; j'ai vu moi-même une partie des choses qu'ils ont devinées & quelques choses de plus.'[86] La campagne de Terre-Neuve est ainsi source de nombreuses anecdotes et expériences dont Lasalle se sert – utilisant parfois la même observation à plusieurs reprises – pour illustrer ou étayer son propos. Il observe la force des vents froids 'en traversant cette immense armée de glaces qui défendent l'approche de l'île de Terre-neuve';[87] il se souvient qu'au retour, alors que le morutier croisait au large des côtes portugaises, un chien présent à bord avait senti bien avant l'équipage 'l'odeur des Orangers et des Citronniers dont la côte du Portugal est couverte' et que le sens du vent au lever du soleil leur avait indiqué que la terre était proche;[88] un passage de *Sylva sylvarum* sur la maturité tardive de certains fruits suscite une note sur les fraisiers et les groseillers trouvés 'dans des fentes de rochers pendant en sur-plomb, sur les côtes de l'*île* de *Terre-Neuve*, ou plutôt de l'*île* du *Quairpont* [...], leurs fruits étoient mûrs au mois de *juillet*, quoique la température fût souvent assez froide', et Lasalle tire de cette observation et de celle d'une autre plante des régions froides – la platebière – que les fruits acides à maturité 'demandent moins de chaleur que ceux dont la maturité rend la saveur plus douce' et mûrissent plus tôt.[89] C'est à bord du *Grand Saint-Pierre* qu'il a observé que le vent d'ouest qui souffle après l'équinoxe d'automne – et que 'les marins de profession appellent le *coup de vent de la saint François*' – ramène à leur port d'attache les vaisseaux de Terre-Neuve 'qui reviennent de cette île en ligne directe'.[90] Son voyage à

---

86. A. Lasalle, *Balance naturelle*, t.1, p.152.
87. A. Lasalle, *Balance naturelle*, t.1, p.153 et suivantes. Lasalle en reparle quelques années plus tard dans une note ajoutée à sa traduction du *Novum organum*: *OFB*, t.6, p.81.
88. A. Lasalle, *Méchanique morale*, t.1, p.251. Il reprend la même observation pour corroborer un passage du *Novum organum* sur les odeurs dans lequel Bacon évoque l'odeur des forêts de citronniers et d'orangers 'des rivages de la Floride ou de certaines côtes de l'Espagne' perçue par les marins loin des côtes: *OFB*, t.6, p.82.
89. *OFB*, t.8, p.357-58.
90. *OFB*, t.11, p.47.

Saint-Domingue est l'occasion d'observations sur la conservation des fruits dans le son:

> Dans mon voyage à Saint-Domingue, j'ai conservé des pommes assez longtemps par ce dernier moyen, et sans autre précaution que de mettre dans une barrique un lit de son, et un lit de pommes alternativement; mais de manière qu'entre deux lits de pommes, il y eût toujours assez de son pour empêcher qu'elles ne se touchassent et ne se foulassent réciproquement. Il s'en conserva au moins un tiers jusqu'à Saint-Domingue, quoique nous eussions passé près d'un mois à Cadix, et que la traversée d'Espagne en Amérique eût duré cinquante jours.[91]

Il y apprend aussi l'effet des vents contraires sur la navigation, lorsque *L'Américain*, à l'hiver 1772, louvoie deux mois durant 'entre Gibraltar et Malaga, à cause d'un vent d'ouest très opiniâtre'.[92] Il observe le 'grand scarabée lumineux de Saint-Domingue' qui, placé dans un bocal, l'éclairait assez pour pouvoir 'lire un caractère plus fin que celui-ci';[93] il note la baisse spectaculaire des températures nocturnes dans les Antilles: 'chargé de faire presque tous les recouvrements, et ne faisant qu'aller et revenir du vaisseau à *Galifet*, à *Limonade*, à *Jaquezy*, à *Caracol* et au *Fort-Dauphin* (soit dans des *canots*, soit dans des *acons*), étois obligé de me munir, pour la nuit, *d'une redingote de grosse pluche*, qui m'avoit servi, *l'année précédente*, en traversant *la banquise de Terre-Neuve*.'[94]

C'est cependant son voyage en Chine qui a sans conteste marqué le plus durablement sa mémoire. Il en revient avec d'autres observations sur le régime des vents – les vents 'anniversaires et périodiques' des mers de l'Inde et de la Chine, dont la survenue correspond à la course du soleil, ou encore les vents différents qui soufflent de part et d'autre des hautes montagnes sur les côtes de Malabar et de Coromandel[95] – et sur le climat humide et froid qui affecte durement la santé des équipages 'lorsque, dans le voyage de la Chine, ils font, sans relâche, la traversée des Côtes de France à l'île de Java, mais surtout en parcourant les douze cents lieues du Cap de Bonne-Espérance, au

---

91. *OFB*, t.6, p.237.
92. *OFB*, t.7, p.40.
93. *OFB*, t.8, p.66.
94. *OFB*, t.11, p.136.
95. A. Lasalle, *Balance naturelle*, t.1, p.160; *OFB*, t.11, p.112.

Détroit de la Sonde'.[96] Lasalle observe des îles flottantes 'dans le détroit de la Sonde, entre Sumatra & Banca'[97] et, malgré 'cette circonstance si peu favorable à l'observation', est témoin de trombes un peu en-dessous de l'équateur qui manquent de faire chavirer *Le Superbe* brutalement couché sur le côté, les voiles plaquées contre le mât.[98]

Pendant cette campagne, le jeune marin observe aussi les mœurs et les traditions d'Extrême-Orient. Il décrit ainsi les pratiques agraires qu'il observe autour de Canton, où 'presque toutes les collines sont taillées en gradins' et qu'il compare à celles de la région d'Auxerre;[99] il goûte le 'jagre', substance brune, visqueuse et sucrée que les Malais tirent du palmier et qu'ils leur apportaient lors de leurs relâches à Java et à Sumatra;[100] il décrit les soldats chinois de Canton armés de lattes de bambou pour châtier les voleurs[101] et s'étonne de voir que 'les *Chinois*, même dans l'âge viril, s'amusent, comme nos *écoliers*, à *élever des cerfs-volans*, dont la plupart ont la forme du *dragon fabuleux*.'[102] Il retient aussi quelques scènes frappantes de la vie à bord, comme l'arrivée spectaculaire à Canton et la procédure à laquelle doivent se plier les vaisseaux entrants:

> Lorsqu'on est à l'entrée de la rivière de *Canton*, que nos marins appellent *le Tigre*, c'est-à-dire, à peu près vis-à-vis *Macao*, petit établissement des *Portugais*, on est obligé d'attendre une permission appelée dans la langue du pays, *la Chappe*, et conçue, dit-on, en ces termes: *laissez passer ces pauvres pêcheurs, qui viennent de si loin dans un misérable champan* (nom des bateaux du pays) *payer le tribut à notre empereur*. De plus, on est obligé d'attendre un *pilote chinois*, et un grand nombre de *champans*, pour touer le vaisseau, deux secours sans lesquels on ne pourroit remonter le fleuve. Lorsqu'on est arrivé au mouillage près l'île de *Wampow*, on voit monter à bord un officier appelé le *Hanpon*, (avec un cortège nombreux et une musique), qui fait *mesurer la distance*

---

96. A. Lasalle, *Balance naturelle*, t.1, p.236-37.
97. A. Lasalle, *Balance naturelle*, t.2, p.68. Lasalle reparle des îles flottantes de Sumatra et confie qu'envoyé 'en vigie à la tête du grand mât', il les a pris pour un vaisseau, s'attirant 'un rire universel'. Il suppose ces îles constituées de terre spongieuse maintenue par les racines des arbres qu'elles portent: *OFB*, t.7, p.53.
98. *OFB*, t.5, p.398 (g). Ce passage sur les trombes fait partie d'un commentaire de plusieurs pages que Lasalle ajoute à la fin du *Novum organum*.
99. *OFB*, t.8, p.386.
100. *OFB*, t.8, p.405.
101. *OFB*, t.8, p.450.
102. *OFB*, t.11, p.20.

comprise entre le grand mât et le mât de misaine, et qui se flatte de pouvoir *mesurer ainsi la capacité du vaisseau*. On lui sert ensuite un *petit repas* qu'il accepte ordinairement; et tandis qu'il mange, *le capitaine se tient debout*.[103]

Lasalle rapporte deux souvenirs matériels de son périple en Chine: plusieurs cahiers dont le papier est fait de fibres de bambou et sur lesquels sont consignés ses journaux de navigation,[104] et 'plusieurs raretés' – sans doute de la porcelaine – dont il fait présent à la duchesse de Tingry.[105] Il rapporte aussi avec lui le souvenir de rencontres faites à bord ou au bout du monde, comme cette 'horde d'eskimaux de la terre de l'Abrador' qui lui inspire une remarque sarcastique sur Rousseau et l'homme à l'état de nature: 'Quoiqu'ils aient un goût vif et inné pour la justice, dans les ouvrages de J. J. Rousseau, qu'ils ont peu lus, ils ont une merveilleuse disposition à vous couper la gorge avec le couteau dont vous leur avez fait présent.'[106] A bord du *Superbe*, sur le voyage de retour, il est marqué par deux passagers. Le premier est le père jésuite Lefèvre, déjà très âgé, 'qui était là depuis 1735' et faisait partie des derniers jésuites encore présents en Chine après la suppression de la Compagnie de Jésus par le pape Clément XIV.[107] Lasalle affirme avoir entrepris de rédiger avec lui une histoire de la Chine, mais une fois en France ce projet a semble-t-il fait long feu.[108] Il effectue aussi le voyage du retour en compagnie du 'plus grand négociant qui fût alors sur ce globe; c'étoit un Arménien, le plus doux et le plus généreux des mortels', qui l'impressionne par 'sa perpétuelle sérénité' et sa 'pureté de jugement'.[109]

---

103. *OFB*, t.11, p.399-400.
104. *OFB*, t.2, p.254. Lasalle en parle au présent lorsqu'il rédige cette note de sa traduction de *De augmentis*: il est donc revenu en France avec ces cahiers et les avait encore à la fin du dix-huitième siècle. Ils ont aujourd'hui disparu.
105. J.-B.-M. Gence, *Notice biographique et littéraire*, p.19.
106. *OFB*, t.12, p.336.
107. *OFB*, t.6, p.252, n.2. Sur les missions jésuites en Chine, voir Henri Cordier, 'La suppression de la Compagnie de Jésus et la mission de Peking', *T'oung Pao* 17:3 (juillet 1916), p.271-347, et 17:4-5 (octobre-décembre 1916), p.516-623; voir également Catherine Marin, 'La mission française de Pékin après la suppression de la Compagnie de Jésus en 1773', *Transversalités* 3:107 (2008), p.9-28.
108. Voir A. Lasalle, *Balance naturelle*, t.2, p.68: 'Dans l'histoire de la Chine à laquelle j'ai un peu travaillé, il est mention, à tout moment, de tremblemens de terre, de montagnes s'affaissant au-dessous du rez-de-chaussée, ou montant au-dessus.'
109. *OFB*, t.1, p.100. Les Archives nationales conservent une lettre écrite le 26 juin 1775 par le capitaine de Vigny dans laquelle celui-ci rend compte de la présence

Ces deux passagers incarnent les deux facettes de ce que devait être la formation du jeune Lasalle pendant ces trois campagnes: la formation scientifique (la mission jésuite en Chine était dès l'origine une mission scientifique) et la formation commerciale. Comme le souligne son ami Gence, le jeune homme en revient riche des nombreux enseignements de cette 'grande école d'expérience',[110] notamment en langues, en physique et en mathématiques. Pourtant, malgré ces trois campagnes, dont une sur un vaisseau armé pour le roi, Antoine Lasalle a coupé court à la carrière maritime pour laquelle son tuteur l'avait envoyé à Saint-Malo. Il est difficile d'en connaître les raisons. Dans une note manuscrite dont Bouillier fait état, Lasalle exhibe avec fierté ses états de service – 'mes attestations sont encore dans mes mains pleines de calus, que je préfère à ma descendance de Charlemagne'[111] –, se vante d'avoir vu 'plus de dix mille vaisseaux' et disserte sur les mérites comparés de *La Sylphide* et de *La Belle-Poule*.[112] Selon Bouillier, convaincu d'avoir l'expérience nécessaire, il sollicite à son retour le grade de capitaine sans l'obtenir. Lasalle a sans doute demandé une dispense pour pouvoir devenir capitaine sans avoir le nombre requis de campagnes et sans avoir obtenu son brevet. Ces dispenses étaient accordées avec parcimonie, en fonction des besoins, par le ministre de la Marine.[113] Des années plus tard, il

---

à bord de 'Monsieur l'abbé le Fevre cy devant jésuite missionnaire depuis quarante ans en Chine' et 'Monsieur Narcisse négociant arménien': MAR B 4 124, f.215*v*. Il s'agit sans doute d'Ignace Narcisse (ou Nercès), important marchand arménien faisant commerce d'épices et de produits de luxe entre Macao et Madras via Manille; voir à ce sujet les nombreux travaux de Paul Van Dyke sur les réseaux commerciaux arméniens en Asie: Carl T. Smith et Paul A. Van Dyke, 'Armenian footprints in Macao', *Revista de cultura* 8 (2003), p.20-39; Paul A. Van Dyke, *The Canton trade: life and enterprise on the China coast, 1700-1845* (Hong Kong, 2005).

110. J.-B.-M. Gence, *Notice biographique et littéraire*, p.17. Henri Gaignard insiste à juste titre sur le rôle de ces campagnes commerciales dans le progrès scientifique et l'accroissement des connaissances: Henri G. Gaignard, *Connaître Saint-Malo* (Paris, 1992), p.51. Plus généralement, sur le voyage et les connaissances scientifiques, voir Stéphane Van Damme, *Les Voyageurs du doute: l'invention d'un altermondialisme libertin (1620-1820)* (Paris, 2023); Jean-Luc Chappey et Maria Pia Donato, 'Voyages et mutations des savoirs: entre dynamiques scientifiques et transformations politiques, fin XVIIIe-début XIXe siècle', *Annales historiques de la Révolution française* 3:385 (2016), p.3-22.

111. F. Bouillier, *Etudes familières*, p.223.

112. *OFB*, t.11, p.176 et 169.

113. Les archives du Service historique de la Défense de Brest conservent un certain nombre de demandes d'exemption. Jean Baptiste Nicolas demande ainsi une

dénigrera en tout cas l'examen qui sanctionne la formation de l'école d'hydrographie: 'Sçavez-vous comment on examine les marins? En les faisant babiller sur les différentes parties du métier; sur ce pied, un Parisien, sortant de l'Ecole d'hydrographie, devroit être, au moins, chef d'Escadre.'[114] Aucune source ne permet de dire si Lasalle a passé cet examen, s'il s'est vu refuser une dispense ou s'il a brusquement décidé d'abandonner cette carrière, il est vrai difficile, pour d'autres raisons. Des années plus tard, dans les notes de sa traduction, Lasalle évoque le vol des journaux de bord qu'il avait rédigés sur le *Grand Saint-Pierre* (journaux dont la tenue était obligatoire pour l'obtention du brevet), ce qui avait pu le désavantager dans sa formation.[115] Mais c'est sans doute parce qu'il se pensait à la fois plus intelligent et plus observateur que les marins ordinaires et plus apte au commandement que les officiers supérieurs que Lasalle a préféré ne pas poursuivre, n'ayant pas vraiment sa place parmi les premiers et se voyant refuser de rejoindre les rangs des seconds avant le temps.[116] Un incident cristallise l'attitude de Lasalle: à l'arrivée à Lorient, ville portuaire entièrement tournée vers les activités de la Compagnie des Indes, *Le Superbe* s'échoue sur un banc de sable – sans doute le 'banc du Truc' – et doit faire appel à cinq cents soldats pour être remis à flot et pouvoir regagner le port.[117] Excédés par une manœuvre longue et difficile dont ils ne comprennent pas la finalité et par l'attitude des officiers 'que l'âge avoit mûris' et qui étaient 'trop gros & trop sages pour s'abaisser à rendre raison de leurs ordres', les soldats ne se seraient remis au travail qu'après l'intervention de Lasalle:

> Un jeune étourdi qui se trouva là, prit la peine de leur expliquer comment, en tirant le vaisseau vers une ancre mouillée au large, à six brasses, à l'aide du câble attaché par un bout à cette ancre, & par l'autre, au tournevire roulé sur le cabestan, ils tiroient le vaisseau vers l'endroit où il y avoit plus d'eau & travailloient ainsi à le remettre à

---

dispense de campagne en 1774 pour être reçu capitaine alors même qu'il commandait *L'Américain* en 1772. Voir Brest, Service historique de la Défense, 1P1 12, Correspondance (1774).

114. A. Lasalle, *Balance naturelle*, t.2, p.230.
115. *OFB*, t.11, p.150.
116. Lasalle fustige ainsi les marins de Saint-Malo qui prennent à tort un certain scintillement de la mer pour le signe d'une tempête à venir: 'ce prognostique est faux, comme je m'en suis assuré par moi-même.' *OFB*, t.11, p.241.
117. Sur le port de Lorient au dix-huitième siècle, voir Catherine Guillevic, *L'Impact d'une ville nouvelle dans la Bretagne du XVIIIe siècle: Lorient & la Compagnie des Indes* (Rennes, 2015).

flots; ils le comprirent, le remercièrent, se mirent à l'ouvrage avec plus d'ardeur, & d'un coup de collier détachèrent le vaisseau de la vase où il étoit emboîté & mastiqué.[118]

Lasalle semble donc avoir tiré deux conclusions de cet incident et de ses années de navigation: il n'allait pas pouvoir obtenir le statut qu'il estimait mériter dans la marine (sa qualité de fils naturel y était peut-être aussi pour quelque chose), et il était plus doué que d'autres pour l'observation scientifique et le partage des connaissances.[119]

'Antoine Lasalle, membre de la Société philomatique et de l'Académie de Virginie'

'Celui qui parle ici a fait un voyage à Terre-Neuve, deux en Espagne, un en Amérique, un à la Chine, un en Suisse et deux en Italie: il parle donc d'après ses propres observations et sa propre expérience.'[120]

Quelques mois après son retour à Saint-Malo, Lasalle revient à Paris avec le projet précis de devenir professeur d'arabe au Collège royal puisque, selon Ferdinand Denis, il 'se prit d'une passion réelle pour l'étude de l'arabe'.[121] Dix ans plus tard, c'est avec amertume que Lasalle évoque cet autre projet avorté. Comme il l'avait fait avec l'examen de l'école d'hydrographie, Lasalle raille 'ces concours, où l'on juge en une heure de la valeur d'un homme'.[122] Pour pouvoir prétendre enseigner l'arabe, il doit passer le concours de maître ès arts, qui vient couronner une formation de deux ans en philosophie pour laquelle le candidat doit apporter la preuve de son assiduité.[123] Lasalle explique

---

118. A. Lasalle, *Balance naturelle*, t.2, p.469.
119. Des années plus tard, Lasalle consacrera le premier chapitre du second livre de sa *Méchanique morale* à l'art d'observer, qu'il définit ainsi: 'Observer, c'est lire la nature, c'est l'interroger, c'est, en quelque sorte, converser avec elle, sans interprète & dans une langue énergique où les signes sont les choses même' (t.1, p.68). Sur l'avènement de l'observateur et sur une approche pluridisciplinaire de l'observation (scientifique, littéraire et politique), voir Lucien Derainne, *Qu'il naisse l'observateur: penser l'observation entre 1750 et 1850* (Genève, 2022).
120. A. Lasalle, *L'Ordre irrégulier*, p.48n.
121. F. Denis, 'Lasalle', p.730.
122. A. Lasalle, *Balance naturelle*, t.2, p.230.
123. Sur le grade de maître ès arts au dix-huitième siècle, voir Boris Noguès, 'La maîtrise ès arts en France aux XVIIe et XVIIIe siècles: rites universitaires, épreuves scolaires et usages sociaux d'un grade', *Histoire de l'éducation*, http://journals.openedition.org/histoire-education/2069 (date de dernière consultation le 21 octobre 2024).

avoir passé deux examens: un en humanités (rhétorique) au collège Louis-le-Grand, l'autre en philosophie (c'est-à-dire en physique et en logique) à l'abbaye Sainte-Geneviève et, s'il a bien obtenu le grade de maître ès arts,[124] il estime – une fois de plus – ne pas avoir été jugé sur ses capacités véritables. Le premier examen de version latine se passe très bien, mais Lasalle se trouve mis en difficulté lors du second:

> Quelques jours après, vint l'autre examen, par un de ces tems orageux, où la fibre étant excessivement relâchée, l'homme est, en quelque sorte, *tout en moins*, j'avois presqu'entièrement perdu la mémoire; on m'interrogea sur la Logique & l'Astronomie, les deux Sciences qui m'étoient alors le plus familières; il me fut impossible de répondre à la plus simple question; & dire qu'un Professeur de l'Université me mit *à quia*, n'est-ce pas tout dire? ce sçavant homme me démontoit encore en me rudoyant [...] vous ne sçavez pas vos cayers, vous ne sçavez rien; j'allois être refusé, si M. Delalande, l'Astronome, qui tomba du ciel, & se trouvait là, je ne sçais pourquoi, n'eut bien voulu parler en ma faveur; je fus donc reçu sur sa parole. Je me retirai chez moi assez humilié, quoique reçu.[125]

Malgré ce succès mitigé et l'obtention du grade de maître ès arts, 'bientôt la chaire d'arabe ne le tente plus'[126] et, avec l'aval de son tuteur, il quitte à nouveau Paris pour effectuer une sorte de Grand Tour dont nous reparlerons plus loin, mais au cours duquel il rencontre, à Rome, en 1780, le jeune Augustin-François de Silvestre, qui fondera huit ans plus tard la Société philomatique de Paris avec, entre autres, Alexandre Brongniart, futur directeur de la manufacture de Sèvres.[127] Lasalle n'enseignera jamais et mettra systématiquement en avant sa surdité pour expliquer ce nouveau revirement. Il en fait part à plusieurs reprises à l'abbé Grégoire en insistant sur le fait que, malgré tous les projets qu'il nourrit pour l'instruction de la jeunesse

---

124. Le nom de Lasalle ('Carolus Antonius De la Salle, Parisinus') apparaît sur le registre des lauréats pour le mois d'août 1778, quelques pages après celui de Robespierre: Paris, Bibliothèque nationale de France, Ms latin 9161, *Registres des lettres de maîtres ès arts délivrées par l'Université de Paris, de 1632 à 1793*, t.9: *1768-29 juillet 1793*, f.51v.
125. A. Lasalle, *Balance naturelle*, t.2, p.231-32.
126. F. Bouillier, *Etudes familières*, p.224.
127. Sur la Société philomatique de Paris, voir *La Société philomatique de Paris et deux siècles d'histoire de la science en France*, éd. André Thomas (Paris, 1990), et la très riche thèse de doctorat de Jonathan Renato Mandelbaum, 'La Société philomatique de Paris de 1788 à 1835: essai d'histoire institutionnelle et de biographie collective d'une société savante parisienne', EHESS, 1980.

– et dont sa traduction de Bacon constitue la pièce maîtresse –, il ne peut enseigner:

> Ne crois pas, mon cher concitoyen, que je me sois refroidi pour les honnêtes projets de la convention et du comité relatifs à l'instruction de la jeunesse; mais, accoutumé à inventer depuis 20 ans; occupé d'un objet fort étendu, plein de distraction et de singularité; affligé d'une surdité presque totale, et augmentée depuis deux mois au point que je n'entends plus ni les horloges, ni les voitures, ni une personne parlant d'un ton ordinaire à la distance de 4 pieds; pourvu d'un extérieur peu important, j'ai senti que je n'étois plus propre à l'enseignement verbal.[128]

Il en reparle à Dumont, pour expliquer une fois de plus pourquoi il a tourné le dos au professorat:

> 2 membres du comité d'instruction publique me témoignèrent qu'ils seroient charmés de me voir m'appliquer à l'enseignement verbal. Je quittai tout aussitôt et je m'exerçai en ce genre afin de pouvoir me mettre sur les rangs. Mais dans le tems que je commençois à réussir, je fus attaqué d'une surdité presque totale […] il paraît que cela est sans remède, et qu'il faut renoncer non seulement aux leçons publiques, mais encore aux particulières.[129]

Cette explication, Lasalle la donne cependant après la Révolution et, même s'il précise à Dumont que la petite vérole, contractée dans sa jeunesse, l'a depuis longtemps rendu sourd d'une oreille, il tait en réalité les raisons pour lesquelles il a préféré dix ans plus tôt partir en Italie au lieu d'enseigner. On peut supposer que, comme pour le commandement de navire, c'est parce qu'il n'a pas obtenu la chaire d'arabe qu'il s'était imaginé pouvoir briguer.

Quoi qu'il en soit, Lasalle a continué après son retour de Saint-Malo à mettre à profit ses qualités d'observateur de la nature et ses connaissances en mathématiques et en physique pour contribuer au progrès scientifique. S'il poursuit à terre les observations de la nature qui avaient occupé une partie de ses voyages sur mer,[130] il ne

---

128. Pierrefitte, Archives nationales, 510AP/2, Fonds abbé Grégoire, lettre n° 247, f.1.
129. Ms NAF 12300, lettre 15, f.25.
130. L'observation du scarabée lumineux de Saint-Domingue est ainsi complétée entre autres par celle de la lumière émise par 'la *pierre de Bologne* (observée *alla specola*, cabinet de physique et d'histoire naturelle de l'institut)' ou par celle des '*lucioles d'Italie* (observées à Rome, ainsi que sur le Pô, le Tésin et leurs rives)': *OFB*, t.8, p.66.

se contente plus d'observer et entreprend également d'expérimenter et de participer plus activement à la vie scientifique en France comme en Italie.

Il lit beaucoup et s'appuie sur ces lectures scientifiques ou techniques pour commenter sa traduction de Bacon. Outre les observations qu'il glane çà et là dans les ouvrages qui accompagnent sans doute sa formation hydrographique,[131] Lasalle lit par exemple le *Traité d'optique* de Newton, les *Leçons de physique expérimentale* de l'abbé Nollet, le *Traité des forces mouvantes* de Camus, *L'Art de la vigne* de l'agronome Maupin, les *Mémoires sur la météorologie* du père Louis Cotte – par lequel il découvre les ouvrages et les théories de l'astronome italien Giuseppe Toaldo, dont il lit également des extraits dans le *Journal de Paris* et divers périodiques, ou qu'il se fait prêter par Gence à l'occasion d'un 'travail sur les météores'[132] –, la *Contemplation de la nature* de Charles Bonnet, dans la traduction italienne de Lazzaro Spallanzani, dans laquelle il se plonge lors de son second séjour en Italie entre 1791 et 1793, et les *Institutions de géométrie* de La Chapelle, qu'il lit sur la route de Paris à Marseille.[133] Il consulte également les comptes-rendus d'expériences ou de mesures publiés dans les périodiques spécialisés ou les rapports des sociétés savantes, comme par exemple le rapport sur la propagation du son, rédigé suite à l'expérience menée en 1738 par La Caille, Cassini de Thury

---

131. Il a ainsi retenu la description du feu Saint-Elme observé au large de Cagliari par le chevalier de Forbin: [Claude de Forbin], *Mémoires du comte de Forbin*, 2 vol. (Amsterdam, aux dépens de la Compagnie, 1730), t.2, p.51.
132. Lasalle évoque une association avec Gence pour un travail sur les météores dont il ne précise pas la nature et qui semble n'avoir donné lieu à aucune publication (*OFB*, t.11, p.275). Les extraits de Cotte et Toaldo forment un supplément à l'*Histoire des vents* de Bacon.
133. Isaac Newton, *Traité d'optique*, traduit par Pierre Coste (Paris, Montalant, 1722); Jean-Antoine Nollet, *Leçons de physique expérimentale*, 6 vol. (Paris, Guérin, 1743); Charles Etienne Louis Camus, *Traité des forces mouvantes pour la pratique des arts et métiers* (Paris, C. Jombert, 1722); Maupin, *L'Art de la vigne* (Paris, Musier, 1779); Louis Cotte, *Mémoires sur la météorologie, pour servir de suite & de supplément au Traité de météorologie, publié en 1774*, 2 vol. (Paris, Imprimerie royale, 1788); Giuseppe Toaldo, *Essai météorologique sur la véritable influence des astres*, traduit par Joseph Daquin (Chambéry, s.n., 1784); Charles Bonnet, *Contemplation de la nature* (Amsterdam, M.-M. Rey, 1764), et pour la traduction italienne: *Contemplazione della natura*, traduit par Lazzaro Spallanzani et Francesco Ferrara, 2ᵉ éd. (Venise, Giovanni Vitto, 1781); Jean-Baptiste de La Chapelle, *Institutions de géométrie*, 2 vol. (Paris, Debure l'aîné, 1746).

et Maraldi depuis l'observatoire de Paris, la butte Montmartre et le château de Lay à Montlhéry.[134]

Au-delà de ses observations et de ses lectures, Lasalle participe lui aussi au progrès des sciences en suggérant des expériences et en produisant des écrits scientifiques sur divers sujets qu'il communique parfois à des sociétés savantes ou fait publier. Les notes de bas de page de sa traduction de Bacon contiennent un très grand nombre de suggestions d'expérimentation et de précision sur l'utilisation de certains instruments de mesure comme le thermomètre de Drebbel, qu'il évoque à plusieurs reprises et dont il décrit le fonctionnement dans une longue note: il estime les informations données par l'instrument imprécises du fait même de sa conception puisque le fluide qui se contracte ou se dilate en fonction de la température de l'air est également sujet à des variations liées à la pression et à la pesanteur.[135] Ailleurs il décrit précisément les étapes d'une expérience qu'il faudrait conduire:

> Mais, soit pour décider cette question même, soit pour déterminer le *mode* et l'*intensité* de l'*action* de la *lune* sur l'*atmosphère* (ainsi que sur les *eaux* de l'*océan*), il faudrait, *avant une éclipse totale*, ou du moins *centrale*, de *lune*, envoyer cinq observateurs, en différens points du parallèle où, en s'éclipsant, elle doit se trouver au *zénith*; savoir: un, dans *la mer du sud*; *un, sur le continent de l'Amérique*; *un, dans la mer Atlantique*; *un, en Afrique, et un, dans la mer des Indes*: enfin, *comparer leurs observations*, soit entre elles, soit avec celle de ce genre qu'on a déjà faites.[136]

Lasalle rédige également des textes scientifiques plus longs par lesquels il cherche manifestement à obtenir la légitimité scientifique qu'il n'a pu obtenir par le biais de l'enseignement. En mai 1793, alors qu'il a fui la Terreur pour se réfugier une nouvelle fois à Semur-en-Auxois, il expédie à la Société philomatique un long texte

---

134. *OFB*, t.7, p.379; César-François Cassini de Thury, 'Sur les opérations géométriques faites en France dans les années 1737 & 1738', *Histoire de l'Académie royale des sciences, année 1739* (Paris, Imprimerie royale, 1741), p.119-34 (notamment p.125-29).
135. *OFB*, t.9, p.181-83; voir également t.5, p.95, et t.7, p.107. Lasalle a également pu voir fonctionner le thermomètre installé par le mathématicien et astronome Lahire à l'observatoire de Paris et grâce auquel celui-ci avait pu mesurer les variations quotidiennes de température sur près de quarante ans (*OFB*, t.2, p.50).
136. *OFB*, t.11, p.126.

d'"Observations sur la physique et l'économie".[137] La première partie du texte est constituée par un compte-rendu d'expériences diverses conduites par Lasalle et 'l'abbé Feliciano Scarpellini, lecteur de physique au collège romain et l'un des astronomes de l'observatoire Gaetani [sic]'.[138] La première porte sur l'électricité et plus particulièrement sur la bouteille de Leyde. Ayant observé les 'feuilles de métal dont on garni intérieurement et extérieurement une bouteille de Leyde' et en réfléchissant sur 'les effets des garnitures', les deux expérimentateurs ont été surpris 'qu'on eût pas encore imaginé de garnir d'une feuille de métal l'une ou l'autre des 2 surfaces du plateau de la machine électrique, ou toutes les deux', soupçonnant 'qu'en appliquant une feuille d'étain sur les deux faces de ce plateau, en établissant une semblable communication entre toutes les parties de chaque surface garnie', les conducteurs 'livreraient une plus grande quantité de matière électrique, dans un tems déterminé, et qu'on augmenterait par ce moyen la puissance de la machine'.[139] La conjecture est vérifiée le 29 novembre 1792: 'les résultats que nous obtinrent furent peu conformes à nos vues', précise Lasalle, sans doute, pense-t-il, parce que les feuilles d'étain étaient encore chargées d'humidité. Un nouvel essai a cependant produit des résultats plus proches de ce qui était escompté. Après plusieurs modifications du dispositif expérimental afin d'obtenir la plus grande décharge d'électricité possible et la description des résultats obtenus, Lasalle passe à d'autres sujets. Evoquant les expériences sur le vide réalisées par Henri Louis Duhamel Du Monceau, il propose de les pousser plus loin et suggère de possibles applications. Perfectionnées suivant ses instructions, elles pourraient servir à la conservation de la viande, ce qui serait utile 'sur les bâtimens tels que ceux de terre-Neuve, qui sont trop petits pour qu'on puisse embarquer de grands animaux'.[140] En outre, 'si l'on trouvoit que les corps organisés (plantes, animaux), se

---

137. Paris, Bibliothèque interuniversitaire de la Sorbonne (Fonds ancien), MSAUC 172/Pièce 21, 'Observations sur la physique et l'économie, par M. de La Salle: lues à la séance n° 165 du 2 mai 1793'. Il faut comprendre ici le mot 'économie' comme 'économie du vivant'. Voir également Ms 1743, *Table alphabétique des ouvrages donnés à la Société philomatique depuis le 9 novembre 1789, avec une liste des membres correspondants de la Société*, f.251.
138. 'Observations sur la physique et l'économie', f.1. Scarpellini (1762-1840) devient en 1797 directeur de l'observatoire fondé en 1778 à Rome par Francesco et Onorato Caetani.
139. 'Observations sur la physique et l'économie', f.1.
140. 'Observations sur la physique et l'économie', f.4.

conservent dans le vuide pendant un tems considérable, on pourroit substituer ce moyen à l'esprit de vin qu'on employe au Cabinet du roi', et constituer des herbiers dans lesquels les couleurs des plantes seraient préservées en se servant de récipients cylindriques et voûtés, équipés d'une 'platine de métal peu précieux, comme l'étain' et dont il donne un croquis. On pourrait même, ajoute Lasalle, conserver ainsi le corps des grands hommes:

> dans un cercueil de métal, d'une forme arrondie, pour résister à la pression de l'air extérieur. A la partie qui correspondroit au visage du défunt, seroit bien encastré un verre épais et convexe comme le cercueil, un peu plus long et plus large que la face. Le cercueil auroit sa soupape, jouant de dedans en dehors, et sa pompe pour faire le vuide.[141]

Plus loin encore, à l'aide d'un autre diagramme, Lasalle passe à un compte-rendu d'expérience sur le sang humain, expérience dont le but était de tester les conclusions d'un Italien selon lequel 'ce fluide contenoit et laissoit continuellement échapper un fluide subtil et expansible qui étoit la cause efficiente du battement des artères'.[142] Il revient ensuite à l'électricité, avec cette fois une question sur l'électricité statique, l'expérience menée permettant de conclure qu'une 'enveloppe de laine augmente un peu l'électricité du conducteur';[143] il s'intéresse ensuite à l'aimant, ce qui lui donne l'occasion de dire 'que Newton lui-même (soit dit en tremblant et en ôtant son chapeau) s'est trompé' pour avoir fait 'un raisonnement semblable sur les attractions réciproques de deux sphères contiguës, ou très voisines, faute d'avoir évalué le produit de plusieurs circonstances', s'obligeant de ce fait à concevoir 'la loi de la raison inverse du cube des distances'.[144] Lasalle promet de plus amples explications et assure pouvoir finalement prouver 'que Newton a eu plus raison qu'il ne l'a cru lui-même'.[145] La dernière partie du manuscrit porte sur des questions de physique générale et particulière. Elle fournit à Lasalle l'occasion de rappeler qu'il faut 'qu'il y ait dans chaque académie un généraliste exercé, comme le vouloit Bacon' et d'ajouter à l'adresse des membres fondateurs de la Société philomathique: 'si personne de ces

---

141. 'Observations sur la physique et l'économie', f.4*v*.
142. 'Observations sur la physique et l'économie', f.5.
143. 'Observations sur la physique et l'économie', f.6.
144. 'Observations sur la physique et l'économie', f.6*v*.
145. 'Observations sur la physique et l'économie', f.7.

messieurs ne veut se charger de cette partie, j'essayerai.'[146] Malgré ses promesses il n'y reviendra pas. Les archives de la Société philomatique montrent que Lasalle en est reçu correspondant assez tôt, le 11 novembre 1789, quelques mois seulement après sa fondation.[147] Lors de la séance du 19 décembre 1789, il est décidé qu'une fois nommé sur proposition de l'un des membres, tout correspondant 'sera déchu de son droit d'entrée à la société que lui donne son titre de correspondant s'il passe plus d'une année sans envoyer quelque mémoire ou quelques observations à la société, et il ne pourra acquérir de nouveau ce droit qu'en présentant quelque ouvrage'.[148] La Révolution a sans doute rendu cette participation plus compliquée et, en dehors du manuscrit lu lors de la seconde séance, Lasalle n'a semble-t-il jamais envoyé d'autre texte. Il n'était sans doute pas le seul puisqu'à partir de mai 1791, le bureau décide l'envoi d'un bulletin régulier d'information sur les travaux de ses membres aux correspondants afin de maintenir le lien: 'Mrs Berlinguieri, Fabricius, Martinet, de la Salle [rajouté après coup] pourront recevoir les 4 premiers bulletins' avant de confirmer qu'ils souhaitent rester correspondants.[149] Lasalle n'envoie apparemment rien pendant les deux années qu'il passe à Rome (entre le printemps 1791 et le printemps 1793); il écrit néanmoins à plusieurs reprises. Le 18 avril 1793, le secrétaire de séance 'fait part d'une lettre de M. Lasalle; ce correspondant actuellement à Nice va se rendre à Paris'[150] et, le 15 juin, une autre lettre que Lasalle envoie de Semur 'parle de son prochain retour et annonce qu'il apporte des travaux qu'il fera connaître à la société'.[151] Quelques mois plus tard, une autre lettre de Lasalle est lue en séance 'le 28ème jour du 1er mois de la 2de année, 29 octobre vieux style': Lasalle y annonce à nouveau sa venue à Paris. C'est à cette période qu'il achève ou est en passe d'achever

---

146. 'Observations sur la physique et l'économie', f.7.
147. Paris, Bibliothèque interuniversitaire de la Sorbonne (Fonds ancien), Ms 2081, 'Registre des délibérations et séances de la Société philomatique (10 décembre 1788-1er octobre 1791)', f.13. Le procès-verbal de la séance du 11 novembre 1789, la deuxième depuis la création de la Société, précise que Lasalle est admis comme correspondant aux côtés de Schurer, docteur en médecine, Dumas et Guichard: Ms 2081, f.16.
148. Ms 2081, f.21.
149. Ms 2081, f.112.
150. Paris, Bibliothèque interuniversitaire de la Sorbonne (Fonds ancien), Ms 2082, 'Registre des délibérations et séances de la Société philomatique (oct. 1791-An III)', n° 163, f.19.
151. Ms 2082, n° 171, f.86-87.

sa traduction de *De augmentis* et, même si aucun document ne permet d'affirmer qu'il l'ait fait, il aurait très bien pu soumettre sa traduction pour avis aux membres de la Société puisque plusieurs séances ont été consacrées à des traductions, publiées ou non. Lors de la séance du 12 janvier 1794, c'est une traduction de Linné qui est lue 'à laquelle le traducteur a ajouté beaucoup de notes'. Au début de l'année 1793, la Société avait décidé d'un plan de traduction des œuvres de Linné, désigné des traducteurs parmi ses membres, puis le projet semble avoir stagné jusqu'à ce que, sur la suggestion de la société, Millin de Grandmaison, alors emprisonné pour son hostilité aux Jacobins, fasse parvenir sa traduction des *Anthropomorpha*.[152] La réaction est pour le moins mitigée. Après 'plusieurs discussions intéressantes, il a été décidé que cet ouvrage seroit renvoyé au C^{en} Millin en le priant de revoir la traduction dans laquelle il y avait quelques parties de style qui paroissoient peu soignées, et quelques expressions techniques dont la signification devroit être exprimée'.[153] Lasalle n'a sans doute pas cherché à soumettre sa traduction aux philomathes, mais il a cherché à devenir membre à part entière de la Société, dont le nombre de membres est fixé à cinquante à partir de 1797.[154] En juillet 1798, il reste une place vacante: elle est attribuée à Chaptal contre Savigny et Lasalle. Une place se libère en septembre 1800, mais elle est attribuée au botaniste genevois Augustin-Pyramus de Candolle, toujours contre Savigny et Lasalle, qui n'obtient aucune voix. En novembre 1803, Lasalle échoue une fois encore contre Héricart de Thury et Lancret, qui est élu à la majorité, puis une dernière fois, début décembre de la même année, contre Héricart de Thury et le vainqueur, le mathématicien Siméon Poisson.[155] Antoine Lasalle n'a donc jamais été membre à part entière de la Société philomatique. Il est encore noté comme

---

152. J. R. Mandelbaum, 'La Société philomatique de Paris', p.49-50.
153. Ms 2082, n° 197, f.110-11. Le projet de traduction de Linné n'a jamais été mené à bien, mais la traduction est au cœur des activités de la Société philomatique: voir par exemple f.121(traduction d'un texte de Godwin sur l'asphyxie), 128 et 134 (lecture de la traduction des voyages de Young en France par Silvestre).
154. J. R. Mandelbaum, 'La Société philomatique de Paris', p.478.
155. J. R. Mandelbaum, 'La Société philomatique de Paris', p.478-79 et 482. Lors de la première élection, Lasalle est proposé par Silvestre et l'on peut supposer que c'est aussi le cas pour les quatre autres. C'est apparemment parce qu'il n'est jamais vraiment revenu s'installer à Paris de manière définitive qu'il n'a pu être élu, l'assiduité aux réunions étant obligatoire. Voir J. R. Mandelbaum, 'La Société philomatique de Paris', p.292. Voir Ms 2082, f.4, articles 11 et 12; Ms 2083, n° 542, f.52.

correspondant en date du 4 germinal An XI (25 mars 1803), juste avant son élection manquée, mais son nom disparaît ensuite des registres.[156]

La nature des liens que Lasalle affiche avec l'académie de Virginie est en revanche beaucoup plus floue. Cette académie, fondée à Richmond par Alexandre-Marie Quesnay de Beaurepaire en 1786 après plusieurs tentatives infructueuses à Philadelphie et New York, est pensée par son fondateur comme une institution scientifique sur le modèle des académies provinciales françaises et comme un établissement d'enseignement pour filles et garçons.[157] L'académie de Virginie reçoit le soutien de l'Académie parisienne et de la cour par l'intermédiaire d'un comité d'évaluation formé par Lalande, Thouin, Tenon et Lavoisier. Malgré ce soutien et un accueil favorable sur le sol américain, le projet ambitieux de Quesnay de Beaurepaire, qui voulait en faire la tête de pont d'une véritable collaboration scientifique entre la France et l'Amérique, s'est heurté au manque de moyens. Quesnay rentre en France en 1787 pour lever des fonds au moyen d'une souscription dont le succès est pour le moins mitigé. Un professeur de chimie, d'histoire naturelle et de botanique – Jean Rouelle[158] – est bien recruté l'année suivante, mais, lorsqu'il arrive à Richmond, l'académie a déjà fermé ses portes. La Révolution met un terme définitif à cette utopie pédagogique et savante puisque Quesnay n'est jamais retourné aux Etats-Unis.[159] Que venait donc faire Lasalle dans cette entreprise américaine? Le prospectus que Quesnay fait imprimer à Paris pour lancer sa souscription nous donne des éléments de réponse. Le parcours de Quesnay tout d'abord, qui a dû, s'il en a eu connaissance, rappeler le sien à Lasalle: après

---

156. Ms 2083, 'Registre des délibérations et séances de la Société philomatique', f.26.
157. Alex Capelle, 'L'éphémère présence culturelle française en Virginie à la fin du XVIIIe siècle', *XVII-XVIII: bulletin de la Société d'études anglo-américaines des XVIIe et XVIIIe siècles* 28 (1989), p.71-86; Denis I. Duveen et Herbert S. Klickstein, 'Alexandre-Marie Quesnay de Beaurepaire's *Mémoire et prospectus*', *The Virginia magazine of history and biography* 63:3 (juillet 1955), p.280-85; Richard Heyward Gaines, *Richmond's first academy, projected by M. Quesnay de Beaurepaire in 1786* (Richmond, 1892).
158. Neveu de Guillaume-François Rouelle, professeur de chimie dont les cours étaient très suivis, Jean Rouelle restera en Amérique où il publiera en anglais, en 1792, un traité sur les eaux minérales de Virginie, ne regagnant la France qu'en l'An VI sans doute pour fuir une épidémie de fièvre jaune: G. Devaux et L. Desgraves, 'Jean Rouelle à Bordeaux', *Revue historique de Bordeaux et du département de la Gironde* 24 (1975), p.183-90 (184-85).
159. A. Capelle, 'L'éphémère présence culturelle française en Virginie', p.83.

avoir envisagé une carrière militaire et servi en Virginie, Quesnay avait dû renoncer après la perte de ses équipages et de ses lettres de recommandation. Frappé par 'une malade longue & cruelle, jointe au défaut de ressources' et à son isolement, il décide alors de mettre les connaissances que lui avaient apportées ses voyages au service de la jeune république américaine.[160] L'enthousiasme, pour ne pas dire l'exaltation, avec lequel il évoque 'cette grande Académie que l'on pourrait presque nommer ACADÉMIE UNIVERSELLE' n'est pas éloigné de celui avec lequel le traducteur de Bacon se lance dans ses propres projets scientifiques et pédagogiques.[161] L'absence d'archives ne permet pas de savoir comment Quesnay de Beaurepaire et Lasalle sont entrés en contact, mais le nom de 'De la Salle, *à Paris*' figure bien, sans plus de précisions, dans la liste des 'Associés étrangers' de l'académie – 'fixés à *cent soixante-quinze*' par le fondateur – aux côtés de Daubenton, Bailly, Lacépède, Lalande, Jussieu, Montucla, Condorcet ou encore Vicq d'Azir.[162] Le *Mémoire* de Quesnay ne précise pas le rôle de ces 'associés', et l'échec du projet lui-même ne leur a sans doute pas permis d'apporter autre chose que le vague soutien dont semble témoigner leur nom. Toujours est-il que Lasalle avait manifestement autant d'intérêt que Quesnay de Beaurepaire à pouvoir se prévaloir de cette appartenance, à un moment où il pense encore conquérir les milieux scientifiques et philosophiques parisiens.

Même s'il échoue à se faire admettre de plein droit au sein de la Société philomatique, Lasalle ne laisse pas de côté la production d'écrits scientifiques. Il est impossible de dater avec exactitude le fragment de manuscrit présent dans les collections de la Folger Library: signé 'Antoine Lasalle, traducteur de Bacon', il date sans doute des dernières années du dix-huitième siècle. Sans titre, il porte sur les 'période[s] luni-solaires', leurs usages et leur définition.[163] Sur cinq feuillets noircis d'une écriture plus appliquée qu'à l'habitude (ce qui laisse penser qu'il s'agissait d'une copie destinée à être envoyée à un tiers ou à une institution), Lasalle définit 'l'année solaire tropique',

---

160. Alexandre-Marie Quesnay de Beaurepaire, *Mémoire, statuts et prospectus concernant l'Académie des sciences et beaux-arts des Etats-Unis de l'Amérique* (Paris, Cailleau, 1788), p.19.
161. A.-M. Quesnay, *Mémoire*, p.33.
162. A.-M. Quesnay, *Mémoire*, p.93 et 90.
163. Washington, Folger Shakespeare Library, Ms Y.c.3662, 'Autograph essay signed by Antoine La Salle'. La bibliothèque ne dispose pas d'information sur la provenance de ce manuscrit. S'est-il retrouvé sur le sol américain parce que Lasalle l'avait adressé à Quesnay de Beaurepaire?

la 'période lunaire synodique', les 'périodes luni-solaires' qui sont 'composées d'un certain nombre d'Années solaires tropiques et d'un certain nombre de périodes lunaires synodiques' et servent 'à régler les calendriers civils et ecclésiastiques'.[164] Jugeant 'un peu grossière' la façon dont est défini 'le nombre d'or', c'est-à-dire la 'période qui sert de base à notre calendrier', il annonce en avoir cherché d'autres 'soit par les fractions continues, soit par une autre méthode fort simple, et d'après une remarque fortuite, dont je parlerai ci-dessous'.[165] S'ensuivent trois feuillets de calculs à partir de plusieurs hypothèses et qui permettent d'obtenir une précision plus ou moins grande. Il est impossible de savoir à qui Lasalle destinait ce texte et s'il avait envisagé de l'envoyer à la Société philomatique, mais il y croise certaines de ses préoccupations scientifiques les plus durables: les mathématiques appliquées à l'astronomie et à la météorologie. Il écrit ainsi à plusieurs reprises à Charles Dumont pour qu'il demande à Joseph-André Denis de lui fournir les logarithmes de certains nombres premiers dont il donne la liste, 'tirés ou de cette grande table qu'on vient d'imprimer, ou de la grande Table de Wlack, ou en général de quelque table dont les logarithmes passent 7 décimales'.[166] Il y revient plus longuement dans une autre lettre, dans un passage entièrement souligné de sa main:

> Il existe pour le calcul des logarithmes des méthodes beaucoup plus abrégées que l'ancien. méthode des moyennes proportionnelles géométriques, coordonnée à un égal nombre de moyen. proportion. arithm. J'aurois besoin d'une ou deux de ces méthodes pour mon travail. Le citoyen Gence m'obligeroit bien sensiblement s'il pouvoit par le moyen du citoyen Denis, ou des mathématiciens de profession, tels que les citoyens Mauduit, La Lande, aller & me faire transcrire 2 ou 3 de ces méthodes, exprimées algébriquement et arithmétiquement, avec un exemple pour chacune [...] J'espère mettre les Français en état de pousser en très peu de tems, jusqu'à un million, les tables qui ne vont calculer que jusqu'à 100000 et cela avec 8 décimales et peut-être 9, mais il faut que j'aye les autres méthodes

---

164. Ms Y.c.3662, f.1.
165. Ms Y.c.3662, f.1*v*.
166. Ms NAF 12300, lettre 2, f.4-4*v*. Quant aux ouvrages exigés, voir François Callet, *Tables portatives de logarithmes* (Paris, F. Didot, An III [1795]); Adriaan Vlacq, *La Trigonométrie rectiligne et sphérique où il est traité de la construction des tables de sinus, tangentes, sécantes et logarithmes [...] corrigée et augmentée par M. Ozanam* (Paris, C. Jombert, 1720).

pour sçavoir si la mienne est préférable, avant de me hasarder à l'offrir au gouvernement.[167]

Au crayon, quelqu'un – Dumont? – a ajouté cette courte note: 'Trigonométrie de Cagnoli, chez Didot, rue de Thionville, n° 116'.[168]

Avec ce projet de table logarithmique, Lasalle montre que, s'il était trop éloigné de Paris pour être élu membre de la Société philomatique, il n'était pas totalement détaché des préoccupations scientifiques du moment. Il espère en réalité – seul, depuis Semur – faire mieux que l'ingénieur et physicien Gaspard Riche de Prony, directeur du bureau du Cadastre de 1791 à 1802, qui cherche alors avec une équipe de plusieurs dizaines de géomètres et algébristes à calculer les logarithmes des fonctions trigonométriques des deux cents premiers nombres et de cent mille divisions du quart de cercle pour répondre aux besoins de modernisation de l'impôt foncier.[169] Le projet de Prony est resté à l'état de manuscrit (seize volumes in-folio, selon Jean-Louis Peaucelle), malgré les moyens obtenus pour le mener à bien. Au lieu des grandes tables logarithmiques prévues, Prony a finalement livré des tables portatives réduites imprimées au printemps 1795 à mille exemplaires dont aucun n'a subsisté, tandis qu'au même moment, une table concurrente exempte d'erreur, celle de Callet, était publiée.[170] Le projet de Lasalle ne verra jamais le jour. A la place, celui qui annonçait à Grégoire vouloir chercher dans sa tête 'toutes les vues que j'ai sur l'éducation' pour 'les envoyer au comité'[171] finit par concrétiser en partie ses projets mathématiques en publiant en l'An VII (1798-1799, au moment où il s'apprête également à publier les trois premiers volumes de sa traduction de Bacon), chez l'imprimeur Junot de Semur-en-Auxois, un petit volume intitulé *Nouvelles récréations*

---

167. Ms NAF 12300, lettre 5, f.8*v*.
168. Ms NAF 12300, lettre 5, f.7. Voir Antonio Cagnoli, *Traité de trigonométrie rectiligne et sphérique, contenant des méthodes et des formules nouvelles, avec des applications à la plupart des problèmes d'astronomie*, traduit par Nicolas-Maurice Chompré (Paris, Didot aîné, 1786).
169. Voir Jean-Louis Peaucelle, 'Un "éléphant blanc" en pleine Révolution française: les grandes tables de logarithmes de Prony comme substitut au cadastre', *Gérer et comprendre* 107 (mars 2012), p.74-86; Lorraine Daston, 'Enlightenment calculations', *Critical inquiry* 21:1 (automne 1994), p.182-202. Lasalle doit sans doute à la Société philomatique (dont Prony devient membre en 1793) les informations sur ce projet dont il s'est manifestement inspiré.
170. J.-L. Peaucelle, 'Un "éléphant blanc" en pleine Révolution française', p.79.
171. 510AP/2, lettre n° 247, f.2*v*.

mathématiques, avec lequel il se place, pense-t-il, dans la continuité d'Ozanam et Montucla.[172] L'ouvrage d'Ozanam, paru en 1694, et qui mêle des problèmes d'arithmétique, de géométrie, d'optique, de cosmographie, de mécanique ou encore de physique, est augmenté et réédité tout au long du dix-huitième siècle. Jean-Etienne Montucla, auteur en 1758 d'une *Histoire des mathématiques*, participe vingt ans plus tard à une nouvelle édition augmentée des *Récréations mathématiques et physiques* d'Ozanam, nouvelle édition suscitée par la publication en 1772 d'une nouvelle édition des *Nouvelles récréations physiques et mathématiques* d'Edme-Gilles Guyot (la première date de 1769), dont les quatre volumes seront réédités en 1786.[173] C'est dans ce contexte que Lasalle publie très tardivement un ouvrage qu'il entend inscrire dans l'esprit pédagogique de celui d'Ozanam, tournant le dos, malgré son succès, à l'ouvrage de Guyot, qui relève davantage de la science 'amusante' et sera d'ailleurs repris sous la Révolution dans le *Dictionnaire encyclopédique des amusemens des sciences mathématiques et physiques* de Jacques Lacombe, ouvrage de référence des prestidigitateurs au siècle suivant.[174] Le petit volume de Lasalle (quatre-vingt-douze pages) n'a sans doute été publié qu'à un très petit nombre d'exemplaires, le seul actuellement consultable se trouvant dans les collections de la British Library.[175] Lasalle y expose sa 'méthode différentielle' en matière de calcul, combinaison de la 'méthode analytique' et de la 'méthode synthétique', parce qu'elles sont 'toutes deux également nécessaires à l'entendement,

---

172. Ant[oine] Lasalle, *Nouvelles récréations mathématiques, pour servir de suite à celles d'Ozanam et de Montuclas* (Semur, Imprimerie Junot, An VII [1798-1799]).
173. Jacques Ozanam, *Récréations mathématiques et physiques*, 2 vol. (Paris, Jean Jombert, 1694); *Récréations mathématiques et physiques [...] par feu M. Ozanam, nouvelle édition par M. de C.G.F.* [Montucla de Chanla, géomètre forézien], 4 vol. (Paris, C.-A. Jombert, 1778); Edme-Gilles Guyot, *Nouvelles récréations physiques et mathématiques, nouvelle édition* (Paris, Gueffier, 1772).
174. Voir Bruno Belhoste et Denis Hazebrouck, 'Récréations et mathématiques mondaines au XVIIIe siècle: le cas de Guyot', *Historia mathematica* 41 (2014), p.490-505, notamment p.491. Sur l'origine et la réception du genre littéraire que constituent ces 'récréations', lire également Gilles Chabaud, 'Littérature savante et assignation culturelle: le *Dictionnaire encyclopédique des amusemens des sciences mathématiques et physiques*', *Littératures classiques* 3:85 (2014), p.217-32.
175. L'historien des mathématiques Frédéric Métin m'a signalé la très récente découverte (fin 2023) d'un autre exemplaire dans le fonds ancien de la bibliothèque de Dijon. Cet exemplaire a peut-être été communiqué par Lasalle lui-même au médecin et naturaliste dijonnais Jacques-Nicolas Vallot, avec qui il a correspondu.

dont elles sont, pour ainsi dire, les deux mains'.[176] L'essai est, selon son auteur, 'une sorte d'exercice sur ces deux méthodes' et leurs différentes applications. Il entend montrer 'combien la première est facile, claire, instructive, sûre, mais longue et verbeuse; et combien la dernière est sèche, vague, obscure, pénible, mais précise et féconde', lorsqu'elles sont appliquées aux nombres, 'genre sévère' puisqu'un raisonnement erroné est immédiatement sanctionné par 'la fausseté des résultats', mais 'le plus commode pour s'exercer à fixer et à soutenir son attention; car ici la moindre distraction est punie'.[177] On voit bien qu'il est peu question de 'récréations' dans le livre de Lasalle à une époque où les ouvrages de sciences amusantes connaissaient pourtant une prospérité inédite. C'est sans doute d'ailleurs en grande partie la sécheresse et la sévérité annoncées, malgré les promesses du titre, qui ont été cause de l'insuccès de l'opuscule alors même que Lasalle avait écrit dans la *Méchanique morale* que tout pouvait être 'réduit à des jeux & mis à la portée des jeunes gens, pourvu qu'on sache leur rendre la matière intéressante', ne craignant pas d'ajouter: 'tout n'est qu'un jeu pour le vrai génie.'[178] Quelques années plus tard, dans sa rubrique 'Bibliothèque de l'An x', *La Clef du cabinet des souverains* du 14 mai 1802 rend compte de la parution de *Trois heures d'amusement, ou le Nouveau Comus* et y salue le mélange de 'tours de cartes et autres dont la connaissance ne pourra être que très-agréable aux personnes qui désirent amuser les sociétés et y trouver elles-mêmes une récréation peu dispendieuse' et une manière d'instruire les élèves 'claire et précise', ces derniers pouvant y trouver 'une source de récréations piquantes' et 'un aliment à leur esprit et à leur instruction'.[179] Lasalle a recyclé à l'usage des élèves la méthode grâce à laquelle il pensait révolutionner le calcul logarithmique, mais cette entreprise pédagogique est elle-même passée inaperçue parmi tous les ouvrages concurrents et bien plus attractifs. Le mathématicien de Semur, secondé pour les dix dernières pages de son livre par 'le citoyen Renard', instituteur de la ville, avait une fois encore bien senti l'air du temps, mais s'y était appliqué en suivant ses propres marottes sans prendre en compte l'intérêt du lectorat qu'il semblait viser.

176. A. Lasalle, *Nouvelles récréations*, 'Préface', n.p. La 'méthode différentielle' est exposée à partir de la page 50.
177. A. Lasalle, *Nouvelles récréations*, 'Préface', n.p.
178. A. Lasalle, *Méchanique morale*, t.2, p.458.
179. *La Clef du cabinet des souverains* (14 mai 1802), 'Bibliothèque de l'An x', p.8.

Les centres d'intérêt scientifiques éclectiques de Lasalle ont également trouvé une autre application, celle des prévisions météorologiques. Au moment où paraissent les derniers volumes de la traduction de Bacon, en 1803, paraît également son ultime ouvrage: une brochure longue de six pages, imprimée par Frantin et intitulée *Sur les hivers mémorables*.[180] Lasalle s'intéresse aux hivers pendant lesquels le thermomètre de Réaumur a affiché entre −10 et −12 degrés pendant quinze jours à un mois ou, pour la période antérieure à l'invention de l'échelle de Réaumur, un hiver où les rivières ont gelé au point de pouvoir être traversées par des charrettes et leur chargement. Il s'appuie pour son étude sur les observations et les relevés de plusieurs scientifiques comme Lahire, Cotte, Toaldo ou encore Van Swinden[181] et en tire une table qui rassemble les années concernées par ces hivers mémorables sur deux colonnes: la première pour les dix-septième et dix-huitième siècles, la seconde pour les siècles antérieurs. Le but de cette étude est de déduire de l'observation un moyen de prédire la survenue des hivers rigoureux, mais aussi, avec la même méthode, le retour des grandes chaleurs, des sécheresses ou des années humides, même s'il admet que certains éléments peuvent empêcher de généraliser à d'autres phénomènes ce qui permet de prédire les grands hivers. Il met également son lecteur en garde: malgré cette table et les conclusions climatologiques que l'on peut en tirer, 'dans le cas même où cette période seroit suffisamment confirmée par les observations ultérieures, nous ne publierons jamais ni annuaire, ni calendrier, ni éphémérides météorologiques; de peur de nous mettre dans la nécessité de cacher nos erreur[s] dans d'énormes volumes remplis de chiffres insignifiants, de multiplier nos règles à mesure que les exceptions se multiplieroient.'[182] Ce dernier opuscule a eu au moins un lecteur attentif, l'érudit Gabriel Peignot qui publie en 1821 un *Essai chronologique sur les hivers les plus rigoureux*.[183] Il reprend la définition

---

180. Ant[oine] Lasalle, *Sur les hivers mémorables qui se correspondent, en différens siècles, suivant une période de 100 à 101 ans, ou ses multiples* (Dijon, An XII [1804]).
181. Voir ainsi Louis Cotte, *Notice des grands hivers dont il est fait mention dans l'histoire et dans les recueils des sociétés savantes* (s.l.n.d. [après 1799]); Jan Hendrick Van Swinden, *Lettres sur les grands hivers, adressées au citoyen Cotte* (s.l.n.d. [après 1796]).
182. A. Lasalle, *Hivers mémorables*, p.5-6.
183. Gabriel Peignot, *Essai chronologique sur les hivers les plus rigoureux, depuis 396 ans av. J.C. jusqu'en 1820 inclusivement* (Paris, 1821). Il n'est pas impossible que Peignot ait eu vent de l'opuscule de Lasalle par leur éditeur commun, le libraire Renouard.

arrêtée par Lasalle pour sa propre étude, regrettant toutefois le 'sage pyrrhonisme' qui le pousse à s'en tenir aux faits sans risquer de pronostic.[184] Lasalle a aussi manifestement pu compter sur la lecture attentive du naturaliste dijonnais Jacques Nicolas Vallot, membre de l'académie des sciences, arts et belles-lettres de Dijon, auquel il écrit:

> Je pense comme vous, Monsieur, que nous ne devons pas nous hâter de tirer des conséquences de ces observations; que ce premier résultat ne doit être regardé que comme une ébauche qui provoque et exige des recherches ultérieures, et que je dois moi-même travailler à prévenir l'enthousiasme du vulgaire qui feroit bientôt de moi une espèce de Nostradamus, si on le laissoit faire.[185]

La discussion portait manifestement sur la période de 100 à 101 ans retenue par Lasalle, puisque celui-ci ajoute à la fin de sa lettre: 'je conclus avec vous, Monsieur, qu'il ne faut ni étourdiment adopter la période séculaire, ni empêcher la vérification, sous prétexte qu'elle n'est pas encore vérifiée.'[186]

Avant de publier ce court texte sous la forme d'un pamphlet, Lasalle en avait intégré une version plus longue au neuvième volume de sa traduction de Bacon, en supplément à la centurie 9, sous le titre de: 'Table raisonnée de signes et de loix dont la connaissance peut servir à prévoir les grands hivers, les inondations, etc.'.[187] Il y mêle des observations sur les vents, sur la précocité et l'étendue de la formation de glace aux alentours des pôles; il détaille surtout les 'conséquences pratiques' de la compréhension de ces signes avant-coureurs: prévoir à l'avance les quantités nécessaires de bois de chauffage, de vêtements chauds ou de nourriture, organiser en conséquence les voyages maritimes et les campagnes militaires à terre, prévenir les inondations comme les effets politiques funestes des périodes de grand froid, ou encore conserver en les protégeant les végétaux sur pieds, comme les vignes, en les enterrant jusqu'à mi-hauteur sous les premières neiges de l'hiver. Lasalle ajoute d'ailleurs que c'est ce que firent 'avec succès' en 1788 'quelques vignerons du canton d'*Auxerre*, d'après nos avertissemens'.[188] Il revient à la question des prévisions météorologiques

---

184. G. Peignot, *Essai chronologique*, p.24.
185. Dijon, bibliothèque municipale, Ms 2140, ff.21-22, lettre de Lasalle au Dr Vallot (26 décembre 1803).
186. Ms 2140, lettre de Lasalle au Dr Vallot, f.21*v*.
187. *OFB*, t.9, p.328-57.
188. *OFB*, t.9, p.346.

dans le douzième volume de sa traduction, où il met sa méthode (qui repose en partie sur 'la révolution des nœuds de l'orbite lunaire') en pratique et prédit que, 'dans l'une ou l'autre de ces deux années, 1802 ou 1803, les puissances maritimes qui tiendront en mer, vers le temps des équinoxes, de nombreuses flottes ou escadres, courront le risque de les perdre'.[189] Une fois de plus Lasalle se lance dans ce projet à un moment où l'observation du climat et l'espoir de pouvoir en prédire les aléas connaît un essor particulier.[190]

Il est néanmoins peu probable que ce moyen de calculer la périodicité des hivers rigoureux ait convaincu au-delà de quelques vignerons bourguignons, et les incursions de Lasalle dans le domaine des sciences en général auront finalement été marquées par des projets à l'ambition démesurée et dont la réalisation, systématiquement à contre-temps, a tourné court pour aboutir à un résultat tronqué. La même ambition contrariée marque les autres projets scientifiques et techniques de Lasalle, c'est-à-dire les inventions qu'il imagine toujours propres à révolutionner les usages et qui, pour une raison ou une autre – souvent parce qu'elles existent déjà – ne voient jamais le jour. Dans le supplément qu'il ajoute à la fin de sa traduction de *Novum organum*, il loue l'abbé Desforges, inventeur d'une 'voiture volante' qui n'a jamais volé, mais qui lui semble malgré tout 'moins imposante, mais plus utile et plus neuve que celle des *montgolfières*, des *aérostats*, etc.', et d'un élixir antispasmodique que Lasalle affirme avoir testé lui-même, mais que son inventeur n'a, hélas, jamais rendu public.[191] Lasalle est une sorte de Desforges. Dans la *Méchanique morale* il annonce avoir

---

189. *OFB*, t.12, p.356.
190. Sur la climatologie historique et son développement au dix-huitième siècle, voir Jean-Baptiste Fressoz et Fabien Lochier, 'L'agir humain sur le climat et la naissance de la climatologie historique, XVIIe-XVIIIe siècles', *Revue d'histoire moderne et contemporaine* 62:1 (2015), p.48-78. Sur l'observation météorologique, voir Fabien Lochier, *Le Savant et la tempête: étudier l'atmosphère et prévoir le temps au XIXe siècle* (Rennes, 2008).
191. *OFB*, t.6, p.348. Sur Desforges et sa 'voiture volante', voir Joël Castongay-Bélanger, *Les Ecarts de l'imagination: pratiques et représentations de la science dans le roman au tournant des Lumières* (Montréal, 2008), chap.4. Lasalle s'est aussi passionné pour une autre invention restée dans les cartons: le clavecin oculaire du père Castel (A. Lasalle, *Balance naturelle*, t.1, p.342) qui a fait l'objet d'un article de Diderot dans l'*Encyclopédie*, t.3 (1753), p.511-12, http://enccre.academie-sciences.fr/encyclopedie/article/v3-1131-2/ (date de dernière consultation le 22 octobre 2024). Sur Castel, voir Barbara de Negroni, 'Le ruban du père Castel', *Cahiers philosophiques* 1:140 (2015), p.64-66, et Elisabeth Lavezzi, 'Le clavecin irisé', *Revue d'histoire littéraire de la France* 2:101 (2001), p.327-39.

inventé une manière d'écrire par signes qui doit permettre 'd'abréger le travail, d'accélérer le cours de la pensée d'un homme lent': il s'agit d'une 'Tachygraphie composée de mille à quinze cens notes, & si commode, qu'en certaines circonstances un peu avantageuses, quarante-huit lettres sont représentées par un seul signe aussi aisé à tracer qu'une M capitale'. 'Ce travail est presque achevé',[192] ajoute-t-il: il ne se concrétisera jamais, sauf peut-être pour l'usage personnel de celui qui se présente à l'abbé Grégoire comme 'accoutumé à inventer depuis 20 ans' et qui affirme écrire ses textes 'en abréviations connues de moi seul'.[193] Ailleurs, il affirme avoir eu 'à-peu-près une quarantaine' d'idées d'inventions nouvelles dans une même matinée:

> La méridienne à coup de canon était du nombre; & ma tête travaillant toujours, j'imaginais une sorte de serinette que le soleil mettoit en jeu, où, à l'aide d'un mouvement continu, vingt-quatre airs se succédoient par une gradation bien ménagée [...]; puis, me rappelant cette bonté du père de Montagne, qui faisoit, dit-on, réveiller son fils au son des instrumens, je me hâtais de faire, de ma serinette méridienne, un réveil-matin philosophique, instrument utile au physique & au moral; car le moment du réveil ayant la plus grande influence sur le reste de la journée, on auroit eu ainsi une sorte d'ouverture dont on auroit varié les effets, en changeant les airs de place; pour peu que quelque personne aisée souhaite se procurer cette machine, je la lui ferai exécuter.[194]

Lorsqu'il ne s'enthousiasme pas pour des questions scientifiques déjà largement inscrites dans l'air du temps, ou pour des projets voués à l'échec, Lasalle l'affirme: il se fait voler ses idées, ou plus exactement voit d'autres que lui rendre publiques les conclusions auxquelles il était arrivé dans son coin. On a vu à quel point il avait pu redouter que d'autres se lancent plus rapidement que lui dans une traduction de Bacon, préférant alors renoncer que de risquer la concurrence. Cette question n'est pas anecdotique chez Lasalle: la crainte de voir ses inventions réalisées par d'autres, plus rapides ou mieux soutenus que lui, est présente dès son premier livre et ne l'a jamais quitté. Elle s'est plus tard transformée en crainte paranoïaque et paralysante de voir les autres tirer profit de ses travaux. Dans *Le Désordre régulier*, il

---

192. A. Lasalle, *Méchanique morale*, t.2, p.461.
193. AN, 510AP/2, lettre n° 247, f.1.
194. A. Lasalle, *Balance naturelle*, t.1, p.438-39. Un 'méridien qui annonce midi par un coup de canon' est décrit dans l'*Almanach du Palais royal pour l'année 1785* (Paris, Royez, 1785) et attribué à 'l'ingénieur Rousseau' (p.21-22).

examine la chaîne d'interventions diverses qui fait qu'une invention, d'abord perfectible, finit par devenir un instrument dont l'usage se perpétue: la gloire retombe sur le dernier intervenant, celui qui popularise l'invention, et non sur les 'hommes laborieux, qui, par leur constance, mériteroient d'être préférés'.[195] Pour illustrer son propos, il donne ensuite l'exemple d'un anonyme qui n'est autre que lui:

> Un homme, méditant sur la génération des animaux, est conduit par une analogie assez simple, à cette idée qui vient d'immortaliser l'abbé Spalanzani [sic]: il l'écrit en silence, bien résolu de ne parler qu'après vérification. N'ayant point d'argent pour réaliser sa conjecture, il s'occupe de simplifier un instrument mathématique, & l'annonce. Le public accourt, l'accueille, & l'envie siffle [...] Peu après l'homme actif, toujours occupé de sa première idée, & d'un grand nombre d'autres, fait ses préparatifs. Près de toucher au but, il tombe malade, son corps & sa bourse s'épuisent; cependant le temps fuit & tous les cerveaux fermentent: l'infortuné recouvre enfin la santé. Convalescent & plus pauvre que jamais, il travaille sans relâche à regagner le niveau de ses affaires. A l'instant où il étoit presque certain du succès, un Italien publie la même idée exécutée.[196]

Il y revient dans *La Balance naturelle*, situant l'inventivité débridée qui lui avait suggéré entre autres la serinette méridienne, 'dans la matinée où l'idée de l'abbé Spalanzani s'offrit à moi'.[197] Contrairement au solitaire Lasalle, Spallanzani parvient à sa théorie de la génération en mettant en place un véritable réseau d'expérimentateurs et d'affidés chargés de discréditer les théories concurrentes, le plus souvent des individus étrangers au monde scientifique.[198] D'après Ferdinand Denis, c'est pendant son premier voyage en Italie que le jeune Lasalle 'devint par ses expériences l'émule de Spalanzani'.[199]

---

195. A. Lasalle, *Désordre*, p.33.
196. A. Lasalle, *Désordre*, p.35-36. La version française du recueil d'expériences de Lazzaro Spallanzani sur la génération (contre l'idée de génération spontanée) paraît quelques années avant le premier ouvrage de Lasalle: Lazzaro Spallanzani, *Expériences pour servir à l'histoire de la génération des animaux et des plantes*, traduit par Jean Senebier (Genève, B. Chirol, 1785). Gence en dit un peu plus sur l'association d'idée qui l'a conduit au principe de reproduction énoncé par Spallanzani: voir *Notice biographique et littéraire*, p.31.
197. A. Lasalle, *Balance naturelle*, t.1, p.438.
198. Voir à ce sujet l'excellent article de Maria Teresa Monti, 'Le "réseau" de Spallanzani: circulation de théories, procédures et spécimens', *History and philosophy of the life sciences* 26:2 (2004), p.137-55.
199. F. Denis, 'Lasalle', p.730.

Gence le décrit également occupé, en 1784, à simplifier 'un instrument mécanique, pour tracer, à l'aide de deux règles, un portrait de profil': le pantographe, 'type du physionotrace et d'autres instruments de ce genre', dont Lasalle aurait donné l'idée à l'ingénieur Le Tellier, qui le commercialisa.[200] C'est toutefois dès la fin de l'année 1783 que Le Tellier lance par voie de presse une souscription 'pour un nouvel instrument nommé *Prosopographe*, beaucoup plus simple que le *Pantographe*, & avec lequel on peut, sans savoir dessiner, copier toutes sortes de figures, dessins, cartes ou plans'.[201]

La traduction de Bacon est semble-t-il venue mettre un terme à la carrière d'inventeur d'Antoine Lasalle. Son obsession de la concurrence s'est alors concentrée sur le terrain des idées philosophiques et des textes.

Un aventurier philosophe

C'est Guy Thuillier qui qualifie ainsi Antoine Lasalle d'"aventurier philosophe',[202] description reprise vingt-cinq ans plus tard par Corrado Rosso, qui fait du traducteur un 'penseur illuminé, marin et philosophe', un 'polygraphe inépuisable', mais surtout l'expression 'presque archétypique de l'aventurier intellectuel, entre l'apogée des Lumières et le Romantisme naissant'.[203] L'appellation n'aurait sans doute pas déplu à celui qui fustige le 'savant inactif' dans un court poème du recueil qu'il publie en 1796, où il le compare à un poteau sur le bord d'un chemin

> Qui, le bras étendu, mais toujours immobile,
> Donne à tout voyageur, un avis fort utile,
> Et semble dire à tous, la route, la voilà!
> Il la montre fort; oui, mais il reste là.[204]

Lasalle lui-même laisse d'ailleurs entendre qu'il tire précisément de ses voyages une légitimité philosophique indiscutable:

---

200. J.-B.-M. Gence, *Notice biographique et littéraire*, p.32.
201. *L'Esprit des journaux françois et étrangers* (octobre 1783), t.10, 12ᵉ année, p.355.
202. Voir plus haut, note 19.
203. Corrado Rosso, 'Un philosophe oublié: La Salle', dans *Actes du huitième congrès international des Lumières, Bristol, 21-27 juillet 1991*, 2 vol. (Oxford, 1992), t.1, p.313-16 (314); repris dans Corrado Rosso, *Aspects inédits du XVIIIᵉ siècle, de Montesquieu à la Révolution* (Pise, 1992), p.245-52.
204. A. Lasalle, *L'Ordre irrégulier*, 'Image d'un savant inactif', p.14.

> Voyez, si j'ai droit de parler de ces choses; un voyage à Terre-Neuve, un aux îles de l'Amérique, un à la Chine, deux en Espagne, un en Suisse, un en Italie, trois maladies graves, les dangers, la fatigue, la faim, la soif, la douleur, l'envie, un peu de persécution, un peu de crainte même; voilà mes maîtres en morale; voilà les livres que j'ai étudiés, & les titres qui me fondent à dire que dans la vie humaine la somme des biens l'emporte sur celle des maux. N'en croyez donc plus ces fiévreux sans expérience, mourant de vanité & d'envie au fonds d'un cachot philosophique.[205]

Lasalle correspond certes en grande partie à la typologie de l'aventurier du dix-huitième siècle. Pour Alexandre Stroev, l'aventurier des Lumières est un roturier, parfois un faux noble, souvent poussé sur les routes par un problème d'héritage et de mauvaise fortune familiale: il 'ne connaît pas ou ne veut pas connaître ses parents' et se présente volontiers comme 'un bâtard et un enfant trouvé'. Il a 'un faible pour les distinctions et les titres inventés' et poursuit souvent en parallèle une carrière d'homme de lettres, comme Casanova ou Fougeret de Montbron, se lançant aussi dans ce que Suzanne Roth définit comme 'la littérature de pensée'.[206] Cette dernière note une évolution de l'aventurier au dix-huitième siècle, qui passe 'de la rondache à la plume d'oie et, d'aventurier de sac et de corde, se mue en aventurier d'écritoire' tout en conservant ses caractéristiques initiales, notamment le désir de réussite, l'aptitude au changement rapide de projet, et la solitude.[207] Lasalle cumule toutes ces définitions de l'aventurier, y compris le goût du jeu et des martingales que confirme Gence, mais ce qu'écrit Suzanne Roth semble avoir été écrit pour lui:

> Ce qui frappe d'abord, dans cette intense activité pour ainsi dire didactique, c'est son extraordinaire variété. De la politique à la critique d'art en passant par l'économie, l'histoire, la pédagogie, rien de ce qui se pense ne semble étranger aux aventuriers. Le même homme, bien souvent, au gré des occasions, des caprices de son existence ou de ses propres lubies passe d'une matière à l'autre avec une aisance déconcertante.[208]

---

205. A. Lasalle, *Désordre*, p.146-47.
206. Alexandre Stroev, *Les Aventuriers des Lumières* (Paris, 1997), p.14 et 21-22; Suzanne Roth, *Les Aventuriers au XVIIIᵉ siècle* (Paris, 1980), p.253.
207. S. Roth, *Aventuriers*, p.11.
208. S. Roth, *Aventuriers*, p.253.

Roth évoque même certains aventuriers traducteurs, comme Saint-Hyacinthe, qui offre aux lecteurs français la première traduction de *Robinson Crusoë*, ou Boismorand, traducteur de Milton.[209] Lasalle lui-même lorsqu'il se peint en voyageur au long cours ou en marcheur infatigable se présente consciemment comme un aventurier et plus encore lorsqu'il évoque ses rares compagnons de voyage: entre juin et juillet 1780, il raconte ainsi avoir cheminé sur 'deux cents lieues en Italie' avec 'un prêtre dalmate, déguisé en laïc' qui avait selon lui capturé et revendu le grand phoque moine qu'il avait pu voir l'année précédente à la foire Saint-Germain.[210] En lisant cette description pourtant sommaire, on ne peut s'empêcher de penser à l'insaisissable et mystérieux Dalmate Stiépan Zannovich, aventurier notoire, prêtre (ou faux prêtre), faux prince d'Albanie, poète, voyageur, qui se suicidera en 1786.[211]

Cette disposition particulière pour l'aventure et l'itinérance marque en tout cas l'entrée en philosophie d'Antoine Lasalle comme elle a marqué son rapport aux sciences. Son goût de la gloire, sa recherche du 'coup' qui doit chaque fois lui permettre de faire fortune, mais aussi sa peur de voir ses idées mieux exploitées par d'autres achèvent de le précipiter dans l'écriture philosophique, cristallisée par sa lecture de Bacon. En trois ans, Lasalle publie trois ouvrages totalisant cinq volumes et plusieurs milliers de pages dans lesquels il détaille ses théories, promettant aux lecteurs, tel un charlatan sur son tréteau, qu'ils pourront acquérir le plus rapidement et le plus sûrement possible 'la justesse, la pénétration, & l'étendue de l'esprit, les trois principaux éléments du génie philosophique'.[212]

L'essentiel de la philosophie de Lasalle repose à la fois sur 'l'influence réciproque du physique et du moral de l'homme' et sur sa théorie des compensations: l'équilibre dynamique du monde dont les éléments constitutifs sont maintenus en oscillation permanente.[213] L'idée de compensation n'est pas nouvelle au dix-huitième siècle: Jean

---

209. S. Roth, *Aventuriers*, p.260.
210. *OFB*, t.2, p.15. Sur le grand phoque de la foire Saint-Germain, voire Emile Campardon, *Les Spectacles de la foire*, 2 vol. (Paris, 1877); Eric Baratay et Elisabeth Hardouin-Fugier, *Zoos: histoire des jardins zoologiques en Occident (XVIe-XXe siècle)* (Paris, 1998), p.76.
211. Stroev et Roth parlent abondamment de Zannovich; on pourra lire également Roland Mortier, *Le Prince d'Albanie, un aventurier au siècle des Lumières* (Paris, 2000).
212. A. Lasalle, *Balance naturelle*, t.2, p.545.
213. A. Lasalle, *Désordre*, p.5.

Svagelski fait remonter l'idée d'un balancement permanent qui régit à la fois la vie humaine et la nature à Samuel Formey et son 'Ebauche du système de la compensation' et au premier des quatre volumes intitulés *De la nature* de Jean-Baptiste Robinet.[214] Pour Svagelski, c'est néanmoins Lasalle qui le premier expose dans *Le Désordre régulier* et *La Balance naturelle* les principes fondamentaux de la théorie, même si Francisque Bouillier, qui s'intéresse de près à sa traduction de Bacon et s'intéresse aussi aux compensations – 'plus ou moins justement délaissées ou même tournées en ridicule' – juge que Lasalle s'est inspiré de Robinet.[215] Tandis que Formey et Robinet parlaient plutôt d'équilibre, Lasalle parle d'un mouvement pendulaire de compensations infinies et affirme premièrement que 'la nature a établi dans le corps humain comme partout ailleurs des puissances antagonistes, dont l'égale action et l'égale résistance produit l'équilibre, l'ordre, l'harmonie', mais aussi et surtout que 'tout vibre, tout oscille, tout balance, tout combat, tout est alternativement vainqueur et vaincu.'[216] Son balancier – qu'il associe à d'autres termes équivalents comme le ressort ou le pendule – s'inspire de l'horloge à pendule d'Huygens que Lasalle applique 'à l'apparent désordre des choses humaines'. Svagelski estime qu'il reprend un siècle plus tard ce qu'avait déjà formulé Pierre Bayle.[217] Pour Lasalle, ce mouvement de balancier perpétuel est observable dans le cosmos comme dans l'homme. Il s'agit de l'opposition permanente de mouvements contraires qui démontre à ses yeux les faiblesses de la loi de la gravitation universelle formulée par Newton. Il oppose au principe d'attraction celui d'un mouvement expansif sans fin, Dieu n'intervenant que pour garantir l'harmonie générale de l'univers.[218] Lasalle ajoute à ce principe universel la

---

214. Jean Henri Samuel Formey, 'Ebauche du système de la compensation', dans *Anti-Emile* (Berlin, Joachim Pauli, 1763), p.231-54; Jean-Baptiste Robinet, *De la nature*, 4 vol. (Amsterdam, E. van Harrevelt, 1763-1766), t.1, 1re partie, 'D'un équilibre nécessaire de biens et de maux dans la Nature'.

215. Francisque Bouillier consacre deux longs articles à la théorie des compensations: 'Les "compensations" d'après le peuple et les moralistes', *Revue politique et littéraire* 7 (janvier-juillet 1884), 3e série, 4e année, no 5 (2 février 1884), p.134-40, et 'Les "compensations" d'après les philosophes', *Revue politique et littéraire* 6 (7 février 1884), p.168-75. Le chapitre 2 de ce deuxième article est consacré à Antoine Lasalle, 'philosophe du siècle dernier encore plus oublié que Robinet, et qui, lui aussi, mérite d'être remis en lumière'. Sa vie, ajoute Bouillier, 'est un véritable roman' (p.169).

216. A. Lasalle, *Désordre*, p.324; A. Lasalle, *Balance naturelle*, t.1, p.3.

217. Jean Svagelski, *L'Idée de compensation en France, 1750-1850* (Lyon, 1981), p.43.

218. J. Svagelski, *Compensation*, p.61-62, 65.

méthode analogique qui permet de l'appréhender: l'"induction antonine, ou Ondulation intellectuelle' qu'il expose dans le premier volume de la *Méchanique morale* et qu'il envisage comme une version perfectionnée de l'induction baconienne. Cette méthode lui permet, comme avec l'observation du retour cyclique des hivers rigoureux, de déduire de l'observation des individus, de leur constitution physique et de leur milieu, des peuples à différentes époques et de leur environnement naturel, les lois générales qui les régissent et par lesquelles le physique et le moral de l'homme s'influencent mutuellement: '*les qualités de la matière sont ordinairement accompagnées des qualités morales qui portent le même nom & qui sont susceptibles d'analogie avec elles.*'[219] Starobinski parle à juste titre à propos du système des compensations de Lasalle d'une 'rêverie anthropomorphique',[220] Lasalle tirant sa théorie de l'observation de la nature, mais surtout de l'observation de l'homme et en premier lieu de lui-même. On peut également faire le lien entre le principe d'opposition permanente de la théorie des compensations et l'électricité et le magnétisme, deux domaines qui intéressent particulièrement Lasalle à cause de la contrariété des pôles de l'aimant et à cause de l'analogie que lui évoquent ses expériences sur la bouteille de Leyde entre l'énergie de la vie et la décharge électrique.

Svagelski qualifie les écrits philosophiques de Lasalle d'œuvres 'déconcertantes' renfermant un discours 'pseudo-scientifique',[221] et Paul Bénichou fait du traducteur de Bacon l'un de ces 'demi-savants à fermentation intellectuelle intense' qui enfantent des systèmes philosophiques inconsistants qui ne valent que parce qu'ils sont le produit de leur époque.[222] Lasalle fera pourtant des émules qui deviendront rapidement à ses yeux, à tort ou à raison, des plagiaires. Parmi eux, Hyacinthe Azaïs, qui publie *Des compensations dans les destinées humaines* en 1809, puis les quatre volumes de l'*Explication universelle* vingt ans plus tard.[223] Pour Gence, Azaïs, qu'il ne désigne jamais autrement que comme 'le professeur de l'Athénée',[224] s'est approprié

---

219. A. Lasalle, *Méchanique morale*, t.1, p.287.
220. Jean Starobinski, *Action et réaction: vie et aventures d'un couple* (Paris, 1999), p.62.
221. J. Svagelski, *Compensation*, p.12-13.
222. Paul Bénichou, *Le Temps des prophètes: doctrines de l'âge romantique* (Paris, 1977), p.227. Voir également Michel Delon, *L'Idée d'énergie au tournant des Lumières (1770-1820)* (Paris, 1988), p.206-11 et 434.
223. Hyacinthe Azaïs, *Des compensations dans les destinées humaines* (Paris, 1809); Hyacinthe Azaïs, *Explication universelle*, 4 vol. (Paris, 1826-1828).
224. Sur la foi de ses premières publications, Napoléon Ier nomme Azaïs professeur

avec succès la théorie des compensations de Lasalle sans jamais citer son nom; c'est d'ailleurs ce que démontre, d'après Svagelski, la thèse que Joseph Schwieger consacre à Azaïs en 1913.[225] C'est pourtant une version affadie de Lasalle que propose Azaïs auquel il manque 'la vigueur polémique, la tentation du désordre et donc le sentiment de la difficile réalisation de l'équilibre'.[226] Bouillier, qui considère qu'aucun 'moraliste ou philosophe, du moins en France, [n'a] exposé d'une manière plus complète, et à la fois plus ingénieuse et plus sage' que Lasalle la théorie des compensations, considère qu'Azaïs 'n'a ni la même originalité, ni la même sagesse, mais passe généralement chez nous, quoique à tort, pour le philosophe par excellence des compensations', qu'il a largement contribué à discréditer 'par l'abus qu'il en a fait'.[227]

D'autres qu'Azaïs se sont intéressés à Lasalle, notamment après la parution du *Désordre régulier* dont Garat s'était fait l'écho. Gence voit un petit groupe se former autour du philosophe: Augustin-François Silvestre, Marie-Jean Hérault de Séchelles, qui n'est encore qu'avocat, Volney, Garat, Mercier, l'abbé Athanase Auger ou encore Cabanis. On le suit et l'écoute dans les jardins du Luxembourg où, dit Gence, 'il semblait, en effet, inventer en parlant, et improviser un traité en conversant avec ses auditeurs'.[228] Lasalle donne à lire des copies manuscrites de ses ouvrages; *La Balance naturelle* passe ainsi entre les mains d'Hérault de Séchelles qui en finance l'impression par l'intermédiaire du libraire Desenne, au Palais-Royal, le libraire du comte d'Artois.[229] Cette fois la presse ne soutient pas l'ouvrage et Quérard, même s'il fait de Lasalle 'l'un de nos métaphysiciens les plus remarquables et les moins connus', écrit de *La Balance naturelle* que l'ouvrage a été écrit 'avec une sorte d'enthousiasme [qui] n'en excita aucun dans le public'.[230] Nombreux sont pourtant ceux qui, d'après Gence, auraient profité, à l'occasion de ce second ouvrage, des idées

---

au Prytanée de Saint-Cyr et maître de conférences à l'Athénée, société savante qui dispense des cours de sciences et techniques.
225. Joseph Schwieger, 'Der Philosoph Pierre Hyacinthe Azaïs', thèse de doctorat, Université de Bonn, 1913, citée par J. Svagelski, *Compensation*, p.16.
226. J. Svagelski, *Compensation*, p.72.
227. F. Bouillier, *Etudes familières*, p.207-208.
228. J.-B.-M. Gence, *Notice biographique et littéraire*, p.48.
229. Sur le libraire Desenne, voir Annie Duprat, 'Un réseau de libraires royalistes à Paris sous la Terreur', *Annales historiques de la Révolution française*, http://journals.openedition.org/ahrf/180 (date de dernière consultation le 22 octobre 2024).
230. Joseph-Marie Quérard, *La France littéraire*, t.4: *H-LAZ* (Paris, 1830), p.579.

de Lasalle pour alimenter leurs propres œuvres: 'Il paraît certain que des feuilles, à mesure de l'impression, étaient communiquées par Séchelles à Sieyès, dont plusieurs écrits, entre autres le Projet de constitution, semblent reproduire les idées de l'auteur. Il est probable, d'un autre côté, que Sieyès, ami de Condorcet, et souffleur de Mirabeau, leur transmettait le fruit de ces emprunts.' Gence précise en note qu'il 'possède un exemplaire de ce Projet où Lasalle a lui-même noté des idées qui lui ont paru extraites de ses œuvres'.[231] On voit toutes les précautions oratoires que prend ici le biographe pour évoquer cet illustre plagiaire et l'on comprend à demi-mot qu'il évoque plus l'obsession d'un homme que la réalité des faits. Pourtant, le même Gence sera plus catégorique dans son autobiographie puisqu'il affirme que ses écrits l'avaient d'autant plus intéressé 'qu'il était plagié par ceux qui l'appréciaient, mais qui ensuite l'ont oublié et méconnu'.[232] Lasalle justifiait d'ailleurs dès 1786 la publication de ses pensées par la crainte de se faire doubler par son entourage:

> Dans sa retraite, il avoit quelques amis à qui il ne cachoit rien; à mesure que les résultats se présentoient nettement à sa vue, il se hâtoit de leur en faire part, désirant marcher de front avec eux dans le champ de la gloire. Quelques-uns d'entre eux trouvèrent beau d'enregistrer ses idées, & d'imprimer ses conversations avant le temps. Le solitaire prévit que sa longue patience n'aboutirait qu'à le faire passer pour plagiaire à l'âge de quarante ans; il prit donc le parti de publier ses écrits, avant que de leur avoir donné toute la profondeur dont il étoit capable.[233]

Gence cite encore Cabanis parmi ceux qui ont profité des conversations et monologues publics de Lasalle, même s'il n'accuse pas le chef de file des 'Idéologues' de plagiat et laisse entendre qu'avec ses idées d'action et de réaction il a, en allant dans le même sens que Lasalle et en partageant 'la même liberté de pensée et d'écrire', contribué au même titre que lui au mouvement des esprits.[234] On retrouve néanmoins chez Cabanis, dans *Rapports du physique et du moral de l'homme* publié en 1802, l'idée largement discutée par Lasalle dans ses ouvrages que le 'moral de l'homme' est entièrement conditionné

---

231. J.-B.-M. Gence, *Notice biographique et littéraire*, p.67-68.
232. Jean-Baptiste-Modeste Gence, *Biographie littéraire de Jean-Baptiste-Modeste Gence* (Paris, 1835), p.12-13.
233. A. Lasalle, *Désordre*, p.18-19.
234. J.-B.-M. Gence, *Notice biographique et littéraire*, p.68.

par son rapport sensible au monde. La notice biographique du médecin Pierre Roussel (1742-1802), un proche d'Alibert – qui préface une édition posthume de son *Système physique et moral de la femme* auquel fait écho l'ouvrage de Cabanis, qu'il a rencontré chez Mme Helvétius –, précise qu'il 'cultiva comme lui Antoine Lasalle, dont les écrits de physico-morale, quoique moins connus que les leurs, ont influé beaucoup sur ceux des philosophes contemporains'.[235] Cabanis est cependant tout ce que Lasalle n'est pas: il a fait des études de médecine, a connu très jeune la faveur des salons en étant admis dès 1778 dans celui de Mme Helvétius, rue d'Auteuil.[236] A la loge des Neuf Sœurs, il croise Lalande, Garat, Hérault, Mercier et fréquente tous ceux qui, selon Gence, viennent écouter Lasalle. Il est surtout élu en 1795 membre de la classe des sciences morales et politiques de l'Institut aux côtés de Garat, Volney, Mercier et Grégoire.[237]

Hérault de Séchelles, mécène providentiel auquel Lasalle dédicace les deux volumes de *La Balance naturelle*,[238] fait aussi partie de ceux qui se sont largement inspirés de sa 'philosophie en plein air'.[239] Gence évoque le mois passé par Lasalle, en septembre 1787, dans le petit château de campagne d'Hérault à Epône, dans les Yvelines. Pour le biographe ce séjour avait été plus riche d'enseignement pour le jeune avocat que 'toutes les leçons qu'il avait reçues durant le cours de ses études philosophiques et littéraires', et Lasalle avait aussi profité de la liberté informelle de leurs échanges.[240] Le biographe de l'avocat Nicolas-François Bellart raconte comment celui-ci, également invité

---

235. W[eis]s, 'Notice sur Pierre Roussel', dans *Biographie universelle, ancienne et moderne*, t.36, p.631. Voir Pierre Roussel, *Système physique et moral de la femme, ou Tableau philosophique de la constitution, de l'état organique, du tempérament, des mœurs, & des fonctions propres au sexe* (Paris, Vincent, 1775).
236. Sur Cabanis et sur le salon de Mme Helvétius, voir Claude Jolly, *Cabanis* (Paris, 2021); Mariana Saad, *Cabanis: comprendre l'homme pour changer le monde* (Paris, 2016); Antoine Guillois, *Le Salon de Madame Helvétius: Cabanis et les idéologues* (1894; Genève, 2013); Jean-Paul de Lagrave et autres, *Madame Helvétius et la Société d'Auteuil* (Oxford, 1999).
237. Sur la loge des Neuf Sœurs, voir Louis Amiable, *Une Loge maçonnique d'avant 1789: la R ∴ L ∴ Les Neuf Sœurs* (Paris, 1897); Jean-Luc Chappey, 'La société nationale des Neuf Sœurs (1790-1793): héritages et innovations d'une sociabilité littéraire et politique', dans *Réseaux et sociabilité littéraire en Révolution*, éd. Philippe Bourdin et Jean-Luc Chappey (Clermont-Ferrand, 2007), p.51-86.
238. Les deux volumes sont dédicacés 'à M.H.D.S.A.G.' – Monsieur Hérault de Séchelles, avocat général.
239. Le mot est de F. Bouillier: *Etudes familières*, p.225.
240. J.-B.-M. Gence, *Notice biographique et littéraire*, p.69.

au château d'Epône par un jeune magistrat 'jeté à corps perdu dans les doctrines du dix-huitième siècle' et entouré 'd'*esprits forts*', s'était retrouvé 'pris au piège' dans cet endroit où l'on 'faisait de l'idéologie et de l'impiété à perte de vue'.[241] Bellart livre ses impressions sur son séjour dans deux lettres reproduites dans sa notice biographique: 'Je ne comprends pas un mot de tout ce qui s'y dit. On n'y parle que de quotients, que de carrés, de cubes multipliés par les carrés de vitesse [...] J'ai de la métaphysique, de l'algèbre et des mathématiques plein la tête.'[242] En annexe est reproduit un texte de la main de Bellart dans lequel il revient sur le séjour à Epône. Outre le maître de maison, il y rencontre 'M. de La S..., le plus obscur métaphysicien de son temps, auteur du *Désordre régulier*'. Ce soir-là, après le souper, ajoute-t-il, 'les thèses les plus extraordinaires furent élevées [...] J'entendis des propositions à me faire dresser les cheveux sur la tête. Dieu, la religion, jusqu'au respect dû à la paternité, tout fut mis en question avec un cynisme et une liberté d'expression qui me firent me tâter plus d'une fois pour savoir si je ne rêvais pas.' Décidément choqué par l'atmosphère du lieu, Bellart conclut: 'dans ce maudit château on ne faisait que discuter, et Dieu sait sur quoi l'on dissertait!'[243]

Si Lasalle repart d'Epône assuré du soutien financier d'Hérault à ses entreprises littéraires, l'avocat retirera de ces conversations à bâtons rompus un petit volume publié la même année que *La Balance naturelle*: *Codicille politique et pratique d'un jeune habitant d'Epone*. Gence en parle avec précaution et laisse entendre qu'Hérault, fortement impressionné par les idées de Lasalle, en fit un texte qui lui fut attribué après sa mort et que Lasalle a repris de mémoire dans la *Méchanique morale*.[244] Le *Codicille* à peine sorti, la famille d'Hérault de Séchelles, outrée, fait détruire tous les exemplaires: 'Le *Codicille* traite assez cyniquement de l'art de parvenir et du culte du moi; il effraya la famille de l'auteur. L'édition fut anéantie sans avoir eu le temps de se répandre.'[245] Le texte est réédité posthumément en 1802 par Jacques-Barthélémy Salgues (traducteur de Milton) dans une version que Quérard juge très fautive, sous le titre de *Théorie de l'ambition*,

---

241. *Œuvres de N.-F. Bellart, procureur général à la cour royale de Paris*, 6 vol. (Paris, 1827-1828), t.6, 'Notice sur la vie de l'auteur' par M. Billecoq, p.93.
242. *Œuvres de N.-F. Bellart*, t.6, p.93.
243. *Œuvres de N.-F. Bellart*, t.6, p.125-27.
244. J.-B.-M. Gence, *Notice biographique et littéraire*, p.69. Voir également Marie-Jean Hérault de Séchelles, *Œuvres littéraires*, éd. Emile Dard (Paris, 1907), 'Préface', p.viii-ix.
245. M.-J. Hérault de Séchelles, *Œuvres*, 'Préface', p.ix.

d'après une copie manuscrite conservée par Garat.[246] Barbier attribue le texte à Lasalle en confondant sans doute avec le manuscrit perdu de sa traduction: 'On prétend que la "Théorie de l'ambition" est de M. Antoine de La Salle, qui l'avait communiquée à Hérault de Séchelles et qui, n'ayant pu ravoir son manuscrit, le fit imprimer de mémoire dans sa "Mécanique morale", sous le titre de "Théorie du charlatanisme".'[247] Guy Thuillier considère à juste titre que cette *Théorie de l'ambition* reflète la personnalité d'Hérault de Séchelles, mais la version qu'en donne Lasalle reflète le moraliste amère qu'il devient au fil de ses ouvrages, même s'il se range à la fin du chapitre du côté de la droiture et de la bonté contre la ruse et la violence: 'Long-tems dupé par toutes sortes de gens, aux jeux d'amour, d'amitié, d'ambition & d'avarice, j'ai cherché les principes de l'art de tromper, comme autrefois je cherchai ceux de l'art de railler, afin d'être un peu moins vulnérable; je me suis adressé pour cela aux joueurs de gobelets, aux orateurs & aux philosophes.'[248]

Si l'on met de côté les remarques philosophiques qu'il insère dans les annotations de sa traduction de Bacon, les deux volumes de la *Méchanique morale* (1789) marquent la fin de la production philosophique de Lasalle, qui ne lui vaudront jamais la gloire qu'il espère, ni même la reconnaissance de ses pairs. Alors que le comité d'Instruction publique octroie en décembre 1794 (4 nivôse An III) une somme de 2000 livres à 'l'auteur de la *Balance naturelle*',[249] Lasalle échoue quelques années plus tard à se faire élire à l'Institut des sciences morales. Au début de l'année 1800, la section de l'analyse des sensations et des idées de l'Institut présente ses trois candidats – cinq étaient initialement en lice – au siège d'associé non-résident laissé vacant par le décès de Louis-Marie Caffarelli Du Falga. La presse, qui en rend brièvement compte, anticipe le vainqueur, dont un essai a remporté le concours de l'Institut l'année précédente: 'A la tête est

---

246. Guy Thuillier, 'Hérault de Séchelles et la théorie de l'ambition', *La Revue administrative* 50, 9ᵉ année (mars-avril 1956), p.133-39 (133).
247. Antoine-Alexandre Barbier, *Dictionnaire des ouvrages anonymes*, t.4 (Paris, 1877), p.701-702; A. Lasalle, *Méchanique morale*, t.2, chap.4, p.394-405. On peut consulter en ligne l'édition de la bibliothèque municipale de Lyon, fortement annotée par un lecteur qui retrouve entre autres dans le propos de Lasalle du Bacon, du Cabanis ou encore du Bernardin de Saint-Pierre. Lasalle avait déjà intitulé un chapitre du *Désordre* 'Théorie du ridicule'.
248. A. Lasalle, *Méchanique morale*, t.2, p.395. Voir aussi p.404.
249. *Procès-verbaux du comité d'Instruction publique de la Convention nationale*, 7 vol. (Paris, 1891-1958), t.5, p.359 et 384. Voir Chapitre 1, note 94.

le citoyen Degérando, auteur de l'ouvrage couronné l'année dernière, qui n'a pas 30 ans, et que les meilleurs esprits regardent comme l'un de nos premiers métaphysiciens. Les deux autres candidats sont: le citoyen Prévot (de Genève), et le citoyen Antoine Lasalle.'[250] Le résultat est conforme aux pronostics. Au même moment, un autre siège d'associé non-résident se libère. Antoine Lasalle fait partie, avec les citoyens Mathieu (tribun) et Massa (législateur),[251] des trois candidats sur lesquels l'Institut doit se prononcer: Massa est élu. L'année suivante, Gérando lui-même annonce à Pierre Prévost qu'il est élu membre associé de la classe des sciences morales, après avoir été présenté par la section de philosophie. Lasalle est de nouveau écarté. La classe des sciences morales sera supprimée en 1803 car réputée hostile au bonapartisme. En 1800, Lasalle avait envoyé à l'Institut les trois premiers volumes de sa traduction de Bacon; il envoie l'année suivante les trois volumes suivants ainsi que *La Balance naturelle* et la *Méchanique morale*, autant d'ouvrages qui échouent chaque fois à convaincre les membres de l'institution savante. Il paie sans doute son isolement, mais il ne fait aucun doute que d'autres ont su mieux que lui, c'est-à-dire sans l'exaltation désordonnée de sa plume, prospérer sur un terreau philosophique commun. Il est de ce point de vue assez révélateur que, dans son livre sur les moralistes français de la fin du dix-huitième siècle, Cyril Le Meur compte Hérault de Séchelles et non Antoine Lasalle parmi les six auteurs dont il analyse le parcours. Tout en saluant à maintes reprises le rôle joué par Lasalle dans la cristallisation de certaines idées, et notamment dans celles qui se trouvent exprimées dans le *Codicille*, Le Meur n'accorde finalement à Lasalle qu'une position secondaire. Certes, admet-il, 'la clef du caractère et de la pensée de l'énigmatique "jeune habitant d'Epône"' se trouve 'à coup sûr en Francis Bacon', certes Lasalle est le 'maître spirituel de Hérault-Séchelles', sa *Balance naturelle* a largement influencé le futur conventionnel dans sa rédaction, et son œuvre en général 'entretient avec le *Codicille* de Hérault-Séchelles des relations quasiment consubstantielles', mais le moraliste Lasalle n'apparaît qu'en ombre chinoise dans l'ouvrage de Cyril Le Meur qui en donne un éloge plutôt paradoxal.[252] S'il écrit que 'certaines vues de La Salle sont dépassées depuis longtemps, d'autres paraissent grotesques', qu'il convient 'bien entendu' de tirer 'la substantifique moëlle de centaines

---

250. *Le Courrier des spectacles* (9 février 1800), p.2.
251. *La Clef du cabinet des souverains* (21 avril 1800), p.6/8.
252. C. Le Meur, *Les Moralistes français*, p.271, 273-74, 395 et 182.

de pages insipides et redondantes' et de n'attendre 'ni pureté, ni assise scientifique, ni cohérence intellectuelle' à cette 'extrapolation de la méthode baconienne' dont elle est 'un prolongement savant, visionnaire ou chimérique', Le Meur fait aussi de Lasalle, 'l'un des plus étonnants francs-tireurs de la pensée dynamique', une personnalité 'rayonnante, et d'une authentique dimension intellectuelle' qui a su 'se faire l'intercesseur le plus efficace et le plus pertinent de la pensée baconienne en France', tout en résumant 'dans sa personne la destinée du siècle'.[253] Cyril Le Meur exagère sans doute l'influence de Lasalle en se fondant sur ce qu'en dit Gence et sur ce que le traducteur dit de lui-même, comme lorsqu'il fait de lui la figure centrale du baconisme en France, qu'il tire de la liste de ceux que Lasalle remercie dans les volumes 1, 4 et 9 de sa traduction un indice de sa popularité, ou encore lorsqu'il le décrit avec une emphase très lasallienne comme celui qui 'ayant vu tous les climats et tous les peuples, s'étant rendu maître de nombreuses techniques, s'étant longuement observé lui-même' a rassemblé 'd'un coup toutes les données de ses expériences et produit de gigantesques tableaux ordonnant le cosmos dans la ligne de l'homme et pour le bonheur de l'homme'.[254] Ce qui vaut malgré tout à Lasalle de demeurer à l'arrière-plan de l'ouvrage de Cyril Le Meur, c'est son absence de rôle politique ou même de discours politique identifiable, entre le conservateur Sénac de Meilhan et le révolutionnaire Hérault de Séchelles. Le Meur fait de Lasalle un 'fervent chrétien' (ce qui est discutable), mais ne lui attribue aucune couleur politique: omission excusable tant Lasalle se montre de ce point de vue – comme du point de vue de la religion – sous un jour contradictoire.

Antonio: religion et politique

Sur la question des opinions religieuses et politiques de Lasalle, son second séjour en Italie offre sans aucun doute un contrepoint au Lasalle révolutionnaire et athée des soirées d'Epône comme à celui que croit déceler Jean-André de Luc dans la traduction des œuvres de Bacon (voir Chapitres 4 et 5). On s'en souvient, Lasalle se lance dans une sorte de Grand Tour lorsqu'il comprend qu'il doit renoncer à la chaire d'arabe du Collège royal à laquelle il s'imaginait pouvoir prétendre. Son ami Gence précise qu'il se rend successivement en Espagne, en Suisse et en Italie. La partie espagnole de ce voyage

---

253. C. Le Meur, *Les Moralistes français*, p.418n, 272, 175, 196.
254. C. Le Meur, *Les Moralistes français*, p.196.

est douteuse car elle n'a laissé aucune trace dans les ouvrages de Lasalle, qui évoque pourtant (très succinctement) les relâches du *Grand Saint-Pierre* à Malaga ou Cadix. Elle est également douteuse car Lasalle voyage essentiellement à pied: si la Suisse et l'Italie sont sur la même route, l'Espagne implique un détour improbable. De ce premier voyage nous ne savons rien de plus que ce qui a été dit plus haut. C'est lors de ce premier séjour à Rome qu'il fait la rencontre déterminante d'Augustin-François de Silvestre, celui-là même qui soutiendra sa candidature à la Société philomatique et qui l'aidera dans ses vieux jours. C'est aussi lors de ce premier séjour à Rome que Lasalle rencontre l'abbé Pech qui fera ensuite partie, selon Gence, du cercle qui se forme autour du philosophe, aux côtés entre autres de dom Féroux et de Joseph-André Denis.[255] Après être parti à Semur-en-Auxois à la fin de l'année 1788 avec les vingt cahiers sur lesquels il comptait écrire la *Méchanique morale* et en être revenu au printemps suivant avec les exemplaires imprimés à Auxerre, il décide en 1790 de retourner en Italie pour composer en chemin, en discutant avec un amical compagnon de voyage, un ouvrage de mathématiques appliquées à la logique.[256]

On ne sait trop comment Lasalle a vécu les premiers événements de la Révolution. En 1786 il se défend d'être 'comme ces politiques fiévreux qui veulent que tout tremble et s'irrite avec eux', mais quelques lignes plus loin il appelle à 'ne pas bâtir des systèmes politiques sur la terreur momentanée de quelques esclaves, & sur l'intérêt fugitif de leurs maîtres', mais 'sur l'amour des citoyens, & sur leur volonté éclairée', afin que la décision du prince 'ne soit que l'expression de la volonté publique'.[257] Dans *La Balance naturelle* surtout, Lasalle précise ses idées politiques, sans doute sous l'effet des discussions avec Hérault de Séchelles. Il y fustige 'ceux qui tenant tout, craignent une répartition plus équitable' et s'exclame: 'Otez à l'oisif qui n'a pas faim, pour donner à celui qui gagne de l'appétit en travaillant, & qui n'a pas de quoi le satisfaire, parce qu'on lui a pris sa part avant qu'il fût né [...] le tems qu'a duré l'usurpation n'est qu'une raison de plus pour la faire cesser, & un titre pour exiger des dédommagements.'[258] Gence ne donne pas de raison politique au

---

255. On ne connaît de l'abbé Pech qu'un article sur le buste de Poussin à Rome de novembre 1782 qu'il fait insérer dans *L'Esprit des journaux françois et étrangers*.
256. J.-B.-M. Gence, *Notice biographique et littéraire*, p.79-80.
257. A. Lasalle, *Désordre*, p.171-72.
258. A. Lasalle, *Balance naturelle*, t.1, p.372-73n.

départ de Lasalle pour l'Italie, mais il évoque très rapidement sans y revenir la tentation de l'émigration: 'On commençait alors à émigrer. Fils naturel d'un Montmorency-Pologne, ainsi que je l'ai dit, il se crut obligé de suivre l'exemple de la famille qui l'avait élevé.'[259] Choix étonnant de la part de celui qui raille la noblesse dont les titres 'si vieux' et 'en parchemin' ne sont souvent 'que d'ingénieux & violents moyens pour éterniser le plus injuste des partages'.[260] Quelle qu'en soit la raison, Lasalle part donc à pied pour l'Italie vers la fin de l'année 1790 (son ami et biographe donne peu de précisions chronologiques), accompagné de Gence qui accepte de le suivre jusqu'à Marseille, où il doit embarquer pour Livourne.[261] Les conditions exactes du séjour de Lasalle, qui cette fois semble rester à Rome, ne sont pas connues et l'on doit se fier à Gence pour en savoir davantage. Les remerciements que Lasalle ajoute à trois reprises dans sa traduction donnent une idée de ce qu'ont pu être ses relations sociales et savantes en Italie, même si c'est aussi l'occasion pour le traducteur de montrer, en forçant peut-être un peu le trait, qu'il est soutenu et encouragé. On y trouve Feliciano Scarpellini, avec lequel Lasalle fait les expériences dont il rend compte à la Société philomatique, Giuseppe Calandrelli, correspondant de D'Alembert également rattaché à l'observatoire du Collegio Romano, le médecin Pietro Orlandi, connu en France pour une dissertation contre l'inoculation variolique[262] et que Lasalle recommande à Félix Vicq d'Azyr (secrétaire perpétuel de la Société royale de médecine jusqu'à sa dissolution en 1793) en lui faisant passer son nouveau traité sur la petite vérole.[263] On y trouve aussi le poète Giuseppe Alborghetti, membre de l'académie des Arcades et futur ami de Lord Byron, le nom d'une grande famille romaine d'origine dalmate, les Frangipani, et surtout un nombre inattendu

---

259. J.-B.-M. Gence, *Notice biographique et littéraire*, p.80.
260. A. Lasalle, *Balance naturelle*, p.372n.
261. Lasalle est en tout cas à Rome en 1791, car il observe cette année-là sur la place d'Espagne un Anglais faire revenir à lui un épileptique en lui soufflant dans l'oreille (*OFB*, t.10, p.408).
262. *L'Esprit des journaux françois et étrangers* en rend compte en avril 1789 dans sa rubrique 'Bibliographie de l'Europe'.
263. Paris, bibliothèque de l'Académie nationale de médecine, Ms SRM 174A dossier 8 bis, Deux lettres de Delasalle à Vicq d'Azyr (Rome, 15 novembre 1791 et 1er juin 1792). Lasalle en profite, en affichant une modestie feinte, pour se présenter au 'médecin philosophe' comme l'auteur du *Désordre*, de *La Balance naturelle* et de la *Méchanique morale*: 'blâmé à la fois par les sçavants et les ignorans', ayant 'obtenu un brevet de nullité' mais armé d'un 'goût vif pour la première de toutes les sciences' (lettre du 15 novembre 1791, f.1).

de cardinaux qui ne sont cités – comme les autres – que par leur patronyme: Gerdil (cardinal franco-italien auteur d'un livre contre l'*Emile* et d'ouvrages de philosophie naturelle), Frosini, Pampinoni, Zelada (qui possédait son propre observatoire avant de se voir confier la direction du Collegio Romano), Bernis, que Lasalle avait sans doute déjà rencontré lors de son premier voyage en Italie, et Braschi, neveu du pape Pie VI.[264]

L'auteur de *La Balance naturelle* n'a sans doute pas été proche de tous les personnages savants ou religieux (souvent les deux) cités et, s'il ne dit pas comment il les a rencontrés, on peut supposer qu'il a trouvé un intermédiaire de choix en la personne de l'abbé Nuvoletti, poète et traducteur, membre de l'académie des Arcades comme Alborghetti, originaire de la région de Modène comme Frosini (et Lazzaro Spallanzani) et que Lasalle ne manque pas de remercier également.[265] D'après Gence, Nuvoletti est aussi celui qui accueille Lasalle et lui ouvre sa bibliothèque lorsqu'après une assez longue période de maladie et de découragement il se remet au travail. Au cours de l'année 1791, Gence écrit à Lasalle pour le mettre en garde: on parle avec de plus en plus d'insistance de confisquer les biens des émigrés (la mesure prendra effet après le décret du 9 février 1792), et il enjoint son ami de rentrer en France pour ne pas perdre sa rente. Celui-ci refuse en faisant valoir des motifs impérieux dont il ne précise pas la nature. Quelque temps plus tard, ne recevant plus d'argent de France qu'épisodiquement et se trouvant en butte à l'hostilité de la police romaine, Lasalle demande à Gence de le rejoindre avec des lettres de recommandation pour l'ambassadeur de France. Le ton a changé: seule la présence d'un ami peut le rattacher à la vie à un moment où 'un abîme' s'est ouvert du fait de la Révolution, qui l'empêche de revenir. Bouleversé par 'ces

---

[264]. *OFB*, t.1, p.lxxix, et t.4, p.lxxiv. Sur l'attitude des milieux religieux romains (et des cardinaux fréquentés par Lasalle) face à la Révolution, voir Gérard Pelletier, *Rome et la Révolution française* (Rome, 2004).
[265]. Sur les milieux intellectuels et la sociabilité savante en Italie aux dix-septième et dix-huitième siècles, on lira avec profit cet ouvrage très riche: *Naples, Rome, Florence: une histoire comparée des milieux intellectuels italiens (XVIIe-XVIII{e} siècles)*, éd. Jean Boutier et autres (Rome, 2005). Entre 1778 et 1780, Nuvoletti devient membre de trois académies: l'Accademia dei Forti, l'Accademia degli Aborigeni et l'académie des Arcades; il est donc au cœur des milieux qui intéressent Lasalle. Voir Giovanni Prampolini, *Giulio Nuvoletti: poeta e letterato (Scandiano, 1734-1811): la sua vita, il suo tempo, le sue opere* (Scandiano, 2005), p.30.

mots sombres et prophétiques',[266] Gence organise son voyage, que la maladie retarde, et finit par arriver à Rome grâce à un Anglais qui le fait passer pour le précepteur de ses enfants. Une fois à Rome, Gence cherche en vain Lasalle, dont nul ne connaît le domicile. Se souvenant qu'il lui avait confié se promener sur l'Aventin, l'ami fidèle grave un message en évidence sur une pierre et passe une partie de ses journées assis à l'attendre parmi les ruines ou à courir les lieux qu'il est supposé fréquenter: les librairies de la Via del Corso ou les bibliothèques publiques. Gence finit par tomber sur l'abbé Pech qui le conduit à Lasalle, à l'hôtel des Trois-Rois: 'Enfin je le revis. Je lui trouvai l'esprit plus rassis que je ne m'y attendais. Il ne me parla, ni de la France ni de son propre état, ni de ses lettres ni des miennes […] Il semblait s'être fixé imperturbablement dans une solitude obscure, d'où il ne devait point sortir.'[267] Le lendemain, Gence rejoint Lasalle chez Nuvoletti et le trouve occupé à traduire avec le prélat *Le Tocsin* du calviniste (et espion) Louis Dutens, un petit livre dans lequel il défend la religion contre les philosophes. La traduction, qui paraît fin 1791,[268] ne comporte pas de nom d'auteur ou de traducteur. Dans la préface, on annonce avoir 'vulgarisé l'ouvrage avec cette liberté que le lecteur judicieux accorde souvent aux traducteurs'.[269] S'il est périlleux d'y chercher la trace du traducteur Lasalle, on ne peut que remarquer la présence de notes envahissantes sur Rousseau et Voltaire qui semblent annoncer le système d'annotation des œuvres de Bacon. Comme on l'a vu au Chapitre 1, Gence confirme d'ailleurs que les deux hommes avaient traduit ensemble. La traduction à quatre mains est présentée au pape Pie VI, dont Lasalle est 'admis à baiser les pieds' après avoir été encouragé 'à continuer de servir avec zèle la cause des vrais amis de l'état et de la religion'.[270] Selon Gence, comme on l'a vu au chapitre précédent, Lasalle écrit d'autres ouvrages pendant son séjour romain, vraisemblablement à quatre mains. Parmi eux, *Gian Giacomo Rousseau all' Assemblea nazionale* consiste en une série de commentaires sur Rousseau et fait partie des productions réactionnaires qui fleurissent à Rome entre 1790 et 1795 et font de Rousseau 'le maître des Jacobins' et le principal artisan des

---

266. J.-B.-M. Gence, *Notice biographique et littéraire*, p.87.
267. J.-B.-M. Gence, *Notice biographique et littéraire*, p.90-91.
268. G. Nuvoletti, *Campana a martello*.
269. 'Ho volgarizzata l'Opera con quella libertà, che il Leggitor giudicioso accorda sovente ai Traduttori': *Campana a martello*, p.3.
270. J.-B.-M. Gence, *Notice biographique et littéraire*, p.91-92.

événements révolutionnaires en France.[271] Le troisième, *Dialoghi dei vivi*, est sans aucun doute le plus intéressant, car il s'agit d'une série de dialogues faisant intervenir des figures de la Révolution française: Sieyès et Mounier, Bergasse et Condorcet, Rabaut Saint-Etienne et l'abbé Maury, Burke et Talleyrand, Bailly et Lagrange. Le sixième dialogue retient plus particulièrement l'attention car il met en scène d'une part 'Antonio, auteur de divers écrits, peu connu du public, mais très connu à l'Assemblée', dont 'On perd [la] trace en 1789' sans savoir 'où il s'est retiré', et d'autre part 'Hérault de Séchelles, ancien avocat général du Parlement de Paris, aujourd'hui membre tonitruant de l'Assemblée: il fut autrefois disciple d'Antonio, mais la diversité de leurs opinions politiques les a séparés; mais ce sont là des inimitiés à la française, autrement dit peu profondes, comme le sont aussi les amitiés.'[272] On est loin des conversations d'Epône dans ce dialogue où 'Antonio' commence par accuser Hérault de Séchelles d'être devenu son ennemi. Accusé par le conventionnel d'être royaliste, il s'en défend:

> Je suis fidèle à mon Roi, mais je ne suis pas *royaliste*. Les deux partis sont très remontés l'un contre l'autre: moi je reste maître de moi-même, et je souhaite ardemment les voir se réconcilier, car ce sont tous mes Compatriotes. Il ne sied pas à mon caractère, ni à la froide science, que je cultive, d'épouser leurs passions sans connaissance de cause: je suis donc du parti du juste milieu, du parti de la réconciliation, afin de garder une vue claire.[273]

Séchelles, lui, reproche ensuite à 'Antonio' de ne plus écrire alors que ce dernier raille à plusieurs reprise son amour du 'beau style' et des miroirs, préférant incarner l'exact inverse: 'J'ai compris que je serais inutile si je brillais. J'ai préféré être obscurément utile, et je marche dans l'ombre, pour porter plus sûrement la vérité au grand jour. Obligé d'être utile à ma patrie sans être célèbre, je la sers sans bruit, et cela me suffit', même s'il promet d'écrire l'éloge funèbre de la Constitution.[274] Le reste du dialogue est consacré à l'héroïsme et

---

271. Voir Sylvia Rota Ghibaudi et A. Lanoix, 'L'influence de Rousseau en Italie pendant la Révolution', *Annales historiques de la Révolution française*, 34ᵉ année, nᵒ 170 (octobre-décembre 1962), p.482-96.
272. G. Nuvoletti, *Dialoghi dei vivi*, 6ᵉ dialogue, p.172-73n. La traduction française des passages cités est de Cécile Terreaux-Scotto, que je remercie vivement.
273. G. Nuvoletti, *Dialoghi dei vivi*, 6ᵉ dialogue, p.173.
274. G. Nuvoletti, *Dialoghi dei vivi*, 6ᵉ dialogue, p.212, 195, 175.

aux grands hommes, aux mérites de Lafayette, de Mirabeau, Necker, Bailly et d'autres. C'est l'occasion pour Lasalle (qui a sans doute écrit seul ce sixième dialogue) d'affirmer que Mirabeau et Lafayette ont tous deux lu *La Balance naturelle*, sans en comprendre le propos et surtout sans faire honneur à son auteur.[275] Conscient sans doute qu'il ne serait pas lu de l'autre côté des Alpes, 'Antonio' livre sa charge la plus virulente contre les philosophes, qui aiment trop les mots pour agir véritablement: 'Tandis que les Philosophes parlaient, les Français se mettaient en marche, et les Philosophes ont pensé que leurs mots avaient causé ce mouvement.' Il l'affirme, on aurait tort de croire que la Révolution est la concrétisation d'un 'dessein prémédité' des philosophes: 'je n'en connais pas un, ajoute Lasalle, qui soit capable de vouloir la même chose huit jours de suite.'[276] Il leur reproche surtout de contribuer au déséquilibre du corps social et politique:

> Vous savez que pendant quatre ans j'ai fait la guerre aux Subalternes qui trompaient la Cour et hâtaient la révolution, et que je lançais quelques graines sur le plateau de ce pauvre Peuple qui, en ce temps-là, était passablement léger. Mais les Philosophes y ont jeté tous au même moment un bloc de plomb, alors moi, je jette des poids de l'autre côté.[277]

La position politique du juste milieu – ni royaliste ni révolutionnaire – que revendique Lasalle/Antonio dans ce texte italien est en partie l'aboutissement logique de sa théorie des compensations. Svagelski rappelle en effet que la mesure, le milieu, est aussi l'incarnation politique des compensations. Pour le Lasalle de la *Méchanique morale*, la vérité politique se situe à mi-chemin entre le Club des jacobins et le conservatisme d'une noblesse jalouse de ses privilèges. Appliquée à la 'science de Gouvernement', la théorie des compensations fait de l'équilibre l'âme des républiques et la condition de la pérennité du corps politique, équilibre garanti par 'une puissance moyenne' qui permet aux 'deux partis contraires' de prospérer alternativement sans jamais prendre le dessus: 'Pour Lasalle, qui fut huit ans officier de marine, la sagesse politique, ou autre, consiste à naviguer entre les contraires, à agir non par ruptures brutales, de façon violemment contrastée, mais par des gradations insensibles

---

275. G. Nuvoletti, *Dialoghi dei vivi*, 6ᵉ dialogue, p.188, 206.
276. G. Nuvoletti, *Dialoghi dei vivi*, 6ᵉ dialogue, p.180-81.
277. G. Nuvoletti, *Dialoghi dei vivi*, 6ᵉ dialogue, p.178.

et des changements continus.'[278] Il le martèle à nouveau dans ce sixième dialogue: 'le genre humain tout entier ne forme qu'un seul Corps dont les différents états constituent les membres. Quiconque peut élever ses vues au-dessus de l'esprit de parti est sans cesse obligé de prendre en considération ce tout et de travailler sans relâche afin d'en maintenir l'équilibre.'[279] Pour l'heure cependant, Lasalle s'est rangé du côté de la réaction et Gence le décrit occupé à combattre par la plume 'cette tendance à l'anarchie' qui semblait gagner la France et bien décidé à rester à Rome, dont le peuple 'assez libre par les mœurs, et ami de la mollesse et de la paix, paraissait pouvoir échapper à la Révolution française'.[280] Dans sa biographie de Giulio Nuvoletti, Giovanni Prampolini note parmi les manuscrits inédits de l'abbé la présence d'un document d'environ 105 pages: 'Somma dei delitti dal principio della Rivoluzione Francese fino alla morte del Re (opera del canonico Giulio Nuvoletti e di M. De la Sale [*sic*], emigrato francese a Roma)'.[281] Mais à Rome Lasalle a rédigé un autre manuscrit contre-révolutionnaire, avec ou sans Nuvoletti. Ce dernier s'est chargé de le transmettre à l'ambassadeur d'Autriche à la cour de Turin pour qu'il soit confié ensuite au comte d'Artois. Pour Gence, l'existence même de ce texte explique pourquoi Lasalle ne veut plus retourner en France et il espère, grâce à un autre ami du philosophe rencontré lors de son premier voyage à Rome, le peintre Victor-Jean Nicolle, pouvoir le convaincre de quitter l'Italie. Gence et Nicolle semblaient avoir convaincu Lasalle de rentrer en France en passant par Turin, afin de récupérer le manuscrit compromettant et de le détruire, mais, arrivé au Pont Milvius, Lasalle renonce au dernier moment à quitter l'Italie et laisse ses deux amis partir seuls. Gence rejoint Turin, où il arrive après le départ d'Artois. Il parvient toutefois à récupérer le manuscrit auprès de l'ambassadeur, le futur Charles X l'ayant trouvé 'bon, mais pas assez fort'.[282]

---

278. A. Lasalle, *Méchanique morale*, t.2, p.80-81; J. Svagelski, *Compensation*, p.70-71.
279. G. Nuvoletti, *Dialoghi dei vivi*, 6ᵉ dialogue, p.176.
280. J.-B.-M. Gence, *Notice biographique et littéraire*, p.93.
281. 'Somme des crimes commis depuis la Révolution jusqu'à la mort du roi': G. Prampolini, *Nuvoletti*, p.402. Voir également p.59-60: Prampolini date ce manuscrit commun de 1795, mais il date plus vraisemblablement de la fin 1793. Il confirme qu'il s'agit d'une collaboration, le texte comportant des annotations de la main de Nuvoletti. Malgré nos recherches auprès des bibliothèques citées dans l'ouvrage de Prampolini, ce manuscrit reste hélas introuvable.
282. J.-B.-M. Gence, *Notice biographique et littéraire*, p.94-101.

Chassé de Rome pour ses écrits et ses accointances contre-révolutionnaires, Lasalle finit par rentrer en France peu de temps après, avec la complicité d'un ancien ami marseillais devenu jacobin et qui facilite son arrivée en France. Après quelques mois à Semur, il retrouve Paris sans doute après les événements du 9 thermidor et la chute de Robespierre et loge tantôt chez Gence, tantôt chez la veuve d'un autre de ses amis, Mme de La Saudray. Lasalle circule sans carte de sûreté, mais il est tout de même déclaré par Gence auprès de la section des Thermes comme domicilié en Côte-d'Or. Assez vite, l'agitation politique de la capitale le pousse à retourner à Semur-en-Auxois, où, privé définitivement de sa rente par la confiscation et la vente des biens des émigrés, il se lance, comme on l'a vu, dans sa traduction de Bacon. Ceux qui le soutiennent à Semur, ceux qu'Antoine Lasalle remercie à deux reprises dans les volumes 1 et 4 de sa traduction et que Gence évoque aussi et connaît personnellement pour certains,[283] forment un groupe politiquement hétérogène. Outre Berthier, Lasalle s'entoure d'anciens nobles comme le baron de Brachet, Gueneau de Montbeillard (collaborateur de Buffon et membre de l'académie de Dijon), Reuillon de Braint,[284] ou de notables bourgeois comme le juge de paix Menassier, les avocats Rémond, Ligeret et Finot ou le médecin Lestre. Certains sont par ailleurs membres de la société patriotique locale comme François Menassier et Maurice Bruzard, ou jacobins convaincus comme Ligeret, Antoine Nicolas Joly ou Hugot (qui fait installer des bustes de Marat, Pelletier, Brutus et Rousseau à Semur).[285]

---

283. La bibliothèque municipale de Semur-en-Auxois conserve un ouvrage de François Menassier, 'ancien jurisconsulte et juge de paix' de la ville intitulé *Unité de l'univers, ou la Clef des systèmes* (Paris, An x [1802]). Fortement annoté par l'auteur lui-même, ce volume est relié avec une ode de Jean-Baptiste-Modeste Gence, 'Dieu et l'infini', avec cette mention manuscrite de Menassier: 'Cet auteur, ami d'Antoine la Sale et le mien, a donné une traduction de l'Imitation de Jesus en 1815.' Une autre note manuscrite de l'auteur ajoutée en marge de vers sur l'électricité et le magnétisme indique une discussion sur le sujet avec 'Ant. LaSalle'. Une note, imprimée cette fois, renvoie le lecteur à des considérations physiognomoniques et à la lecture conjointe d'Antoine Lasalle et de Lavater.
284. Il dédie à Reuillon un poème de *L'Ordre irrégulier* dans lequel on trouve ces vers: 'C'est par eux qu'effaçant jusqu'au vil nom de Roi, / Et qu'ayant pour jamais démasqué l'imposture, / Nous avons recouvré les droits de la nature, / Et ne connoissons plus de maître que la loi' (p.10). Il dédie un autre poème à Menassier, dont il loue l'amitié (p.32).
285. Voir Marcel Henriot, *Le Club des jacobins de Semur* (Dijon, 1933); voir également Régine Robin, *La Société française en 1789: Semur-en-Auxois* (Paris, 1970).

Parmi ces noms se trouvent également des francs-maçons de la loge de la Bonne Foi: Berthier en est premier surveillant, Gueneau de Montbeillard, orateur, Reuillon de Braint, économe, Joly et Ligeret, maîtres.[286] Comme à Paris, où Lasalle fréquente des artistes comme Nicolle et Crussaire,[287] il compte parmi ses soutiens de Semur le sculpteur Creusot. Marlet, tailleur d'habit jacobin, et son épouse, citoyenne clubiste, font aussi partie de ceux qui lui viennent en aide, notamment en lui donnant des vêtements, ce qui poussera Lasalle, par gratitude, à écrire à Charles Dumont pour placer leurs deux fils à Paris, puis pour recommander les parents: 'famille fort laborieuse et très attachée à la République'.[288] Lorsque Lasalle arrive à Semur, le club des jacobins local a déjà perdu de son influence après avoir dominé la vie politique de la petite ville, divisant parfois les membres d'une même famille. Mais Lasalle semble avoir prudemment louvoyé entre ces écueils et obtenu l'aide et le soutien de nombreux habitants de la ville, indépendamment de leurs orientations politiques. Application des compensations ou opportunisme prudent, il semble en tout cas que Semur ait incarné un temps le rêve de réconciliation de Lasalle.

Le Diogène du Luxembourg, ou le pauvre Pierre

On a vu au chapitre précédent que Silvestre, ami fidèle venu rendre visite au traducteur à Semur-en-Auxois, le trouve occupé à traduire dans un grenier sans confort, le corps affaibli par la faim. Alors qu'il avait été accueilli par son ami, le chanoine Berthier, de chez qui il avait écrit à Grégoire, Lasalle a donc déménagé à une date inconnue pour ce logement insalubre qui n'était sans doute pas gratuit. Pour Gence, malgré la perte de sa rente, c'est par choix que Lasalle traduit depuis 'le grenier d'un artisan' alors que, fort 'de tous ces secours' et entouré 'd'honnêtes amis', il aurait pu travailler dans des conditions plus propices.[289] Son ami et biographe, qui notait déjà à Rome que

---

286. Voir Régine Robin, 'Franc-maçonnerie et Lumières à Semur-en-Auxois en 1789', *Revue d'histoire économique et sociale* 43:2 (1965), p.234-41.
287. Contrairement à Nicolle, aquarelliste dont les très nombreuses vues d'Italie et de Paris ont toujours connu un grand succès, Joseph Crussaire, graveur, calligraphe et peintre d'ornement, persécuté pendant la Révolution pour ses opinions royalistes, n'a guère laissé de traces hormis la gravure royaliste 'L'urne mystérieuse' qui se trouve dans les collections de la BnF et du musée Carnavalet. Voir Octave Guelliot, *Joseph Crussaire, dessinateur et graveur* (Largentière, 1924).
288. Ms NAF 12300, lettre 9, f.14.
289. J.-B.-M. Gence, *Notice biographique et littéraire*, p.111.

Lasalle avait développé un penchant pour la solitude la plus sombre, confirme qu'une fois absorbé tout entier par sa traduction, il s'isole de plus en plus, s'emportant fréquemment contre ses amis mêmes. Avant de quitter Paris pour Semur, il avait ainsi refusé un emploi de lecteur au Bureau de l'envoi des lois, convaincu qu'on cherchait en réalité à le détourner de son ambitieux projet en le forçant à travailler pour gagner sa vie. Il n'est pas impossible qu'il ait fait le même grief à Berthier et se soit décidé à le quitter. Tout en étant reconnaissant pour l'aide apportée – il confie à Dumont 'plusieurs amis se sont réunis pour me faire vivre durant cette besogne dont je vous parle'[290] –, Lasalle en prend aussi ombrage et se conduit selon Gence 'en marin peu civil'. Ses soutiens à Semur se sont-ils lassés de cet ermite revêche? Gence se contente de souligner la 'situation tout-à-fait misérable' de 'l'auteur vieilli' qui, grâce à une quête organisée par Crussaire et lui-même, avait pu parcourir à pied la distance qui séparait Semur, 'la ville hospitalière', de Paris, où il revenait 's'enterrer' au propre comme au figuré.[291]

Refusé dans divers garnis au confort pourtant rudimentaire à cause de sa mine peu engageante, Lasalle doit à la recommandation du peintre Nicolle d'être accepté à l'hôtel Notre-Dame, au 8 rue de la Harpe. Quelques exemplaires de la *Méchanique morale* laissés en dépôt chez Crussaire ont semble-t-il rassuré l'hôtelier sur le sérieux et la solvabilité de son locataire. Alors qu'il n'avait de cesse, à Semur, de solliciter ses amis de Paris pour recouvrer son héritage, Lasalle sait qu'il ne peut désormais compter que sur le produit de la vente hypothétique de ses livres: sa traduction, pour les raisons que l'on sait, ne lui rapporte plus rien.

Quel qu'ait été le succès commercial de ses ouvrages, Lasalle a sans aucun doute été encouragé, au moins par le biais de recommandations, par certains réseaux de sociabilité littéraires et savants: s'il ne figure jamais formellement parmi leurs membres, il est entouré et apprécié (du moins jusqu'à son départ pour Rome) par certains de ceux qui fréquentent le salon de Mme Helvétius – dont bon nombre sont également membres de la loge des Neuf Sœurs – ainsi que celui de Fanny de Beauharnais, qu'il remercie dans sa traduction, sans toutefois préciser le rôle qu'elle a pu jouer.[292] Lasalle goûte cependant

---

290. Ms NAF 12300, lettre 1, f.1.
291. J.-B.-M. Gence, *Notice biographique et littéraire*, p.136.
292. Sur le salon de Fanny de Beauharnais, voir Chanel de Halleux, 'Fanny de Beauharnais (1737-1813): une hôtesse mondaine en quête de renommée

peu les mondanités: il le clame dès 1796 dans le recueil de poèmes qu'il publie loin de Paris et de la vie des salons, raillant 'Le prodigieux effet des dîners donnés ou reçus',[293] ou conseillant à telle 'Présidente d'un Bureau d'Esprit' (Fanny de Beauharnais?) de se tenir éloignée des livres.[294] Au moment où ce recueil venait d'être imprimé à Semur, Lasalle avait écrit à Dumont qu'il doutait de la réussite de son dernier ouvrage: 'car j'aurai contre moi les femmes et les riches; c a d. ce qu'il y a de plus puissant en ce monde: Je suis déjà témoin ici de leur dépit, et comme le cœur humain est le même partout, selon toute apparence le même phénomène aura lieu à Paris'.[295] Pour pallier son manque de ressources et vivre au quotidien, même très modestement, Lasalle doit donc compter sur l'aide matérielle fournie inlassablement par ses proches. Son ami le graveur Crussaire réussit cependant, en écrivant à Anne-Christian de Montmorency (le fils de son tuteur), à obtenir de celui-ci un soutien financier régulier (dont le montant n'est pas précisé, mais que l'on imagine très faible) pour le traducteur, soutien qui prend cependant fin avec la mort de ce protecteur inespéré, en 1821.[296]

Pour Lasalle, comme pour tant d'autres auteurs de cette époque, l'obtention d'une pension de l'Etat est la promesse d'une stabilité matérielle propice à la réflexion et indépendante du bon vouloir des individus. Jean-Luc Chappey et Antoine Lilti ont montré qu'au-delà des réputations littéraires, les secours et pensions accordés par différents ministères et administrations aux artistes, aux auteurs ou aux

---

littéraire', thèse de doctorat, Université libre de Bruxelles, 2017-2018; voir également Chanel de Halleux, 'La société de Fanny de Beauharnais pendant la Révolution française: réseaux et mondanité au service de l'homme de lettres', *Lumen* 35 (2016), p.95-109; sur les réseaux de sociabilité littéraires et savants, voir *Réseaux et sociabilité*, éd. P. Bourdin et J.-L. Chappey. D'après Chanel de Halleux, Fanny de Beauharnais apporte parfois une aide matérielle à ses protégés, notamment une aide à l'impression des ouvrages.

293. A. Lasalle, *L'Ordre irrégulier*, p.3: 'Auteur qui voulez voir critiquer votre ouvrage, / Allez donc lentement le montrer page à page / A ces gens chez qui vous dînez, / Gens toujours prêts à mettre là leur nez; / Mais voulez-vous après connoître son mérite, / Entendre un jugement plus doux, / Courez le montrer, courez vite; / A ces gens qui dînent chez vous.'

294. A. Lasalle, *L'Ordre irrégulier*, p.2: 'Croyez-en votre ami, femmes qui voulez vivre, / N'allez pas vous sécher et pâlir sur un livre; / Car pâlir est pour vous le plus grand des malheurs; / Gardez votre ignorance et vos belles couleurs.'

295. Ms NAF 12300, lettre 3, f.5*v*.

296. J.-B.-M. Gence, *Notice biographique et littéraire*, p.138. Anne-Christian de Montmorency (1767-1821) était militaire comme son père, il a siégé à la Chambre des pairs sous Louis XVIII.

traducteurs permettent de 'saisir la disparité des situations matérielles et symboliques de ceux qui revendiquent un statut d'écrivain ou de savant, ainsi que les contraintes que les bouleversements politiques exercent sur la façon dont ils construisent leur identité sociale'.[297] A la Révolution, ils viennent remplacer le mécénat royal et aristocratique, surtout après 1793 et la disparition des académies royales, et s'adressent à 'ceux qui auront fait une grande découverte propre à soulager l'humanité, à éclairer les hommes ou à perfectionner les arts utiles'.[298] C'est dans ce contexte que Lasalle avait obtenu, sans doute sur recommandation de Grégoire, l'aide du comité d'Instruction publique, versée avec retard et réduite à peau de chagrin par la dévalorisation des assignats. L'épais dossier de demande de secours à son nom, conservé aux Archives nationales, met en évidence la chronologie de sa détresse. En vérité, à partir de la Révolution, la vie de Lasalle ne sera qu'une longue litanie de suppliques, adressées aux individus ou aux institutions qu'il identifie comme donateurs potentiels. Avant de partir en Italie, il écrivait déjà à Hérault de Séchelles pour lui demander '2 livres que je sçaurai faire durer' en déployant tout l'arsenal rhétorique propre au genre:

> Je sçai que tout le monde est mal-aisé, dans ce moment-ci, et ce n'est qu'avec répugnance que je me détermine à vous faire une demande de cette espèce; bien persuadé cependant que vous ferez tout ce qui vous sera possible; car je connois votre cœur qui est comme le mien, bon d'une bonté immense. Au reste, je m'attends à tout, et je me regarde comme un homme qui finit: quoi qu'il m'arrive, je ne me repentirai jamais de mon dévouement philosophique; j'ai fourni la carrière que je devais fournir; et j'ai fait ce que j'ai dû faire: il y a des événemens si extraordinaires, qu'on n'est pas obligé de les prévoir; tout m'a été oté à la fois; et cette fois-ci le problème est insoluble: je suis et serai toujours dans les mêmes sentimens qu'à Epône, lieu dont le souvenir m'est bien doux.[299]

A Semur, alors que les premiers volumes de la traduction de Bacon sont publiés, Jacques Berthier écrit à Chaptal au sujet de Lasalle afin d'attirer son attention sur les mérites du traducteur philosophe,

---

297. Jean-Luc Chappey et Antoine Lilti, 'Les demandes de pensions des écrivains, 1780-1820', *Revue d'histoire moderne et contemporaine* 57:4 (2010), p.156-84 (157).
298. Article 6 du *Code des pensions* d'Armand Gaston Camus (1792), cité par J.-L. Chappey et A. Lilti, 'Les demandes de pensions', p.169.
299. Pierrefitte, Archives nationales, F/7/4742, dossiers du comité de Sûreté générale, 'Hérault de Séchelles', f.152.

révélant au passage que François de Neufchâteau, ministre de l'Intérieur sous le Directoire, lui avait octroyé 300 francs pour l'aider dans sa traduction. La lettre suit la voie hiérarchique de l'administration et passe, accompagnée à chaque fois d'un courrier, par les mains de Noël Berthet, le tout nouveau sous-préfet du district de Semur, et celles du préfet Guiraudet, qui la transmet au ministère de l'Intérieur auquel elle parvient accompagnée d'un rapport du bureau des Beaux-Arts.[300] Les détails donnés par Berthier et la chaîne de transmission administrative de sa lettre sont autant de preuves que le traducteur n'en dicte pas les termes:

> Les détails vrais dans lesquels je suis entré et que j'ai crus propres à vous engager à venir au secours dudit Lasalle, seront pour vous une preuve qu'il ignore la démarche que je fais aujourd'hui […] j'ai cru utile d'engager le sous-préfet de notre arrondissement de certifier la vérité des faits que j'avance et dont il est comme moy le témoin.[301]

Ces démarches vaudront non sans mal à Lasalle une aide de 600 francs. Un autre rapport joint au dossier précise que Chaptal 'ne jugea pas à propos de souscrire' à la proposition du bureau des Beaux-Arts de lui octroyer cette somme, 'et ne fit rien pour le traducteur de Bacon'. Une nouvelle démarche du bibliothécaire et du sous-préfet de Semur, 'faisant aujourd'hui une peinture plus déplorable encore de la situation du C^{en} Lasalle', sera nécessaire pour qu'enfin, le 6 ventôse An IX (25 février 1801), la somme soit allouée au traducteur, qui écrira en retour pour remercier le 'citoyen ministre'. En septembre 1807 (alors que Lasalle réside à Paris depuis plusieurs années), le nouveau préfet de la Côte-d'Or appuie une demande de pension 'en qualité d'homme

---

300. Pierrefitte, Archives nationales, F/17/3173, Papiers des comités d'Instruction publique de la Législative et de la Convention, dix-neuvième siècle, 'Lasalle, Antoine', copie de lettre du sous-préfet au préfet de la Côte-d'Or; lettre du préfet au ministre de l'Intérieur; lettre de Jacques Berthier à Chaptal; rapport du bureau des Beaux-Arts. L'original de la lettre de Berthet, accompagnée d'un brouillon de lettre du préfet au ministre de l'Intérieur, se trouve aux Archives départementales de la Côte-d'Or, AD021/1M/000675. Sauf mention contraire, tous les documents cités ci-après font partie du dossier Lasalle de la cote AN F/17/3173, qui ne sont pas numérotés ou foliotés. Une autre lettre de demande de secours, écrite par Lasalle en 1812 et envoyée à un destinataire anonyme ('Monseigneur'), identifié comme étant François-Joseph Grille, homme de lettres et directeur de la bibliothèque d'Angers, est conservée à la bibliothèque municipale d'Angers sous la cote Ms 0625.
301. F/17/3173, lettre de Berthier à Chaptal, f.2.

de lettres'. Lasalle a demandé 1000 à 1200 francs et promet un nouvel ouvrage sur Socrate: 'On sait, écrit le préfet, qu'il est dans un état de dénuement tel, que tout secours public qui ne serait pas fort prompt' deviendrait inutile à cet 'homme fort instruit, fort laborieux et très malheureux'. Les années passent sans qu'il obtienne autre chose que des secours ponctuels: 150, 250, puis 300 francs entre 1807 et 1811. Le 18 mars 1812, c'est le traiteur Jacquot, tenancier de l'hôtel Notre-Dame, qui écrit pour 'implorer les bontés de votre Excellence en faveur de Mr. Delasalle, homme de lettres, âgé et infirme' qu'il loge et nourrit depuis longtemps 'sans espoir d'être payé' si son locataire ne reçoit pas le secours du gouvernement ou une pension. Le traducteur de Bacon a une dette de 1300 francs envers l'hôtelier, qui ne peut plus lui consentir de crédit. Pour appuyer sa demande et comme si les ouvrages de Lasalle ne suffisaient pas, Jacquot précise qu'il est 'favorablement connu de Messieurs Garat, Pastoret, Mercier, Daunou, Grégoire, Delille de Salles et Lenoir de la Roche'. L'hôtelier ajoute enfin qu'une pension avait été promise au traducteur par Silvestre, 'au nom de la Société philomatique' à laquelle il ne manquait que la signature de l'empereur, signature qui n'est jamais venue.

Au fil des ans, les lettres et les rapports se succèdent, reproduisant la rhétorique habituelle de la supplique, et Lasalle parvient à obtenir ponctuellement quelques centaines de francs sans jamais se voir octroyer de pension pérenne. Il change d'arguments en 1815, alors que le comte d'Artois a cessé de régner sous le nom de Charles X et que Louis XVIII est de nouveau, depuis peu, sur le trône de France. Alors qu'il réside toujours chez le traiteur Jacquot, il écrit cette fois au duc de Richelieu – 'le nom de votre Excellence, ses lumières et son activité bien connues, qui retracent le grand Cardinal protecteur des Muses, raniment mes espérances' – et donne une tournure nettement plus politique à sa demande de secours puisque la première justification avancée est 'L'Emigration du comte de Luxembourg' et la sienne, qui lui ont fait perdre sa modeste fortune.[302] Lasalle ajoute ce que l'on imagine être une allusion (obscure) au manuscrit séditieux de Turin: 'J'ai aussi rendu quelques services politiques. S'ils ne sont pas bien grands, c'est que je suis bien petit: ils eussent été immenses, si mon pouvoir avait égalé ma bonne volonté.' Il termine par une remarque contre l'usurpateur et ses différents ministres, accusés d'avoir refusé de

---

302. Suivent ensuite ses infirmités grandissantes, ses '35 mille lieues de voyages par Terre et par Mer', 'les misères et les soucis relatifs à la révolution' (AN F/17/3173).

signer la pension promise par 'plus de 150 personnes, y compris des Académies entières'. Il récidive en juillet 1816 et, après avoir loué le courage du duc, rappelle, au milieu d'arguments déjà exposés dans la lettre précédente, 'quelques services demi-militaires et assez périlleux' ainsi que d'autres services 'politico-littéraires' plus étonnants: 'J'ai demandé [*sic*] assez clairement Louïs XVème dans ma Préface sur Bacon, et j'ai fait, dans une note de mon 12ème volume, l'Oraison funèbre de Louïs XVI. J'ai lutté pendant 6 ans contre l'Intrus: mais, Monseigneur, comme je luttois avec une plume contre un canon, n'ayant pas, comme votre Excellence, des moyens personnels pour lutter victorieusement, j'ai été battu.'[303] C'est en vain que l'on chercherait dans sa traduction de Bacon la trace de ces remarques royalistes, mais Lasalle poursuit dans la même veine obscure: 'Je souhaiterois que son Excellence daignât me désigner, ou faire désigner quelque personne, bien au courant, et un peu lettrée, qui pût m'empêcher de compromettre, par un zèle excessif, la Cause Sacrée que je voudrois défendre. Car je rencontre encore dans cette ville bien des gens qui se ressentent <u>du vieux levain de la Ligue</u>.' Le traducteur ne donne aucune précision supplémentaire, mais il a adapté son ton et la teneur de ses arguments à la situation politique, la nouvelle Chambre ultraroyaliste ayant été élue un an plus tôt. Cette adaptation aux circonstances ne changera pas fondamentalement sa situation. Il n'obtient pas la pension espérée et un rapport de 1820 souligne qu'il n'a rien obtenu du ministère depuis mai 1817, date à laquelle il s'était vu attribuer 200 francs. La même année (1820), c'est Aubert de Vitry (l'auteur supposé de *Jean-Jacques Rousseau à l'Assemblée nationale*) qui écrit à un chef de division du ministère de l'Intérieur. Il cite longuement une lettre poignante que lui a adressée Lasalle quelques jours plus tôt et dans laquelle il se dit poussé au suicide par sa situation misérable. Il ne demande plus un secours qui ne viendra pas, ou trop tard, mais souhaite obtenir 'une retraite à l'hospice des ménages'.[304] Les courriers ou messages destinés au traducteur doivent lui être

---

303. Outre ces arguments politiques, Lasalle affirme que celui qu'il appelle le 'corsaire' (Napoléon) lui aurait offert, par l'intermédiaire de Junot, 'd'être son historien', et évoque pour la première fois ses origines familiales: 'je ne sçais si je dois ajouter que je suis, du côté gauche, un peu parent du Monarque régnant, par la Maison de Montmorency, qui, en ce moment, ne peut plus rien faire pour moi' (AN F/17/3173).
304. Sur cet hospice et sur l'accueil des vieillards au dix-neuvième siècle, voir Mathilde Rossigneux-Méheust, *Vies d'hospice: vieillir et mourir en institution au XIXᵉ siècle* (Paris, 2018).

adressés par l'intermédiaire du maître de mathématique Renard, qui habite non loin de l'hôtel Notre-Dame, au 6 rue de la Harpe. En mars 1821, Lasalle ne peut plus écrire et dicte une énième lettre qu'il signe d'une main tremblante. Cette lettre sera la bonne: en mai, un rapport du ministère préconise l'octroi d'une pension viagère annuelle de 600 francs. Le courrier de confirmation envoyé au récipiendaire lui est adressé au 6 rue Saint-Germain-l'Auxerrois: Lasalle a quitté le garni du traiteur Jacquot à la mort de celui-ci.

Au lieu des 1300 francs de pension qu'il espérait, Lasalle a obtenu moins de la moitié au prix d'innombrables demandes et de l'intervention plus ou moins efficace de nombreux intermédiaires. Cette pension ne le sauve cependant pas de la misère, d'autant qu'au moment où il la reçoit enfin décède Anne-Christian de Montmorency, qui lui donnait régulièrement de quoi éviter la rue. D'après Gence, le graveur Crussaire avait obtenu quelques bons d'aumônerie pour son ami, et le peintre Jean-François Hue, qui comptait également au nombre de ses amis, donnait également de temps à autre une petite aide au traducteur.[305] Il meurt, lui aussi, en 1824.

En décembre 1826, Lasalle remercie le Royal Literary Fund de Londres, qui lui a attribué une aide de 10 livres lors de sa séance du 9 août. Cette société d'aide aux auteurs, fondée en 1790 par le révérend David Williams après la mort en prison (pour dettes) d'un traducteur, ne réserve pas sa générosité aux seuls auteurs britanniques. Chateaubriand ou 'Mad[lle] La Chevalière d'Eon' en ont ainsi bénéficié. Ce 9 août 1826, le cas d'Antoine Lasalle (n° 576) est examiné en même temps que celui d'Antide Janvier, horloger et astronome de Besançon, qui passe misérablement ses vieux jours sous les toits du palais du Louvre. Pour être éligible, il faut apporter une preuve de publication. Pour l'un comme pour l'autre (Janvier est l'auteur de plusieurs manuels d'horlogerie), la liste est suffisamment longue. La situation des deux Français est présentée par Sir John Beyerley. Janvier, franc-maçon comme Beyerley, s'adresse directement au 'V∴ Byerley'; c'est Augustin-François de Silvestre qui pétitionne

---

305. Le catalogue de vente des tableaux de sa collection (Hue, élève de Vernet et peintre de paysages, était peintre du roi et membre de l'Académie) témoigne de son succès puisque s'y trouvent entre autres des tableaux de Poussin, du Caravage, de Murillo, Rembrandt, Rubens, du Lorrain ou des frères Carrache: *Catalogue des tableaux composant le cabinet de feu M. Hüe* (Paris, 1824). Lasalle rencontre Hue lors de son premier voyage en Italie. Sur les séjours de Hue en Italie, voir Gilles Bertrand, *Le Grand Tour revisité* (Rome, 2008), annexe, p.145-76.

pour Antoine Lasalle. Dans son rapport, Beyerley souligne ce qui les rapproche dans la misère: 'It was stated that they had both partied with their libraries to "satisfy hunger" and that at the age of 70 and with a slender pension of 300 francs a year they were living in Paris in the utmost distress.'[306] Le fait qu'ils se soient dessaisis de leur bibliothèque semble être un argument de poids puisque, la même année, le Dr Edward Harwood, classiciste et bibliste, affirme lui aussi avoir dû vendre ses livres pour survivre. A réception de la somme convertie en 'deux cens cinquante livres de France',[307] Lasalle rédige quelques lignes de remerciement d'une écriture très altérée. Ce sont peu ou prou les mêmes mots de reconnaissance qu'il adresse à chaque fois, mais il adapte cette fois le message à la nationalité des donateurs: 'Dans les 36 mille lieues de voyages sur terre et sur mer, que j'ai faits autrefois, j'ai souvent fait l'épreuve de la Générosité Anglaise et la vôtre en est une nouvelle preuve dont j'ai été plus <u>reconnaissant</u> qu'<u>étonné</u>.'[308]

On pourrait à bon droit soupçonner Lasalle de construire savamment cette image de 'pauvre diable', qui dépense l'argent qu'il n'a pas à faire imprimer ses ouvrages et démontre sa probité auctoriale en choisissant ouvertement le dénuement.[309] Pourtant, même si Gence laisse entendre qu'il se ruine au jeu pour démontrer la fiabilité de ses martingales ou qu'il est régulièrement volé par plus pauvres que lui, l'existence misérable que mène Lasalle, infirme et malade, à partir du moment où il quitte Rome et surtout après la publication de sa traduction et son retour définitif à Paris, n'est pas une simple posture d'homme de lettres. Le sombre tableau peint au fil des demandes d'aide n'est pas non plus assombri à dessein pour convaincre ceux qui ont le pouvoir d'accorder ou non un secours ou une pension. D'aventurier-philosophe, Lasalle est véritablement devenu au fil des ans un traducteur-vagabond, déménageant à la cloche de bois lorsqu'il a épuisé ses maigres ressources et se défaisant, pour les vendre, des quelques effets personnels qui lui restent, comme on l'a vu pour sa malle, son violon et ses livres. Pour reprendre les termes de Laurence Fontaine, Lasalle se trouve perpétuellement en 'état de pauvreté' et ne peut en sortir faute

---

306. Londres, British Library, Ms Loan 96 RLF 2/1/2, 'Royal Literary Fund register', f.413-14.
307. Londres, British Library, Ms Loan 96 RLF 1/576, pièce 2.
308. Londres, British Library, Ms Loan 96 RLF 1/576, pièce 1.
309. Voir *Le Pauvre Diable: destins de l'homme de lettres au XVIIIe siècle*, éd. Henri Duranton (Paris, 2006), notamment p.47-56.

de pouvoir (ou vouloir, suggère perfidement Gence) travailler. Ses déménagements constants sont la marque de cet état de pauvreté.[310] Lorsqu'il ne passe pas de Paris à Semur (chaque fois pour des raisons d'argent, soit parce qu'il n'en a plus, soit parce qu'il veut se rapprocher des endroits où il peut en obtenir), Lasalle passe d'un garni à un autre. Il loge au 8 rue de la Harpe, chez le brave traiteur Jacquot; à l'hôtel Saint-Claude tenu par un certain Richer, rue de l'Estrapade,[311] puis au 114 rue Saint-Jacques, à l'hôtel du Nord, où il finira ses jours. Non loin de là, rue des Cordiers (détruite, comme cette portion de la rue Saint-Jacques, lors des travaux d'agrandissement de la Sorbonne), c'est dans un autre garni, l'hôtel Saint-Quentin, qu'avait séjourné Rousseau à deux reprises dans les années 1740: 'vilaine rue, vilain hôtel, vilaine chambre'.[312] Le parallèle a sans doute amusé Lasalle.

Il n'est pas impossible qu'il se soit retrouvé à la rue, au sens propre, comme lorsqu'il se fait adresser son courrier chez Renard, chez le libraire Mansut (rue Saint-Jacques) ou au 6 de la rue Saint-Germain-l'Auxerrois. Gence raconte qu'après une altercation avec un hôtelier qui l'avait éconduit, Lasalle fait même un bref séjour en prison avant de trouver un toit à l'hôtel du Nord. Quand il n'est pas logé en garni, à bout de ressources et surtout à bout de forces, Lasalle est à l'hospice. On l'a vu, il demande par l'intermédiaire d'Aubert à être logé à l'hospice des ménages, ce qu'apparemment il n'a jamais obtenu n'étant ni marié ni veuf. Malade (il est, entre autres, couvert de poux), il accepte non sans mal d'être admis à l'hospice de l'hôpital Saint-Louis, où officie le dermatologue Alibert, membre de la Société philomatique, ami de Cabanis et habitué de la Société d'Auteuil. Lasalle y devient un personnage, non seulement parce qu'il agrège autour de lui, comme au temps des promenades philosophiques de l'allée des Chartreux, malades et visiteurs, mais aussi parce qu'il devient dans cet hospice, par sa volonté ou celle d'Alibert, le personnage d'une fiction dont la presse et le monde des lettres ne tardent pas à s'emparer.

---

310. Voir Laurence Fontaine, *Vivre pauvre: quelques enseignements tirés de l'Europe des Lumières* (Paris, 2022), notamment le chap.2, 'La pauvreté comme état': sur le logement, p.71-73; sur la mobilité forcée, p.94-96; voir enfin, p.104 et suivantes, le recours aux institutions caritatives.
311. C'est de là qu'il écrit à Hérault de Séchelles pour lui demander un soutien financier: AN F/7/4742, f.152.
312. Jean-Jacques Rousseau, *Les Confessions*, dans *Œuvres complètes*, éd. Bernard Gagnebin et Marcel Raymond, t.1 (Paris, 1959), p.1-656 (livre 7, p.282).

2. Vie et destin d'un traducteur

En 1825, le Dr Alibert fait paraître en deux tomes une *Physiologie des passions*.[313] Au milieu de considérations philosophiques sur l'observation de l'homme ou sur les sentiments moraux, l'auteur s'interrompt pour dresser en une soixantaine de pages le portrait du 'pauvre Pierre', l'un des pensionnaires de l'hospice, auquel il donne parfois la parole. En préambule, Alibert insère cet avertissement au lecteur:

> *Il faut honorer la grandeur morale, sous quelque forme qu'elle se présente. D'après cette considération, la destinée du pauvre Pierre est digne d'un intérêt particulier. Il n'est donc pas étonnant que son existence mystérieuse ait excité la curiosité d'une multitude de personnes; mais il serait difficile de la satisfaire, attendu que cet infortuné vieillard est mort sans faire la moindre révélation sur ce qui concernait sa famille. Il n'aimait pas les questions, et n'y répondait jamais. 'Vous ne saurez pas qui je suis, disait-il à ceux qui l'interrogeaient; il y a cinquante ans que je cache ma vie, et je cherche un lieu pour cacher ma mort.'*[314]

Alibert fait de celui qu'il présente comme 'une espèce de philosophe ambulant' un aventurier magnifique, une figure presque christique – 'Imitez ma vie', lance-t-il à ceux qui se pressent pour l'écouter dans les jardins de l'hospice[315] – douée du pouvoir d'apaiser les souffrances des autres patients de l'hospice par ses paroles (voir Figure 1). Celui que d'aucuns soupçonnent d'être 'un gentilhomme breton qui avait déserté la maison de son père bien avant l'époque de la révolution française' avait une éducation soignée, une grande maîtrise des langues anciennes, 'une figure noble et des manières peu communes'.[316] Vêtu de haillons retenus par une large ceinture de cuir, il est décrit par Alibert comme un 'philosophe qui aurait hérité du vieux manteau et de la robe déchirée de Zénon' dont il avait adopté 'la doctrine du stoïcisme' qu'il affirmait avoir 'corrigée et améliorée dans plusieurs points'.[317] C'est à l'occasion de l'un de ses cours de philosophie en plein air que ce personnage, qui avait jusque-là entouré sa vie passée d'un profond mystère, accepte de livrer quelques détails de sa vie de 'philosophe-voyageur', captivant plus encore son auditoire, lui qui 'possédait au plus haut degré l'art de prononcer ses éloquentes paroles'.[318]

---

313. Jean-Louis Alibert, *Physiologie des passions, ou Nouvelle Doctrine des sentimens moraux*, 2 vol. (Paris, 1825).
314. J.-L. Alibert, *Physiologie*, t.1, p.85.
315. J.-L. Alibert, *Physiologie*, t.1, p.103.
316. J.-L. Alibert, *Physiologie*, t.1, p.86 et 91.
317. J.-L. Alibert, *Physiologie*, t.1, p.87.
318. J.-L. Alibert, *Physiologie*, t.1, p.109 et 112.

Alibert rapporte alors les propos du 'pauvre Pierre' qui, entre deux leçons sur Zénon et le stoïcisme, lève le voile sur une existence rendue d'autant plus fabuleuse qu'elle contraste avec 'les ressorts' abîmés de sa 'frêle machine corporelle'.[319] Il révèle non sans regret avoir quitté à vingt ans la maison de son père 'comme un fugitif, sans lui dire un dernier adieu'[320] pour des périples qui paraissent sans fin: 'J'ai voyagé sur l'immensité des mers, et j'y ai commandé le vaisseau qui m'avait reçu au rang de simple pilote.'[321] Une trahison amoureuse achève de le pousser vers la solitude, l'ascèse et l'errance, au point qu'au soir de sa vie il n'a plus que 'ses jambes meurtries par la fatigue et par les longues excursions qu'il avait entreprises chez les nations étrangères'.[322] Revenu de tout, le disciple de Zénon affirme avoir même renoncé à la science: 'J'ai eu tous les penchants, tous les goûts, même celui de la science, dont je suis pourtant désabusé.'[323] Alibert montre le pauvre Pierre, absorbé par la volonté d'atteindre l'ataraxie, faire montre d'une 'extrême sobriété' et refuser avec dédain les fruits sucrés qu'il lui propose 'ainsi que les flacons d'un vin exquis que je lui avais destinés'. Ce patient hors du commun 'se faisait gloire d'être supérieur à toutes les sensations', mais s'imaginait aussi que le bon Dr Alibert voulait 'le flétrir et attenter à sa doctrine'.[324]

On ne peut pas s'empêcher de reconnaître Lasalle dans le portrait du pauvre Pierre. Tenu par le secret médical (réaffirmé par le code pénal de 1810), Alibert ne pouvait révéler l'identité du philosophe qui 'tenait tous les jours son école' à l'hospice.[325] Il laisse toutefois un indice: *'Par l'effet du hasard, l'hôpital Saint-Louis servait alors de refuge à plusieurs gens de lettres, que d'amers souvenirs tourmentaient, aussi-bien que les infirmités de la vieillesse. On remarquait entre autres, parmi les individus qui assistaient aux leçons de notre philosophe, le laborieux traducteur de toutes les œuvres de Bacon.'*[326] Gence n'en dit mot et se contente d'écrire que sa présence à Saint-Louis avait excité la curiosité et même qu'on 'en parla dans les journaux'.[327] Un article publié dans l'*Indépendant* informe en effet les lecteurs de la présence du philosophe à Saint-Louis:

---

319. J.-L. Alibert, *Physiologie*, t.1, p.99
320. J.-L. Alibert, *Physiologie*, t.1, p.114.
321. J.-L. Alibert, *Physiologie*, t.1, p.109-10.
322. J.-L. Alibert, *Physiologie*, t.1, p.114.
323. J.-L. Alibert, *Physiologie*, t.1, p.117.
324. J.-L. Alibert, *Physiologie*, t.1, p.145.
325. J.-L. Alibert, *Physiologie*, t.1, p.94.
326. J.-L. Alibert, *Physiologie*, t.1, p.88.
327. J.-B.-M. Gence, *Notice biographique et littéraire*, p.141.

Figure 1: 'Le pauvre Pierre à l'hôpital St Louis', estampe de Lorieux d'après Maurice, illustrant le chapitre du 'Pauvre Pierre' (28,5×19,8cm), dans Jean-Louis Alibert, *Physiologie des passions, ou Nouvelle Doctrine des sentimens moraux*, 2 vol. (Paris, 1825), t.1, p.91.

M. Antoine Lasalle, traducteur et commentateur des œuvres de Bacon (16 vol. in-8°), auteur du *Désordre régulier*, de la *Mécanique morale*, de la *Balance naturelle*, etc., chassé par la misère et la maladie d'un petit logement qu'il occupait rue de la Harpe, est venu se réfugier à l'hôpital Saint-Louis. En attendant que ce savant écrivain puisse obtenir les secours dus à ses malheurs et à ses longs travaux, M. le docteur Alibert, médecin en chef de cet hôpital, a donné des ordres pour qu'il fût traité avec des égards et des soins particuliers. M. Antoine Lasalle est un philosophe pratique par excellence: il supporte sa pauvreté avec une résolution parfaite.[328]

---

328. *L'Indépendant* (23 octobre 1819), p.2.

L'identité du pauvre Pierre est suffisamment transparente pour que Bouillier reconnaisse Lasalle sous les traits de l'un des 'personnages fictifs' imaginés par Alibert pour illustrer les passions et dont 'les principaux traits sont empruntés aux malades qu'il a connus à l'hôpital': 'Il est facile de reconnaître la Salle dans *pauvre Pierre*, ce philosophe pauvre et ambulant qui a un si grand goût pour les voyages et pour la mer, et dont la douce philosophie et la prédication morale, inspirée par l'amour de ceux qui souffrent comme lui, charment et encouragent les malades [...] qui se pressent pour l'entendre.'[329] Au moment de la publication du livre d'Alibert, le 'pauvre Pierre' enflamme la presse et inspire même des poètes. *Le Journal des débats politiques et littéraires*, qui consacre deux articles à la *Physiologie des passions*, rend hommage à 'cet homme extraordinaire qui s'en vint chercher un abri et un trépas tranquilles à l'hôpital Saint-Louis au milieu des misères humaines'; le critique du *Globe*, pourtant peu convaincu par l'ouvrage d'Alibert, remarque très favorablement l'épisode du pauvre Pierre: 'un tel homme méritait bien un souvenir.'[330] Le *Journal politique de l'Aube* publie quant à lui un long poème anonyme, 'Le pauvre Pierre':

> Cet indigent mystérieux,
> Chargé d'ans et de maux, accablé de misère,
> Mais d'une âme stoïque et fière,
> Sachant leur opposer le calme courageux,
> Apparaît appuyé sur un bâton noueux.[331]

Le succès de cet avatar fictionnel d'Antoine Lasalle est tel que Marceline Desbordes-Valmore en compose, elle aussi, un poème long de plusieurs pages:

> Près d'un siècle pesait sur son front calme et nu.
> Les ans et les malheurs, écrits sur son visage,
> Y laissaient lire encore un tranquille courage,
> Et ses yeux recélaient un éclat inconnu.
> Soutenant le fardeau de sa haute stature,
> Comme un chêne mourant lève son front aux cieux,
> Des orages du monde il supportait l'injure

---

329. F. Bouillier, *Etudes familières*, p.233.
330. *Le Journal des débats politiques et littéraires* (7 juillet 1825), p.3; *Le Globe* (2 juillet 1825), p.951.
331. *Journal politique de l'Aube* (26 juin 1825), p.2-3. Ce poème est reproduit séparément dans un petit opuscule sans date imprimé à Troye et signé 'Henry Bédor'.

Dans un espoir silencieux.
[...]
Alors dans un hospice il va chercher son sort.
Sous l'humble nom de Pierre on l'y regrette encor.[332]

Le poème est dédié à son oncle, le peintre Constant Desbordes, qui en a tiré un tableau offert ensuite par la poétesse à Victor Cousin (tableau manifestement égaré lors de la succession de Cousin).

Lasalle a-t-il su qu'il avait inspiré directement le personnage si frappant du pauvre Pierre? Gence ne le dit pas. Comme il avait quitté le confort que lui offrait Jacques Berthier pour l'inconfort d'un grenier, Lasalle quitte bientôt l'hospice, ne supportant pas les contraintes imposées par le règlement du lieu. Il retrouve l'infâme hôtel du Nord et son 'étroit local qui contenait à peine deux personnes, son lit et une chaise'. Il y survivra huit ans. Selon Gence, son haleine 'des plus fortes' et la puanteur de son galetas tiennent éloignés les quelques amis qui n'ont pas tout à fait renoncé à l'aider.[333] Il lui rend une dernière visite, accompagné du rédacteur en chef du journal *Le Biographe*, et décrit l'état effrayant du traducteur: 'Il ouvrit la porte, et ensuite sa fenêtre, pour que nous pussions respirer dans l'espèce de tombe où il était déjà comme enseveli avec ses vêtements en pièces recousues sur sa peau.' Le Diogène du Luxembourg disparaît quelque temps plus tard. Découvert par l'hôtelière au matin du 20 novembre 1829, à demi-paralysé et transi de froid, il est transporté mourant à l'Hôtel-Dieu par deux commissionnaires qui l'abandonnent sur les marches. Admis une heure plus tard à l'hospice, 'dans la salle de la *Miséricorde*', il meurt le lendemain. Un étudiant en médecine qui logeait lui aussi à l'hôtel du Nord s'était précipité pour le disséquer.[334] Lorsque Gence se rend à l'hôpital, il ne reste plus rien d'Antoine Lasalle, traducteur de Bacon, ci-devant officier de vaisseau, membre de la Société philomatique et de l'académie de Virginie.

---

332. *Œuvres poétiques de Marceline Desbordes Valmore* (Paris, 1922), p.203-17.
333. J.-B.-M. Gence, *Notice biographique et littéraire*, p.144.
334. J.-B.-M. Gence, *Notice biographique et littéraire*, p.146-47.

3. 'Une traduction complète de Bacon, la seule qui ait jamais existé'

> 'A des idées qui ne valent rien, j'attache des
> mots qui ne valent pas mieux.'[1]

On l'a vu, les quinze volumes de la traduction des œuvres de Bacon par Antoine Lasalle paraissent en plusieurs livraisons successives de trois à quatre volumes chacune entre la fin de 1799 et le début de l'année 1803. Le plan annoncé dans le prospectus inséré à la fin de la préface du traducteur est relativement conforme à celui que Lasalle promettait dans une lettre adressée à Dumont, mais l'ordre des différents textes traduits ne sera finalement pas exactement celui qui est indiqué dans cette préface. Les trois premiers volumes contiennent l'essai *De la dignité et de l'accroissement des sciences*, les trois volumes suivants le *Novum organum*; viennent ensuite les trois volumes de *Sylva sylvarum*, deux volumes renfermant l'*Histoire de la vie et de la mort*, l'*Histoire des vents* et la *Nouvelle Atlantide* (cette dernière ayant pourtant toujours été imprimée, en Angleterre, à la suite de *Sylva sylvarum*), puis suivent un volume consacré aux *Mélanges de morale et de politique* (les essais), deux volumes contenant l'*Histoire d'Henri VII* et un dernier volume comprenant *La Sagesse des anciens* et d'autres textes courts. La succession des textes traduits ne suit pas l'ordre chronologique de la parution originale, et Lasalle s'explique d'ailleurs sur la configuration choisie tout en laissant entendre, alors qu'il est occupé par la traduction elle-même, qu'un ou deux volumes supplémentaires pourraient suivre ceux qu'il annonce:

---

1. Le titre de ce chapitre est tiré d'une lettre concernant sa détresse financière: AN F/17/3173, Dossier Lasalle, Cabinet du préfet de la Côte-d'Or à son successeur, 25 février 1808. Pour la citation placée en exergue: Francis Bacon, *Novum Organum*, traduit par Antoine Lasalle, dans *OFB*, t.5, p.328n1.

> On voit qu'en général, dans cette distribution, nous plaçons la physique avant la morale, sa fille; les ouvrages propres à Bacon, avant ceux qui ne sont, à proprement parler, que des extraits bien digérés, et des analyses d'auteurs, anciens ou modernes; les plus connus avant ceux qui le sont moins. Enfin, les plus volumineux avant les plus petits, dont les uns, pour compléter certains volumes, seront joints aux ouvrages plus considérables de la même classe, et les autres, renvoyés à la fin de la collection, ou nous en formerons un ou deux volumes, en suivant la même distribution.[2]

Le traducteur se retranche une fois encore derrière la volonté d'un 'public', défini cette fois comme 'le plus grand nombre', pour justifier son choix de publier la traduction du *Novum organum* avant celle de *Sylva sylvarum*:

> L'ordre philosophique sembloit exiger que nous publiassions l'histoire naturelle avant le *novum organum*; les faits devant marcher avant les raisonnemens, et tel étoit aussi notre premier dessein; mais le vœu souvent prononcé du plus grand nombre, qui depuis long-temps nous demande le *novum organum*, ouvrage qui jouit de la plus haute réputation, qui est à juste titre regardé comme le chef d'œuvre de Bacon, et qu'il a, dit-on, transcrit douze ou treize fois de sa propre main, nous fait une loi de nous conformer à l'ordre qu'il a tracé lui-même.[3]

Plusieurs préfaces du traducteur sont insérées dans certains volumes au fil de leur publication: outre la préface générale du volume 1, Lasalle donne également une autre préface dans le volume 4 (le premier volume du *Novum organum*), une seconde introduction générale au début du troisième volume de *Sylva sylvarum* (volume 9) et, enfin, un 'Avertissement du traducteur' au volume 11.

Lasalle profite de ces préfaces et des innombrables notes qu'il ajoute presque à chaque page de sa traduction pour donner au lecteur un grand nombre de précisions sur la façon dont il entrevoit la tâche du traducteur elle-même et sur sa façon de travailler. Ces notes, ainsi que d'autres éléments paratextuels au statut plus complexe, sont aussi l'occasion de commentaires philosophiques, scientifiques ou personnels sur les œuvres traduites.

---

2. *OFB*, t.1, p.lix-lx.
3. *OFB*, t.1, p.lx.

Traduire de l'anglais et du latin

Lasalle n'indique pas spécifiquement les éditions qui lui ont servi pour sa traduction et, lorsqu'il y fait allusion, les informations qu'il donne sont le plus souvent très succinctes. Un examen attentif des notes et des quelques lettres qui nous sont parvenues permet néanmoins de constater qu'il traduit aussi bien de l'anglais que du latin, en fonction de la langue originale dans laquelle Bacon avait publié ses textes ou de l'exemplaire dont il dispose, et qu'il compare aussi, lorsqu'il le peut, les versions disponibles dans l'une et l'autre langue, soit parce qu'il possède les éditions correspondantes, soit parce qu'il se les fait prêter.

On a vu que Lasalle avait demandé à Dumont de lui trouver un exemplaire d'une traduction française du *De dignitate et augmentis scientiarum* publiée au dix-septième siècle, mais, en ce qui concerne le texte qu'il traduit, il évoque un original en latin, sans toutefois donner davantage de précisions. C'est d'ailleurs parce qu'il s'interroge sur la traduction la plus appropriée de 'ce mot de *cupiditas*, qui est dans l'original',[4] que l'on sait qu'il n'a pas traduit à partir d'une version anglaise. Il en va de même pour l'*Historia ventorum*, dont Lasalle cite le texte original en latin dans plusieurs notes, précisant même avoir comparé plusieurs éditions du même texte: 'le texte original dit: *quinta lunae*, et cette même expression se trouve dans toutes les éditions.'[5] Lasalle indique parfois s'appuyer aussi sur des éditions dans les deux langues. Dans le volume 7 de sa traduction, le premier volume de *Sylva sylvarum*, il compare à plusieurs reprises l'édition anglaise en sa possession et la traduction latine qu'il a pu consulter.[6]

---

4. *OFB*, t.1, p.390.
5. *OFB*, t.11, p.221. Voir également p.27, 58, 147. Il est plus que probable que Lasalle n'ait pas eu accès à la traduction anglaise de Robert Gentili publiée à Londres par Humphrey Moseley en 1653.
6. Il existe, pour le seul dix-septième siècle, plusieurs éditions et réimpressions en anglais de *Sylva sylvarum* (œuvre posthume d'abord publiée en anglais, puis traduite en latin). La première est la suivante: *Sylva sylvarum, or a Naturall historie, in ten centuries, written by the Right Honourable Francis Lo. Verulam Viscount St. Alban, published after the authors death, by William Rawley doctor of divinitie, late his Lordships chaplaine* (Londres, J. H. for William Lee, 1627). Lasalle indique cependant travailler à partir d'une édition anglaise in-4°, qui ne peut être que celle éditée par le médecin Peter Shaw: *The Philosophical works of Francis Bacon* [...] *methodized and made English, from the originals*, éd. et traduit par Peter Shaw, 3 vol. (Londres, J. J. and P. Knapton *et al.*, 1733), rééditée plusieurs fois au dix-huitième siècle. *Sylva sylvarum* se trouve dans le troisième volume. La seule traduction latine qui semble avoir circulé (réimprimée à plusieurs reprises

Dans une note qu'il ajoute à sa traduction de l'expérience 25, centurie 1, le traducteur remarque ainsi: 'La description de ce procédé, dans l'édition in-4° en langue angloise, n'est pas tout-à-fait la même que dans les éditions latines: mais, quelle est la meilleure? cette question est de même nature que celle-ci: *cette fameuse dent d'or de Bohême étoit-ce une dent molaire, ou une dent canine?*'[7] Plus loin, dans une note ajoutée à l'expérience 135 sur la circulation des sons, Lasalle remarque: 'il y a ici contradiction entre l'édition angloise et toutes les éditions latines; mais nous nous en rapportons à l'édition angloise, dont la leçon est plus conforme à l'expérience.'[8] Confronté à l'ambiguïté du texte à traduire, la comparaison avec la traduction latine apporte pourtant rarement la clarification attendue. Lasalle compare à nouveau les deux pour tenter de mieux comprendre la nature de l'expérience 501 (t.8), dans laquelle Bacon propose d'obtenir, par greffe, 'severall Fruits upon one Tree', c'est-à-dire 'all Kindes of *Cherries*, and all kindes of *Plums*, and *Peaches*, and *Apricots*, upon one *Tree*', même s'il concède: 'the *Diversity of Fruits* must be such, as will graft upon the same Stocke. And therefore I doubt, whether you can have *Apples*, or *Peares*, or *Orenges*, upon the same Stocke, upon which you graft *Plummes*.'[9] Cherchant à comprendre si Bacon espère obtenir plusieurs fruits différents sur un même arbre, ou plusieurs variétés d'un même fruit, Lasalle se penche sur la traduction latine de Gruter, mais finit par conclure: 'Le texte latin semble promettre *des cerises et des pêches sur le même arbre*; mais nous nous conformons au texte anglois; dont les promesses sont moins magnifiques, et qui ne parle que des variétés d'une même espèce de fruit; quoique, dans une des phrases précédentes, il ait semblé promettre beaucoup plus.'[10] Dans une note ajoutée à l'expérience 596, Lasalle explique une fois encore

---

  à Amsterdam) est celle du traducteur néerlandais Jacob Gruter: *Sylva sylvarum, sive Historia naturallis in decem centuria distributa anglice olim conscripta a Francisco Bacono* [...] *nunc Latio transcripta a Jacobo Grutero* (Lugdunum Batavorum [Leyde], apud Franciscum Hackium, 1648).

7. *OFB*, t.7, p.103-104. Lasalle fait ici allusion à une anecdote tirée de l'*Histoire des oracles* de Fontenelle (Paris, G. de Luyne, 1687), chap.4. La fable de Fontenelle est souvent utilisée pour illustrer l'importance de l'observation et le danger des théories échafaudées sur du vent: la dent d'or de Bohême n'existe pas, et l'on perd donc son temps à construire des hypothèses pour expliquer sa présence supposée dans la bouche d'un enfant.
8. *OFB*, t.7, p.312.
9. F. Bacon, *Sylva Sylvarum, or a Naturall historie*, centurie 6, exp. 501, p.131.
10. *OFB*, t.8, p.284.

sa méthode comparative: 'Le texte de l'édition angloise prescrit de bâtir sur ce terrain une grande chaumière qui le couvre tout entier; et celui de l'édition latine conseille seulement de le couvrir de chaume. Mais le premier moyen seroit trop dispendieux, et le vent emporteroit l'autre.'[11] Incapable de se fier à l'une ou l'autre version, Lasalle opte pour une troisième interprétation dans sa version française – 'Par exemple, si l'on couvrait d'une couche un peu épaisse de chaume, ou de planches, une certaine étendue de terrain, il s'y formeroit peut-être du salpêtre' – et se justifie en note non sans humour: 'ainsi, nous nous en tiendrons aux planches, en réservant ce merveilleux moyen pour quelque menuisier qui voudra se ruiner.'[12] Ce passage est particulièrement intéressant parce qu'il pose la question des outils dont dispose le traducteur, et notamment de ses dictionnaires éventuels, qu'il n'évoque pratiquement jamais. L'*Oxford English dictionary* donne entre autres la définition suivante du mot 'hovel': 'A stack of corn, etc.', c'est-à-dire une botte ou une meule de foin, capable de résister aux intempéries bien plus sûrement qu'un simple paillis. Au dix-huitième siècle, quelques dictionnaires bilingues ou trilingues sont disponibles en plus de certains dictionnaires unilingues comme le *Dictionary of the English language* de Samuel Johnson (1755): *Le Dictionnaire royal françois–anglois* d'Abel Boyer, le *Dictionnaire françois & anglois* de Lewis Chambaud, le *Nouveau dictionnaire françois & anglois* d'Antoine Pyron Du Martre, mais aussi l'*Encyclopédie françoise, latine et angloise* imprimée à Lyon en 1761.[13] Celui d'Abel Boyer, qui a fait l'objet de nombreuses réimpressions et rééditions tout au long du siècle, est le seul à proposer une entrée pour le mot 'hovel': 'Hovel, subst. (a covering for beasts made abroad) *cabane*, *chaumière*, couvert pour le

---

11. *OFB*, t.8, p.381. Le texte original dit 'And therefore, if you make a large Hovell, thatched, over some Quantity of Ground, nay if you doe but Plancke the Ground over, it will breed *Salt-petre*.'
12. *OFB*, t.8, p.381.
13. Abel Boyer, *Le Dictionnaire royal françois–anglois et anglois–françois [...] nouvelle édition, revue, corrigée, & augmentée considérablement*, 2 vol. (1702; Londres, J. Brotherton, W. Innys *et al.*, 1752); Lewis Chambaud, *Dictionnaire françois & anglois*, 2 vol. (Londres, A. Millar, 1761); M. Porny [Antoine Pyron Du Martre], *Nouveau dictionnaire françois & anglois*, 2 vol. (Londres, J. Nourse et S. Hooper, 1763); *Encyclopédie françoise, latine et angloise, ou Dictionnaire universel des arts et des sciences*, 2 vol. (Londres et Lyon, Jean-Marie Buryset, 1761). Sur les dictionnaires, notamment de langue, au dix-huitième siècle, voir Marie Leca-Tsiomis, 'Les dictionnaires en Europe: présentation', *Dix-huitième siècle* 1:38 (2006), p.4-16.

bétail qui est en campagne.'[14] S'il est impossible de déterminer avec certitude si Lasalle – qui se défend d'avoir voulu *'conquérir l'admiration publique, à coups de dictionnaire*'[15] – s'est appuyé ou non sur un dictionnaire comme celui de Boyer pour traduire 'hovel', la note qu'il rédige laisse cependant supposer qu'il a pu trouver là l'idée que le mot anglais désignait une construction, un abri, plutôt qu'une meule de foin. La traduction finalement adoptée propose un aménagement de la traduction latine, mais la présence même de cette note souligne ici les hésitations du traducteur.

C'est aussi en s'appuyant sur une édition anglaise et une édition latine que Lasalle traduit la *Nouvelle Atlantide*,[16] les *Essais de morale et de politique*[17] et *La Sagesse des anciens*.[18] C'est dans une note à sa traduction de la *Nouvelle Atlantide* que Lasalle évoque pour la seule et unique fois en quinze volumes le recours à un dictionnaire, sans toutefois préciser lequel. Il s'interroge sur la meilleure traduction du mot 'tippet' dans un passage où le narrateur décrit les vêtements d'un homme venu à leur rencontre: 'He had also a Tippet of fine Linnen.'[19] Lasalle traduit 'tippet' par 'cravate' ('il avait aussi une cravatte de toile très fine') et s'en justifie:

> Le texte latin dit: *habuit etiam lirippipium circa collum*; et le texte anglois dit *a tippet*; je n'ai pu trouver dans aucun livre le mot *lirippipium*, dans les livres anglois, le mot *tippet* désigne une *écharpe*; mais je trouve dans la partie gallico-angloise d'un dictionnaire le mot *tipping* vis-à-vis celui de *rabat*; nous y substituerons une cravatte telle qu'en portoient certains ministres anglicans, mais sans nœud, et semblable à une *steinkerque*.[20]

Une fois encore, et même si Lasalle ne l'indique pas formellement, c'est *Le Dictionnaire royal* d'Abel Boyer qui fournit l'entrée correspondante: 'Rabat, s.m. (Colet d'homme) *a band*. ☞ Rabat, (second

---

14. Boyer, *Dictionnaire royal*, t.2.
15. *OFB*, t.9, p.xxvii.
16. La *Nouvelle Atlantide* fut publiée à titre posthume et systématiquement jointe dès la première édition (anglaise) à *Sylva sylvarum*, avec une pagination indépendante. La traduction latine est celle de Gruter citée plus haut. Lasalle n'évoque jamais la traduction française de Pierre Amboise, qu'il n'a peut-être jamais eue entre les mains.
17. Voir *OFB*, t.12, p.33, 245.
18. Voir *OFB*, t.15, p.70.
19. *New Atlantis: a work unfinished*, dans *Sylva sylvarum, or a Naturall historie*, p.7.
20. *OFB*, t.11, p.365.

coup au jeu des quilles) *the tipping*, at Nine-pins.'[21] La partie anglais–français du même dictionnaire donne également la traduction que Lasalle affirme avoir trouvée 'dans les livres anglois': 'Tippet, *subst.* the tippet of a doctor of divinity, *or a* lord's chaplain, &c. *Echarpe*, que portent en *Angleterre* les docteurs en théologie & les chapelains des pairs du royaume, &c.'[22] La méthode de travail de Lasalle semble donc avoir reposé autant que possible sur une comparaison entre les versions anglaise et latine, mais aussi, au besoin, sur la recherche de certains mots dans un dictionnaire, vraisemblablement celui de Boyer. Il compare également les éditions dont il dispose afin d'éliminer les erreurs qui pourraient provenir de l'imprimeur, tâche presque insurmontable en raison des 'fautes qui fourmillent dans toutes les éditions, lesquelles diffèrent toutes les unes des autres'.[23]

Le cas de l'*Histoire d'Henri VII* est intéressant à plus d'un titre. D'une part parce que Lasalle travaille à partir de la traduction latine, publiée à titre posthume en 1638 et que James Spedding attribue à Bacon lui-même, et non à partir de l'édition originale en anglais.[24] D'autre part, parce qu'il s'appuie également sur l'*Histoire d'Angleterre* de David Hume, qu'il cite dès les premières pages de sa traduction.[25] C'est dans une note qu'il ajoute à un passage sur l'avarice d'Henri VII que Lasalle évoque une édition de travail en latin. Renvoyant le lecteur à un extrait de l'ouvrage de Hume, il remarque: 'Cette traduction de *Hume*, qui a cité ce passage, me paroit la meilleure; mais elle n'est pas conforme au texte de l'édition latine, la seule qui soit entre mes mains.'[26] Par 'traduction de Hume', Lasalle parle de la traduction française de l'*Histoire d'Angleterre*, qu'il a vraisemblablement lue non pas dans sa version originale, mais bien plutôt dans la traduction française d'Octavie Belot. Une longue note de Hume sur Perkin Warbeck que le traducteur de Bacon reproduit intégralement

---

21. Boyer, *Dictionnaire royal*, t.1.
22. Boyer, *Dictionnaire royal*, t.2.
23. *OFB*, t.1, p.lxx.
24. Francis Bacon, *The Historie of the raigne of King Henry the seventh* (Londres, Matthew Lownes and William Barret, 1622); Francis Bacon, *Operum moralium et civilium tomus: qui continent historia regni Henrici septimi Angliæ regis*, 2 vol. (Londres, Richard Whitaker, 1638). Sur l'attribution de la traduction latine de l'*Histoire du règne d'Henri VII* à Bacon lui-même, voir l'introduction de James Spedding dans *The Works of Francis Bacon*, éd. James Spedding et autres, 14 vol. (Londres, 1857-1874), t.11, p.19.
25. *OFB*, t.13, p.14.
26. Voir *OFB*, t.14, p.191-92.

dans la version de la traductrice confirme que c'est en français qu'il a lu Hume.[27] Lasalle ne consulte pas l'*Histoire d'Angleterre* uniquement pour y trouver l'explication de passages difficiles ou ambigus, mais aussi pour confronter deux historiographies et rectifier Bacon en s'appuyant sur Hume, pour lequel il ne cache pas son admiration:

> Jusqu'ici M. *Hume* a travaillé à former *Smith*, le *Newton de l'économique*; dans le morceau suivant; il va former *Robertson*, et l'exciter à écrire l'histoire de *Charles V*, en donnant encore quelques leçons au premier: double leçon d'autant plus sublime, que les deux disciples ont peut-être surpassé le maître: tout homme de lettres qui, en parcourant ce tableau vaste et précis, restera de sang froid, doit jeter sa plume, et n'est pas né pour tenir ce puissant instrument.[28]

Il est rare que Lasalle, volontiers acerbe dans ses critiques, confie ainsi le respect qu'il porte à d'autres. Il est ainsi remarquable qu'au détour d'une note consacrée aux êtres de petite taille (*Sylva sylvarum*, exp. 698), il cite en exemple 'Monsieur Le Tourneur, le plus *petit physiquement*, et le plus *grand moralement*, de tous les *traducteurs*'.[29] Il évoque de nouveau le 'sublime traducteur d'*Young* et de *Shakespear*' dans le dernier volume de sa traduction, à la fin d'une note consacrée au devoir moral.[30] Comme on le verra plus loin, il est probable que Lasalle ait trouvé chez lui, notamment dans le discours préliminaire à sa traduction des *Nuits*, certains des principes qu'il applique à sa propre traduction de Bacon.

Par ces détails, qu'il distille avec une relative parcimonie dans des notes de bas de page pourtant innombrables, Lasalle a sans doute cherché à donner préventivement des gages à ceux qui auraient pu l'accuser de plagier les traductions existantes – traductions qu'il a d'ailleurs cherché à consulter (tout au moins certaines d'entre elles) comme il s'en justifie dans une lettre à Dumont à propos de 'cette vieille traduction de l'ouvrage De Dignitate' (celle de Maugars ou celle de Golefer; voir Chapitre 1) qu'il cherche alors à se faire prêter par Joseph-André Denis: 'cette traduction existant, le public croira

---

27. *OFB*, t.14, p.136-37. Pour la version d'Octavie Belot (1719-1804), plus tard connue sous le nom d'Octavie Du Rey de Meynières, voir David Hume, *Histoire d'Angleterre, contenant la maison de Tudor*, traduit par Mme B[elot], t.7 (Amsterdam, s.n., 1763), p.156-57.
28. *OFB*, t.14, p.312.
29. *OFB*, t.8, p.520.
30. *OFB*, t.15, p.142.

toujours que j'en aurai profité: aussi il est juste que je la voye.'[31] C'est à ce public protéiforme, ce public de lecteurs et de critiques, qu'il destine les commentaires et précisions qu'il donne en note, mais c'est avant tout à la jeunesse qu'il destine sa traduction.

Traduire pour la jeunesse

La première préface, celle qui inaugure pour le lecteur les quinze volumes de cette traduction de Bacon, s'ouvre sur une *captatio* déconcertante – 'Que de maux je vois sur la terre!... ces maux sont-ils sans remède? Non'[32] –, laquelle débouche immédiatement sur une longue explication entre guillemets qui laisse penser qu'il s'agit d'une citation de Bacon lui-même. Nous reviendrons dans le chapitre suivant sur ce préambule long de plus de cinquante pages qui sera vivement reproché au traducteur. Anticipant sans doute les critiques, Lasalle explique les raisons qui l'ont conduit à s'adresser ainsi au lecteur sous les traits de Bacon: 'Chargé par le vœu général, et, en quelque manière, par le gouvernement, d'interpréter les ouvrages de ce grand homme pour ceux de nos concitoyens qui n'ont pas le loisir de l'étudier, nous avons dû, en commençant, nous identifier, pour ainsi dire, avec lui, afin de nous mieux pénétrer de son esprit.'[33] Il reprend ici l'argument de Deleyre, qui affirmait avoir rédigé son *Analyse de la philosophie du chancelier François Bacon* pour ceux 'qui ne peuvent prendre le tems ni la peine d'aller à la source'. Il revient également à ce qu'il affirmait déjà en 1786 dans *Le Désordre régulier*: il n'est que l'exécutant de la volonté du 'public', volonté qui se trouve ici incarnée par l'action de l'Etat. Lasalle va préciser tout au long des quinze volumes son rôle 'd'interprète', c'est à dire 'celui de traducteur et celui de commentateur'.[34] Filant la métaphore de l'exploration de terres inconnues, l'ancien marin au long cours se propose d'offrir au lecteur la cartographie des découvertes du chancelier et de lui 'présenter le flambeau'[35] qui lui permettra d'éclairer sa route. Il se donne aussi pour mission de lutter contre le 'préjugé nuisible et difficile à détruire, qui a long-temps éloigné des ouvrages de Bacon les traducteurs et les

---

31. Ms NAF 12300, f.15.
32. *OFB*, t.1, p.i.
33. *OFB*, t.1, p.liii-liv.
34. *OFB*, t.1, p.liv.
35. *OFB*, t.1, p.lv.

lecteurs même',[36] préjugé qui a fait selon lui des œuvres de Bacon des textes obscurs, 'remplis d'abstractions' et de pensées inutiles, alors qu'il s'agit au contraire d'apprendre au lecteur à se défaire de 'la manie d'abstraire et de généraliser avant le temps'.[37]

On l'a vu, dès qu'il envisage de traduire Bacon, au milieu des années 1780, Lasalle répète à l'envi qu'il entend œuvrer pour l'intérêt général, pour un 'public' d'abord assez vague puis de mieux en mieux défini. Il fait en cela écho à D'Alembert, qui affirmait déjà avoir 'soumis au jugement du public' ses différents 'essais de traduction' et avoir souhaité mettre à sa portée, entre autres, 'un des premiers restaurateurs des sciences, qui a fait parler la raison dans ses ouvrages avec autant d'éloquence que d'énergie'.[38] Lorsque Lasalle s'attelle enfin à sa traduction, la Révolution a renforcé chez le traducteur le souci du lecteur. François Thomas rappelle l'importance du public visé par la traduction philosophique, notamment parce que (comme c'est le cas pour Bacon) la philosophie s'écrit encore en latin et non uniquement en langue vernaculaire: 'le public visé n'est pas le même selon la langue choisie. Aux érudits et aux doctes qui parlent et lisent le latin, les philosophes préfèrent de plus en plus le lecteur honnête homme, curieux et ouvert à de nouvelles façons de penser.'[39] Lasalle a choisi le public auquel il destine sa traduction: la jeunesse et 'toutes les classes raisonnables de la société',[40] sans préciser davantage. Il dit ainsi de ses envahissantes notes de bas de page qu'elles 'ne sont que pour la jeunesse' et précise vouloir faire œuvre de pédagogie, faute d'avoir pu se voir confier des tâches d'enseignement: 'ayant été *élu*, et en quelque manière *salarié* pour contribuer à son instruction, mais hors d'état de le faire verbalement, j'ai dû le faire par écrit.' Pour Lasalle, c'est la jeunesse qu'il faut convaincre de lire Bacon en lui fournissant les éclaircissements nécessaires: 'Les personnes plus âgées n'auront pas besoin de mes explications, et je ne vois rien ici qu'un homme d'un âge mûr ne puisse concevoir aisément; toute la difficulté ne consiste, pour le lecteur, que dans le préjugé même où il est que l'ouvrage est difficile à entendre.'[41] Dans une note à sa traduction de l'*Histoire*

---

36. *OFB*, t.1, p.lx-lxi.
37. *OFB*, t.1, p.lxi.
38. J. D'Alembert, 'Avertissement sur les morceaux qui suivent', dans *Morceaux choisis de Tacite* (1784), t.2, p.350-53 (352-53).
39. François Thomas, 'Traduction de la philosophie', dans *Histoire des traductions en langue française: XVIIe et XVIIIe siècles*, éd. Y. Chevrel et autres, p.511-94 (515).
40. *OFB*, t.1, p.lxix.
41. *OFB*, t.4, p.66-67.

d'Henri VII, il apostrophe à nouveau ses jeunes lecteurs au détour d'une note sur le mal de mer et les exhorte à tirer de Bacon quelques leçons de vie: 'Mais je dois profiter de l'occasion pour engager cette jeunesse à laquelle ma traduction est destinée, à considérer ici les inconvénients de l'impatience et de la mollesse.'[42] C'est à la jeunesse toujours qu'il adresse la longue préface qui ouvre sa traduction du *Novum organum*, préface qu'il conçoit comme un résumé destiné à clarifier un texte qu'il juge essentiel: 'Notre dessein a été de disposer la jeunesse à la lecture de l'ouvrage, en lui montrant nettement le but et, à peu près, la marche de l'auteur.'[43] Lasalle a également un autre public en tête: les femmes. Il affirme ainsi vouloir 'contribuer aussi quelque peu à l'instruction de cette moitié du genre humain, qui fait presque tout le bonheur ou le malheur de l'autre'. Lasalle n'évoque d'ailleurs guère les femmes que pour s'en plaindre amèrement, que ce soit dans les ouvrages philosophiques antérieurs à sa traduction ou dans le recueil de poèmes qu'il publie en 1796.[44] Toutes les femmes ne sont pas concernées par sa traduction de Bacon, et Lasalle précise que la lecture philosophique, 'occupation utile et noble', est destinée à celles des familles riches, qui ont trop de loisir pour ne pas céder au caprice par ennui.[45] C'est aussi pour contribuer à l'éducation de la jeunesse qu'il faut permettre aux femmes de comprendre Bacon et de s'instruire: 'La plupart de nos préjugés nous viennent des femmes dont nous avons été environnés dans notre enfance. Ainsi, en instruisant le sexe fort, instruisons aussi le sexe foible, de peur qu'il ne soit esclave de l'autre, et ne fasse sucer à nos enfans sa servitude avec ses préjugés.'[46]

Lasalle revient souvent sur les vertus pédagogiques des œuvres de Bacon et ne manque pas d'évoquer le rôle qu'il entend lui-même jouer dans l'éducation de la jeunesse. Dans le dernier volume de sa traduction du *Novum organum*, au détour d'un passage sur les substances corrosives, il transforme le texte en salle de classe et compare les enseignements de Bacon en matière de physique et de chimie à ceux des grands professeurs de la seconde moitié du dix-huitième siècle: 'En le traduisant, il me semble que j'assiste au cours de *Macquer*, de *Rouelle*, de *Bucquet*, etc.'[47] Il ne fait aucun doute

---

42. *OFB*, t.14, p.228.
43. *OFB*, t.4, p.lxx.
44. A. Lasalle, *L'Ordre irrégulier*.
45. *OFB*, t.4, p.lxx.
46. *OFB*, t.4, p.lxxi-lxxii.
47. *OFB*, t.6, p.131.

que Lasalle ait assisté à certains cours publics de sciences, et il est tout à fait possible qu'il se remémore ici un souvenir de jeunesse. Pierre Joseph Macquer (1717-1784), médecin, chimiste et membre de l'Académie des sciences, est titulaire de la chaire principale de chimie du Jardin royal (rebaptisé Jardin des plantes à la Révolution) de 1771 à sa mort; les frères Rouelle – Guillaume-François (1703-1770), apothicaire et chimiste, et Hilaire-Martin (1718-1779), chimiste également – se succèdent à la chaire secondaire de chimie entre 1743 et 1779, et Jean-Baptiste-Michel Bucquet, également chimiste et membre de l'Académie des sciences, enseigne à l'Ecole de médecine.[48] Macquer et les frères Rouelle donnaient tous trois des leçons publiques et gratuites au Jardin royal, et cette comparaison avec Bacon n'est pas anodine. Au moment où Lasalle se trouve plongé dans sa traduction et dans la rédaction de l'appareil critique qui l'accompagne, le projet de rénovation des sciences proposé par le philosophe anglais est devenu l'une des pierres angulaires de la modernisation du système éducatif français et les mots que le traducteur place dans la bouche de Francis Bacon dans son long préambule semblent mêler les deux projets en un seul:

> Un jour, par le bienfait de l'art typographique, de l'art nautique, de l'invention des postes, et de tous ces moyens de communication et de propagation qui éternisent toutes les découvertes, ou les portent en tous lieux, rendant commune à toutes les nations la sagesse de chaque nation, et propre à chacune la sagesse de toutes; mais plus encore par un judicieux système d'éducation, et à l'aide d'une société de vrais philantropes qui répandront les vérités, mères de la liberté et de l'égalité, dans tous les rameaux de la grande famille du genre humain, sans en dédaigner aucun.[49]

Lasalle lui-même a une idée de la façon dont l'œuvre de Bacon pourrait être directement mise au service de la formation des jeunes esprits puisqu'à ses yeux 'rien ne seroit plus propre que les écrits de ce philosophe, pour meubler richement la tête d'un jeune homme dont l'esprit a quelque étendue.'[50] S'il participe à cet effort pédagogique en

---

48. Sur l'enseignement de la chimie au Jardin royal, voir par exemple Christine Lehman, 'Les multiples facettes des cours de chimie en France au milieu du XVIIIe siècle', *Histoire de l'éducation* 130 (2011), http://journals.openedition.org/histoire-education/2336 (date de dernière consultation le 24 octobre 2024).
49. *OFB*, t.1, p.xlviii.
50. *OFB*, t.1, p.lxxvii.

tant que traducteur, il le fait également en tant que commentateur et pédagogue en invitant la jeunesse à prolonger les enseignements fournis dans ces quinze volumes par quelques exercices d'application aisément réalisables, comme l'observation des corps célestes: 'J'invite mes jeunes lecteurs à supprimer par la pensée, d'abord le mouvement diurne seul, puis le mouvement annuel seul, enfin l'un et l'autre à la fois, et à chercher quelles seroient les conséquences de ces trois événements.'[51] Il ajoute aussi dans chaque volume de longues notes à visée didactique qui sont pour ses jeunes lecteurs autant de leçons de science fondées sur l'observation et l'expérience directes. Il suggère ainsi dans le prolongement d'un passage sur les armes de guerre et le 'souffle igné' une expérience sur la 'décrépitation' du salpêtre; il ajoute ailleurs une longue note sur le fonctionnement du thermomètre de Drebbel, une autre sur les poissons volants, ou encore une autre note sur les éclipses de lune et leur influence sur l'atmosphère et les vents.[52] Lasalle va cependant plus loin et place sa traduction au cœur d'un projet plus ambitieux. Au centre de ce dispositif, le professeur sera chargé de sélectionner dans la masse des écrits de Bacon ceux qui formeront le noyau de cet enseignement nouveau, que Lasalle imagine ainsi: 'Il serait donc à souhaiter qu'avec ces précautions, dans chaque ville de la grandeur de celle-ci (Semur), un homme instruit et judicieux se chargeât de lire publiquement à la jeunesse les écrits de Bacon, et formât, pour remplir cet objet, une espèce de cours.'[53] La lecture de Bacon, ou tout au moins 'de fréquents entretiens avec le grand maître que nous allons interpréter', ferait davantage pour l'éducation des jeunes gens, selon Lasalle, que la lecture pesante de 'cette foule de livres que leur *trivialité* même a rendu *classiques* et où l'on ne trouve rien à reprendre, parce qu'on n'y trouve rien à louer'.[54] C'est sans doute pour favoriser ce projet de lectures publiques qu'il fera envoyer (à ses frais ou à ceux du libraire Renouard, il ne le précise pas) un exemplaire de sa traduction 'à toutes les bibliothèques publiques'.[55] Au moment où Lasalle se replonge dans sa traduction depuis sa retraite de Semur, au début de l'année 1795, Garat met

51. *OFB*, t.12, p.488-89.
52. *OFB*, t.4, p.353-54; t.5, p.95 (il reparle également du thermomètre de Drebbel dans deux notes à *Sylva sylvarum*, t.7, p.107, et t.9, p.181, où il en fait une longue description); t.5, p.291; t.11, p.125-26.
53. *OFB*, t.1, p.lxxviii.
54. *OFB*, t.1, p.lxxviii.
55. AN F/17/3173, Dossier Lasalle, Lasalle au ministre de l'Intérieur, 18 décembre 1815.

Bacon au programme du cours sur l'analyse de l'entendement qu'il destine aux élèves des Ecoles normales.[56] La diffusion de l'œuvre de Bacon auprès de la jeunesse ne sortira cependant pas des salles de cours, et le plan pédagogique hors-les-murs imaginé par Lasalle ne verra jamais le jour.

La 'bizarre nomenclature' de Bacon

Lasalle est conscient que le fait de destiner sa traduction à un lectorat particulier conditionne ses choix de traducteur et notamment le choix d'un vocabulaire qu'il entend débarrasser de toute pédanterie. La première préface lui donne l'occasion de rappeler la nécessité de ne pas céder à ce qui relèverait pour lui d'une facilité de mauvais goût: 'Si nous aimions à bigarrer un livre de mots demi-grecs, demi-latins, l'histoire naturelle de Bacon nous eût offert une belle occasion de satisfaire ce goût assez commun; il n'eût fallu pour cela qu'un Linné et des doigts vigoureux, pour transcrire ces mots énormes et les mots plus énormes encore qui les accompagnent: nous n'en avons rien fait.'[57] La question est en réalité au centre de la réflexion de Lasalle sur la tâche qui lui incombe, et il définit longuement, dans son avant-dernière préface (t.9), ce qu'il entend faire au texte du philosophe pour le mettre à la portée de tous. Le traducteur respectable est en effet celui qui 'en n'employant, autant qu'il lui est possible, que le langage vulgaire, rendroit aussi intelligible pour tous ce qu'il écrit sur des choses dont tous ont besoin'.[58] Il est à ses yeux 'ignoble de parler pour n'être pas entendu, et d'attacher sa gloire à des mots', apanage des 'écrivains stériles et infortunés'[59] qui se donnent ainsi l'illusion d'une pensée originale. Lasalle donne un exemple concret de la simplification qu'il entend opérer:

---

56. Voir à ce sujet *Le Centenaire de l'Ecole normale (1795-1865)*, éd. Jacques Verger (Paris, 1994), https://books.openedition.org/editionsulm/1538 (date de dernière consultation le 25 octobre 2024), notamment le chap.6 consacré au programme des cours. Voir également *L'Ecole normale de l'An III*, t.4: *Leçons d'analyse de l'entendement, art de la parole, littérature, morale*, éd. Jean Dhombres et Béatrice Didier (Paris, 2008), notamment le programme du 11 pluviôse [30 janvier], p.65-69, https://books.openedition.org/editionsulm/1462 (date de dernière consultation le 25 octobre 2024).
57. *OFB*, t.1, p.lxxiv.
58. *OFB*, t.1, p.lxxiv-lxxv.
59. *OFB*, t.1, p.lxxv.

D'après cette règle, préférable à celle de l'orgueil scientifique, nous laisserons aux plantes très connues, qui ont des noms très connus aussi, ces noms mêmes que le vulgaire leur a donnés. Et nous emprunterons de la langue savante les noms de celles qui, étant plus rares, ou moins à l'usage du grand nombre, n'en ont point encore dans la langue commune, car nous n'écrivons point pour les savans, qui n'ont pas besoin de nous, mais pour les ignorans nos semblables, et dont le goût, aussi peu formé que le nôtre, ne s'accommode pas aisément d'un livre français qui parle grec.[60]

Cette question de la 'nomenclature' – qu'il juge pourtant parfois 'inutile', 'de mauvais goût', 'défectueuse' voire 'barbare' et dont il dit vouloir se 'débarrasser'[61] – est à ses yeux le premier pilier de la traduction, bien avant l'élégance du style. Il y revient sur un ton plus sarcastique dans la préface qui ouvre le troisième volume de sa traduction de *Sylva sylvarum* en reprenant les mêmes exemples:

Pour mettre un plus grand nombre de lecteurs à la portée de profiter de cet ouvrage qui parle à tous, j'ai emprunté de la langue vulgaire les noms des plantes généralement connues, et de la langue des savans, ceux des plantes connues d'eux seuls. Dans une autre occasion, si je m'aperçois qu'un *nom grec* puisse *perfectionner la culture des giroflées jaunes*, ou contribuer au *bonheur, verbal* et *verbeux*, des plus doctes et des plus hérissés d'entre mes concitoyens, j'appellerai cette humble fleur *cheirantus cheiri*, à l'exemple de *Linnéus* (grand homme, sans doute, mais un peu *savant en us*, ou, si l'on veut, en *os*).[62]

Il fait d'ailleurs à Bacon le procès en verbosité qu'il intente au naturaliste suédois et s'exclame dans une note ajoutée à sa traduction de l'*Histoire des vents*: '*Monitum, mandatum, phenomenon obliquum*, à quoi bon tout ce *jargon*, tout ce *charlatanisme*, et encore pour se tromper à la fin?'[63] C'est cependant dans cette même traduction de l'*Histoire des vents* qu'il déroge à la règle qu'il s'est fixée de ne pas recourir à une terminologie savante. Après avoir balayé en une ligne la '*nomenclature* particulière' de Bacon, qu'il juge 'défectueuse et incommode' et qu'il abandonne 'pour suivre celle qui est reçue depuis long-temps parmi nos marins et nos physiciens',[64] il ajoute: 'J'ai eu soin de joindre aux *noms*

---

60. *OFB*, t.1, p.lxxv.
61. *OFB*, t.4, p.103; t.6, p.60; t.5, p.4.
62. *OFB*, t.9, p.xxvii.
63. *OFB*, t.11, p.35.
64. *OFB*, t.11, p.81-82.

français de ces vents, leurs *noms latins*, les livres que je consulte n'étant pas *d'accord ensemble* par rapport à ces dénominations.'[65] Lasalle refuse parfois de faire l'effort de clarification qui lui permettrait d'éviter une traduction qui lui semble trop jargonneuse, et laisse entrevoir par ce refus l'agacement que suscite – fréquemment – chez lui le texte auquel il est confronté. Ainsi, à propos de la traduction d'"*immateriate virtues*' par 'vertus immatérielles' au début de la centurie 10 de *Sylva sylvarum*, Lasalle précise en note: 'Le lecteur voit que nous employons les termes de l'art, et le jargon de ceux qui le cultivent; le dictionnaire des sages ne pouvant nous fournir de mots pour exprimer des idées qu'ils n'ont point. C'est aux fous qu'il faut demander le nom d'une chimère.'[66]

Pour le traducteur, la question du lexique ne se limite cependant pas à l'utilisation d'un vocabulaire compréhensible par tous. La 'nomenclature' baconienne est un territoire qu'il ne suffit pas de défricher pour le lecteur français: il faut le conquérir et le soumettre, et Lasalle, qui reproche pourtant à Bacon d'abuser des métaphores, a recours à une métaphore militaire pour caractériser sa mission:

> Toute la difficulté ne consiste [...] pour le traducteur, que dans le vice de l'expression, mais sur-tout dans l'affectation de la nomenclature, l'auteur ne s'entendant peut-être pas toujours assez bien lui-même pour se rendre intelligible, et se laissant quelquefois aussi amuser par la singularité de certains mots, de certaines formes dont il me paraît un peu trop amoureux: je dépouillerai souvent de sa simarre notre chancelier, et le ferai marcher plus militairement vers le but.[67]

Ce traducteur-conquérant n'est pas avare de détails sur l'arsenal dont il entend faire usage. Dès le premier volume, il souligne par exemple la nécessité, pour traduire correctement les 'nouvelles idées' de Bacon, de trouver 'de nouveaux mots'[68] et reviendra souvent sur ces indispensables néologismes, s'exclamant avec exaspération en note – 'Que notre langue est pauvre!' – lorsqu'il peine à trouver le mot juste.[69] Il semble avoir fait siens les conseils de D'Alembert qui encourageait les traducteurs à faire preuve d'inventivité: 'Un second obstacle que les traducteurs se sont donné, c'est la timidité qui les arrête lorsqu'avec un peu de courage ils pourraient se mettre à côté

65. *OFB*, t.11, p.85.
66. *OFB*, t.9, p.357.
67. *OFB*, t.4, p.67.
68. *OFB*, t.1, p.268.
69. *OFB*, t.9, p.299.

de leurs modèles. Ce courage consiste à savoir risquer des expressions nouvelles, pour rendre certaines expressions vives et énergiques de l'original.'[70] D'Alembert n'avait cependant pas en tête l'invention de mots nouveaux. A propos de la nature de ces 'expressions nouvelles' qu'un traducteur audacieux doit s'autoriser à forger, il précise: 'Ce n'est pas un mot nouveau, dicté par la singularité ou par la paresse; c'est la réunion nécessaire et adroite de quelques termes connus, pour rendre avec énergie une idée nouvelle. C'est presque la seule manière d'innover qui soit permise en écrivant.'[71] De fait, le *Dictionnaire critique de la langue française* de Féraud dit ainsi des mots 'néologie', 'néologisme' ou 'néologique' que 'ces mots sont assez nouveaux eux-mêmes, parce que la chôse qu'ils expriment est nouvelle, du moins dans l'excès et dans l'abus qu'on en fait.'[72] L'article 'Néologisme' de l'*Encyclopédie* va dans le même sens: 'Le *néologisme* ne consiste pas seulement à introduire dans le langage des mots nouveaux qui y sont inutiles; c'est le tour affecté des phrases, c'est la jonction téméraire des mots, c'est la bisarrerie des figures qui caractérisent surtout le *néologisme*.'[73] Kate Aughterson a cependant montré que le style de Bacon est précisément caractérisé par 'la pratique du néologisme et la création de sens nouveaux pour des mots existants'[74] et que le philosophe procède de plusieurs manières, par exemple par des emprunts directs au latin et au grec, par des retours à l'usage ancien pour des mots existant déjà en anglais, ou encore en donnant aux mots un sens plus concret ou au contraire plus figuratif.[75] Lasalle transpose donc dans sa traduction l'inventivité du texte original, et il serait faux de dire qu'il cède systématiquement à la facilité ou à une forme de vanité. Il informe d'ailleurs souvent le lecteur des raisons qui l'ont conduit à recourir au néologisme. A la fin du troisième

---

70. J. D'Alembert, 'Observations sur l'art de traduire', dans *Morceaux choisis de Tacite* (1784), t.1, p.3-41 (22).
71. J. D'Alembert, 'Observations sur l'art de traduire', p.23.
72. Jean-François Féraud, *Dictionnaire critique de la langue française*, 3 vol. (Marseille, Jean Mossy, 1787-1788), t.2 (E–N), 'Néologie', p.724.
73. Article 'Néologisme', dans *Encyclopédie*, t.11 (1765), p.94b-95a, http://enccre.academie-sciences.fr/encyclopedie/article/v11-378-0/ (date de dernière consultation le 25 octobre 2024).
74. 'his neologizing practice and the creation of new meanings of existing words'; Kate Aughterson, 'Redefining the plain style: Francis Bacon, linguistic extension, and semantic change in *The Advancement of learning*', *Studies in philology* 97:1 (2000), p.96-143 (98).
75. Aughterson donne une longue liste de ces néologismes baconiens et précise leur mode de construction; voir 'Redefining the plain style', p.119-43.

volume, il justifie ainsi l'emploi du mot 'censoriens' pour éviter une périphrase, même s'il se fend paradoxalement d'une note explicative qui ne fait que rallonger le texte: 'Je suis obligé de forger ce mot pour abréger.' Il l'utilise de nouveau quelques pages plus loin, assorti d'une autre note justificative.[76] Il introduit également les mots 'informatoire', 'rarité' (dont il attribue cependant l'invention à 'quelques physiciens des derniers temps'), 'incrassation', 'acatalepsie'[77] et 'encatalepsie', 'coriagineuse' (auquel il attache une autre longue note explicative), ou encore l'adjectif 'mortuel' ('esprits mortuels') qu'il juge indispensable bien que 'barbare et effrayant pour le *goût*'.[78] Il s'agit parfois de mots qu'il n'invente pas à proprement parler, mais dont l'usage reste encore rare, comme 'dualité',[79] voire très rare comme 'onguent armaire', dont Lasalle s'attribue la paternité et qu'il transpose pourtant du latin *unguentum armarium* trouvé chez Paracelse, alors que Bacon lui-même, parlant de la transmission des vertus d'un objet à un autre – 'as between the *Weapon*, and the *Wound*' – parle d'*"unguentum teli"* (*Sylva sylvarum*, exp. 911). Cet 'onguent armaire' est d'ailleurs l'objet d'une note explicative dans laquelle le traducteur déplore une fois de plus les insuffisances de la langue française:

> Je suis obligé de forger ce mot pour un instant; car je ne trouve point d'équivalent. N'est-il pas étonnant que, dans la langue d'une nation aussi guerrière que la nôtre, et qui aujourd'hui semble combattre l'univers entier, le mot *arme* n'ait point d'adjectif? elle n'est riche que dans les sujets sales ou lubriques; c'est apparemment qu'elle sait mieux se servir des armes, qu'en parler.[80]

Il arrive aussi que, pour justifier le choix d'un mot rare ou nouveau, Lasalle ajoute une note qui n'est en réalité que l'occasion d'un trait d'esprit. Il justifie ainsi le recours à l'adjectif 'introuvable' par cette note: 'ce mot est barbare; mais un autre mot équivalent est introuvable dans notre langue.'[81] Dans le quinzième et dernier volume de sa traduction, Lasalle se défend non sans humour d'avoir abusé des néologismes et écrit à propos de l'emploi du mot 'froid': 'Il faudrait ici

---

76. *OFB*, t.3, p.410 et 421.
77. Sur la construction de ce néologisme, voir Aughterson, 'Redefining the plain style', p.138.
78. *OFB*, t.4, p.32, 79, 163, 414; t.8, p.180; t.10, p.434.
79. *OFB*, t.8, p.399.
80. *OFB*, t.9, p.381-82.
81. *OFB*, t.4, p.296.

un mot tel que *frigor* ou *frigorifique*; mais pour avoir le droit de forger un mot nécessaire, il faut avoir eu l'impudence d'en forger douze cents inutiles.'[82]

Par sa pratique du néologisme, Lasalle se conforme donc aux usages de la langue du philosophe qu'il traduit. Ce n'est cependant qu'une solution parmi d'autres aux problèmes rencontrés, et Lasalle consacre une large part de ses préfaces et de ses notes de bas de page à expliquer 'en quoi principalement consiste la difficulté de cette traduction'.[83]

L'art de traduire

'Mais peut-être un auteur original est-il moins chatouilleux qu'un traducteur.'[84]

Pour le lecteur, ces notes sont l'occasion de pénétrer en quelque sorte dans l'atelier du traducteur, ou plutôt, dans le cas de Lasalle, dans le grenier sombre de Semur-en-Auxois. Ce dernier y partage ses victoires, mais aussi ses hésitations, ses renoncements, son art de l'esquive face à la complexité du texte de Bacon. Certaines de ses notes reflètent peut-être les discussions qu'il a pu avoir, oralement ou épistolairement, avec certains de ceux qu'il remercie à plusieurs reprises,[85] mais elles s'adressent le plus souvent au lecteur, singulier ou pluriel, à ce 'public' multiforme qu'il garde en tête tout au long des quinze volumes de sa traduction et vis-à-vis duquel il cherche autant à faire œuvre de pédagogue qu'à se justifier. Souvent, ce 'lecteur' a sans doute le sentiment que le traducteur s'adresse à voix haute à lui-même et cherche avant tout à se convaincre de la justesse de ses choix en exposant sans relâche 'les raisons qui peuvent justifier les différens partis que nous avons été forcés de prendre relativement à l'expression, et d'abord au style proprement dit'.[86]

Lasalle oscille sans cesse entre deux impératifs qu'il juge contradictoires: se mettre au service du lecteur ou au service de l'auteur qu'il traduit. S'il reconnaît bien sûr les mérites philosophiques de celui qui a 'consacré toutes les forces de son génie au genre humain',[87] il n'a de

---

82. *OFB*, t.15, p.279.
83. *OFB*, t.1, p.lviii.
84. *OFB*, t.9, p.103.
85. *OFB*, t.1, p.lxxix; *OFB*, t.4, p.lxxiv; *OFB*, t.9, p.xxix-xxx.
86. *OFB*, t.1, p.lxx.
87. *OFB*, t.1, p.liii.

cesse de souligner la faiblesse de son style et reprend en partie des griefs déjà évoqués dans *Le Désordre régulier*:

> Outre les constructions embarrassées, la monotonie des transitions et des finales, la longueur immense de certaines phrases dans ce premier ouvrage, tout tissu de périodes assez mal organisées et renflées de deux ou trois parenthèses souvent plus grandes que la phrase fondamentale, et qui semblent autant de loupes ajoutées à un visage déjà difforme. Outre ces imperfections, le style de Bacon est excessivement métaphorique; il l'est en morale, en physique, et même en parlant des plantes d'un potager: il semble qu'il écrive des géorgiques et veuille rivaliser avec Virgile. Il a fallu adoucir ces figures déplacées, et même quelquefois les retrancher tout à fait; non-seulement parce que notre goût très susceptible les repousse, mais aussi, mais surtout parce que trop souvent elles nuisent à la justesse et à la clarté.[88]

Le recours au néologisme, on l'a vu, est un expédient auquel Lasalle avoue se résoudre avec parcimonie lorsqu'il s'agit d'éviter une périphrase. La nécessité de conjuguer la fidélité au sens original et la lisibilité du texte français le contraint cependant à modifier le texte en retranchant ou ajoutant des mots, voire des phrases entières. Celui qui ne manque pas une occasion de répéter qu'il traduit Bacon pour que celui-ci soit lu, apprécié et compris des lecteurs français estime en effet qu'il n'a pour ce faire d'autre choix que d'adapter, parfois vigoureusement, le style baconien. Il met d'ailleurs dans la bouche de Bacon lui-même – dans la longue prosopopée qui occupe la majeure partie de la préface du premier volume – un passage qui semble faire office de profession de foi pour le traducteur:

> Il vaut mieux violer, dans le style, quelques règles du goût, pour faire lire un ouvrage dont le fonds est utile, que de composer, en respectant toutes les règles, un fort bel ouvrage que personne ne liroit; car un livre que ne lisent point ceux auxquels il est destiné, quelque bien écrit qu'il puisse être d'ailleurs, est un assez mauvais livre. La première règle du goût c'est de s'accommoder au goût de la nation pour laquelle on écrit; et ce n'est pas assez que le festin plaise aux cuisiniers, il faut sur-tout qu'il soit au goût des convives. Mais afin de contribuer moi-même à diminuer ce mauvais goût, auquel je suis forcé de déférer un peu, je prendrai un milieu entre le style qui plaît

---

88. *OFB*, t.1, p.lxx-lxxi.

aujourd'hui, et celui qui plaira, lorsqu'ayant parcouru tout le cercle de ces ingénieuses bagatelles, on en sera dégoûté.[89]

Cette idée d'un juste milieu auquel devrait tendre le traducteur, entre fidélité et élégance, Lasalle y revient comme en écho aux mots qu'il prête à Bacon dans une note dans laquelle il entend justifier l'emploi du mot 'non-durabilité' dans sa traduction de l'*Histoire de la vie et de la mort*. Le texte anglais annonce comme premier sujet d'enquête: 'Of Nature *durable*, and lesse *durable*, in liveless bodies, and in vegetables',[90] que Lasalle traduit par 'Première recherche sur la nature de la *durabilité* et de la *non-durabilité*, envisagée soit dans les corps inanimés, soit dans les végétaux', transformant, entre autres, le comparatif 'less' en négation. En note, Lasalle propose au lecteur des solutions alternatives qui tiennent davantage de l'explication que de la traduction. Leur but est moins d'éclairer le lecteur sur le sens de la phrase originale que de le convaincre de juger que la traduction proposée est la seule possible: 'ceux de nos lecteurs qui seront choqués par ce terme nouveau [non-durabilité], pourront y substituer cette expression: *sur la nature de la substance durable ou non-durable, prise en général*' et il ajoute 'elle peut être énoncée de cette manière: *chercher le mode commun de tous les corps de longue durée, et le mode commun de tous les corps de courte durée*, en tirant ses exemples des trois règnes.'[91] Cette note didactique montre à rebours le travail du traducteur qui part du sens brut pour arriver, en affinant, à une solution qui permet aux yeux de Lasalle un juste équilibre entre le sens et l'expression:

> Au reste, nos lecteurs observeront d'eux-mêmes qu'en faisant cette traduction, comme en faisant toute autre chose, je marche perpétuellement entre deux inconvéniens, et que je ne puis éviter l'un sans tomber dans l'autre. Si je traduis mot pour mot, en imitant servilement la précision de l'auteur, comme la langue me refuse quelquefois dix ou douze mots par page, je couvre tout ce livre de barbarismes; et si je veux parler purement, je suis obligé à chaque instant d'user de circonlocutions, et je tombe dans une prolixité fastidieuse: quel parti prendre? celui qu'on doit prendre dans tous les cas semblables, tenir à peu près le milieu, en donnant un peu plus dans le moindre inconvénient, pour éviter plus souvent le pire, et en sacrifiant presque

---

89. *OFB*, t.1, p.xxxvii.
90. Francis Bacon, *The Historie of life and death* (Londres, Humphrey Mos[e]ley, 1638), p.8.
91. *OFB*, t.10, p.19.

toujours la petite règle à la grande, dans l'impossibilité où l'on est de les observer toutes deux.[92]

Il emprunte sans doute la métaphore, à peine esquissée ici, du chemin étroit sur lequel s'aventure le traducteur à D'Alembert, qui en fait, lui, un parcours semé d'embûches: 'le traducteur est dans un état forcé sur tous les points, obligé de marcher sans cesse dans un chemin étroit et glissant qui n'est pas de son choix, et quelquefois de se jeter de côté pour éviter le précipice.'[93]

Lasalle propose parfois en note une traduction qu'il présente comme plus satisfaisante ou en tout cas moins littérale, donnant l'impression au lecteur d'entrevoir un brouillon raturé presque avec rage. Il commente en l'espèce sa traduction (du latin) d'un passage de l'aphorisme 4 du livre 2 du *Novum organum*.[94] La traduction que Lasalle en donne dans le corps du texte est la suivante: 'Enfin, la véritable forme doit être telle qu'elle déduise la nature donnée, de quelque source de l'essence qui se trouve dans un plus grand nombre de sujets, et qui soit (comme on le dit ordinairement) *plus connue de la nature*, que la forme elle-même.'[95] Il se ravise donc en note, mais laisse néanmoins subsister les deux versions: 'Quel jargon! Traduisons encore cette traduction trop littérale: *la forme doit être telle, qu'elle déduise la manière d'être en question de quelque manière d'être réelle, plus commune dans la nature et plus générale que cette forme elle-même.*'[96] Lasalle se sert d'ailleurs souvent de la traduction littérale, 'mot pour mot', pour réclamer l'indulgence du lecteur: 'Je traduis ce passage mot à mot, et d'après l'original anglois qui est le véritable, afin que le lecteur sente la nécessité de m'accorder un peu de liberté dans cette traduction.'[97] En aucun cas ce type de traduction qualifiée de 'servilement littérale' par D'Alembert ne correspond aux yeux de Lasalle au juste

---

92. *OFB*, t.10, p.19-20.
93. J. D'Alembert, 'Observations sur l'art de traduire', p.39.
94. 'Postremò, Forma vera talis est, vt Naturam datam ex fonte aliquo Essentiæ deducat, quæ inest pluribus, & notior est Naturæ (vt loquuntur) quàm ipsa Forma'; Francis Bacon, *The Oxford Francis Bacon*, t.11: *Novum organum*, éd. et traduit par Graham Rees et Maria Wakely (Oxford, 2004), p.204. Rees et Wakely donnent la traduction anglaise en regard: 'Lastly, a true form is such that it draws up the given nature from the source of being which inheres in many other things, and which is (as they have it) better known to nature than the Form itself' (p.205).
95. *OFB*, t.5, p.15.
96. *OFB*, t.5, p.15.
97. *OFB*, t.8, p.444.

3. 'Une traduction complète de Bacon, la seule qui ait jamais existé'   155

milieu que représente pour lui la pratique traductive. D'Alembert met en garde les traducteurs contre la 'liberté dangereuse' que Lasalle réclame pourtant[98] et qui découle de l'impossibilité de traduire 'trait pour trait' de manière satisfaisante: 'Ne pouvant donner à la copie une parfaite ressemblance, [le traducteur] doit craindre de ne pas lui donner tout ce qu'elle peut avoir.'[99]

Des libertés, Lasalle en prend cependant, s'éloignant parfois considérablement des préceptes de modération qu'il affirme par endroits vouloir suivre pour imprimer plus profondément sa marque sur les textes de Bacon. Il signale ainsi au lecteur des passages dont la traduction a nécessité l'ajout de mots ou l'emploi de périphrases explicatives dans l'espoir de compenser une prose qu'il juge trop carencée pour être intelligible:

> J'ai été forcé, pour rendre ce passage intelligible, d'intercaler plusieurs mots dans le texte; car, autant l'auteur est prodigue de mots dans ses préambules et sa nomenclature, autant il en est avare dans l'exposé du sujet même, et lorsqu'il seroit bon de s'expliquer un peu plus […] Enfin, lecteur, après avoir fait avec nous toutes ces fines distinctions et cette profonde analyse, il se pourroit que vous n'entendissiez pas mieux ce passage que l'interprète de Bacon et que l'auteur interprété. Dans tout écrivain qui possède sa langue, l'obscurité est fille de l'erreur; et la clarté, fille de vérité.[100]

'J'intercale beaucoup de mots' prévient-il à de nombreuses reprises, comme par exemple dans sa traduction d'un passage difficile de l'aphorisme 21 du livre 2 du *Novum organum*,[101] ou encore, à propos de ce passage de l'essai 'Des principes et des origines' auquel il a ajouté une parenthèse – 'Ainsi, immédiatement après l'erreur de ceux qui supposent qu'une matière abstraite est le vrai principe de toute chose, on doit placer celle des philosophes qui prétendent qu'elle n'est pas *dépouillée* (de toute qualité semblable à celle des corps composés)' – qu'il justifie en note: 'Notre auteur dans cet exposé est d'une telle concision, qu'il semble craindre d'être entendu; et l'obscurité de son style vient de ce qu'il supprime, à chaque instant, des mots

---

98. Il y revient à plusieurs reprises, comme dans sa traduction du *Novum organum*: 'Le public, pour sa propre utilité, ne devroit-il pas accorder à un traducteur un peu plus de liberté? Son excessive sévérité intimide ceux qui le servent, et il est mal servi.' *OFB*, t.4, p.92.
99. J. D'Alembert, 'Observations sur l'art de traduire', p.7.
100. *OFB*, t.6, p.56, 58.
101. *OFB*, t.5, p.228.

absolument nécessaires; en sorte qu'au lieu de *traduire* ces mots, nous sommes obligés de les *inventer*, en nous servant toutefois des *phrases qu'il achève, pour compléter celles qu'il n'achève pas.*'[102]

Lasalle théorise d'ailleurs ses ajouts de mots entre parenthèses, qu'il distingue des autres écarts qu'il s'autorise par rapport à une hypothétique traduction littérale. Il s'agit pour le traducteur de signaler doublement au lecteur – par l'emploi de parenthèses et par l'ajout d'une note – son intervention sur le texte, de la rendre visible et de souligner en creux les carences du texte traduit: 'Le lecteur voit que, dans ce passage comme dans beaucoup d'autres, en réformant le texte, à l'aide de ces mots mis en parenthèse, je le laisse subsister, tout absurde qu'il me paroît.'[103]

A l'inverse, il signale aussi la suppression de certains mots, parfois même de passages entiers. Il en avertit les lecteurs dès la préface du premier volume, insistant sur la nécessité d'"ajouter ou de retrancher quelquefois deux ou trois mots dans une période'[104] alors même qu'il se défend par ailleurs de vouloir '*paroître précis à ceux qui comptent les mots au lieu de les peser*'.[105] Il indique par exemple en note la suppression de deux paragraphes sur le fonctionnement des ailes des moulins à vent dans sa traduction de l'*Histoire des vents*, mais il ajoute à cette note une traduction littérale, à la lourdeur volontairement forcée, du premier et du plus long des paragraphes supprimés. Lasalle met à la suite le texte latin afin, comme toujours, que le lecteur se range à ses choix de traductions, mais aussi 'de peur', ajoute-t-il, 'qu'on ne prenne ma traduction pour une *parodie*'.[106] Il arrive cependant que Lasalle supprime purement et simplement un passage entier, comme dans l'*Histoire d'Henri VII* où il annonce: 'Je supprime ici trois pages remplies de détails fastidieux relativement aux momeries de *Ferdinand* et de *Henri*; pages qui nous paroissent plus dignes d'un *récolet*, que d'un chancelier, ou d'un philosophe.'[107] La suppression est justifiée non pas par une difficulté de traduction, mais bien par le contenu du texte, que le traducteur juge, sans autre forme de procès, indigne de ses efforts comme de l'attention du lecteur.

102. *OFB*, t.15, p.245.
103. *OFB*, t.9, p.5.
104. *OFB*, t.1, p.lxxii.
105. *OFB*, t.9, p.xxv.
106. *OFB*, t.11, p.207.
107. *OFB*, t.13, p.266.

La suppression d'un passage peut être aussi une échappatoire commode pour le traducteur et non uniquement le moyen détourné de signaler au lecteur les rapports complexes qu'il entretient avec le texte original. Il prévient par exemple en note dans sa traduction de l'essai 35 'Of prophecies' qu'il est 'obligé de supprimer deux prédictions conçues en vers anglois, qui se trouvoient ici; car l'une ayant pour base les lettres d'un mot de cette langue et l'ordre des lettres, ne peut en conséquence, subsister dans la traduction. Quant à l'autre, l'auteur lui-même avoue qu'il ne l'entend pas; et, par cet aveu, dispense le traducteur de l'entendre'.[108] La première est une prophétie que Bacon se souvient d'avoir entendue dans son enfance et que Lasalle ne prend étrangement pas la peine de reproduire en note: 'When hempe is sponne / England's done.' La difficulté réside ici dans la traduction du mot 'hempe' (chanvre) qui prend, dans cette prophétie, la forme d'un acronyme que Bacon explique ainsi: 'after the princes had reigned which had the principal letters of that word hempe (which were Henry, Edward, Mary, Philip, and Elizabeth), England should come to utter confusion.' La seconde prophétie, que Lasalle renonce à traduire au motif qu'elle serait obscure pour Bacon lui-même, prend la forme de deux tercets et ne présente aucune difficulté de traduction:

> There shall be seene upon a day,
> Between the Baugh and the May,
> The Blacke Fleet of Norway.
> When that that is come and gone,
> England build Houses of Lime and Stone:
> For after warres shall you have None.[109]

Lasalle, si prompt à doubler le texte de notes parfois longues, voire à citer en note un passage qu'il affirme pourtant vouloir supprimer, aurait très bien pu laisser subsister ces deux prophéties dans sa traduction et en expliquer les difficultés. Le refus de traduire ce passage est d'ailleurs si incompréhensible que Marie-Nicolas Bouillet, qui reprend la traduction de Lasalle dans son édition des *Œuvres philosophiques de Bacon* en 1834, rétablit en note (et non dans le corps du texte) les vers supprimés: 'Le traducteur a jugé à propos de supprimer ici deux prédictions conçues en vers anglais; nous ne croyons cependant

---

108. *OFB*, t.12, p.354-55.
109. Pour cette citation et la précédente: Francis Bacon, *The Oxford Francis Bacon*, t.15: *The Essays, or Counsels, civil and moral*, éd. Michael Kiernan (Oxford, 1985), p.113-14.

pas inutile de rétablir ce passage, ne fût-ce que pour faire connaître le morceau de Bacon tel qu'il est.' Il en propose également, à titre informatif, une traduction littérale: 'Quand la filasse (*hempe*) aura été filée, c'en sera fait de l'Angleterre' et 'Entre les bourgeons d'avril et les feuilles de mai apparaîtra la flotte noire de Norvège. Quand elle sera venue et partie, l'Angleterre pourra bâtir des maisons en plâtre et en pierre; car elle n'aura plus de guerre à soutenir.'[110] Presque dix ans après la mort de Lasalle et une trentaine d'années après la parution de sa traduction, Bouillet, traducteur lui-même, rappelle l'engagement que son prédécesseur avait pris de donner 'Bacon tel qu'il est' et semble suggérer qu'il a renoncé à traduire ce passage parce que Bacon y délaisse momentanément la prose pour des vers rimés. Dans une note ajoutée à l'expérience 333 de *Sylva sylvarum*, Lasalle se dit effectivement irrité par des expressions qu'il juge 'trop poétiques',[111] mais ce reproche concerne avant tout le recours aux métaphores. Il est peu probable que Lasalle, qui se pique par ailleurs de faire 'par fantaisie'[112] des vers – assez médiocres –, ait pu renoncer devant une difficulté somme toute très relative. C'est surtout qu'à ses yeux la poésie n'a pas sa place dans l'œuvre de Bacon, dont il qualifie parfois le style de 'triple et quadruple galimatias'[113] dès qu'il le trouve justement trop poétique. Dans une note insérée dans le premier volume de sa traduction du *Novum organum*, Lasalle oppose d'ailleurs aux physiciens 'les poètes et les prophètes, jaloux d'entasser les métaphores et les similitudes' grâce auxquelles ils 'saisissent quelquefois des rapports très réels, mais à leur insu' et 'donnent ainsi à un lecteur judicieux des leçons de physique, dont ils ne profitent pas eux-mêmes'. Il faut donc pour Lasalle 'tirer de leurs similitudes poétiques, des analogies vraiment physiques, dont ensuite, en en ôtant la broderie et l'exagération, on fera des vérités'.[114] Il envisage le traducteur comme celui qui 'ôte la broderie' pour faire surgir la vérité, comme celui qui donne au lecteur 'une traduction intelligible, et non un recueil d'énigmes dont il eût fallu à chaque instant donner le mot dans des notes qui eussent paru trop multipliées'.[115] C'est sans doute ce qui l'a poussé à supprimer

---

110. *Œuvres philosophiques de Bacon*, éd. Marie-Nicolas Bouillet, 3 vol. (Paris, 1834), t.3, p.555.
111. *OFB*, t.8, p.45.
112. Il publie parallèlement à sa traduction de Bacon le petit recueil de poèmes intitulé *L'Ordre irrégulier*.
113. *OFB*, t.9, p.144.
114. *OFB*, t.4, p.159.
115. *OFB*, t.1, p.lxxi-lxxii.

3. 'Une traduction complète de Bacon, la seule qui ait jamais existé'   159

les deux prophéties en vers, qui ne valaient pas même une de ces notes dont il n'est pourtant pas avare. L'exaspération de Lasalle est d'ailleurs si palpable que c'est pour ainsi dire tout ce que le philosophe François Huet retient de sa traduction dans un article de 1837 qu'il consacre à Bacon et Joseph de Maistre:

> C'est sans doute la rencontre de pareils passages, qui arrachaient à M. Lasalle les exclamations plaisantes dont il a enrichi les notes de sa traduction de Bacon: 'Quelle physique! Quelle astronomie! Autre sottise! Que de rêves! Quel triple et quadruple galimatias! Triple galimatias dont j'ai bien de la peine à tirer quelques lignes raisonnables! Il n'est pas supportable! Voici encore le poète et le rhéteur au lieu du physicien! etc.'[116]

D'Alembert évoquait déjà la lassitude qui pouvait s'emparer du traducteur au cours d'une traduction de longue haleine, exhortant ce dernier à s'affranchir de 'la contrainte ridicule de traduire un auteur d'un bout à l'autre'. L'idéal était à ses yeux de s'en tenir à des morceaux choisis afin de faire connaître aux lecteurs les meilleurs textes d'un auteur, faute de quoi: 'le traducteur, usé et refroidi dans les endroits faibles, languit ensuite dans les morceaux éminents' et se met 'à la torture pour rendre avec élégance une pensée fausse, avec finesse une idée commune'.[117] Au-delà de la sélection en amont de certains passages dignes d'être traduits, cette lassitude, cet agacement face aux 'endroits faibles', pousse D'Alembert à intervenir sur le texte lui-même et il avoue: 'Quelques fois enfin j'ai pris la liberté d'altérer un peu le sens, quand il m'a paru présenter une image ou une idée puérile.'[118] Pierre Le Tourneur – dont Lasalle a, rappelons-le, lu et apprécié la traduction des *Nuits* de Young – prévient le lecteur des 'libertés' qu'il prend avec le texte, libertés qu'autorisent à ses yeux 'des défauts' remarqués dans l'original anglais.[119] Ce que Le Tourneur décrit comme des 'libertés' recouvre en réalité une intervention bien plus lourde: 'J'ai élagué toutes ces superfluités, & je les ai rassemblées

---

116. François Huet, 'Le chancelier Bacon et le comte Joseph de Maistre', *Nouvelles archives historiques, philosophiques et littéraires*, 1re livraison (avril 1837), p.65-94 (82). Il est à noter que la dernière phrase rapportée par Huet n'est pas de Lasalle, mais de J. de Maistre, auquel Huet emprunte d'ailleurs cette compilation de citations. Sur Maistre et Lasalle, voir plus loin, Chapitre 5.
117. J. D'Alembert, 'Observations sur l'art de traduire', p.26-27.
118. J. D'Alembert, 'Observations sur l'art de traduire', p.36.
119. Edward Young, *Les Nuits*, traduit par Pierre Le Tourneur, 2 vol. (Paris, Dejay, 1769), t.1, p.xxxix-xl.

à la fin de chaque Nuit sous le titre de Notes qui ne sont point mes remarques, mais l'amas de ces fragments que j'ai mis au rebut, & de tout ce qui m'a paru bizarre, trivial, mauvais, répété & déjà présent & sous des images beaucoup plus belles.'[120] Le Tourneur ajoute avoir changé l'ordre des éléments qui composent *Les Nuits*, agissant 'comme un architecte' avec les 'décombres' d'un édifice, avoir divisé en vingt-quatre poèmes les neuf nuits du texte original[121] et supprimé 'un ou deux morceaux' qu'il juge trop protestants ou encore 'deux vers fanatiques qui ont échappé à l'âme bienfaisante de l'Auteur, & que j'ai rayés de l'original Anglois que je possède'.[122]

Lasalle corrige lui aussi un texte dont il ne cesse de relever les 'défauts'. Bien loin des préceptes énoncés en 1735 par l'abbé Desfontaines, pour qui 'abréger, amplifier, supprimer, ajouter, ce n'est point traduire',[123] il amende parfois lourdement le texte et envisage ses modifications comme des interventions critiques dont il entend ne rien cacher aux lecteurs.

Le 'Bacon français'

Pour Jacques Moutaux, 'traduire les philosophes ne peut être une simple affaire de technique, et la connaissance des langues n'y suffit pas. La place du traducteur des philosophes ne peut être tenue que par des philosophes.'[124] C'est avant tout en philosophe que Lasalle traduit Bacon et c'est en philosophe qu'il le commente. François Thomas montre avec l'exemple de Diderot et de Barbeyrac que la traduction philosophique au dix-huitième siècle est souvent 'pour le traducteur l'occasion de penser à son tour, de faire sienne la pensée de l'auteur, de la développer, voire de la corriger'.[125] Lasalle s'identifiait déjà à Bacon en 1786 dans *Le Désordre régulier* tout en donnant à l'un de ses chapitres le titre provocateur de 'Préservatif contre l'ouvrage de Bacon'. Deux ans plus tard, dans *La Balance naturelle*, il se propose de réfuter quelque 'axiôme scabreux' du philosophe anglais, et juge que dans le *Novum organum* 'sa marche est défectueuse; car lorsque

---

120. E. Young, *Les Nuits*, t.1, p.xli.
121. E. Young, *Les Nuits*, t.1, p.xliv.
122. E. Young, *Les Nuits*, t.1, p.xlii.
123. Pierre-François Guyot Desfontaines, *Observations sur les écrits modernes*, 34 vol. (Paris, Chaubert, 1735-1743), t.3, lettre 41 (17 décembre 1735), p.244.
124. 'Présentation', dans *Traduire les philosophes*, éd. J. Moutaux et O. Bloch, p.11-18 (12).
125. F. Thomas, 'Traduction de la philosophie', p.516.

d'une ou plusieurs propositions fausses, on déduit une proposition vraie, c'est un signe que le raisonnement ne vaut rien'.[126] Il y revient dans la *Méchanique morale*, où il donne une 'paraphrase' du *Novum organum* assortie de commentaires qui prennent la forme d'un pseudo-dialogue entre Bacon et 'Antoine' et où, après avoir présenté et analysé l'induction baconienne, il expose 'l'Induction Antonine, ou Ondulation intellectuelle'.[127]

S'il mêle la voix de Bacon à la sienne dans sa première préface aux allures de prosopopée, c'est bien parce que Lasalle, en qui Garat voyait un futur 'Bacon français', envisage la traduction comme l'œuvre de deux plumes et la somme de deux pensées. Il poursuit donc cet examen critique dans sa traduction et profite du passage d'une langue à l'autre pour rectifier ce qui doit l'être à ses yeux et traquer les ambiguïtés qui jalonnent le texte, même s'il s'impatiente parfois de devoir s'effacer devant l'auteur qu'il traduit: 'A la vue d'un pareil style, je regimbe moi-même, et voudrois redevenir ce que j'étois; c'est-à-dire, d'écrivain esclave des pensées d'autrui, écrivain libre de mes propres pensées. J'invite le lecteur à ne pas imputer au laquais la sottise du maître.'[128] C'est lorsqu'il estime qu'il ne suffit plus au traducteur 'de rendre son style transparent, qu'on voie la sottise à travers'[129] qu'il se décide à 'réformer totalement le texte'.[130] Lasalle détaille ainsi sa méthode:

> Mais, lorsque l'auteur, après avoir énoncé une proposition et posé un principe pour l'établir, tire une conséquence diamétralement opposée à ces deux propositions, je touche plus hardiment à son texte; et pour lui épargner un vrai contre-sens, j'en fais un moi-même dans la traduction: liberté toutefois que je ne prends que dans les cas où l'absurdité est palpable. Par la même raison, lorsqu'il se contente de simples lueurs et d'à-peu-près, j'intercale quelques mots, afin de rapprocher un peu plus ce qu'il dit, de ce qu'il veut dire et de la vérité.[131]

Sylva sylvarum fournit de nombreux exemples de ces interventions faites au nom de la science et de la logique car l'ouvrage est constitué

---

126. A. Lasalle, *Balance naturelle*, t.2, p.541.
127. A. Lasalle, *Méchanique morale*, t.1, chap.4 et suivants.
128. *OFB*, t.6, p.124.
129. *OFB*, t.5, p.364.
130. *OFB*, t.7, p.265.
131. *OFB*, t.9, p.5-6.

de descriptions d'expériences que le lecteur (et le traducteur) doit pouvoir reproduire ou imaginer reproduire en suivant le texte. Lasalle reproche d'ailleurs à Gruter – traducteur de la *Sylva* en latin – une trop grande tolérance pour les manquements de l'original, affirmant avoir pour sa part 'levé plus de 2000 équivoques dans cet ouvrage'.[132]

Lasalle traduit par exemple '*Quære* whether the *fixing* may be in such a degree, as it will be figured like other *metals*? For if so, you may make works of it for some purpose, so they come not neere the *fire*' par: 'Si le succès était tel que je le suppose, on pourroit faire, avec ce métal ainsi fixé, des vaisseaux, des outils, etc. qui seroient d'un assez bon service, pourvu qu'on eût l'attention de ne pas trop les exposer à l'action du feu.' Il explique en note sa traduction, la nature de l'"équivoque' et la raison de son intervention:

> L'expression de l'auteur, dans l'original anglois, est tellement équivoque, qu'on ne peut s'assurer s'il veut dire qu'on n'auroit pas besoin d'un grand feu, pour faire avec le mercure ainsi fixé, des vases, des outils, etc. d'un bon service; ou que ces ouvrages ne seroient pas en état d'endurer un grand feu. Le traducteur latin s'est attaché au premier de ces deux sens; j'ai cru devoir préférer le dernier, parce que, selon toute apparence, le mercure ainsi fixé sera encore très fusible; mais on peut, sans inconvénient, adopter les deux sens à la fois, ces deux propositions étant également probables; et c'est en cela proprement que consiste l'équivoque.[133]

Toujours pour le même texte, il corrige et clarifie une formulation confuse sur le cycle des saisons autour de l'équateur en s'appuyant sur sa propre expérience de marin et d'observateur des phénomènes météorologiques: 'J'ai été obligé de changer totalement le texte original qui s'exprime ainsi: *car, sous la ligne, le soleil croise ou traverse la ligne; ce qui y produit deux étés et deux hivers: mais sur les limites de la zône torride, il passe deux fois et revient sur ses pas, ce qui n'y produit qu'un seul été fort long.*' A la traduction littérale du texte anglais ('For under the line, the sunne crosseth the line, and maketh two summers, and two winters; but in the skirts of the Torrid Zone, it doubleth, and goeth backe again, and so maketh one long summer')[134] qu'il donne ici en italique,

---

132. *OFB*, t.9, p.439.
133. *OFB*, t.9, p.238-39. Pour le texte original: F. Bacon, *Sylva Sylvarum, or a Naturall historie*, p.225.
134. F. Bacon, *Sylva Sylvarum, or a Naturall historie*, p.105.

3. 'Une traduction complète de Bacon, la seule qui ait jamais existé' 163

Lasalle préfère donner dans le corps du texte une version enrichie d'une explication:

> Car, le soleil qui décrit, par son *mouvement annuel, l'écliptique*, cercle oblique à l'équateur, allant et revenant d'un tropique à l'autre, passe deux fois au-dessus de chaque lieu situé sur la zône torride, ce qui y produit deux étés et deux hivers; au lieu qu'après avoir passé au-dessus des lieux situés vers la limite de cette zone, il y repasse presque aussi-tôt; ce qui n'y produit qu'un seul été fort long.[135]

La correction du texte a pour objectif de le rendre conforme à la réalité observable, soit que le texte de Bacon paraisse obscur ou trop imprécis à son traducteur, soit que celui-ci le juge factuellement faux. Dans une note ajoutée à sa traduction de l'*Histoire d'Henri VII*, Lasalle déclare devoir quitter momentanément son 'rôle de traducteur, pour redevenir auteur' et corriger une erreur de Bacon, qui fait de la duchesse de Bourgogne, Marguerite d'York, malgré son grand âge, la mère naturelle de Philippe et Marguerite de Habsbourg, les enfants de sa belle-fille Marie de Bourgogne.[136]

C'est finalement par son paratexte envahissant (d'autant plus envahissant qu'il colonise parfois presque totalement une page in-8° à large marge où l'espace dévolu au texte est fortement réduit) que Lasalle se fait le plus intrusif et qu'il modifie le plus visiblement le texte derrière lequel il affirme pourtant s'effacer, lui qui n'est 'que traducteur'[137] et qui reconnaît qu''il vaudrait mieux se contenter de traduire un auteur, et de le laisser parler seul, que lui couper trop souvent la parole'.[138] Yves Hersant a rappelé à quel point l'irruption de ces notes du traducteur 'cassent notre rythme de lecture', mais il ajoute que cette 'violence multiforme' ne saurait permettre au traducteur de 'se faire critique' et de quitter 'sa position ancillaire'.[139] Par ces notes, qui interrompent sans cesse la lecture du texte traduit et qui ne portent pas que sur des questions de traduction loin s'en faut, Lasalle commente, corrige et complète pourtant le texte original, dans le prolongement des réflexions sur Bacon qui sous-tendaient

---

135. *OFB*, t.8, p.135-36.
136. *OFB*, t.13, p.323-24.
137. *OFB*, t.8, p.293.
138. *OFB*, t.3, p.121.
139. Yves Hersant, 'N.d.T.', *Athanor* 10:2 (1999/2000), numéro thématique: *La Traduzione*, éd. Susan Petrelli, p.251-56 (251). Article initialement paru dans *Violence et traduction*, éd. Fabienne Durand-Bogaert (Paris, 1994).

déjà ses trois volumineux essais philosophiques. C'est là que surgit pour le lecteur la rivalité entre l'auteur traduit et son traducteur, dans ces notes que Pascale Sardin décrit comme le 'lieu de surgissement de la voix propre du traducteur', une voix qui met en évidence au cœur du texte 'la nature dialogique du traduire et le conflit d'autorité qui s'y trame'.[140] Pour Lasalle, il s'agit cependant davantage d'un monologue autoritaire que d'un dialogue, malgré la présence du texte de Bacon. Il avait annoncé dès la préface du premier volume de sa traduction vouloir faire œuvre d'interprète, c'est-à-dire jouer le rôle 'de traducteur et celui de commentateur'.[141] Si toute traduction est en soi un commentaire – ou, comme l'écrit plus précisément Maryvonne Boisseau, 'une traduction est un commentaire insu de sa source, car en se donnant comme texte équivalent à l'original, elle le dédouble et s'y substitue pour qui n'y a pas accès' –, Lasalle concentre son exégèse dans des notes qui forment pour lui tout à la fois la critique et le prolongement de l'œuvre annotée.[142] Il serait cependant artificiel de distinguer systématiquement les notes du traducteur de celles du commentateur. Une note comme celle qu'il ajoute à un passage de *De la dignité et de l'accroissement des sciences* pour expliquer ce que Bacon entend lorsqu'il évoque 'les appétits et les passions de la matière',[143] que Lasalle traduit cependant mot pour mot, signale au lecteur que le texte source n'a pas été modifié, mais également que, du point de vue de la philosophie naturelle, l'expression ne va pas de soi. Lasalle y revient d'ailleurs, quelques pages plus loin (p.67), sans jamais se résoudre à remplacer 'appétits' par les mots qu'il propose en note (tendances, forces, efforts). Ces remarques sont tout autant celles du traducteur que celles du philosophe critique, même si Lasalle ne précise pas en quoi la notion d'appétit de la matière développée par Bacon est originale, ni en quoi cette expression métaphorique lui semble problématique.[144] Dans le même ordre d'idée, Lasalle efface

---

140. Pascale Sardin, 'De la note du traducteur comme commentaire: entre texte, paratexte et prétexte', *Palimpsestes* 20 (2007), p.121-36 (121).
141. *OFB*, t.1, p.liv.
142. Maryvonne Boisseau, 'Présentation', *Palimpsestes* 20 (2007), http://journals.openedition.org/palimpsestes/81 (date de dernière consultation le 25 octobre 2024).
143. *OFB*, t.2, p.43.
144. Sur les 'appétits' de la matière chez Bacon, on peut lire par exemple: Daniel C. Andersson, 'Appetites, matter and metaphors: Aristotle, *Physics* I, 9 (192a22-23), and its renaissance commentators', dans *Francis Bacon on motion and power*, éd. Guido Giglioni et autres (Cham, 2016), p.41-59.

dans sa traduction la notion baconienne de 'perception' des objets inanimés et traduit 'Great *mountains* have a *perception* of the *disposition* of the *aire* to *tempests*, sooner than the *valleys* or *planes* below' par 'Les montagnes, grandes et élevées, sont aussi plus promptement affectées que les plaines ou les vallées, par cette disposition de l'air d'où résultent les tempêtes.'[145] Il évacue ainsi, par l'emploi d'une tournure passive, la possibilité d'une 'perception' active, mais recourt à l'adjectif 'affectées' qui peut impliquer une forme de perception involontaire. Cette fois, le traducteur indique par une note que la présence du verbe 'percevoir' dans le texte original ne lui convient pas et se contente de préciser qu'il a 'cru devoir le changer', pensant ainsi obtenir l'approbation certaine du lecteur pour le changement opéré sans qu'une justification philosophique soit nécessaire. Lasalle signale enfin par une note assez longue la raison pour laquelle il préfère traduire par 'fantôme' ou au mieux par 'préjugé' plutôt que par 'erreur' un terme aussi important qu'*idolum* dans la philosophie de Bacon, sans véritablement expliquer le choix du mot 'fantôme' et alors même que le mot 'idole' est employé par Mersenne, utilisé par le traducteur Gilbert Golefer au dix-septième siècle et commenté, par exemple, par le Genevois Georges-Louis Le Sage:

> Une *erreur*, un *préjugé* et un fantôme de l'esprit, ou une idée fantastique, ne sont pas précisément la même chose; car nous ne voyons pas bien nettement en quoi elle peut aider à *interpréter* et à *imiter* la nature. Une erreur est une opinion fausse; un *préjugé* est un jugement, vrai ou faux, porté avant l'examen; et un fantôme [...] est une idée et le plus souvent une image qui ne correspond à aucun objet réel, ou qui n'est point conforme à l'objet réel qu'elle doit représenter. Cependant, comme le but de ce premier livre est de préparer les esprits, en détruisant toutes les préventions, à ce mot *fantôme* qui pourroit déplaire à la plupart de nos lecteurs, nous substituerons (autant que le sens original le permettra), le mot *préjugé*, qui, dans le langage reçu, a une signification beaucoup plus étendue que je ne lui donne ici, en tirant sa définition de son étymologie; on le substitue assez généralement à celui d'erreur.[146]

---

145. *OFB*, t.9, p.189. Pour le texte original: F. Bacon, *Sylva Sylvarum, or a Naturall historie*, p.215.
146. *OFB*, t.4, p.103. Voir à ce sujet Marialuisa Parise, 'Bacon's *idola* in vernacular translations: 1600-1900', dans *Francis Bacon on motion and power*, éd. G. Giglioni et autres, p.273-89. Le Sage rédige une note 'Sur le sophisme que le chancelier Bacon nomme "idole de la tribu"' conservée parmi ses manuscrits, Ms fr. 2048, bibliothèque de Genève.

Il arrive aussi que les commentaires de Lasalle s'éloignent bien plus franchement de la justification plus ou moins claire de ses choix de traduction pour s'attacher davantage aux idées de Bacon qu'à la manière de les traduire. On l'a vu, Lasalle n'hésite pas à prolonger certains passages par des notes didactiques qui doivent permettre au lecteur d'aller plus loin en se faisant observateur et expérimentateur. Très investi dans ce rôle, qui s'éloigne de la critique pour tendre davantage vers la leçon, Lasalle se fait parfois professoral avec Bacon lui-même et insère ça et là des notes laconiques qui tiennent plus de l'annotation irritée du maître sur la copie d'un élève que du commentaire philosophique: 'Il se trompe', 'Pourquoi pendant deux nuits?', 'Au milieu de quoi?', 'Quelle sorte d'opération? Il ne s'explique jamais', 'A qui? Comment?', ou encore ce 'Non' implacable.[147] Il lui arrive parfois de se montrer ironique vis-à-vis de Bacon, comme lorsqu'il reproche à celui-ci ses critiques à l'encontre des philosophes qui emploient trop souvent la langue vulgaire – 'Si les *philosophes critiqués balbutient* sur le sujet, je connais un *philosophe critique* qui *radote* sur ce même sujet, et refuse aux autres l'indulgence dont il aurait grand besoin pour lui-même'[148] – ou lorsqu'il commente dans l'*Histoire des vents* une remarque de Bacon sur les voiles de navire: 'Dieu vous garde, ô lecteur! de faire route dans un vaisseau dont la *voilure* soit de l'invention d'un *chancelier*.'[149] Par ce type de commentaires, Lasalle cherche comme souvent à établir une relation de connivence avec ses lecteurs, mais aussi, chaque fois qu'il le juge nécessaire, à prendre ses distances par rapport à l'œuvre d'un philosophe dont il se pense tantôt le rival ou tout au moins l'égal, tantôt l'héritier et le continuateur.

Les textes de sa main qu'il ajoute aux œuvres traduites en dehors de l'appareil de notes ne relèvent pas du travail, fût-il critique, du traducteur. Il peut s'agir de textes informatifs ou critiques qui ont une fonction similaire aux longues notes dont le but est de développer un point précis au-delà du texte source au bénéfice du lecteur ou d'aller à l'encontre de ce qu'affirme Bacon. C'est le cas d'une note ajoutée à la fin de l'*Histoire des vents*, dans laquelle Lasalle s'appuie sur ses propres observations de voyageur et de marin pour rejeter les conjectures de l'auteur anglais.[150] Il peut également s'agir de textes autonomes, généralement bien plus longs. Leur statut est différent de celui des

---

147. *OFB*, t.7, p.263; t.8, p.72; t.9, p.149; t.8, p.514; t.9, p.459, 470.
148. *OFB*, t.11, p.156.
149. *OFB*, t.11, p.205.
150. *OFB*, t.11, p.272-74.

commentaires insérés en note qui, s'ils interrompent trop souvent le propos principal, sont clairement identifiés comme des éléments paratextuels dont le traducteur-commentateur est à l'origine. Ces textes additionnels sont bien davantage envisagés comme des prolongements de l'œuvre traduite. C'est le cas du long supplément à la centurie 9 que Lasalle intercale entre celle-ci et la dernière centurie de *Sylva sylvarum*.[151] Ce supplément est séparé du texte qui le précède par un filet simple et se divise en deux 'additions' à des expériences précises. Le lecteur peut aisément prendre de prime abord ce supplément pour un ajout de Bacon lui-même: les éléments typographiques sont les seules indications tangibles que le texte principal est interrompu par un supplément qui contient tout ce que Lasalle n'a pu faire tenir en note, ces additions étant elles-mêmes annotées. La première 'addition' se rapporte aux expériences 812 à 816 sur les prévisions météorologiques, la seconde, plus courte, renvoie à l'expérience 886 sur les machines volantes. Ce n'est qu'après avoir lu quelques pages que le lecteur comprend enfin que le 'je' auctorial est celui du traducteur-commentateur. La première addition sur les prévisions météorologiques connaîtra un prolongement ultérieur sous la forme d'une petite brochure de huit pages, sans doute tirée à un très petit nombre d'exemplaires, que Lasalle consacre aux 'hivers mémorables' et qu'il fait imprimer chez Frantin quelques années plus tard.[152] A la fin de ce premier supplément, Lasalle explique les raisons de cet ajout qu'il présente comme une application de la 'méthode de Bacon':

> Voici les indications qu'un lecteur judicieux peut demander à un traducteur occupé à lutter contre une multitude immense de difficultés, et qui, rappelé sans cesse à une entreprise de longue haleine, ne peut que tracer ses idées en courant; il seroit injuste d'exiger de nous un devis plus exact et plus détaillé. Au reste, dans ces deux exposés, nous sommes beaucoup moins mécaniciens ou météorologistes, que simples logiciens, appliquant la méthode de Bacon à deux exemples intéressans, pour fixer l'attention de cette jeunesse à laquelle nous parlons; lui offrant un modèle de la manière de diriger son esprit dans l'invention même, et voulant surtout la préparer à la lecture de la dixième centurie et des deux ouvrages suivants, où l'auteur a suivi une marche très semblable à la nôtre.[153]

---

151. *OFB*, t.9, p.328-57.
152. Antoine Lasalle, *Hivers mémorables*. Seules trois bibliothèques (toutes françaises) en possèdent un exemplaire.
153. *OFB*, t.9, p.356-57.

Le traducteur est bien ici un continuateur. Il prolonge l'œuvre de Bacon en la rendant contemporaine par le dialogue permanent qu'il instaure avec elle. Commentateur et auteur marchent côte à côte. C'est aussi pour entretenir la modernité et l'actualité de l'œuvre qu'il traduit que Lasalle rédige un 'Supplément à l'*Histoire des vents*' d'environ soixante-dix pages qu'il intercale entre l'*Histoire des vents* et la *Nouvelle Atlantide*.[154] Ce texte n'est pas plus que le premier supplément explicitement désigné comme un texte de Lasalle lui-même (il n'est pas signé et un filet double le distingue du texte qu'il prolonge), mais, dès les premières lignes, la référence à deux météorologues contemporains du traducteur et non de l'auteur – Louis Cotte (1740-1815) et Giuseppe Toaldo (1719-1797) – ne peut cependant laisser de doute. Lasalle place donc à la suite du traité de Bacon des observations tirées d'ouvrages récents, en l'occurrence les *Mémoires sur la météorologie* de Cotte publiés en 1788, dont Lasalle tire également les passages de Toaldo et du berger de Banbury, qu'il ne cite donc pas directement ici. Il y ajoute ses propres observations ainsi que des notes de bas de page: 'Quant aux miennes, qui sont en très petit nombre, je les placerai entre deux crochets, ou dans les notes.'[155] Il prolonge ainsi une note ajoutée à sa traduction dans laquelle il évoquait déjà les observations de Toaldo sur les causes des vents et des météores et conseillait au lecteur de se reporter aux observations 'multipliées, suivies et assez exactes qui se trouvent consignées dans le *Journal de Paris* et autres ouvrages *périodiques*'.[156] Il fait suite également au premier supplément inséré dans *Sylva sylvarum*, où le nom du savant italien était déjà cité. Par cette synthèse assez riche, Lasalle entend montrer une nouvelle fois que les observations des savants modernes sont dans la continuité de celles de Bacon.

On pourrait considérer qu'en ne signant pas les suppléments qu'il rédige, Lasalle s'efface avec humilité derrière l'auteur qu'il traduit et commente. En réalité, comme l'écrit son biographe Jean-Baptiste Gence, Lasalle avait déjà envisagé bien avant sa traduction, dès son premier ouvrage – *Le Désordre régulier* –, d'écrire 'une sorte de supplément aux démonstrations de l'auteur anglais, dont il expose, commente, modifie, combat ou développe, avec un vif intérêt et une expression non moins vive, plusieurs propositions principales'.[157] En

---

154. *OFB*, t.11, p.275-346.
155. *OFB*, t.11, p.275-76.
156. *OFB*, t.11, p.155.
157. J.-B.-M. Gence, *Notice biographique et littéraire*, p.36.

minimisant les signes qui permettent au lecteur de savoir qu'il a affaire sans aucun doute possible à un élément paratextuel, Lasalle confond sa plume et celle de Bacon en considérant qu'il parle pour lui, dans la continuité de sa première préface. Si les suppléments à *Sylva sylvarum* et à l'*Histoire des vents* ont pour objectif de souligner l'actualité des écrits baconiens et de prolonger certaines questions, ceux que Lasalle insère à la fin du dernier volume du *Novum organum* relèvent bien davantage des interventions évoquées par Gence: le commentaire, la modification, le combat. Le premier est un texte extrêmement dense intitulé 'Commentaire du cinquième chapitre' dans lequel, partant de la métaphore baconienne de la fourmi, de l'araignée et de l'abeille, Lasalle discute de la distinction opérée entre 'les raisonneurs, les rationaux, les dogmatiques et les méthodistes', mais aussi du rôle des mathématiques, 'science qui doit non engendrer, commencer la philosophie, mais seulement la terminer', de la nécessité de 'tenir registre de ses observations', de l'*experientia literata* baconienne, de la méthode socratique et, pour finir, de l'invention de la poudre à canon et de la boussole.[158] Lasalle s'y exprime à la première personne du singulier, mais il place également ce 'je' dans la bouche de Bacon ('j'entends par expérience lettrée, l'expérience méthodique')[159] avant de finir par un 'nous' ambigu ('l'expérience lettrée elle-même nous a appris, à nous').[160] Il se place ainsi, une fois encore, sur le même plan que Bacon, oubliant le trait de modestie feinte qui lui avait fait s'exclamer qu'il n'en était que le traducteur. Lasalle introduit deux autres 'commentaires' de même nature dans les deux volumes suivants de sa traduction du *Novum organum*, toujours selon le même principe.[161] Dans le dernier volume de cette traduction (t.6), Lasalle insère également un autre 'Supplément', qui cette fois remplace une portion non négligeable du texte original. Il n'a jamais caché au lecteur sa tentation de faire prendre des raccourcis au texte lorsqu'il le juge pesant en résumant par ailleurs les passages dont il estime possible d'économiser la lecture. Dans une note au début du deuxième volume du *Novum organum* il le conseille ainsi sans détour: 'Au reste,

---

158. *OFB*, t.4, p.366-83. Sur l'*experientia literata*, on pourra lire entre autres Lisa Jardine, '*Experientia literata* or *Novum organum*? The dilemma of Bacon's scientific method', dans *Francis Bacon's legacy of texts*, éd. William A. Sessions (New York, 1990), p.47-67, et Claire Crignon et Sandrine Parageau, 'Bacon et les formes de l'expérience: nouvelles lectures', *Archives de philosophie* 84:1 (2021), p.7-15.
159. *OFB*, t.4, p.376.
160. *OFB*, t.4, p.377.
161. *OFB*, t.5, p.36-76; t.6, p.295-303.

ceux de nos lecteurs que cette métaphysique rebutera, pourront, sans inconvénient, franchir ces huit ou dix premières pages. Ayant prévu ce dégoût, j'ai eu soin d'expliquer tout ce qui suit, de manière qu'on n'eût pas besoin de les avoir lues.'[162]

Il ne cherche pas davantage à dissimuler la substitution opérée à la fin du sixième volume, et indique clairement dans la dernière note avoir retranché la fin du *Novum organum* qui ne contenait 'que l'annonce de certains ouvrages non exécutés, et déjà annoncés dans la préface, avec une espèce d'*oremus* que le lecteur nous saura gré sans doute de lui avoir épargné'.[163] Il ne s'agit plus d'intervenir sur le style de Bacon, de supprimer un passage du corps du texte pour le redonner en note ou même de supprimer une anecdote jugée inutile ou trop obscure. Lasalle achève cette dernière note par ces mots ambigus: 'La meilleure prière qu'on puisse faire, en finissant un ouvrage, c'est de travailler à en donner un meilleur. C'est celle que nous ferons, ou tâcherons de faire bientôt.'[164] Cette phrase qui, pour le lecteur, vient clore la traduction du *Novum organum*, ne marque pas la fin du sixième volume. Amputé de la fin de l'aphorisme 52 et de la liste des histoires naturelles que Bacon souhaite voir écrire, ce volume comporte encore soixante pages de texte imprimé. Lorsqu'il parle de 'finir un ouvrage', Lasalle parle-t-il de Bacon achevant le *Novum organum* ou parle-t-il de lui-même, qui en termine la traduction? Ce 'meilleur ouvrage' à venir confond-il en un seul le *Sylva sylvarum* de Francis Bacon et sa traduction par Antoine Lasalle? Annonce-t-il un ouvrage du traducteur-philosophe lui-même ou bien le 'Supplément' qui remplace le texte supprimé? Comme les autres, ce 'supplément' ne se signale pas d'emblée au lecteur comme un élément du paratexte. Le titre en majuscules est surmonté d'un filet double qui semble marquer une démarcation franche avec le texte de Bacon et la police employée est de la même taille que celle des notes, mais ce supplément est lui aussi dans la continuité du texte principal et surmonté jusqu'au bout d'un titre courant identique à tout le reste du volume – 'NOV. ORGAN. LIV. II. PART. II. SECT. II. CHAP. II' – dont la pagination reste continue (voir Figure 2). Le texte n'est pas signé et comporte également des notes de bas de page. Une mention placée sous le titre indique au lecteur que les quatre premiers articles du supplément renvoient aux aphorismes 11, 12, 20, 22 et 36 du livre 2.

162. *OFB*, t.5, p.5.
163. *OFB*, t.6, p.309.
164. *OFB*, t.6, p.309.

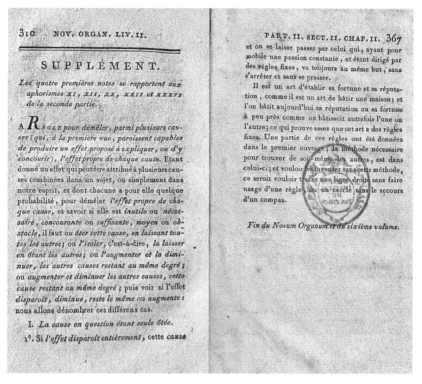

Figure 2: Disposition typographique de la première et de la dernière page du supplément de Lasalle (format in-8°), dans Francis Bacon, *Œuvres de François Bacon*, traduit par Antoine Lasalle, 15 vol. (Dijon, Frantin, 1799-1803), t.6, p.310 et 367.

Lasalle y traite de la recherche des causes chez Bacon (dont le nom n'apparaît cependant dans le texte qu'au bout de plusieurs pages), des dilemmes et des syllogismes. Un autre article renvoie aux aphorismes 13, 24 et 25 et traite des 'propriétés et fonctions des exemples ostensifs et clandestins (ou de maximum et de minimum) et de leur combinaison',[165] toujours dans le cadre de la recherche 'des causes matérielles et efficientes'. Revenant ensuite sur l'aphorisme 110 du livre 1, Lasalle décrit très longuement une invention du 'citoyen Deforges' pour transporter un poids d'un point à un autre 'sans autre

---

165. *OFB*, t.6, p.330.

moteur que lui-même'.[166] Après deux remarques portant sur le *Novum organum* dans sa totalité dans lesquelles il analyse le rapport entre les règles et leurs exceptions, Lasalle achève son supplément par un court paragraphe dans lequel il offre au lecteur un résumé très personnel de *De la dignité et de l'accroissement des sciences* et du *Novum organum*:

> Il est un art d'établir sa fortune et sa réputation, comme il est un art de bâtir une maison; et l'on bâtit aujourd'hui sa réputation ou sa fortune à peu près comme on bâtissoit autrefois l'une ou l'autre; ce qui prouve assez que cet art a des règles fixes. Une partie de ces règles ont été données dans le premier ouvrage; la méthode nécessaire pour trouver soi-même les autres, est dans celui-ci; et vouloir les inventer sans cette méthode, ce seroit vouloir tracer une ligne droite sans faire usage d'une règle, ou un cercle sans le secours d'un compas.[167]

Le lecteur achève donc le dernier volume du *Novum organum* – pour Lasalle, l'ouvrage le plus important du philosophe et celui dont 'le public' lui réclamait la traduction – par cette très longue leçon au cours de laquelle le traducteur et philosophe français s'est peu à peu substitué au philosophe anglais. La dernière mention en italique – '*Fin du Novum Organum et du sixième volume*' – achève de faire du paratexte du traducteur-commentateur un élément à part entière de l'ouvrage traduit puisqu'il se trouve désormais englobé dans la totalité du *Novum organum*. Alors que Le Tourneur, en déclarant avoir cherché à 'tirer de l'Young anglois, un Young françois',[168] parlait surtout de donner un Young 'en français', Lasalle entend accomplir le jugement prophétique de Garat et, en donnant Bacon en français, devenir le Bacon de la France. En 1804, peu après la parution du dernier des quinze volumes de cette traduction, c'est pourtant à Gassendi que Joseph-Marie de Gérando – rival heureux de Lasalle pour l'élection au fauteuil de Caffarelli Du Falga à l'Institut des sciences morales en l'An VIII – donnera le titre de 'Bacon français'.[169]

Pour le lecteur d'aujourd'hui, la traduction monumentale de Lasalle est une traduction plutôt fiable (et parfois la seule traduction française complète pour certains textes, comme la *Sylva sylvarum*, par exemple).

---

166. *OFB*, t.6, p.343.
167. *OFB*, t.6, p.367.
168. P. Le Tourneur dans E. Young, *Les Nuits*, p.xli.
169. Joseph-Marie de Gérando, *Histoire comparée des systèmes de philosophie, relativement aux principes des connaissances humaines*, 2 vol. (Paris, An XII [1804]), t.1, p.305.

Son système de notes, de commentaires, de suppléments digressifs qui infiltre le texte original, le colonise et le boursoufle menace cependant sans cesse de le rendre illisible. Lorsque Buchon reprend en 1836 pour le *Panthéon littéraire* les principaux textes traduits par Lasalle qu'il complète avec d'autres textes qu'il fait traduire pour l'occasion du latin et de l'anglais, il abandonne ce paratexte tentaculaire destiné, dit-il, par Lasalle non pas tant à expliquer la tâche du traducteur qu'"à réfuter les principes philosophiques de Bacon ou à redresser ses erreurs scientifiques'.[170]

Si par son appareil critique et sa traduction Lasalle espérait passer dans l'esprit de ses contemporains pour l'égal du chancelier, il pressentait pourtant que ses explications répétées sur la manière de traduire (plus que ses autres interventions) ne lui vaudraient sans doute pas l'indulgence des lecteurs et de la critique. Sans renoncer au but fixé de traduire l'œuvre entier de Bacon, il clôt – ou espère clore – par avance le débat. D'Alembert faisait déjà ce commentaire désabusé à la fin de ses 'Observations':

> quoi qu'il en soit au reste du plan que je me suis fait dans cette Traduction, je ne dois pas m'attendre qu'il soit goûté de tout le monde. En cette matière plus qu'en aucune autre, chaque Lecteur a, pour ainsi dire, sa mesure particulière &, si l'on veut, ses préjugés, auxquels il exige qu'un Traducteur se conforme. Aussi rien n'est peut-être plus rare en Littérature, qu'une Traduction généralement approuvée.[171]

Lasalle est tout aussi fataliste et sans doute plus amer de savoir par avance que les efforts faits l'auront été en vain. Il écrit ainsi en note au détour d'un passage du *Novum organum* sur les 'productions du génie, ou des secondes mains de l'homme':

> Il [Bacon] donne presque toujours trois ou quatre noms à chaque genre d'exemples ou de faits: si je les laisse subsister tous ou presque tous, c'est afin que ceux d'entre nos lecteurs à qui ils plaisent, aient le plaisir de les trouver ici; et ceux à qui ils déplairont, celui de les franchir: c'est encore afin que ceux qui m'auroient critiqué, si je les eusses ôtés, me critiquent aussi pour les avoir laissés: et je suis convenu avec ces derniers qu'ils attribueroient à Bacon tout ce qu'il peut y avoir de raisonnable dans les notes, et à moi tout ce qu'ils trouveroient

---

170. *Œuvres philosophiques, morales et politiques de François Bacon*, éd. J. A. C. Buchon (Paris, 1836), p.xvi.
171. J. D'Alembert, 'Observations sur l'art de traduire', p.37-38.

de plus mauvais dans le texte: par exemple, cette nomenclature surabondante; car il est des gens qui n'ont d'autre métier que celui d'empêcher ceux qui en ont un, de l'exercer ou d'en recueillir les fruits, et dont tout l'esprit consiste à prouver que les autres n'en ont pas.[172]

Pourtant rompu au fonctionnement brutal de la République des lettres depuis la publication de son premier essai, Lasalle ne croyait pas si bien dire. Alors que les neuf premiers volumes de sa traduction sont déjà parus et qu'il s'apprête à faire paraître les volumes suivants, sa traduction va devenir la cible d'une attaque violente qui l'opposera au Genevois Jean-André de Luc, physicien, géologue et philosophe, membre de la Royal Academy.

---

172. *OFB*, t.5, p.292.

4. 'Bacon tel qu'il est': l'histoire d'une querelle qui n'a jamais eu lieu

> 'Une dispute est un combat, où il s'agit, non de la vérité mais de la victoire [...] La dispute entre gens vifs & polis est quelquefois utile, non pour résoudre le point débattu; car, comme je viens de le faire voir, elle n'y peut rien; mais à faire naître une infinité d'idées accessoires & étrangères à la question, qui, étant bien employées, peuvent servir ailleurs.'[1]

Lorsque les premières attaques contre sa traduction sont publiées, Lasalle n'en est apparemment pas à sa première querelle (réelle ou fantasmée), et l'on peut dire qu'il entretient depuis le début de sa carrière littéraire un rapport particulièrement tumultueux avec la République des lettres, même s'il a parfois cherché à en minimiser les dissensions: 'Au fond, écrit-il dans *La Balance naturelle*, qu'est-ce que tous ces petits orages qui troublent la République des lettres, & amusent celle des travailleurs? de petites intempéries littéraires, de petits phénomènes journaliers du monde philosophique, bons pour grossir mon recueil d'observations météorologiques, & compléter l'histoire du cœur humain.'[2] C'est une réalité bien plus dure qui se dessine à la lecture des œuvres et de la correspondance du traducteur philosophe, qui propose au lecteur un autoportrait teinté, volontairement ou non, de misanthropie et de paranoïa. Les attaques dont sa traduction a été l'objet ont sans doute précipité la fin de sa carrière littéraire et influencé la façon dont on a lu Bacon en France pendant une partie du dix-neuvième siècle, mais, si son adversaire principal est

---

1. A. Lasalle, *Balance naturelle*, t.2, p.31.
2. A. Lasalle, *Balance naturelle*, t.1, p.271.

parfaitement identifié – Jean-André de Luc – et si Lasalle répond avec mépris, ce différend littéraire et philosophique est une bien étrange querelle entre deux hommes qui ne se sont jamais croisés. Comme le souligne Alexis Tadié dans le numéro de la revue *Paragraph* consacré aux querelles littéraires, celles-ci servent souvent à se tailler une réputation dans les milieux littéraires et savants.[3] Les querelleurs ont besoin d'un public disposé à choisir son camp. Or, si le détracteur de Lasalle et de sa traduction entend bien s'en servir pour asseoir une autorité déjà forte et s'assure donc de diffuser largement ses attaques, le traducteur, pourtant avide de gloire, tourne rapidement le dos à cette possibilité de publicité et refuse l'échange d'arguments, jugeant sans doute la partie déséquilibrée. Comme on le verra au chapitre suivant, c'est un autre que Lasalle qui se chargera dix ans plus tard, sans que le principal intéressé le sache, de défendre sa traduction contre les attaques de de Luc.

Portrait du traducteur en génie persécuté

Un demi-siècle après la mort de Lasalle, le philosophe Francisque Bouillier rapproche l'auteur du *Désordre régulier* et de la *Méchanique morale*, qu'il n'a pas connu personnellement, de Jean-Jacques Rousseau (qu'il n'a pas connu davantage), dont il aurait selon lui partagé le délire de persécution:

> Malgré sa philosophie optimiste, malgré ce grand fonds de bienveillance, d'amour et de charité pour tous les hommes, dont témoignent ses ouvrages, le caractère de La Salle n'est pas sans analogie avec celui de Rousseau. C'est un esprit sombre et bizarre, ombrageux; par une sorte de monomanie, qui ira toujours en croissant, il rompt subitement avec ses meilleurs amis et se défie de leurs services. Ce qu'il craint par-dessus tout, c'est qu'on l'exploite, qu'on lui dérobe ses idées et les résultats auxquels il croit être parvenu par ses recherches et ses méditations. Il est en une continuelle appréhension de ceux qu'il appelle des suceurs de résultats.[4]

Il serait assez vain de poser a posteriori un diagnostic sur la personnalité de Lasalle. Jean Starobinski a rappelé à juste titre, dans le cas

---

3. Alexis Tadié, 'The language of quarrels', *Paragraph* 40:1 (2017), p.81-96 (83-84).
4. Francisque Bouillier, 'Les compensations dans la vie humaine', *Séances et travaux de l'Académie des sciences morales et politiques*, 44ᵉ année, nouvelle série, t.22 (1884), p.5-46 (17). Lasalle évoque les 'suceurs de résultats' dans *Désordre*, p.247.

de Rousseau, le caractère hasardeux d'une telle entreprise qui, en s'appuyant sur des éléments incertains, donnerait à l'affection mentale supposément détectée une importance qu'elle n'a peut-être pas eue sur l'œuvre du philosophe.[5] Bouillier n'a qu'une connaissance indirecte et livresque de la personnalité de Lasalle ou de Rousseau, et déduit la proximité entre ces deux auteurs de ce que d'autres en ont écrit. Dans le cas de Lasalle, c'est à partir de la *Notice biographique* rédigée par Gence, de notes empruntées à Ferdinand Denis et des trois ouvrages philosophiques du traducteur qu'il se forge une opinion. C'est peu ou prou à partir des mêmes sources que Guy Thuillier juge en 1964 que 'l'homme est bizarre' tout en concédant que 'nous le connaissons fort mal'.[6] Auguste Viatte tente lui aussi un diagnostic en se fondant sur les déclarations de Lasalle, qui relate dans *La Balance naturelle*[7] la maladie fulgurante qui lui a permis d'enfanter sa théorie philosophique: 'Toujours, il fera grand cas du chancelier d'Angleterre: mais une espèce d'illumination, comparable à celle de Descartes, et liée à des phénomènes pathologiques, l'affranchit de tout servilisme en lui donnant les clefs de l'univers.' Et Viatte ajoute plus loin en note: 'On songe à l'épilepsie, en lisant cette description de cette illumination du 15 janvier 1787.'[8] Il n'est pas anodin que Viatte parle ici d'illumination car cette crise n'est pas sans rappeler l'illumination de Vincennes que Rousseau évoque brièvement dans les *Confessions* – 'une agitation qui tenait du délire'[9] –, mais qu'il décrit plus longuement dans une lettre à Malesherbes comme le moment de son entrée dans la carrière littéraire:

> Tout à coup je me sens l'esprit ébloui en mille lumières, des foules d'idées vives s'y présentent à la fois avec une force et une confusion qui me jeta dans un trouble inexprimable; je sens ma tête prise par un étourdissement semblable à l'ivresse. Une violente palpitation m'oppresse, soulève ma poitrine; ne pouvant plus respirer en marchant, je me laisse tomber sous un des arbres de l'avenue.[10]

5. Voir Jean Starobinski, *Jean-Jacques Rousseau: la transparence et l'obstacle* (1971; Paris, 1995), notamment chap.8, 'La maladie' et 'La maladie de Rousseau', p.240-82 et 430-44.
6. G. Thuillier, 'Un aventurier philosophe', p.23.
7. A. Lasalle, *Balance naturelle*, t.1, p.194-195.
8. Auguste Viatte, *Les Sources occultes du romantisme, illuminisme et théosophie, 1770-1820*, 2 vol. (1928; Paris, 1969), t.2: *La Génération de l'Empire*, p.26 et n.5.
9. J.-J. Rousseau, *Les Confessions*, p.351.
10. Jean-Jacques Rousseau, 'Lettre du 12 janvier 1762 au président de Malesherbes', dans *Œuvres posthumes de Jean-Jacques Rousseau*, 9 vol. (Genève, 1781-1783), t.8:

Il est impossible de dire si Lasalle est bel et bien tombé malade ou s'il a inventé de toutes pièces une entrée en littérature inspirée de celle de Rousseau et à la hauteur de l'image qu'il cherche à projeter de lui-même dès ses premières œuvres. Tout comme Viatte, Gence lui-même, qui raconte cet épisode et qui a pourtant connu et fréquenté régulièrement le traducteur de Bacon, tire en grande partie les détails de la biographie qu'il lui consacre de ses conversations avec lui et des nombreux passages autobiographiques qu'il glisse dans ses propres ouvrages comme dans les quinze volumes de sa traduction. Tous ces biographes forment une chambre d'écho à l'autoportrait que construit Lasalle dès la parution du *Désordre régulier* en 1786: celui d'un philosophe persécuté, solitaire et jalousé de tous. S'il est sans doute délicat d'en conclure qu'il s'est volontairement peint en avatar de Rousseau, de nombreux éléments peuvent toutefois le laisser penser.

Il ne fait aucun doute que Lasalle ait été un attentif lecteur de Rousseau,[11] ce qui n'est guère original à la fin du dix-huitième siècle et qui l'est peut-être moins encore pour quelqu'un qui fréquentait Louis-Sébastien Mercier – qui publie avec Le Tourneur une édition des œuvres complètes de Rousseau et fait paraître en 1791 *De J.-J. Rousseau considéré comme l'un des premiers auteurs de la Révolution*[12] –, et surtout Marie-Jean Hérault de Séchelles qui avait acquis en Hollande les manuscrits de l'*Emile* et de la *Nouvelle Héloïse*, saisis par la Convention à sa mort.[13] Il est également possible que Lasalle, enfant, ait croisé Rousseau chez le maréchal de Luxembourg, frère aîné de son tuteur, au moment où l'auteur des *Confessions* était hébergé au

---

Quatre lettres à Monsieur le Président Malesherbes contenant le vrai tableau de mon caractère & les vrais motifs de toute ma conduite, p.16.

11. Il en évoque la lecture dans *Le Désordre régulier*: 'En réfléchissant sur les écrits de Rousseau que je lisois d'abord rapidement pour en saisir le plan & l'intention; puis lentement, & le scalpel de l'analyse en main, je cherchois la cause de cette haine aveugle qu'ont pour lui […] tous ceux qui n'ont lu qu'une partie de ses ouvrages' (p.105).
12. Louis-Sébastien Mercier, *De J.-J. Rousseau considéré comme l'un des premiers auteurs de la Révolution* (Paris, Buisson, 1791); *Œuvres complètes de J.-J. Rousseau*, éd. Louis-Sébastien Mercier et autres, 38 vol. (Paris, Poinçot, 1788-1793).
13. Ces deux manuscrits se trouvent dans les collections de la bibliothèque de l'Assemblée nationale: https://www.assemblee-nationale.fr/histoire/7gf.asp# (date de dernière consultation le 28 octobre 2024). Voir également à ce sujet Michèle Sacquin, 'Les manuscrits de Rousseau pendant la Révolution', *Revue de la BnF* 3:42 (2012), p.56-69.

'petit château' de Montmorency.[14] Quoi qu'il en soit, des années plus tard, dans l'une de ses lettres à Dumont, il prie celui-ci de récupérer pour lui une malle laissée 'chez le citoyen Régnier, inspecteur des armes blanches, Quai d'Orsai, près la rue du Bacq' et qui 'doit contenir plusieurs volumes de Jean Jacques Rousseau; tels que l'Emile, l'histoire de son séjour en Suisse, deux volumes de sa correspondance, ses discours'.[15] Rousseau apparaît également à de nombreuses reprises dans ses œuvres philosophiques comme dans les notes de bas de page de sa traduction, à l'occasion de commentaires tantôt élogieux tantôt sarcastiques.[16] S'il peut s'exclamer 'Ô Rousseau, tes lauriers ne se flétriront jamais; la vieillesse ne peut rien sur ta sensibilité, & ton cœur ne mourut qu'avec toi',[17] et saluer les livres de Rousseau 'dont l'effet sera toujours de faire aimer la vertu et de la faire pratiquer',[18] il fustige par ailleurs celui qu'il accuse d'être grand orateur, mais 'philosophe à un degré médiocre'[19] et à qui il fait surtout le reproche d'être ennemi de la science.[20] Dès 1786, dans *Le Désordre régulier*, il fait dire à Rousseau (dont il imagine une conversation avec D'Alembert au sujet des académies): 'Ma conclusion à moi est que si les sciences sont nuisibles au bonheur des peuples, comme je l'ai prouvé autrefois,

14. Dans *Le Désordre régulier*, Lasalle évoque Socrate, Caton et Rousseau, précisant à propos de celui-ci: 'Arrêtons-nous un moment sur ce dernier que nous avons vu de plus près, & dont la cendre est encore tiède' (p.173). On peut penser ici que le verbe 'voir' n'est pas synonyme de lire ou étudier, mais qu'il peut être compris de manière plus littérale.
15. Ms NAF 12300, f.14r. Les 'deux volumes de sa correspondance' sont peut-être les t.7 et 8 des *Œuvres posthumes de Jean-Jacques Rousseau*; 'l'histoire de son séjour en Suisse', description vague s'il en est, désigne sans doute les *Lettres écrites de la montagne* (Amsterdam, Rey, 1764), même si elles ne forment pas à proprement parler une 'histoire' de la période neuchâteloise de Rousseau. Je remercie François Jacob pour ses éclaircissements sur ce dernier point. Voir également Jean-Jacques Rousseau, *De la Suisse*, éd. Frédéric S. Eigeldinger (Paris, 2002).
16. Il le raille ainsi dans une note de sa traduction de Bacon (qui préconise l'usage d'un coussin pour jardiner à genoux): 'L'auteur de l'Héloïse auroit fait mettre ce coussin par son héros larmoyant; et l'auteur d'Emile l'auroit fait ôter par son héros très édifiant, mais un peu raboteux' (*OFB*, t.9, p.397).
17. A. Lasalle, *Balance naturelle*, t.2, p.130.
18. *OFB*, t.3, p.206.
19. A. Lasalle, *Désordre*, p.87.
20. Il n'est pas anodin que l'épigraphe d'Ovide – '*Barbarus hic ego sum, quia non intelligor illis*' – par laquelle Rousseau ouvrait son *Discours sur les sciences et les arts* se retrouve sur la page de garde de *Gian Giacomo Rousseau all' Assemblea nazionale*, que Lasalle a écrit avec Nuvoletti, suivie de la mention 'Rousseau Disc. contro le Scienze' ('Discours contre les sciences').

comme je viens de le prouver, il faut conserver les académies.'[21] Il y revient des années plus tard dans le premier volume de sa traduction du *Novum organum*:

> Mais, dit Rousseau, grand exagérateur d'inconvéniens, on doit regarder comme nuisibles les choses dont on abuse toujours; et telles sont les sciences [...] Ainsi, avec beaucoup de mauvaise humeur, et un peu de génie, il est toujours facile, en heurtant de front l'opinion publique, de fabriquer des paradoxes, et de devenir, à très peu de frais, un auteur original. Tel fut l'unique secret du grand détracteur des sciences, écrivain aussi honnête sans doute qu'éloquent, mais un peu contrariant, morose et exagérateur, qui, prenant peine à nous dégoûter de ce que nous possédions, sans rien mettre à la place, vouloit nous crever les deux yeux pour en guérir un, et prétendoit nous éclairer en soufflant notre flambeau.[22]

Lasalle, qui se vantait dans *La Balance naturelle* qu'on lui ait reproché 'comme au Genevois, d'avancer des paradoxes',[23] nourrit donc à l'égard de Rousseau un mélange d'admiration réelle et d'agacement qui rend a priori toute identification difficile à concevoir, puisque c'est Francis Bacon qui, aux yeux du traducteur, incarne la science véritable. Dans une lettre qu'il adresse à Charles Dumont – de toute évidence en réponse à une lettre dans laquelle celui-ci lui présentait Rousseau comme un modèle – Lasalle rejette avec véhémence la possibilité même d'une comparaison, non seulement parce qu'il estime son propre mode de vie plus authentiquement austère et tourné vers l'écriture que celui du philosophe genevois, mais aussi parce que leur conception des sciences les oppose:

> Vous n'avez jamais été homme de lettres de profession, vous n'avez pas sacrifié durant vingt années à ce métier tous les plaisirs et toutes les commodités de la vie. Aussi vous ne pouvez sçavoir par vous-même ce qui convient à un homme de lettres et de quoi il est capable. Rousseau avoit ses raisons et moi j'ai les miennes, si je ne voulois comme lui que médire des sciences il me seroit aisé de me partager entre elles et un métier méchanique; mais j'ai le projet d'en avancer plusieurs parties et ce que je voulais faire est déjà en partie fait. De plus il falloit à

---

21. A. Lasalle, *Désordre*, p.231.
22. *OFB*, t.4, p.xxxiv-xxxv. Sur l'attitude de Rousseau vis-à-vis des sciences et du progrès scientifique, voir *Rousseau et les sciences*, ed. Bernadette Bensaude-Vincent et Bruno Bernardi (Paris, 2003).
23. A. Lasalle, *Balance naturelle*, t.2, p.286.

Rousseau son caffé au lait, une femme, une mise assez recherchée dans sa prétendue simplicité, et une infinité de petites commodités. Si je voulais jouir de tout cela, je serois obligé de le gagner par un travail <u>visible</u>, mais sachant me passer de tout cela, j'ai un plus grand droit que lui sur mon tems, et j'en ai un plus grand besoin pour cultiver un génie infiniment plus difficile.[24]

Si Lasalle semble prêt à faire quelques concessions au génie de Rousseau et à admettre qu'il lui faut travailler plus que lui pour arriver au même niveau, le 'génie infiniment plus difficile' qu'il dit chercher à cultiver doit sans doute se comprendre ici comme 'autrement supérieur' à celui de Rousseau: ce n'est pas Rousseau que Lasalle se donne comme modèle, mais Bacon, dont il se veut le continuateur. C'est d'ailleurs en se comparant à Bacon qu'il présente les persécutions dont il s'affirme victime comme le signe de son propre génie: 'Quand nous serions exposés à quelques injustices verbales ou réelles, nous aurions mauvaise grâce de nous plaindre; Bacon, Descartes, Galilée ont-ils été plus heureux?'[25] C'est aussi Bacon qui inspire – tout au moins en partie – à Lasalle ses opinions sur les gens de lettres, et c'est en pensant entre autres aux remarques du philosophe dans le premier livre de l'essai *De la dignité et de l'accroissement des sciences* qu'il écrit:

> Au reste, quel est mon objet? d'ajouter à la description que Bâcon fait des travers des gens de lettres, l'analyse de ceux que j'ai pu observer. Je ne les tue point pour les disséquer, et je ne fais que les analyser tous vifs; & si vous dites que c'est l'envie qui me fait parler; je dirai, moi, que c'est le dépit d'être reconnu qui vous rend ennemi de ma discussion; & les personnalités réduites à zéro par le choc, nous continuerons notre examen.[26]

Bouillier n'a cependant pas tort de rapprocher Lasalle de Rousseau. Bien qu'il s'en défende, Lasalle montre à ses lecteurs des traits de personnalité incontestablement rousseauiens. Ils sont, par exemple, l'un comme l'autre affectés par une santé chancelante, et Lasalle fait d'ailleurs montre de compassion pour le Rousseau valétudinaire, s'accordant à dire avec lui que la santé suffit au bonheur des hommes:

> cette cruelle infirmité qui le dévoroit, & qui est la véritable excuse des inégalités de son caractère, le faisoit souvent passer de la maladie à

---

24. Ms NAF 12300, f.19.
25. A. Lasalle, *Balance naturelle*, t.2, p.556.
26. A. Lasalle, *Désordre*, p.111.

la santé; quand il écrivoit, il étoit presque toujours convalescent, & il avoit l'énergie aimante, & l'onction que donne cet état à tout homme que le vice n'a pas corrompu. Que l'homme est heureux entre deux maux quand il sçait aimer et espérer![27]

Le traducteur de Bacon revient aussi fréquemment sur ses propres maux, évoquant son 'affection hypochondriaque',[28] sa 'maladie incurable',[29] son absence d'odorat[30] et une surdité profonde confirmée par le chanoine Berthier – directeur de la bibliothèque de Semur – dans une lettre à Chaptal: 'Soit excès de travail, soit effet des privations et du besoin, le Cit. Lasalle est devenu sourd, et cette infirmité qui va en augmentant le rend incapable de tout autre travail que celuy du cabinet: je vois même que la vie absolument retirée qu'il mène depuis tant d'années le rend de moins en moins propre à la vie sociale.'[31] Berthier ne s'y est pas trompé, Lasalle partage aussi avec Rousseau un goût de la solitude qu'il ne cesse de revendiquer comme preuve de son engagement philosophique et de son dévouement au 'public' pour lequel il écrit et traduit. C'est, dit-il, pour traduire Bacon qu'il se retire à Semur-en-Auxois; c'est pour s'y consacrer entièrement qu'il renonce à tout confort et passera sa vie entre un grenier et un autre. Il évoque aussi tour à tour sa 'rude éducation' et ses longues 'méditations',[32] et avoue devoir 'confesser' son goût pour la gloire.[33] Ces allusions presque subliminales à Rousseau reflètent peut-être davantage le statut dont jouissait encore l'auteur des *Confessions* au moment où Lasalle se met à écrire, qu'une réelle proximité psychologique entre les deux philosophes. Elles éclairent cependant le personnage que le traducteur présente à son public et qui, au fil des ans, glisse de plus en plus profondément dans la misanthropie, la paranoïa et l'obsession du plagiat. Ce que Jean Goulemot écrit sur la marginalité de Rousseau pourrait s'appliquer mot pour mot à Lasalle qui, comme lui, 'creuse l'écart avec le monde littéraire, les institutions, se brouille avec ses amis, opte pour la solitude accusatrice' et va finir par 'faire de sa marginalité et des persécutions dont il est victime une arme et une

---

27. A. Lasalle, *Désordre*, p.148.
28. A. Lasalle, *Désordre*, p.418, 359.
29. A. Lasalle, *Balance naturelle*, t.1, p.ix-x.
30. *OFB*, t.5, p.258.
31. Dossier d'indemnité d'Antoine de Lasalle, F/17/3173 (Pierrefitte, Archives nationales), 'Lettre de Berthier à Chaptal, pluviôse An ix'.
32. A. Lasalle, *Désordre*, p.243; *Balance naturelle*, t.1, p.ix-x.
33. A. Lasalle, *Désordre*, p.300.

légitimation'.[34] Au moment où il œuvre à sa traduction de Bacon, Lasalle est déjà dévoré par l'amertume suscitée par le succès mitigé de ses premiers ouvrages philosophiques et par une précarité matérielle aggravée par la maladie. A tort ou à raison, il estime que son entourage ne l'aide pas assez, mais il reproche surtout à la République des lettres de ne pas lui avoir accordé la place qu'il pensait mériter. La description désabusée qu'il en faisait dans *Le Désordre régulier*, c'est-à-dire au tout début de sa carrière littéraire, est éloquente: 'On voit bien par l'animosité qui règne entre gens de lettres, qu'ils sont membres d'une république assez mal constituée; on a beau chercher, on n'y trouve point d'intérêt commun; d'un côté est une sorte d'aristocratie despotique, composée de quelques sénats inamovibles; de l'autre une multitude éparse & incohérente qui ne se rapproche quelquefois que pour s'entre-déchirer.'[35]

Au moment où paraissent les trois premiers volumes de sa traduction, le ton n'est plus le même. La souffrance et la résignation ont en partie pris la place de la critique acerbe des débuts. Dans une note ajoutée à un passage de l'essai *De la dignité et de l'accroissement des sciences* dans lequel Bacon affirme que 'le premier degré de la privation ou de l'indigence peut être salutaire, non seulement pour éveiller l'industrie, mais aussi pour inspirer la patience', Lasalle semble lui répondre avec amertume:

> Quand les disgrâces commencent, on ne s'est pas encore arrangé pour souffrir; on est *surpris*, et le *sentiment du mal* se proportionne à cette *surprise*; mais ensuite on voit bien qu'il faut apprendre à souffrir. L'on bande pour ainsi dire par degré l'arc de sa patience, et l'on trouve en soi plus de courage qu'on ne croyoit: or ce que nous disons ici n'est pas une traduction de l'expérience d'autrui, c'est un texte original.[36]

Eternel marginal du monde littéraire et scientifique, Lasalle, persuadé d'œuvrer pour le bien de l'humanité et convaincu de la supériorité de son intelligence, oscille sans cesse entre son désir de reconnaissance et une intransigeance souvent mêlée d'ironie.

---

34. Jean M. Goulemot, 'Aventures des imaginaires de la dissidence et de la marginalité, de Jean-Jacques Rousseau à Jean-Paul Marat', *Tangence* 57 (mai 1998), p.12-22 (17). On peut aussi rapprocher l'attitude de Lasalle de celle des rédacteurs fictifs des journaux de Marivaux, comme Christine Hammann le fait pour Rousseau dans *Déplaire au public: le cas Rousseau* (Paris, 2012), p.187 et suivantes.
35. A. Lasalle, *Désordre*, p.58-59.
36. *OFB*, t.3, p.37.

S'il est vrai qu'il n'a jamais cessé de critiquer la République des lettres, on peine cependant à trouver des traces de querelles véritables ailleurs que dans les écrits de Lasalle lui-même. On se souvient qu'il avait retardé, puis momentanément abandonné, son projet de traduction à la suite des critiques négatives qu'il avait essuyées dans la presse après la publication du *Désordre régulier*.[37] Dans les deux volumes de son second ouvrage, *La Balance naturelle*, il semble décidé à répondre aux 'personnes qui m'ont blâmé d'avoir attaqué M. de Buffon & quelques autres Philosophes'.[38] Convaincu que les querelles 'sont utiles au progrès des sciences',[39] Lasalle se justifie cependant en des termes pour le moins ambigus: 'je n'en voulois ni à la personne, ni à la réputation de ces grands hommes, mais seulement à leurs noms qui sont une sorte de sophisme à réfuter; tant que je les trouverai dans mon chemin, je les combattrai, en respectant un peu plus mon auditoire.'[40] Un peu plus loin, il se dit même revigoré par cette étrange passe d'armes qui semble avoir opposé David à Goliath:

> Les dangers auxquels je me suis exposé en combattant une réputation en partie méritée & appuyée sur une large base, m'ont fait découvrir en moi des facultés que je ne me connoissois pas; la noblesse & la dignité qui décore les écrits de mon antagoniste est passée dans les miens, le désir de le surpasser m'a fait faire des efforts prodigieux.[41]

Le lecteur de *La Balance naturelle* qui n'aurait pas préalablement lu *Le Désordre régulier* pourrait à bon droit imaginer des propos virulents, mais Lasalle s'était tout au plus contenté d'accuser Buffon d'"inexactitude' et lui avait reproché de s'être laissé égarer 'par la fureur de simplifier',[42] reproche qu'il adressait également à Helvétius.

Dans le livre qu'il consacre à l'opinion publique au dix-huitième siècle, Nicolas Veysman note que, dès 1786, Lasalle reproche aux philosophes en général de n'avoir pas su œuvrer 'à l'émergence

---

37. Voir Chapitre 1.
38. *Balance naturelle*, t.1, p.xi. En fait de 'personnes', c'est Garat qui lui en avait fait le reproche (voir Chapitre 1). La presse ne garde pas trace d'autres commentaires à ce sujet, ce qui ne veut pas dire que Lasalle n'a reçu d'autres critiques que celle de Garat à ce sujet.
39. *Balance naturelle*, t.1, p.xi-xii. Lasalle ajoute: 'On s'échauffe, on examine, on discute, on creuse, on distingue, on détermine & la science avance'; *Balance naturelle*, t.1, p.xiii.
40. *Balance naturelle*, t.1, p.xi.
41. *Balance naturelle*, t.1, p.xiii.
42. *Désordre*, p.353 et 363.

d'un jugement public autonome' et d'avoir au contraire 'fondé leur pouvoir sur les faiblesses de l'opinion publique'.[43] Il leur reproche aussi un style énigmatique propre à tromper le lecteur, reproche qu'il adresse surtout à Rousseau, qu'il ne cessera de peindre en maître du paradoxe et du doute. Dans le quatrième volume de sa traduction de Bacon, Lasalle oppose ainsi l'eucatalepsie de Bacon (la compréhension heureuse du monde) à l'acatalepsie des sceptiques dont 'le dogme' est à ses yeux un 'plaidoyer pour l'ignorance' et dont il juge Rousseau coupable: 'J'aurais donc le facile mérite de ne rien savoir; et avec un peu d'éloquence, je pourrai, sans injustice, me faire un grand nom, en devenant, comme l'illustre J.-J. Rousseau, l'avocat et le commensal des ignorans.'[44] Ces critiques, Lasalle les adresse donc non pas spécifiquement à Buffon, mais à tous les 'illustres' de la philosophie et des sciences. Si tant est que ce dernier ait effectivement eu vent de l'article du *Journal de Paris* et ait même eu entre les mains l'opuscule du jeune inconnu qu'était alors Lasalle, il est peu probable qu'il y ait répondu ou qu'il ait réclamé, comme l'affirmera plus tard le traducteur, la suspension du périodique. D'après Henri Nadault de Buffon, arrière-petit-neveu du naturaliste, Buffon ne répondait jamais aux critiques et, faute de traces textuelles, il y a tout lieu de penser que la 'querelle' entre Buffon et Lasalle n'a jamais existé que dans l'imagination de ce dernier.[45] On ne peut écarter la possibilité que Lasalle ait été pris à partie oralement dans les salons et les cercles littéraires ou scientifiques qu'il semblait fréquenter à l'époque. Il est cependant plus probable qu'il ait fait courir ou laissé courir le bruit qu'il avait tenu tête à l'un de ces 'noms' qui à ses yeux abusaient de leur position intellectuelle dominante.

Contrairement à Rousseau, en conflit ouvert avec les philosophes,[46] Lasalle s'est sans doute contenté de teinter ses écrits de polémique sans prendre véritablement part à de réelles disputes. En dehors de

---

43. Nicolas Veysman, *Mise en scène de l'opinion publique dans la littérature des Lumières* (Paris, 2004), p.383. Voir notamment p.655-60.
44. *OFB*, t.4, p.249.
45. 'Buffon était directement attaqué: pourquoi n'a-t-il pas répondu? Il a gardé le silence, parce qu'il ne répondait jamais aux attaques dirigées contre lui. Cette noble réserve, cette dédaigneuse indifférence, furent, durant sa longue carrière, une règle de conduite dont il ne se départit jamais.' *Correspondance inédite de Buffon*, éd. Henri Nadault de Buffon, 2 vol. (Paris, 1860), t.1, p.ii.
46. Voir par exemple à ce sujet le livre d'Ourida Mostefai, *Jean-Jacques Rousseau écrivain polémique: querelles, disputes et controverses au siècle des Lumières* (Leyde, 2016), notamment p.47-68.

Buffon, qui meurt en 1788, les 'personnalités' qu'il imagine 'réduites à zéro par le choc' de ses attaques avaient d'ailleurs déjà disparu avant la publication du *Désordre régulier* en 1786. Contrairement aux 'Rousseau des ruisseaux' décrits par Robert Darnton, dont il partage pourtant de nombreuses caractéristiques (comme eux condamné 'aux greniers et aux gouttières, travaillant dans l'isolement, la pauvreté et la dégradation'),[47] Lasalle n'est ni un libelliste ni un pamphlétaire. Il n'exprime pas ses griefs dans les journaux littéraires et savants du temps et, s'il s'est querellé par lettres, cette correspondance ne nous est pas parvenue. De fait, face aux critiques violentes dont sa traduction va être l'objet, il va se trouver bien plus démuni, ou bien plus timoré, que ne pouvait le laisser penser le ton plutôt bravache et provocateur de certains de ses écrits.

Jean-André de Luc contre Antoine Lasalle

Il n'est sans doute pas indifférent que l'attaque contre la traduction de Lasalle soit venue d'un homme dont la famille avait entretenu des liens d'amitié très étroits avec Jean-Jacques Rousseau. S'il est peu probable que Jean-André de Luc se soit donné la peine de lire les œuvres philosophiques de Lasalle, et qu'il ait ainsi eu connaissance des sentiments contradictoires que nourrissait celui-ci pour l'ami de son père, une phrase ajoutée en note par le traducteur dans la préface du premier volume de sa traduction a dû d'emblée convaincre le savant suisse de l'impérieuse nécessité de venger à la fois Bacon et le christianisme des outrages de sa plume, mais aussi Rousseau, enrôlé de force dans une entreprise impie:

> Le vrai christianisme, tel qu'il est exposé dans le développement du discours sur la Montagne, durera autant que l'homme; la nature même du cœur humain est le sol où il est planté: *être heureux, c'est aimer et se sentir aimé*. Mais ce christianisme diffère beaucoup de celui qu'on nous enseignoit; et comme l'a dit Rousseau, *pour sauver le tronc, il faut sacrifier les branches*.[48]

Lorsqu'il se lance dans la défense de Bacon, Jean-André de Luc (1727-1817), géologue et météorologue suisse, réside en Allemagne où il vient d'être fait professeur honoraire de philosophie naturelle et de

---

47. Robert Darnton, *Bohème littéraire et Révolution: le monde des livres au XVIIIe siècle* (1983; Paris, 2010), p.72.
48. *OFB*, t.1, p.xxxii.

géologie par l'Université de Göttingen. En dehors de cette parenthèse allemande, il est installé à Londres depuis 1774, où il est devenu lecteur de la reine Charlotte et membre de la Royal Society.[49] Lasalle pouvait donc d'emblée le ranger parmi ces 'noms' de la philosophie et des sciences dont il entendait par principe remettre en cause l'autorité. Le père du géologue, Jacques François, horloger genevois et ami intime de Rousseau,[50] s'était distingué en son temps par la publication d'une réfutation de la *Fable des abeilles* de Bernard Mandeville[51] et par des *Observations sur les savants incrédules* dans lesquelles il défendait le lien entre la religion chrétienne et les sciences contre 'ces Savans corrompus, tels que les Auteurs de *l'Homme machine* & de *la Fable des Abeilles*, qui se parent de l'irréligion, sous le titre prétendu de Philosophie, comme si le caractère du vrai Philosophe devoit être de n'avoir point de Religion'.[52] Soucieux lui aussi de défendre la religion, cette fois contre les assauts de la science des Lumières, Jean-André de Luc s'en était déjà pris entre autres à Buffon avant d'attaquer Lasalle. Dans ses longues *Lettres physiques et morales sur l'histoire de la terre et de l'homme*, le géologue s'oppose à la *Théorie de la terre* de Buffon, qui explique la morphologie de la planète non par l'effet d'une catastrophe lointaine – comme 'le choc ou l'approche d'une comète, l'absence de la lune, la présence d'une nouvelle planète'[53] – mais par l'action continue des éléments (essentiellement l'eau et le vent).[54] Partant, comme Buffon, de l'observation de coquillages fossilisés retrouvés dans les montagnes, de Luc formule une théorie diamétralement opposée – celle d'une catastrophe unique –, conforme au récit biblique du Déluge.[55]

---

49. La page de garde de l'un de ses ouvrages, publié en 1804, fait état de sa qualité de membre 'Des Sociétés Royales de Londres et de Dublin, de la Société des Scrutateurs de la Nature de Berlin et de Iena, et de plusieurs autres Académies'.
50. Sur l'amitié de Jacques François de Luc et de ses fils avec Rousseau, voir Douglas G. Creighton, *Jacques-François Deluc of Geneva and his friendship with Jean-Jacques Rousseau* (Oxford, MS, 1982).
51. [Jacques François de Luc], *Lettre critique sur la fable des abeilles* (Genève, Henri-Albert Gosse, 1746).
52. Jacques François de Luc, *Observations sur les savants incrédules, et sur quelques-uns de leurs écrits* (Genève, s.n., 1762), p.11.
53. Georges-Louis Leclerc de Buffon, *Œuvres complètes*, 14 vol. (Paris, Imprimerie royale, 1774-1789), t.1, p.142. Voir à ce sujet *L'Invention de la catastrophe au XVIIIe siècle*, éd. Anne-Marie Mercier-Faivre et Chantal Thomas (Genève, 2008).
54. Voir par exemple Jean-André de Luc, *Lettres physiques et morales sur l'histoire de la terre et de l'homme*, 5 vol. (Paris, Duchesne, 1779), t.1, lettre 26; t.2, lettre 40.
55. A propos de la théorie géologique de de Luc, voir *Jean-André Deluc: historian of*

En 1800, sans doute au cours de la première moitié de l'année – soit quelques mois après la parution des trois premiers volumes de la traduction de Lasalle au cours du second semestre de l'année 1799 et alors que les trois volumes suivants sont en cours d'impression –, Jean-André de Luc fait paraître un ouvrage de 126 pages intitulé *Bacon tel qu'il est, ou Dénonciation d'une traduction françoise des œuvres de ce philosophe, publiée à Dijon par M. Ant. La Salle*. Il est évident qu'il n'a eu entre les mains que les trois premiers volumes et n'a sans doute pas poursuivi sa lecture attentive au-delà du premier. En évoquant le *Novum organum*, il précise en tout cas entre parenthèses qu'il ne sait pas 'si la traduction a déjà paru'[56] – elle paraîtra l'année suivante. Malgré l'attaque *ad hominem* contenue dans le titre même de l'ouvrage, de Luc s'en prend dès l'introduction non au traducteur lui-même, mais à la 'secte des *Encyclopédistes*', aux membres de laquelle il reproche de s'être faits les 'disciples' de Bacon et de l'avoir porté aux nues pour mieux 'le soustraire aux regards du public en les fixant sur eux-mêmes, & pour établir des principes diamétralement opposés aux siens'.[57] Il envisage son propre ouvrage comme l'instrument d'un 'changement de scène' devant permettre d'exposer les philosophes qui, en se servant de Bacon pour travestir leurs objectifs inavouables, entendaient tromper un lectorat peu à même de lire le philosophe britannique en anglais ou en latin en se servant pour cela de la publication d'"une traduction françoise des ouvrages de ce philosophe'.[58] De Luc ne sait d'ailleurs rien du traducteur lui-même. Dans une lettre datée du 7 août 1800, l'un de ses correspondants, un certain M. de Pape,[59] imagine que ce 'Bacon travesti en Jacobin paru à Paris' a peut-être été 'forgé à Berlin' par quelque 'vilain forgeron de l'enfer françois ou allemand'.[60] Le propos de de Luc dans cette introduction n'est cependant pas sans rappeler

---

earth and man, éd. John L. Heilbron et René Sigrist (Genève, 2011), notamment p.87 et suivantes. C'est le prince Galitzine, ami des philosophes et de Buffon, qui a plus tard entrepris, à titre posthume, de défendre celui-ci contre les attaques de de Luc (et de Georges-Louis Le Sage, qui l'avait formé à Genève): [Dimitri Galitzine], *Défense de Mr de Buffon contre les attaques injustes et indécentes de M. Deluc et Sage* (La Haye, De Groot, 1793).

56. J.-A. de Luc, *Bacon*, p.45.
57. J.-A. de Luc, *Bacon*, p.3.
58. J.-A. de Luc, *Bacon*, p.4.
59. Il s'agit peut-être du 'Mr Pape, Médecin du Prince de Waldeck' dont de Luc donne le nom dans une note du t.3 des *Lettres physiques et morales sur l'histoire de la terre et de l'homme* (p.487n).
60. De Pape à Jean-André de Luc, lettre du 7 août 1800, *Jean-André Deluc papers*, Ms 179, boîte 4, Yale Rare Book and Manuscript Library, Yale University.

celui de Lasalle lui-même. Comme lui, de Luc accuse les philosophes d'avoir profité de leur position dominante pour tendre un 'piège' à 'la partie inattentive du public'.[61] Pour de Luc, cette dénonciation de la traduction de Lasalle sert cependant une autre cause que le simple procès des encyclopédistes: elle constitue une étape nécessaire dans une croisade plus vaste que le géologue entend mener contre 'une secte de Théologiens' qui s'en prend selon lui depuis quelque temps à 'l'Ecriture sainte':[62] '[mes lecteurs] pourront voir dans le cours de ce petit ouvrage, non seulement par analogie, mais directement, que pour soutenir l'exégèse (ou le système d'interprétation de l'Ecriture sainte) que quelques Théologiens travaillent à propager, il falloit, ou faire oublier BACON, ou défigurer ses ouvrages, vrais modèles d'interprétation de nos Livres sacrés comme de la Nature.'[63]

A la suite de cette courte préface, de Luc dresse la liste des nombreux manquements de Lasalle, qu'il ne mentionne jamais nommément mais désigne tantôt comme 'le traducteur' ou 'l'éditeur', tantôt comme 'le prétendu interprète de Bacon'[64] et le plus souvent par le pronom 'il'. Si les nombreuses allusions de Lasalle à Rousseau n'ont sans doute pas suffi à convaincre de Luc de s'attaquer à lui, il a cependant lu sa traduction avec assez d'attention pour lui reprocher de s'en réclamer. L'allusion de Lasalle au 'vrai christianisme' et à Rousseau citée plus haut n'a pas échappé à son détracteur. Sa première remarque vise ce qu'il considère comme 'du pathétique, destiné à rassurer ceux qui craindroient, qu'en enlevant ce qu'on nomme la *Mythologie* du Christianisme, les *lois* de ce beau *Discours* n'eussent plus de *sanction*'.[65] Cette critique est suivie par une longue défense des lois du christianisme – accompagnée de citations du *Sermon sur la montagne* – au terme de laquelle de Luc revient à Rousseau pour

---

61. J.-A. de Luc, *Bacon*, p.5.
62. J.-A. de Luc, *Bacon*, p.5.
63. J.-A. de Luc, *Bacon*, p.6. De Luc reparle un an plus tard de ces 'théologiens' et de leur condamnable exégèse dans la troisième de ses *Lettres sur le christianisme adressées à M. le pasteur Teller* (Berlin, 1801), p.19-25. Il y oppose 'les théologiens qui avoient vraiment à cœur la Religion' et ceux qui, 'amoureux de la distinction & de la nouveauté', ont 'arrangé un système de religion' qui a laissé le champ libre aux 'ennemis déclarés de toute Religion *révélée*' (p.22-23). Sur ces partisans d'une théologie rationnelle et de l'assimilation des Juifs (à laquelle de Luc s'oppose aussi avec force), voir J. L. Heilbron, 'Jean-André Deluc and the fight for Bacon around 1800', dans *Advancements of learning: essays in honour of Paolo Rossi*, éd. John L. Heilbron (Florence, 2007), p.77-100 (82).
64. J.-A. de Luc, *Bacon*, p.67.
65. J.-A. de Luc, *Bacon*, p.60.

répondre à 'celui qui le cite' et enrôler pour quelques pages l'auteur de l'*Emile* dans le camp de la religion et de l'antiphilosophisme:

> J'opposerai d'abord à l'Auteur le jugement même d'un autre homme célèbre, dont il réclame le témoignage dans la note rapportée ci-dessus; je veux dire Rousseau. J'ai beaucoup connu cet homme extraordinaire, qui, comme celui qui le cite, se contredisoit souvent à l'égard du *cœur humain*; mais c'étoit avec bien moins d'écarts, parce qu'il aimoit réellement les hommes. Sa raison étoit souvent subjuguée par son imagination & par ses passions favorites; mais quand il s'occupoit profondément de ce qu'exige le *bien commun*, il détestoit la Philosophie des *Encyclopédistes*, & il ne pouvoit alors s'empêcher de tourner les yeux vers la *Révélation*; sentant bien que les hommes avoient besoin d'un frein, qu'ils ne se donneroient jamais eux-mêmes.[66]

Comme annoncé dans le titre de son ouvrage et dans la préface, de Luc entend cependant s'attaquer à la traduction de Lasalle et à l'idéologie qu'elle est censée promouvoir bien plus qu'à son utilisation abusive de Rousseau. Il s'agit pour le géologue de montrer en premier lieu que la traduction de Lasalle est doublement inutile: inutile aux 'savans' qui ont accès aux ouvrages de Bacon dans leur langue originale (le latin et l'anglais), mais inutile aussi à ceux auxquels elle est destinée (le 'public' dont parle Lasalle), 'ceux qui n'ont pas le loisir d'étudier' et à qui l'on 'offre cette masse d'exemples défectueux, parmi lesquels ils ne sauroient débrouiller cette précieuse dixième partie consistant en préceptes, puisque pour en sentir l'importance, il faut être très-instruit'.[67] Œuvre inutile, pour ne pas dire néfaste, puisque de Luc la juge propre à jeter 'la confusion, même le dégoût, dans l'esprit des lecteurs',[68] bien trop onéreuse pour les lecteurs auxquels elle semble adressée, la traduction de Lasalle est aussi aux yeux de

---

66. J.-A. de Luc, *Bacon*, p.64-65. Voir également p.67 et surtout 76, où de Luc assure le lecteur que, s'il avait vécu, Rousseau se serait rangé à ses vues sur la religion. De Luc fait dans cette citation allusion à la querelle sur le théâtre qui a opposé Rousseau à Voltaire et D'Alembert à la suite de la publication de l'article 'Genève' de l'*Encyclopédie* et donné lieu à la *Lettre à D'Alembert sur les spectacles* (1758). Voir à ce sujet Ourida Mostefai, *Le Citoyen de Genève et la République des lettres: étude sur la controverse autour de 'La Lettre à D'Alembert' de Jean-Jacques Rousseau* (Oxford, 2003). Voir également l'article 'Rousseau, Jean-Jacques (1712-1778), antiphilosophe' de Jean M. Goulemot et Didier Masseau dans le *Dictionnaire des anti-Lumières et des antiphilosophes*, éd. Didier Masseau, 2 vol. (Paris, 2017), t.2, p.1371-80.
67. J.-A. de Luc, *Bacon*, p.20-21.
68. J.-A. de Luc, *Bacon*, p.15.

son détracteur une entreprise absurde en elle-même et qui ne saurait être celle 'd'un individu, d'après les vues ordinaires de profit, de réputation, ou d'utilité publique'. Economiquement déraisonnable pour le traducteur comme pour l'éditeur, cette 'entreprise ruineuse autant qu'ennuyeuse' pour 'un individu homme-de-lettres' ne pouvait voir le jour sans le soutien de ceux qui ont, selon de Luc, couvert Lasalle de 'gratifications, accompagnées d'encouragemens & d'éloges' et dont ce dernier donne effectivement la liste.[69]

De Luc s'intéresse peu au style de Lasalle et à la façon dont il rend le texte baconien. La question de la fidélité est évacuée relativement rapidement. De Luc annonce vouloir s'appuyer sur la traduction elle-même pour éclairer ses lecteurs, et précise entre parenthèses que le traducteur, ou plutôt 'l'interprète' de Bacon, n'est 'pas toujours fidèle, comme on aura lieu de le voir',[70] mais il ne s'étend guère, en réalité, sur les choix de traduction de Lasalle alors même qu'ils lui semblent plus que discutables: 'Diverses inexactitudes qui se trouvent dans cette traduction, n'annoncent point un esprit philosophique accoutumé à sentir, qu'en changeant la tournure de l'expression, on peut produire de grands changemens dans les idées; ce qui arrive fort souvent au traducteur.'[71] De Luc s'arrête ainsi sur la traduction de *Principia* qu'il relève dans un passage du second volume de la traduction de Lasalle, où celui-ci commente en note sa propre traduction de *Principia* par 'principes': 'Ce mot de *principe*, signifie ici *élément*; car où nous employons celui de *principe*, pour désigner des propositions générales ou incontestables, ou bien prouvées, il [Bacon] emploie celui *d'axiome*.'[72] Pour de Luc, la note du traducteur est l'aveu même que la traduction qu'il propose 'étoit une version vicieuse', et le géologue y répond en retournant les arguments de Lasalle, dont il rejette tout à la fois la solution et sa justification: 'Quand BACON veut parler d'éléments, il emploie le mot *elementa*; mais ici il a en vue le sens direct du mot latin, *commencemens, origines.*'[73] Pour défendre la traduction qu'il propose pour *principia*, de Luc donne au lecteur l'exemple d'un autre texte de Bacon – *De principiis atque originibus secundum fabulas Cupidinis et Coeli*[74] –, texte qui selon lui 'ne traite que des *commencemens* des choses'

---

69. J.-A. de Luc, *Bacon*, p.23.
70. J.-A. de Luc, *Bacon*, p.27.
71. J.-A. de Luc, *Bacon*, p.36.
72. *OFB*, t.2, p.35.
73. J.-A. de Luc, *Bacon*, p.36-37.
74. *The Oxford Francis Bacon*, t.6: *Philosophical studies c. 1611-c. 1619*, éd. Alan

chez Parménide, Telesio et Démocrite, et dont on doit donc déduire que *Principia* se traduit par 'commencemens'.[75] Texte original en main, de Luc compare également un passage en latin tiré du livre 1 de l'essai *De la dignité et de l'accroissement des sciences* dans lequel Bacon parle de la Création[76] à sa traduction par Lasalle.[77] Avant de livrer au lecteur sa propre traduction, de Luc le met en garde: il ne trouvera dans la version de Lasalle qu'un '*dogme* [...] *pétri* de manière à n'avoir aucun sens, excepté comme laissant entrevoir, qu'il existoit *d'abord* dans la Nature une *masse confuse* d'élémens dont se sont formés les cieux & la terre; idée après laquelle ces mots, *que la matière fut créée en un instant*, ne signifient rien'.[78] Pour de Luc, le texte original 'n'est susceptible que d'un seul sens', qu'il donne à la suite du latin: 'Cela posé, il faut remarquer; que rien, dans l'histoire de la création, ne s'oppose, à ce que la *masse confuse*, la *matière* du ciel & de la terre, ne fût créée en un instant.'[79]

Au-delà de ces deux exemples, l'objectif de de Luc dépasse de loin la discussion des qualités et défauts intrinsèques de la traduction en tant que telle. Le géologue genevois veut démontrer au lecteur que Lasalle n'est pas tant un traducteur approximatif que le maître d'œuvre d'un projet philosophique et politique destructeur. De Luc lui reproche en premier lieu de dénaturer l'œuvre de Bacon et de remplacer les mots du philosophe anglais par les siens, notamment dans la 'Préface du traducteur' qui ouvre le premier volume et qu'il décrit comme une 'préface insidieuse'.[80] Cette préface concentre sur elle-même une grande partie des critiques formulées par de Luc. En fait de 'préface du traducteur' il s'agit, comme on l'a vu au chapitre précédent, d'une prosopopée d'une cinquantaine de pages, artifice par lequel Lasalle 'résume' la pensée du philosophe, mais dont il ne

---

Stewart et Harriet Knight (Oxford, 1996), p.195-268. La traduction de ce texte par Lasalle apparaît dans le quinzième et dernier volume: 'Des principes et des origines, ou explications des fables de Cupidon et du Ciel, servant de voiles aux systèmes de Parménide, de Télèse et de Démocrite', *OFB*, t.15, p.211-406.

75. J.-A. de Luc, *Bacon*, p.37.
76. '*Hoc posito, notandum est, nihil in creationis historia obstare, quin fuerit, confusa illa cœli terræque massa, & materia, unico temporis momento creata.*'
77. 'Cela posé, il faut observer que, dans l'histoire de la création, nous ne voyons rien qui nous empêche de penser que la masse du ciel et de la terre fut d'abord confuse, et que la matière fut créée dans un seul instant' (*OFB*, t.1, p.175).
78. J.-A. de Luc, *Bacon*, p.35.
79. J.-A. de Luc, *Bacon*, p.35.
80. J.-A. de Luc, *Bacon*, p.8.

dévoile au lecteur la véritable nature qu'à la fin: 'Ainsi se parloit à lui-même le chancelier Bacon, à l'époque où, consacrant toutes les forces de son génie à l'utilité du genre humain, et prenant l'essor le plus hardi, il s'élançoit dans le vaste champ de la science humaine.'[81] Pour de Luc, les deux préfaces de Bacon lui-même suffisaient à présenter au lecteur 'ses *plans* et ses *vues*',[82] et la prosopopée inventée par Lasalle n'est qu'une 'manœuvre' destinée à 'assurer le succès de l'illusion': arrivés au terme de ce 'prétendu *Monologue*' introductif, les lecteurs 'croiront indubitablement avoir entendu BACON lui-même; & cependant la copie ne ressemble pas plus à l'original, que *Polyphème* à *Apollon*'.[83] Pour de Luc, Lasalle a voulu ainsi préparer le lecteur à trouver dans le texte traduit tout l'inverse de ce que contient le texte original. En fait de 'carte' et de 'flambeau',[84] le traducteur s'est efforcé 'de couvrir *l'entrée* de ces *routes* d'une *toile*, & d'y projeter, comme par une *lanterne magique*, tous les objets qu'il vouloit présenter à ses lecteurs *au nom* de BACON'[85] et de jeter ces derniers 'dans un *labyrinthe* dont ils ne pourront se tirer qu'avec le *fil* qu'il leur fournit lui-même pour les conduire dans des précipices'.[86]

Lasalle est plus précisément coupable à ses yeux de défigurer la pensée philosophique, théologique et politique de Bacon pour faire triompher 'le Matérialisme, le Fatalisme, l'Athéisme'.[87] Il ne pouvait sans doute interpréter autrement ce passage du monologue introductif dans lequel Lasalle fait dire à Bacon que les 'reproches faits aux lettres' ont pour origine 'le dédain et la présomption des politiques', mais surtout 'la jalousie et la défiance des théologiens, qui semblent craindre que la foi ne perde tout ce que gagnera la philosophie, et que le sceptre de l'opinion ne passe de la main du prêtre dans celle du philosophe'.[88] Ou cet autre, dans lequel ce Bacon imaginé par son traducteur déclare craindre la censure 'des prêtres tyranniques et

---

81. *OFB*, t.1, p.liii.
82. J.-A. de Luc, *Bacon*, p.7.
83. J.-A. de Luc, *Bacon*, p.15, 9, 8. La mention de Polyphème est une allusion directe à un passage du *De augmentis scientiarum* (livre 2, chap.4) dans lequel Bacon compare l'histoire des lettres à l'œil de Polyphème: 'Si l'histoire du monde étoit dénuée de cette partie, elle ne ressembleroit pas mal à la statue de Polyphème ayant perdu son œil' (*OFB*, t.1, p.290).
84. Voir Chapitre 3.
85. J.-A. de Luc, *Bacon*, p.14.
86. J.-A. de Luc, *Bacon*, p.25.
87. J.-A. de Luc, *Bacon*, p.31.
88. *OFB*, t.1, p.xi-xii.

soupçonneux'.[89] De Luc résume ainsi 'ces choses qu'on veut enseigner au nom de BACON': 'c'est qu'il [Bacon] avait déjà en vue de *renverser les Autels*; en séparant pour cet effet du *Christianisme* ce qu'on fait traiter par ce philosophe de pure *Mythologie*, utile seulement aux *prêtres*, & réduisant ainsi la *Religion* à une simple *morale philosophique*.'[90]

Pour de Luc, cette manipulation de la philosophie baconienne devait, pour être crédible, reposer sur une traduction nécessairement incomplète des œuvres du chancelier. Ce n'est pas tant en produisant une traduction fautive que Lasalle induit ses lecteurs en erreur, ni même en leur proposant uniquement le subterfuge du monologue apocryphe, dans lequel son détracteur sent pourtant 'quelque chose de sinistre'.[91] C'est en ajoutant ses propres textes à ceux de Bacon – y compris des notes qui ne servent pour de Luc qu'à obscurcir le texte – et surtout en supprimant des passages ou des textes entiers, en expurgeant par exemple les œuvres de Bacon de tout ce qui relève de la religion, que Lasalle trahit le plus sûrement celui qu'il traduit:

> Aussi, quoiqu'à la p. lviii de sa préface, il en annonce la *collection complète*, quand on lit à la page suivante, les titres des ouvrages qui seront traduits, on trouve qu'il en manque plusieurs; entr'autres ses *Méditations sacrées*, ses *Considérations* sur les *controverses d'Angleterre*, sur l'*Eglise anglicane*, & sur la *Guerre sacrée*; surtout, on n'y trouve point la *Confession de foi*, pièce très-méthodique & *très-détaillée*.[92]

De Luc accorde d'ailleurs une importance telle à cette *Confession de foi*, qu'il en cite plusieurs passages *in extenso* pour montrer au lecteur à quel point Lasalle dévoie le texte baconien en faisant dire au philosophe anglais: 'Les *forces* de la *Nature* sont *éternelles*, elles sont partout; elles sont toujours là; mais ce qui n'est pas toujours là, c'est un *génie* actif & méthodique, qui sache observer leur *action* & *l'imiter*.'[93]

---

89. *OFB*, t.1, p.xl.
90. J.-A. de Luc, *Bacon*, p.24-25.
91. J.-A. de Luc, *Bacon*, p.11.
92. J.-A. de Luc, *Bacon*, p.25. Cette *Confession de foi* a été publiée, avec d'autres écrits religieux de Bacon, par William Rawley après la mort du philosophe, dans un recueil intitulé *Gleanings of refreshments in Gods vineyard* (Londres, Thomas Slater, 1651). Elle a été republiée séparément un siècle plus tard: *A Confession of the faith written by the Right Honourable Francis Bacon* (Bristol, Felix Farley, 1752). Voir Richard Serjeantson, 'Francis Bacon and "The Summe of the Bible"', *Notes and queries* (juin 2017), p.318-21; voir également *Archival afterlives*, éd. Vera Keller et autres (Leyde, 2018), p.45.
93. J.-A. de Luc, *Bacon*, p.31; *OFB*, t.1, p.ii.

La traduction de cette profession de foi aurait rappelé au lecteur que 'Dieu seul est *éternel*. La *Nature*, la *matière*, les *esprits*, les *essences*, tout a *commencé*, excepté Dieu.'[94]

Outre les œuvres qu'il regrette de ne pas trouver dans le plan de traduction annoncé par Lasalle, de Luc lui reproche aussi d'avoir remplacé la fin du *De augmentis* par une 'jactance qui n'est point dans le caractère de BACON'. En lieu et place du texte proposé par Lasalle,[95] de Luc soumet au lecteur sa propre traduction d'un texte original qu'il ne donne cependant pas.[96] Le contraste est saisissant, mais la version de de Luc s'appuie sur un texte latin[97] qui est lui-même la traduction augmentée (sous la supervision de Bacon) d'un texte original anglais de 1605 dont la fin est plus courte: 'But the errors I claime and challenge to my selfe as mine owne: the good, if any bee, is due *tanquam adeps sacrificii*, to be incensed to the honour, first of the divine Maiestie, and next, of your Maiestie, to whom on earth I am most bounden.'[98] L'édition anglaise de Peter Shaw, que Lasalle a utilisée pour certains textes,[99] est une traduction du texte latin de 1623, dont elle offre une version moins grandiloquente que celle de de Luc: 'But as the greatest things are owing to their beginnings, it will be enough for me to have sown for posterity, and the honor of the Immortal Being, whom I humbly entreat, through his Son, our Saviour, favorably to accept these, and the like sacrifices of the human understanding, seasoned with religion, and offered up to his glory!'[100] De fait, la fin

---

94. J.-A. de Luc, *Bacon*, p.31. Voir [F. Bacon], *Confession of the faith*, p.3.
95. 'Cependant, comme on a obligation des meilleures choses à ceux qui ont eu le mérite de les commencer, que ce soit assez pour nous d'avoir eu le courage de frayer la route, & de semer pour la postérité' (*OFB*, t.3, p.496).
96. 'Or comme on le doit en toute entreprise importante, & n'ayant eu en vue que de servir la *postérité*, & de rendre hommage à DIEU *immortel*, je lève vers LUI mes mains suppliantes, & le conjure, par *son* FILS *notre sauveur*, de daigner recevoir mes travaux comme des *victimes* que mon entendement lui offre: la *Religion* est le sel que j'y ai répandu, & je les immole à sa gloire' (J.-A. de Luc, *Bacon*, p.29-30).
97. 'Attamen quoniam etiam res quæque maximæ initiis suis debentur, mihi satis fuerit, sevisse *posteris*, & *Deo immortali*. Cujus Numen supplex precor, per *Filium* suum, & *Servatorem* nostrum, ut has, & hisce similes, *Intellectus humani victimas*, *Religione*, tanquam *Sale*, respersas, & Gloriæ suæ *immolatas*, propitious accipere dignetur.' Francis Bacon, *De dignitate et augmentis scientiarum libri IX ad regem suum* (Londres, J. Haviland, 1623), p.494.
98. F. Bacon, *The Two books of Francis Bacon*, p.119.
99. Voir Chapitre 3.
100. *The Philosophical works of Francis Bacon*, t.1, p.267.

proposée par Lasalle ne correspond ni à la fin de l'édition anglaise, ni à celle de l'édition latine, et ne reprend que la première partie de celle de l'édition de Shaw. A-t-il pour autant, comme le suggère de Luc, cherché à 'retrancher cette prière' finale afin de minimiser le rôle de la religion dans la philosophie baconienne? Il faut sans doute rappeler ici les conditions dans lesquelles ces trois premiers volumes ont été produits: Lasalle avait passé le manuscrit de la traduction du *De augmentis* à son ami et mécène Marie-Jean Hérault de Séchelles et n'avait pu le récupérer après l'arrestation et l'exécution de celui-ci. Contraint de refaire entièrement sa traduction, on peut supposer qu'il ait pu raccourcir et alléger la fin par fatigue, par lassitude ou sous la pression de son éditeur.

Pour de Luc, l'intention du traducteur fait pourtant d'autant moins de doute qu'il relève une autre 'prière' dans laquelle 'Bacon manifeste ses sentimens religieux en vrai chrétien',[101] que Lasalle traduit pourtant fidèlement, mais à laquelle il ajoute une note sarcastique: 'Ce n'est pas sans quelque répugnance que nous traduisons cet *oremus*; mais le public a demandé Bacon tel qu'il est, et nous avons obéi.'[102] Il n'en fallait pas moins pour convaincre de Luc d'écrire son réquisitoire contre la traduction de Lasalle: 'Voilà ce qui m'a inspiré tant cet ouvrage que son titre. Il y a donc un public qui demandoit, & avec raison, qu'on lui fît connoître ce philosophe *tel qu'il est*; on le lui présente néanmoins de toute manière *tel qu'il n'est pas*; & c'est-là un premier trait par lequel on pourra juger du but de l'Editeur'.[103]

Aux yeux de de Luc, la traduction de Lasalle n'expurge pas seulement l'œuvre du philosophe de son substrat religieux, elle y greffe également un projet politique: celui de la Révolution. Il ouvre ainsi la quatrième partie de sa critique consacrée 'aux objets réunis du SACERDOCE & du GOUVERNEMENT' en affirmant que 'Bacon ne traite dans aucune partie de ses Ouvrages, ni des *formes de gouvernement*, ni de la préférence des unes aux autres', mais que 'son *Interprète*

---

101. J.-A. de Luc, *Bacon*, p.30.
102. *OFB*, t.1, p.31. La note fait référence au passage suivant du texte de Bacon: 'Ainsi, comme le succès de notre entreprise ne dépend nullement de notre volonté, nous adressons à Dieu en trois personnes nos très humbles et très ardentes supplications, afin qu'abaissant ses regards sur les misères du genre humain et sur le pèlerinage de cette vie, qui se réduit à si peu de jours et assez malheureux, il daigne dispenser, par nos mains, ses nouveaux bienfaits à la famille humaine' (p.31-32).
103. J.-A. de Luc, *Bacon*, p.30.

lui attribue à cet égard de grands desseins'.[104] Sans pouvoir juger sur pièce de la traduction de la *Nouvelle Atlantide* (elle ne sera publiée qu'en 1802, dans le onzième volume), de Luc s'appuie sur l'annonce qui en est faite dans le monologue introductif de Lasalle:

> Je donnerai, pour ainsi dire, un corps à mes idées, & je *mettrai en action* les diverses règles ou maximes de *Morale*, de *Politique*, de *Physique* & de *Logique* répandues *dans mes Ecrits*. Je supposerai cette *Isle* gouvernée par une *Constitution politique* [...] qui ne sera qu'une espèce de *Christianisme réalisé*, mais dégagé de toute *opinion superstitieuse*, purifié de toute observance monacale.[105]

C'est surtout la suite du monologue que de Luc cite très longuement, presque sans interruption 'pour qu'on puisse y voir les propres vues de cet homme insidieux, & ainsi, ce dont la *jeunesse françoise* devroit être abreuvée, de même que celle des autres nations qui tomberoit sous les mains de tels maîtres'.[106] S'il ne cite pas *in extenso* 'cette horrible partie du prétendu *Monologue*' c'est, précise-t-il à l'attention du lecteur, 'pour lui épargner, comme à moi, des émotions pénibles'.[107] Dans les longs passages cités par de Luc, Lasalle fait dire à Bacon que pour faire triompher la liberté et la vérité contre les 'préjugés dominans' il lui faudra parler à mot couvert des '*droits de l'Homme*' et 'des *moyens violents & perfides* qui ont été successivement employés pour effacer jusqu'au souvenir de l'*égalité primitive*, pour *asservir les Nations*, & *perpétuer la servitude*'.[108] Une fois les hommes devenus capables de 'chercher eux-mêmes' ces droits et cette liberté, 'ils les chercheront, & par conséquent ils les trouveront; ils les trouveront un jour, & le lendemain ils apprendront à les défendre.'[109] Pour libérer le peuple du joug tyrannique du 'trône [et de] l'autel' – '*tuer* du même coup & le *Sacerdoce* & la *Royauté*, sans *égorger* aucun individu' –, le Bacon fictionnel du monologue affirme qu'il faut 'travailler, en *éclairant* les hommes, à rendre à jamais inutiles & les *Rois* & les *Prêtres*, leurs flatteurs et leurs complices'.[110]

Après avoir dénoncé la 'supercherie' qui consiste à prêter à l'auteur de la *Nouvelle Atlantide* un projet politique qu'il juge absolument

---

104. J.-A. de Luc, *Bacon*, p.96.
105. J.-A. de Luc, *Bacon*, p.96-97. Voir *OFB*, t.1, p.xxxvii-xxxviii.
106. J.-A. de Luc, *Bacon*, p.98.
107. J.-A. de Luc, *Bacon*, p.98.
108. J.-A. de Luc, *Bacon*, p.99. Voir *OFB*, t.1, p.xl.
109. J.-A. de Luc, *Bacon*, p.100. Voir *OFB*, t.1, p.xlii.
110. J.-A. de Luc, *Bacon*, p.100. Voir *OFB*, t.1, p.xlii-xliii. A la page suivante Lasalle remplace 'la Royauté' par 'le despotisme' (p.xliv).

contraire à ses vues, de Luc délaisse le monologue introductif pour revenir brièvement à des questions de traduction plus techniques, toujours en lien avec l'aspect 'politique' de la traduction de Lasalle. Il met ainsi ses lecteurs en garde contre la tentation d'interpréter les mots de Bacon à l'aune des préoccupations du dix-huitième siècle finissant, et entend 'au moins prévenir l'illusion que pourroit produire un *mot* souvent employé par BACON'.[111] Ce mot, 'c'est celui de *République* en françois, & dans l'Original *Respublica*' précise de Luc avant de démontrer – malgré la traduction française qu'il vient lui-même d'en donner – que Bacon n'a jamais eu l'intention de l'utiliser pour désigner autre chose que '*la Chose publique*':[112]

> Une seule preuve suffira, outre tout le sens des passages où ce mot se trouve; c'est que s'adressant au *Roi* en latin (comme il le fait dans tout l'Ouvrage), il lui présente la *Res-publica* comme l'objet qui lui est le plus cher. Cet exemple servira peut-être à fixer l'attention sur d'autres *mots* ou *passages* dont l'Interprète pourroit se servir pour conduire à l'erreur.[113]

Pour enfoncer le clou de son exégèse assassine, de Luc résume l'objectif de Lasalle: montrer 'le projet de *renverser* les *Gouvernemens* actuels, dans des Ouvrages où il n'est pas même question des *Gouvernemens*'.[114] Il rappelle également la méthode par laquelle ce bras armé de l'athéisme et du républicanisme entend transformer 'un *Ange de lumière* en un *Ange de ténèbres*':

> On a compté qu'il suffiroit de dire hardiment qu'il est noir, pour qu'on ne vît plus qu'il est blanc: quelques mots sans doute, changés ou ajoutés dans la traduction, & quelques notes critiques ou ironiques, seront des taches sur son vêtement; & quelques-uns de ses traits, insérés artistement dans l'horrible portrait qu'on en présente, suffiront (on espère) pour que la gent moutonnière des hommes, conduite par des loups en habits de bergers, soit menée où bon leur semblera.[115]

A la fin de son livre, le très prolifique de Luc, tout à son projet de 'venger' l'injure faite à Bacon 'en en faisant retomber la honte sur

---

111. J.-A. de Luc, *Bacon*, p.107.
112. J.-A. de Luc, *Bacon*, p.107.
113. J.-A. de Luc, *Bacon*, p.108.
114. J.-A. de Luc, *Bacon*, p.107.
115. J.-A. de Luc, *Bacon*, p.104-105.

l'auteur',[116] annonce dans un post-scriptum la parution imminente de ses *Lettres sur le christianisme* et confirme celle de l'"ouvrage didactique qui est prêt à être publié' qu'il avait évoquée en introduction[117] et où le géologue compte poursuivre le double projet entamé dans *Bacon tel qu'il est*.

Dès la première lettre au pasteur Teller, de Luc confirme qu'il entend démontrer que, 'par l'accroissement des connaissances en Physique & en Histoire naturelle, tout ce que la GENÈSE rapporte de la Terre & de l'Univers se trouve vérifié' et qu'il veut 'opposer à ceux qui ont entraîné tant d'esprits dans leurs erreurs' – c'est-à-dire, les philosophes – 'le Nom le plus grand dans l'Histoire de la Philosophie, celui du Chancelier d'Angleterre FRANÇOIS BACON'.[118] Il réitère à l'attention du pasteur sa conviction que Bacon avait fait de l'interprétation de la nature et de l'Ecriture sainte 'l'objet de tous ses Ouvrages' et que le relatif oubli dans lequel ces derniers étaient tombés 'depuis long-temps' avait permis aux encyclopédistes de s'en proclamer les disciples 'pour s'appuyer de sa renommée' et défigurer d'autant plus facilement sa philosophie qu'ils comptaient 'qu'on n'auroit pas recours aux volumineux & obscurs originaux'.[119] De Luc éclaire ensuite plus précisément la genèse de son projet baconien. C'est alors qu'il rédigeait le *Précis de la philosophie de Bacon* – 'une exposition précise & détaillée des principes de ce grand homme'[120] – que l'on a 'commencé en France la publication d'une traduction françoise des *Œuvres de Bacon*, dans le dessein de faire dire à ce grand homme exactement le contraire de ce que je viens d'exposer'. Résumant les critiques formulées dans le 'petit Ouvrage' qu'il vient de publier, de Luc espère 'éclairer bien des gens sur ce qui se passe dans le monde & à quoi ils ne prennent pas garde' avec un livre – *Bacon tel qu'il est* – qu'il considère également comme un 'précurseur' des deux volumes du *Précis*.[121] Le reste des *Lettres sur le christianisme* porte principalement sur l'exégèse des textes sacrés et sur l'éducation religieuse,[122] mais le nom de Bacon y est mentionné plus de trente fois et ses œuvres abondamment citées.

---

116. J.-A. de Luc, *Bacon*, p.79.
117. J.-A. de Luc, *Bacon*, p.126, 4. J.-A. de Luc, *Lettres sur le christianisme* et *Précis de la philosophie de Bacon*, 2 vol. (Paris, An XI [1802]).
118. J.-A. de Luc, *Lettres sur le christianisme*, p.5.
119. J.-A. de Luc, *Lettres sur le christianisme*, p.6.
120. J.-A. de Luc, *Lettres sur le christianisme*, p.6.
121. J.-A. de Luc, *Lettres sur le christianisme*, p.7-9.
122. De Luc avait publié en 1799 des *Lettres sur l'éducation religieuse de l'enfance* (Berlin, Librairie du Bureau des arts, 1799).

Au sujet des miracles, de Luc revient sur la traduction de Lasalle (qu'il cite) ainsi que sur la *Confession de foi* manquante. Il semble cependant avoir également à cœur d'assurer la promotion de ses propres œuvres et mentionne ainsi à deux reprises son 'ouvrage sur la philosophie de Bacon' à venir, mais surtout, tout au long de ces lettres au pasteur Teller, son 'petit Ouvrage': 'Je crois, Monsieur, que cette anecdote n'aura pas été pour vous sans intérêt, surtout si vous avez lu le petit Ouvrage que je viens de publier sur Bacon.'[123]

Le *Précis de la philosophie de Bacon* paraît un an après les *Lettres sur le christianisme*, portant ainsi à trois le nombre d'ouvrages que de Luc consacre directement ou indirectement à la traduction de Lasalle. En introduction, de Luc rappelle la nature du combat dans lequel il s'est engagé contre 'la secte des *encyclopédistes*' et son projet de faire croire aux lecteurs que Bacon avait pour dessein 'de saper sourdement par la philosophie, les bases de la religion chrétienne, comme étant *la source de tous les maux de l'humanité*'.[124] Il insiste à nouveau sur l'enchaînement des événements qui l'ont décidé à prendre la défense de Bacon inaugurée par 'le petit Ouvrage que je publiai il y a un an, sous le titre de *Bacon tel qu'il est*' suite à la publication de 'la traduction de *Dignitate et Augmentis Scientiarum*, la première qui ait été publiée'. Comme pour montrer s'il en était besoin la difficulté et l'urgence de son combat, de Luc présente la publication du *Précis* comme une réponse coup pour coup à la publication (en 1801) des volumes 4, 5 et 6 de la traduction de Lasalle, volumes qui lui 'sont parvenus à Berlin' et 'contiennent le *Novum Organum*, avec une multitude de *notes* et de *commentaires*':

> Cette confirmation ne me donne pas lieu de rien changer à ce que j'ai dit du plan du traducteur: ce ne sont pas les idées de BACON, ce sont les siennes et celles de sa secte qu'il veut répandre; et les premières demeureroient ensevelies sous les dernières, si l'on y apportoit quelque obstacle; à quoi j'espère que cet ouvrage et quelques remarques diverses contribueront.[125]

Il envisage son *Précis* comme un 'abrégé d'ouvrages aussi célèbres que peu connus aujourd'hui' et qui 'ne peut être qu'intéressant et utile

---

123. J.-A. de Luc, *Lettres sur le christianisme*, p.118. Voir également, outre la page 9, p.50, 102 et 234 où de Luc précise en note 'On peut voir dans le petit Ouvrage sous le titre de *Bacon tel qu'il est*, pag. 99, que le traducteur français des Œuvres de ce philosophe lui fait projeter ce moyen [la violence] de guérir les hommes.'
124. J.-A. de Luc, *Précis*, t.1, p.14.
125. J.-A. de Luc, *Précis*, t.1, p.15-16.

pour toutes les classes de personnes dont la littérature est l'occupation ou la récréation',[126] comme un 'recueil des idées et des sentiments de BACON sur la religion'[127] qu'il destine en particulier aux instituteurs, qui pourront ainsi enseigner à leurs élèves la façon dont toutes les branches de la science convergent vers 'la *révélation*'. Chacun des deux volumes du *Précis* totalise environ 300 pages au gré desquelles de Luc, qui cite abondamment Bacon, déroule en six parties les arguments déjà présentés au lecteur dans le 'petit Ouvrage'. Pour lui, l'histoire naturelle de Bacon s'appuie sur la métaphysique, et il n'est d'autres causes finales que celles qui se trouvent révélées dans 'la théologie sacrée': 'Si les hommes ont pénétré avec sûreté assez avant dans la *connaissance de la Nature*, leurs *lumières acquises* devront s'accorder avec celles qu'ils ont reçues de la *Révélation*. Tel est le vrai plan qu'il expose.'[128] Il ne perd jamais de vue son autre objectif, qui est de détourner définitivement le lecteur de la traduction de Lasalle.

Il évoque à de très nombreuses reprises le traducteur et sa traduction tout au long des deux volumes, mais consacre plus particulièrement un 'appendice' de 150 pages – c'est-à-dire la moitié du second volume – à 'l'édition françoise des ouvrages de BACON, par M. LA SALLE'.[129] Alors qu'il a déjà consacré les trois quarts du *Précis* au développement un peu répétitif des remarques déjà formulées dans les ouvrages précédents, de Luc justifie cet appendice par la parution de trois nouveaux volumes de la traduction qu'il n'avait pu examiner lors de la rédaction du premier volume, interrompue par l'écriture de *Bacon tel qu'il est*. Il y revient une fois encore à ses sujets de prédilection et se propose à nouveau de faire l'exégèse des '*notes* et *commentaires*' de Lasalle autour de quatre questions: 'les causes finales ou le théisme',

---

126. J.-A. de Luc, *Précis*, t.1, p.24. De Luc truffe également de citations de Bacon son *Traité élémentaire sur le fluide électrico-galvanique* publié à Paris en 1804, mais dont la rédaction avait été entreprise en 1800 suite à l'invention de la pile électrique par Volta. Voir J. L. Heilbron, 'Jean-André Deluc and the fight for Bacon', p.80-81.
127. J.-A. de Luc, *Précis*, t.1, p.29.
128. J.-A. de Luc, *Bacon*, p.42.
129. J.-A. de Luc, *Précis*, t.2, p.144. En 1833, Jean-Baptiste de Vauzelles, qui donne quelque trente ans plus tard une liste très précise des diverses éditions des œuvres de Bacon et décrit *Bacon tel qu'il est* comme une 'critique assez amère de la traduction de La Salle', écrit avec un agacement palpable à propos du *Précis*: 'C'est encore une critique de la traduction de La Salle.' *Histoire de la vie et des ouvrages de Bacon*, 2 vol. (Paris, 1833), t.2, p.240-41.

'les causes les plus générales dans l'univers', les 'causes secondaires' et, pour finir, l'histoire des 'êtres organisés appartenant à la terre'.[130]

On y retrouve sans surprise les accusations déjà formulées ailleurs contre le traducteur et contre ceux 'qui pensent comme l'auteur paroît souvent le faire; ne reconnoissant d'autre *Dieu* que la *nature*, c'est-à-dire, n'en reconnoissant point'.[131] Il reproche par exemple à Lasalle de citer Buffon au hasard d'une note sur la température de la terre au lieu de citer les deux mémoires qu'il a publiés à ce sujet dans les *Philosophical transactions* de la Royal Society, et en profite pour revenir sur la conception de la nature mise en avant par le traducteur: 'Mais voyons le parti que M. LA SALLE croyoit pouvoir tirer de la supposition que la *température* de la terre avoit été autrefois beaucoup plus élevée, pour expliquer la production des *animaux* par une plus grande *chaleur*, et non point par l'acte tout puissant d'un Etre Suprême, par une *création*.'[132] Si dans sa glose de Luc ne néglige jamais l'objectif idéologique qui a toujours été le sien et sur lequel il est inutile de s'appesantir, il faut toutefois souligner une évolution notable dans la manière dont il parle d'Antoine Lasalle dans l'appendice. Alors que dans le premier volume du *Précis* de Luc écrivait encore 'Restoit-il quelque plus grande défiguration possible des idées religieuses de BACON? Oui, c'est celle de son traducteur et commentateur nouvellement sur la scène, qui, à son tour, transforme *le vieil enfant de l'encyclopédie méthodique*, en un homme adroit, qui travailloit de loin à *saper les bases du christianisme*, comme étant *la cause des maux de l'humanité*',[133] il se fait plus courtois et même plus constructif dans l'appendice. Après lecture des six premiers volumes,[134] de Luc concède même quelques qualités à celui

---

130. J.-A. de Luc, *Précis*, t.2, p.148.
131. J.-A. de Luc, *Précis*, t.2, p.152.
132. J.-A. de Luc, *Précis*, t.2, p.256.
133. J.-A. de Luc, *Précis*, t.1, p.155n. De Luc fait ici allusion au très long article 'Baconisme' paru dans le premier des trois volumes consacrés à la *Philosophie ancienne et moderne* de l'*Encyclopédie méthodique* de Jacques-André Naigeon (1791) et qui n'est en réalité que la copie presque conforme de l'*Analyse* de Deleyre publiée en 1755, enrichie de longues citations de Bacon. Naigeon écrit de Bacon que, dès qu'il 'parle du christianisme, l'homme de génie disparoit, & l'on ne voit plus qu'un vieil enfant qui répète avec une confiance aveugle les contes absurdes dont sa nourrice l'a bercé'. Naigeon, 'Baconisme', p.340n2.
134. La presse annonce la parution des premiers volumes en novembre 1799 et promet sous peu les volumes suivants. Voir *La Clef du cabinet des souverains* du 10 novembre, qui écorche au passage le nom de Lasalle ('Hasalle') et de Renouard ('Benouard'); la *Gazette nationale* (n° 51, 12 novembre), dont l'annonce est reprise verbatim dans *L'Ami des lois* du 22 novembre 1799. Les volumes 4, 5 et 6 sont

qu'il continuait d'appeler 'le traducteur' dans de nombreuses notes du premier volume du *Précis* et qu'il consent désormais à appeler systématiquement 'M. la Salle':

> La lecture de ces nouveaux volumes m'a fait éprouver un sentiment que je ne puis ni ne dois dissimuler; c'est la peine de voir tant de talents, d'esprit, de lumières et de discernement à quelques égards, souvent même de sensibilité, rendus inutiles, même nuisibles, par des idées favorites et dominantes dans l'esprit de l'auteur des *notes* et *commentaires* de cette édition.[135]

Il le reprend aussi, de manière bien plus constructive que dans *Bacon tel qu'il est*, sur des points de traduction qui peuvent effectivement susciter des discussions légitimes, comme lorsqu'il s'attarde sur la façon de rendre le mot *idolum*, que Lasalle choisit de traduire par 'fantôme' ou par 'préjugé'.[136] Reprenant l'explication donnée en note par Lasalle, dont il trouve les définitions 'claires', de Luc explique pourquoi il lui paraît au contraire important de traduire ce mot par 'idole':

> En traduisant par *fantôme*, le mot *idolum* employé par BACON, M. LA SALLE a entièrement changé ses vues. S'il n'eût voulu parler que des *erreurs* et non de leurs *sources*, il savoit bien le mot qu'il devoit employer. Si entre ces sources il n'eût considéré que des *préjugés* simples, il n'auroit pas employé l'expression figurée dont il s'agit. Mais il vouloit désigner ces *préjugés* impérieux, qui dominent l'entendement humain, et qu'il encense comme des *idoles*; ainsi l'expression est-elle très-propre en elle-même, et ce qu'elle a de frappant comme image, étoit destiné à réveiller l'entendement, à le faire tenir sur ses gardes: 'Il faut lui *dénoncer ces idoles* (dit-il, dès l'entrée de ses ouvrages) et dévoiler leur *force insidieuse*'.[137]

De Luc semble même prêt à envisager une forme de rédemption pour celui qu'il semble ne plus juger tout à fait 'insidieux':

> Je n'ai pas l'avantage de connoître M. LA SALLE; je n'ai point eu même occasion de m'informer de lui, et je ne le connois, comme je l'ai déjà dit, que par cet ouvrage: mais il se peint dans ce morceau

---

annoncés par la *Gazette nationale* le 29 septembre 1800 (p.24) et dans *La Clef du cabinet des souverains* du 21 novembre.
135. J.-A. de Luc, *Précis*, t.2, p.144-45.
136. Voir Chapitre 3.
137. J.-A. de Luc, *Précis*, t.2, p.146.

d'une manière qui m'a fortement intéressé, par ce que je puis juger, ou qu'il est déjà à plaindre d'avoir abandonné la foi chrétienne, ou qu'il le deviendroit enfin si, demeurant dans la même confusion d'idées, il se trouvoit un jour dans le silence à l'égard des objets du monde. C'est pourquoi [...] j'ai cru devoir lui faire mes représentations en homme sincère, qui désire son bien et celui de ses lecteurs.[138]

Il est difficile d'expliquer pourquoi la critique de de Luc se fait moins véhémente dans cet appendice, qui s'achève d'ailleurs, à partir de la page 287, sur des questions de géologie qui ne concernent plus Bacon qu'indirectement et consistent en une série de remarques sur 'l'esquisse d'un tableau géologique de l'Amérique' publiée par Humboldt dans le *Journal de physique*.[139] Il est peu probable que ce changement se soit fait à la lecture des trois volumes de la traduction du *Novum organum*, car Lasalle, qui cette fois ne résume pas la pensée de Bacon par l'artifice d'une prosopopée, inaugure néanmoins cette nouvelle traduction par une préface du traducteur qui n'a pu qu'agacer de Luc. Elle est en effet assortie d'un 'extrait' de l'ouvrage traduit qui n'est en réalité rien d'autre qu'un résumé ambigu, dans lequel le 'nous' qui s'exprime confond Bacon et son traducteur et donne à celui-ci une occasion supplémentaire de fustiger les 'mauvais prêtres [...] qui dans tous les temps, dénoncèrent aux nations les philosophes sous le nom d'impies, et s'efforcèrent de substituer au flambeau de la philosophie, leur lanterne sourde qui n'éclaire qu'eux et leurs complices, en aveuglant les autres'.[140] La conclusion de cette préface – 'tel est, en substance, l'ouvrage dont nous publions la traduction' – rappelle la fin, si scandaleuse aux yeux de de Luc, de la préface du premier volume.[141]

Rien ne semble donc avoir changé dans les façons de faire du traducteur – rien qui puisse tout au moins justifier un changement d'attitude de la part de son détracteur. Ce dernier a toutefois pu être sensible à une note dans laquelle Lasalle loue la manière dont il a levé l'ambiguïté du mot 'humidité' soulignée par Bacon lui-même: 'M. de

---

138. J.-A. de Luc, *Précis*, t.2, p.181. Pour le passage commenté ici par de Luc, voir *OFB*, t.4, p.302n.
139. John Heilbron rappelle qu'Alexandre von Humboldt, qui incarne la science baconienne au dix-neuvième siècle, est aux yeux de de Luc l'exemple même du dévoiement de la méthode inductive. Voir J. L. Heilbron, 'Jean-André Deluc and the fight for Bacon', p.80.
140. *OFB*, t.4, p.xix.
141. 'Ainsi se parloit à lui-même le chancelier Bacon' (*OFB*, t.1, p.liii).

Luc, genevois, a tenté de réduire et de fixer la signification de ce mot, et il nous paroit y avoir assez bien réussi; il y substitue celui d'*humor*, qui comprend l'humidité aqueuse, l'humidité huileuse, etc.'[142]

Un Bacon chrétien

Quelles que soient les raisons de la relative modération dont de Luc a tardivement fait montre dans son appendice, celle-ci n'a nullement atténué les conséquences des critiques portées contre la traduction de Lasalle, renouvelées dans trois ouvrages différents, sur une période de trois ans. Critiques d'autant plus largement relayées qu'elles étaient le fait d'un savant renommé, 'Lecteur de S. M. la Reine de Grande Bretagne, des Sociétés Royales de Londres et de Dublin, de la Société des Scrutateurs de la Nature de Berlin, de celle de Minéralogie de Iena, et de plusieurs autres Sociétés de Naturalistes, Professeur de Philosophie et de Géologie à Gottingue'.[143] De Luc a d'ailleurs veillé, dès la publication de *Bacon tel qu'il est*, à la publicité et à la diffusion de ses ouvrages, dont il annonce très énergiquement la parution à ses correspondants. Il écrit ainsi depuis Berlin 'au Roi d'Angleterre' (Georges III):

> Le parti qui veut renverser les autels pour renverser les trônes ayant vu qu'on commençait en France à lui opposer dans l'opinion publique les grands philosophes chrétiens Leibnitz, Newton et aussi Bacon, a gagné de vitesse le bon parti [...] Il a annoncé lui-même une traduction de tous les ouvrages de Bacon qui devra être en 14 vol. in 8° dont 3 sont déjà parus. On les publie (dit la Préface) pour montrer que ces hommes incomparables n'avoient entrepris tous ces grands ouvrages que pour acheminer la Révolution qui se fait aujourd'hui.[144]

Sa correspondance garde la trace des discussions que suscite son premier livre contre Lasalle dans le cercle de ses connaissances. Dans sa lettre du 7 août, de Pape confie avoir appris par le baron d'Omptéda, ministre de Hanovre à la diète, le 'coup de Jarnac' porté

---

142. *OFB*, t.4, p.139n. Bien qu'il ne le précise pas, c'est chez Louis Cotte – et non directement sous la plume de de Luc – que Lasalle a lu que 'pour éviter toute équivoque, il appela *humor* cette propriété générale qu'ont les particules aqueuses disséminées dans les différens corps.' Louis Cotte, *Mémoires sur la météorologie*, t.1, p.223.
143. J.-A. de Luc, *Précis*, t.1, page de titre.
144. De Luc à Georges III, copie autographe de sa lettre du 5 juillet 1800, *Deluc papers*, Ms 179, boîte 4.

par la parution du 'Bacon travesti' à celle du *Précis* – 'votre ouvrage sur la philosophie moderne' –, et félicite de Luc d'avoir 'si bien su tirer parti' de cette fâcheuse interruption en publiant *Bacon tel qu'il est*: 'Je vous félicite, digne et infatigable ami de l'humanité, de cette glorieuse victoire, et je m'en réjouis de tout cœur.'[145] Un mois plus tard, en réponse à une lettre de de Luc datée du 25 août, de Pape s'émerveille de l'avancée du *Précis* – 'Mon Dieu quel ouvrage et travail!' – et confirme au géologue œuvrer, suivant ses instructions, à la diffusion de *Bacon tel qu'il est* dans les cercles savants et politiques: 'Mr Feder [...] attend votre Bacon, dont je lui ai parlé, avec impatience, aspirant de préférer de beaucoup la philosophie du bon sens de Bacon à tout autre, et aux galimatias de la moderne philosophie surtout, comme de raison.'[146] Il ne se contente pas d'en parler autour de lui, mais, sans doute à la demande de de Luc lui-même, se propose d'en assurer en partie la diffusion avec un remarquable dévouement:

> Je lui [M. de Steinberg] ai fait lire votre lettre hier à la fin et après l'avoir lue et m'avoir dit beaucoup de belles et bonnes choses pour vous, ce sont 20 exempli qu'il veut prendre pour son compte. J'ai été 4 fois à la porte de Mad^me de Decken, votre bonne amie, sans la trouver encore, mais j'espère bien de l'engager à un plus grand nombre lorsque je la verrai et je compte d'en débiter jusqu'à 130. Je vous prie cependant de m'en dire le prix d'abord en me les envoyant. Je pourrai en débiter le double en allemand, peut-être, je me chargerai volontiers de la traduction.[147]

Il confirme encore espérer 'débiter les 50 exemplaires que vous me destinez' dans une lettre du 6 octobre et fait de nouveau un point, le 16 novembre 1800, sur la distribution des exemplaires que de Luc destine aux libraires ainsi qu'à certaines personnalités du monde intellectuel et politique:

> Des 70 exemplaires que Mr Mestra m'a acheminés de votre Bacon tel qu'il est, j'ai distribué 15 en votre nom ici, savoir aux 4 ministres

---

145. De Pape à Jean-André de Luc, lettre du 7 août 1800, *Deluc papers*, Ms 179, boîte 4.
146. De Pape à Jean-André de Luc, lettre du 11 septembre 1800, *Deluc papers*, Ms 179, boîte 4.
147. De Pape à Jean-André de Luc, lettre du 11 septembre 1800, *Deluc papers*, Ms 179, boîte 4. Mme de Decken est Juliane Philippine von Eickstedt-Peterswaldt, seconde épouse du ministre de Hanovre Klaus von der Decken. De Pape n'a jamais mené à bien son projet de traduire *Bacon tel qu'il est* en allemand.

d'Etat, à deux femmes de ministres et à Mssr Brandes, Denberg, Rudloff, Nieper, Basje, Grose, à la chère nièce, à l'abbé de Lottum et à mon fils. J'en ai envoyé 15 au libraire Dieterich à Göttingen, avec ordre d'en faire présent au nom de l'auteur aux 5 professeurs que je lui ai nommés: Planck, Buster, Veyne, Meiners et Seyffer et de mettre en vente les 20 autres à raison de 12 bongros argent de convention; prix auquel les libraires d'ici, qui avaient déjà reçu votre Bacon de la foire de Leipzig, le vendent.[148]

Répondant manifestement aux inquiétudes de de Luc concernant la réception de son 'petit Ouvrage', de Pape lui fait part de sa conviction que la publication attendue du *Précis* aura raison de la réticence des lecteurs allemands qui n'ont pas encore accès à la traduction de Lasalle: 'le vilain détracteur de Bacon n'étant guère connu, à ce qu'il paraît, en Allemagne encore, votre Bacon tel qu'il est sera lu avec plus d'intérêt qu'à présent après que votre grand Bacon aura paru, je pense. Mais vos lettres à Teller ne manqueront pas de faire grande impression d'abord, je suis sûr, et je les attends avec empressement.'[149]

Certains destinataires de ces exemplaires remercient de Luc avec enthousiasme. C'est le cas du duc de Brunswick[150] ou encore d'un certain Saman, qui lui écrit de Vienne pour confirmer qu'il a, suivant les instructions de de Luc, mis un exemplaire 'sous les yeux de sa Majesté' et le félicite: 'Quant à moi, j'admire le zèle que vous mettez à terrasser la hydre partout où elle se montre et je désire avec vous que les principes que vous confessez avec tant d'ardeur soient bientôt ceux de tout le monde.'[151] La sphère d'influence du géologue genevois est suffisamment importante pour qu'en juin 1801 Joseph Dennie – l'Addison de l'Amérique – se fasse l'écho de la parution

---

148. De Pape à Jean-André de Luc, lettre du 16 novembre 1800, *Deluc papers*, Ms 179, boîte 4. Johann Christian Dieterich (1722-1800) est libraire et éditeur à Göttingen, où il publie entre 1776 et 1799 un almanach en allemand et en français. Le bongros est une monnaie prussienne qui avait cours à Hanovre et correspondait à 1/24e de rixdale; voir Téron aîné, *Changes et arbitrages de l'Helvétie et de Genève*, 2 vol. (Genève, 1806), t.2, p.13. 'Mestra' est peut-être Louis-François Métra, correspondant du roi de Prusse et auteur de la *Correspondance littéraire secrète* entre 1775 et 1793.

149. De Pape à Jean-André de Luc, lettre du 16 novembre 1800, *Deluc papers*, Ms 179, boîte 4.

150. Charles de Brunswick à Jean-André de Luc, lettre du 14 février 1800, *Deluc papers*, Ms 179, boîte 4.

151. Saman à Jean-André de Luc, lettre du 29 novembre 1800, *Deluc papers*, Ms 179, boîte 4.

de *Bacon tel qu'il est* dans le magazine littéraire et politique dont il est rédacteur en chef, *The Port folio*, l'un des périodiques américains les plus lus de l'époque.[152] Le compte-rendu, première lettre d'un anonyme 'Américain, résidant à l'étranger', fait part de la publication du 'French pamphlet' de de Luc, dont il décline les nombreux titres. L'auteur de l'article reprend les principaux arguments de *Bacon tel qu'il est*, évoquant notamment l'artifice par lequel les encyclopédistes ont cherché, au moyen de la traduction de Lasalle, à conserver pour eux l'héritage baconien, masquant 'la tromperie et l'imposture' ('forgery and imposture') derrière l'apparente honnêteté du projet de rendre accessibles les œuvres du philosophe: 'Under the colour of a translation, to palm upon the public, in the name of national government, principles of philosophy, of theology, of morals, and of politics, absolutely contrary to those of the author translated, is a stratagem, which an honest mind would be ashamed to imagine possible.'[153] Au terme d'un long développement et avant de laisser la place à un article contre le blasphème, le correspondant conclut:

> If it is a melancholy prospect, to observe the indefatigable industry, the fanatic enthusiasm, and the profound address, with which both the great fountains of human science have been poisoned, it is at least, a consolatory reflection, that equal zeal and perseverance, combined with still greater ability, are occupied, to furnish us with antidotes which may neutralize the infectious venom, and enable us, still, to drink of the uncorrupted waters of life.[154]

Les critiques de de Luc se retrouvent également, ce qui est moins surprenant, dans l'organe de la Société royale des sciences de Göttingen – *Göttingische Anzeigen von gelehrten Sachen* – dans un compte-rendu paru en avril 1801. Après avoir raillé les disciples des encyclopédistes qui n'ont jamais lu Bacon faute de savoir lire tout court, l'auteur résume brièvement les arguments du géologue genevois (la traduction de Lasalle a défiguré Bacon pour accorder sa philosophie au matérialisme athée de l'*Encyclopédie*) et se demande

---

152. Voir *The Conservative press in eighteenth- and nineteenth-century America*, éd. Ronald Lora et W. H. Longton (Westport, CT, 1999), p.107. Sur *The Port folio*, voir notamment p.33-50. Voir également Linda K. Kerber, *Federalists in dissent: imagery and ideology in Jeffersonian America* (1970; Ithaca, NY, et Londres, 1980), p.81-83.
153. *The Port folio* (6 juin 1801), p.179.
154. *The Port folio* (6 juin 1801), p.180.

quel pouvait bien être le but du traducteur et de ceux 'qui lui avaient confié cette tâche'.[155] Si plus personne ne lit ou ne peut lire Bacon en France, à quoi bon, en effet, le traduire?

> L'auteur de cette recension préfère donc croire que Mr. la Salle, à l'époque où il prit la résolution d'entreprendre une traduction et où il l'annonça, ne connaissait point encore lui-même le grand Bacon, et n'avait encore jamais lu ses écrits, mais que c'est seulement en traduisant qu'il découvrit, à sa grande surprise, que Bacon n'avait pas pensé en tout point comme les nouveaux philosophes français. Mais comme il avait déjà commencé son travail, et sans doute, comme il le laisse entendre, reçu l'espérance d'un soutien public, et qu'il voulait aussi – peut-être en raison de ce soutien – livrer son Bacon, différent de celui que l'on attendait, il ne lui restait plus d'autre choix que de le traiter de cette façon, et de remplir du moins la mission qu'il s'était reconnue dans la préface 'de nous identifier, pour ainsi dire, avec lui', en lui prêtant généreusement ses propres principes.[156]

Tandis que de Luc et son entourage s'activent à diffuser sa critique de la traduction de Lasalle à Hanovre, Göttingen et au-delà, la presse française tarde d'autant moins à s'en faire l'écho qu'elle a déjà annoncé la parution des six premiers volumes de la traduction attaquée.[157] Le 22 mars 1801, Simon-Jérôme Bourlet de Vauxcelles – ancien prédicateur du roi, ancien chanoine de Nyons, journaliste un temps déporté à l'île d'Oléron et conservateur de la bibliothèque de l'Arsenal[158] – signe des initiales B.V. un long compte-rendu de *Bacon tel qu'il est* dans le *Mercure de France*:

> Ce n'est point sans une véritable peine que nous annonçons une accusation aussi grave que celle-ci. Nous aimerions mieux rendre compte d'une discussion paisible, d'un examen réfléchi, que d'une *dénonciation*, dont le résultat est qu'un philosophe a commis une fraude pleine *d'audace et de perfidie*, que le traducteur de Bacon est un *fabricateur d'artifices*, qui a *dénaturé* un auteur religieux, au point d'en faire un matérialiste déguisé, et un adroit machinateur de tous les genres de subversion. Mais M. de Luc a voulu que, dès le titre

---

155. *Göttingische Anzeigen von gelehrten Sachen unter der Aufsicht der königl. Gesellschaft der Wissenschaften* (27 avril 1801), 68ᵉ étude, p.673-76. Je remercie Hélène Boisson, qui s'est chargée de la traduction de cet article.
156. *Göttingische Anzeigen von gelehrten Sachen*, p.675.
157. Voir Chapitre 1, note 134, et plus haut, note 134.
158. Voir l'article que lui consacre Pascale Pellerin dans le *Dictionnaire des anti-Lumières et des antiphilosophes*, éd. D. Masseau, t.1, p.258-62.

de son livre, sa pensée fût connue et son indignation exprimée. Il *dénonce*, parce qu'il estime que c'est son devoir et son droit; et que, disciple reconnaissant de Bacon, et l'un de ceux qui, dans de grandes questions de philosophie naturelle, ont le mieux employé *le nouvel instrument des sciences*, il veut Bacon tel qu'il est, et non tel que le traducteur le présente.[159]

Si de prime abord le très catholique Vauxcelles semble prendre sans hésiter le parti de de Luc, le contenu de sa recension est plus mesuré qu'il n'y paraît. Il campe un de Luc en 'sévère dénonciateur' animé par 'une sainte véhémence' et 'une adroite malice', engagé dans 'une accusation suivie plus grave qu'éloquente, mais toujours terrible', face à un Lasalle 'connu depuis longtemps par une grande force de méditation et par le talent d'écrire' et qui n'a pas besoin qu'on le défende puisqu'il a 'dans son propre génie, des ressources pour effacer un tort dont nous voudrions pouvoir le disculper'.[160] S'il juge le ton de de Luc quelque peu outrancier – 'Je laisse, dit-il, M. de Luc s'égayer […] à faire du C. de la Salle un instituteur de la *théophilanthropie*. Cela importe peu, même au C. de la Salle'[161] –, il considère cependant que ses griefs sont fondés. Il concède que le traducteur a pu se laisser entraîner par un travail qu'il qualifie de 'pénible' – 'On se fatigue quelquefois beaucoup à se tromper soi-même, et on paraît avoir voulu tromper les autres' – mais souligne que la 'faute' dont l'accuse de Luc 'est la plus grave qu'on ait commise envers Bacon' alors même que d'autres avant lui, dont Deleyre, avaient été gênés par le christianisme du philosophe anglais.[162] Aux yeux du journaliste, la faute en incombe cependant à la postérité, qui a auréolé Bacon de gloire tout en lui conservant 'peu de lecteurs', et le Vauxcelles conservateur de l'Arsenal conclut avec un lyrisme qui n'est pas sans rappeler celui du *Port folio*: 'Que ne peut-on pas entreprendre sur des volumes que la vénération dépose dans les bibliothèques, mais que l'étude n'y vient point visiter? Ils deviennent des monuments inutiles et déserts,

---

159. *Mercure de France* (germinal An IX [22 mars 1801]), p.37. En 1799, Henri Lagasse, qui avait succédé à Panckoucke à la tête du *Mercure de France*, vend le journal au fils du libraire Cailleau. Désormais intitulé *Mercure de France, littéraire et politique*, il devient bimensuel et adopte, sous l'impulsion de son nouveau directeur Jean-Baptiste Esménard, une ligne éditoriale conservatrice et catholique. Le second prospectus promet que 'la critique y sera vraie sans être dure, et polie sans être flatteuse.'
160. *Mercure de France* (germinal An IX [22 mars 1801]), p.38-39.
161. *Mercure de France* (germinal An IX [22 mars 1801]), p.40.
162. *Mercure de France* (germinal An IX [22 mars 1801]), p.39-40.

des tours antiques et isolées, de vieux temples, des palais abandonnés où les oiseaux de proie s'établissent, et où les brigands se retirent.'[163] De Luc a bien sûr eu l'article sous les yeux, même s'il ne sait plus dans quel journal il est paru et suppose l'avoir trouvé dans le 'Journal des débats (je crois) ou Journal de France'.[164] Il en a en tout cas conservé une copie manuscrite intégrale de sa propre main.

L'attaque portée par de Luc a sans doute d'autant plus atteint son but en France que son 'petit Ouvrage' y avait été précédé en 1799 – peu de temps avant la parution des premiers volumes de la traduction de Lasalle – par les deux volumes que Jacques-André Emery consacrait à Bacon, qu'il comptait bien lui aussi disputer aux encyclopédistes.[165] Pour Gosselin, qui lui consacre une biographie en deux volumes, 'de tous les travaux qui occupèrent M. Emery pendant les dernières années de la Révolution, le plus important sans contredit, et celui qui lui demanda le plus de temps et de recherches, fut le *Christianisme de Bacon*.'[166] Supérieur général de la Compagnie de Saint-Sulpice, Emery, qui a consacré en 1772 un ouvrage à Leibniz,[167] annonce dans son 'Discours préliminaire' vouloir, en suivant la méthode déjà éprouvée dans ce précédent ouvrage (c'est-à-dire en rassemblant les textes dans lesquels Bacon évoque la religion) montrer à ceux qui ne le connaissent 'que par une analyse de la Philosophie qui fut imprimée en 1755' que Bacon 'fût un philosophe pénétré de la vérité et de la sainteté du christianisme'.[168] Il l'affirme: 'Nous ne craignons pas d'avancer, d'après une lecture suivie des œuvres de Bacon, qu'il n'est aucun écrivain profane, peut-être même aucun écrivain ecclésiastique, qui aît fait des applications plus fréquentes, plus ingénieuses et plus justes de l'écriture sainte.'[169] Son objectif n'est pas de se servir de la foi de Bacon pour démontrer la véracité

---

163. *Mercure de France* (germinal An IX [22 mars 1801]), p.40.
164. *Deluc papers*, Ms 179, boîte 4. Article sans date.
165. [Jacques-André Emery], *Le Christianisme de François Bacon, chancelier d'Angleterre, ou Pensées et sentimens de ce grand homme sur la religion*, 2 vol. (Paris, Nyon aîné, An VII [1798-1799]). Concernant Emery lui-même, voir la biographie que lui consacre Bernard Pitaud, *Un Prêtre sous la Révolution et l'Empire: Jacques-André Emery* (Paris, 2021).
166. Jean-Edme-Auguste Gosselin, *Vie de M. Emery*, 2 vol. (Paris, 1861), t.1, p.435.
167. [J.-A. Emery], *Esprit de Leibniz, ou Recueil de pensées choisies sur la religion, la morale, l'histoire, la philosophie, etc.*, 2 vol. (Lyon, Bruyset, 1772). Il en publie une nouvelle édition 'considérablement augmentée' en 1803: *Pensées de Leibniz, sur la religion et la morale*, 2 vol. (Paris, An XI).
168. [J.-A. Emery], *Christianisme de Bacon*, t.1, p.iii.
169. [J.-A. Emery], *Christianisme de Bacon*, t.1, p.vi-vii.

indiscutable des dogmes du christianisme, mais plutôt de montrer, à un moment où l'autorité morale de la religion se trouve battue en brèche, que l'on 'auroit tort de dire que la foi chrétienne est exclusivement le partage des sots et des petits esprits, et qu'il y auroit à tenir ce langage, autant d'indécence et de témérité que de mauvaise foi et d'ignorance'.[170]

L'ouvrage est signalé très positivement par l'organe de la Société de philosophie chrétienne, les *Annales de la religion*,[171] et dans *Le Nouvelliste littéraire, des sciences et des arts* du 15 fructidor An VII (1er septembre 1799):

> L'homme estimable qui en est l'auteur, et qui ne se nomme pas, prouve que le grand chancelier de l'Angleterre étoit très-religieux; et c'est par les écrits de Bacon lui-même qu'il le prouve de la manière la plus concluante. Indépendamment du mérite de la religion, qui est grand aujourd'hui, notre anonyme, non moins savant que pieux, a mis à la tête de son livre un discours préliminaire parfaitement écrit, avec une vie de Bacon beaucoup plus détaillée que toutes les précédentes.[172]

De Luc connaît bien Emery, puisque c'est ce dernier qui s'est chargé de la publication de ses *Lettres sur l'histoire physique de la terre* un an auparavant[173] et que, selon Heilbron, c'est encore lui qui se chargera de faire publier les deux volumes de son *Précis* en 1802.[174] Il évoque cependant très brièvement et sans révéler le nom de leur auteur la parution de 'deux petits volumes' par lequel 'un homme de lettres françois' a voulu 'tirer ses compatriotes de l'erreur où ils avoient été jetés par les *encyclopédistes*'.[175] Il ne s'étend guère sur le contenu de l'ouvrage d'Emery et se contente d'y voir un 'bien beau modèle, bien digne d'être suivi par tous ceux qui, pour le triomphe de la vérité contre la philosophie moderne, désirent le maintien du

---

170. [J.-A. Emery], *Christianisme de Bacon*, t.1, p.ix.
171. *Annales de la religion, ou Mémoires pour servir à l'histoire des XVIIIe et XIXe siècles*, n° 11, t.9, 5e année (1799), p.481-87.
172. *Le Nouvelliste littéraire, des sciences et des arts*, n° 86 (15 fructidor An VII), p.2.
173. Emery en parle à l'un de ses correspondants auquel il affirme que sans son intervention le livre de de Luc ne serait jamais paru: voir B. Pitaud, *Un Prêtre*, p.338, n.2. Voir également Ernest Jovy, *Quelques lettres de M. Emery au physicien Georges-Louis Le Sage conservées à la bibliothèque de Genève* (Paris, 1916), p.12; J.-E.-A. Gosselin, *Vie*, t.2, p.30-31.
174. J. L. Heilbron, 'Jean-André Deluc and the fight for Bacon', p.85-86.
175. J.-A. de Luc, *Précis*, t.1, p.13.

christianisme'.[176] Il est à nouveau question du *Christianisme de François Bacon* en 1803, au détour d'un article sur la parution de la seconde édition de l'ouvrage d'Emery sur Leibniz. Le compte-rendu du *Journal des débats*, signé V., martèle contre les philosophes des arguments que l'on retrouve pourtant davantage sous la plume de de Luc que sous celle d'Emery:

> Le philosophisme moderne a bien senti combien étoit accablante pour lui l'autorité de tant de beaux génies qui l'écrasoient de tout le poids de leur savoir, de leurs talens et de leurs vertus; aussi a-t-il cherché à rendre leur foi suspecte ou à corrompre leurs écrits. Il importe de rappeler ici ses attentats pour mettre en garde une jeunesse facile à égarer. En vain les ouvrages de Bacon sont empreints des témoignages de son profond attachement au christianisme, on n'en a pas moins essayé d'en faire une espèce d'impie; et si l'on veut savoir jusqu'où a été ici l'audace et avec quelle évidence il a été vengé, on n'a qu'à lire le *Christianisme de Bacon*, ouvrage du même auteur que les *Pensées de Leibniz*.[177]

L'auteur de l'article, Jean Mutin,[178] collaborateur régulier du journal depuis sa création après une carrière avortée dans la prêtrise, avait aussi été en 1800 le co-auteur d'un ouvrage contre les philosophes[179] et se trouvait sans nul doute à sa place dans un journal qui faisait à cette époque à l'héritage encyclopédique 'une guerre continuelle et peut-être excessive'.[180] A la mort de Mutin en 1837, *L'Ami de la religion* salue la mémoire de celui qui soutenait 'les bonnes doctrines littéraires': 'quoiqu'il parût avoir oublié les pratiques de son état, on le vit toujours professer dans ses écrits l'attachement pour la religion et en soutenir les doctrines.'[181] Le *Journal des débats* publie quelques mois plus tard plusieurs extraits des *Pensées de Leibniz* et profite de l'occasion pour mentionner de nouveau le *Christianisme de Bacon*: 'C'est le plus

---

176. J.-A. de Luc, *Précis*, t.1, p.13-14.
177. *Journal des débats* (4 floréal An XI [24 avril 1803]), p.3-4 (3).
178. D'après les rédacteurs du *Livre du centenaire du Journal des débats, 1789-1889* (Paris, 1889), à cette époque les articles signés d'un V. étaient de la main de Mutin; voir la liste des collaborateurs, p.618. Voir André Cabanis, *La Presse sous le Consulat et l'Empire (1799-1814)* (Paris, 1975), notamment le chap.1. Voir également l'article 'Journal des débats (1789-1805)' de Gilles Feyel dans le *Dictionnaire des anti-Lumières et des antiphilosophes*, éd. D. Masseau, t.2, p.823-29.
179. Jean Mutin et autres, *La Philosophie rendue à ses vrais principes, ou Cours d'études sur la religion, la morale et les principes* (Paris, An VIII-IX [1800]).
180. *Livre du centenaire*, p.76.
181. *L'Ami de la religion, journal ecclésiastique, politique et littéraire*, t.94 (1837), p.143.

beau pendant que l'éditeur pût donner à son ouvrage du *Christianisme de Bacon*; c'est un nouveau service qu'il rend à la religion chrétienne en nous montrant ainsi ces deux grands hommes.'[182] L'année précédente, en 1802, la parution du *Précis* de de Luc a sans aucun doute contribué à renforcer l'actualité de ce Bacon chrétien qui est chaque année, entre 1799 et 1803, l'objet de publications qui accompagnent, en quelque sorte, celle des volumes de la traduction de Lasalle.

Un article anonyme 'communiqué' au *Journal de Paris* rend ainsi longuement compte de la parution du *Précis* en évoquant en des termes négatifs la traduction attaquée par de Luc:

> mais la tentative la plus récente & la plus hardie [de faire passer le pieux Bacon pour un philosophe opposée à la révélation] est celle d'un M. Delasalle, qui ne se bornant plus à une ébauche & à une analyse, a prétendu traduire en français les ouvrages de Bacon; & qui traduisant à contre-sens, retranchant à son gré, commentant à sa manière, a le courage de dire qu'il nous donne Bacon *tel qu'il est*.[183]

En reprenant, avec le terme de 'brigandage', l'idée de Vauxcelles que le camp de la vérité doit lutter contre celui de philosophes 'brigands', l'auteur dresse la liste de tous ceux qui ont tenté de réclamer Bacon à l'*Encyclopédie*, à commencer par le physicien genevois Georges-Louis Le Sage, ami et correspondant de de Luc comme d'Emery, qui a, en traduisant 'simplement, mais fidèlement, quelques textes choisis de Bacon', montré que 'les partisans du système encyclopédique' avaient calomnié 'les principes de ce philosophe et sa Doctrine'.[184] Bien qu'il ne le précise pas, l'auteur anonyme de l'article fait ici allusion à deux lettres adressées par Le Sage aux rédacteurs suisses de la *Bibliothèque britannique*. Dans la première, datée du 23 juin 1798, Le Sage cite *Novum organum* et *De augmentis* en latin, mais affirme surtout clairement son intérêt pour la 'théorie des causes finales' et fustige 'ces faiseurs ou collecteurs d'Expériences; qui traîtent la Physique spéculative

---

182. *Journal des débats* (13 thermidor An XI [1ᵉʳ août 1803]), p.4.
183. *Journal de Paris* (21 vendémiaire An XI [13 octobre 1802]), p.126-27 (126).
184. *Journal de Paris* (21 vendémiaire An XI [13 octobre 1802]), p.126. Sur les réseaux de correspondance de Le Sage, voir Jean-Daniel Candaux, 'Typologie et chronologie des réseaux de correspondance de Georges-Louis Le Sage, 1744-1803', *Dix-huitième siècle* 1:40 (2008), p.105-13. Sur les philosophes comparés à des 'brigands', voir Louis-Claude de Saint-Martin, *Œuvres posthumes de Mr de St Martin*, 2 vol. (Tours, 1807), t.1, p.321: 'Mandrin étoit un brigand moins funeste, que ne le sont les philosophes pris dans le sens moderne.'

d'Occupation absolument inutile'.[185] Dans la seconde lettre, sous-titrée 'Suffrages britanniques favorables à la physique spéculative', Le Sage s'appuie sur Bacon pour éclairer les positions qu'il a présentées dans la lettre précédente et lui consacre même un chapitre entier. Occupé à sa recherche des causes générales et frappé de constater que 'presque tous les Livres modernes de Physique' ne citaient guère du 'grand Bacon' que 'les mêmes Passages, courts et très peu nombreux; comme s'ils les eussent copiés les uns sur les autres', il s'était plongé dans la lecture de ses œuvres et avait été rassuré d'y trouver confirmation qu'il suivait la bonne voie. Le Sage consacre ensuite le reste de sa longue lettre à 'ces divers Groupes de passages favorables à [sa] thèse' dans l'œuvre de Bacon et donne pour finir à ses lecteurs les références de la trentaine d'extraits qu'il cite dans sa propre traduction.[186]

L'article du *Journal de Paris* ne mentionne cependant Le Sage, puis le *Christianisme de Bacon* d'Emery, que pour mieux louer le *Précis* de de Luc. Qualifié de 'nouvel apologiste' et même de 'vengeur' de Bacon, de Luc, que précède manifestement une réputation d'excellence (même si le journaliste écorche son nom en 'du Luc'), ne se 'borne pas à démasquer l'infidèle traducteur & commentateur de Bacon, il trace lui-même une savante analyse de la Méthode de ce grand homme, & la dégage des impures scories dont l'artifice et l'ignorance des sophistes l'avoient souillée'.[187] Le dernier tiers de l'article est cependant davantage rédigé à la gloire de de Luc qu'à celle de Bacon. Présenté comme un savant accompli qui, en 'suivant fidèlement' la méthode du philosophe anglais, 'est arrivé à fixer les inébranlables principes de la géologie, à démontrer les vraies théories de la terre, à expliquer les grands phénomènes de l'atmosphère' et a su chercher ailleurs que 'dans son cabinet & dans les livres' les vérités de la création: 'il a franchi les sommets des montagnes; il est descendu dans les mines les plus profondes, a parcouru toute l'Europe, recueilli tous les faits.'[188] Au-delà de la dénonciation des philosophes, l'auteur de l'article présente le *Précis* comme une confirmation des thèses sur la Création – 'l'œuvre des six jours' – que de Luc avait déjà présentées dans ses *Lettres sur l'histoire physique de la terre*.

L'article est repris quelques mois plus tard, dans une version étoffée mais toujours anonyme, par *La Clef du cabinet des souverains*, journal

---

185. *Bibliothèque britannique: sciences & arts*, t.8, n° 2 (An VI [1798]), p.134.
186. *Bibliothèque britannique: sciences & arts*, t.9, n° 1 (An VI [1798]), p.26 et 30.
187. *Journal de Paris* (21 vendémiaire An XI [13 octobre 1802]), p.126.
188. *Journal de Paris* (21 vendémiaire An XI [13 octobre 1802]), p.127.

'politique et littéraire' décrit par Eugène Hatin comme appartenant 'au parti philosophique modéré, dans ses diverses nuances'.[189] Les attaques répétées contre le Bacon de Lasalle – et à travers lui contre le 'philosophisme' – ont suffisamment porté pour que dès 1801 l'abbé Grégoire, que le traducteur remercie pourtant dans le premier volume de sa traduction, évoque 'Bacon, dont un écrivain vient de dénaturer l'esprit sous prétexte de le traduire' au détour de son *Traité de l'uniformité et de l'amélioration de la liturgie*.[190] Cette remarque est même assortie d'une note de l'auteur sur 'Antoine la Salle':

> Dans son discours préliminaire, il cite le citoyen Grégoire au nombre de ceux qui ont encouragé son entreprise. Assurément, je ne me doutais guère qu'il entrât dans son plan d'ôter à Bacon son plus beau titre à la gloire en faisant disparaître les hommages qu'il rend à la religion. Bacon a été vengé par l'écrivain qui en a publié l'esprit en 2 volumes, le même qui précédemment avait publié celui de Leibniz.[191]

C'est en vain que l'on cherche dans la presse de l'époque ou ailleurs un texte défendant la traduction de Lasalle. Il est notable que Garat qui, en 1787, se réjouissait dans les pages du *Journal de Paris* de ce projet de traduction et considérait Lasalle comme le mieux à même d'accomplir un tel projet[192] n'en dit plus un mot une fois les premiers volumes sortis, alors même qu'il avait fait entrer Bacon dans les programmes des Ecoles normales[193] et qu'il collaborait alors, occasionnellement ou non, à plusieurs journaux. En juin 1799, le *Courrier des spectacles* annonce qu'à la séance du Conseil des anciens du 11 messidor, 'Garat, au nom des citoyens Sogrin et Cotte, fait hommage au conseil 1 . d'une nouvelle édition des œuvres de Buffon, in-18; 2°.

---

189. Eugène Hatin, *Bibliographie historique et critique de la presse périodique française* (Paris, 1866), p.269.
190. Henri Grégoire, *Traité de l'uniformité et de l'amélioration de la liturgie, présenté au Concile national de 1801* (Paris, An x [1801-1802]).
191. Henri Grégoire, *Réforme de la liturgie*, éd. Jérôme Aymard-Ruby (Paris, 2022), p.187. On notera ici que Grégoire cite l'ouvrage d'Emery, mais ne mentionne aucun de ceux de de Luc. Grégoire faisait partie des fondateurs et rédacteurs des *Annales de la religion*, journal du clergé constitutionnel, tandis qu'Emery était proche des rédacteurs des *Annales religieuses, politiques et littéraires*, organe des prêtres réfractaires, même si sa position était plus nuancée. Voir l'article 'Annales religieuses, politiques et littéraires' de Paul Chopelin dans le *Dictionnaire des anti-Lumières et des antiphilosophes*, éd. D. Masseau, t.1, p.51-55.
192. Voir Chapitre 1.
193. Voir *Séances des Ecoles normales, recueillies par des sténographes, et revues par les professeurs*, 10 vol. (Paris, 1800), t.1, p.138 et suivantes.

d'une nouvelle édition des œuvres de Bacon, si bien caractérisé quand il a été appelé nourricier de la philosophie'.[194] Son intervention n'est pas allée plus loin. Bien que son nom apparaisse en italique en tête des remerciements que Lasalle adresse à tous ceux qui l'ont aidé à un titre ou un autre,[195] il n'aura plus un mot pour le traducteur. La *Décade philosophique*, organe des idéologues auquel collabore Garat, évoque souvent Bacon, mais n'écrira qu'une seule fois le nom de son 'nouveau traducteur', au moment de ses candidatures malheureuses à l'Institut.[196] Garat lui-même mentionne abondamment Bacon dans ses *Mémoires historiques sur le XVIIIe siècle et sur M. Suard*, mais jamais la traduction de ses œuvres complètes.[197]

En 1804, Pierre-Louis Roederer signe dans le *Journal de Paris* un long article dans lequel il prend la défense de la philosophie moderne, non pas contre la religion, mais contre ceux qui, croyant la défendre, sont tombés à ses yeux dans la calomnie la plus injuste:

> Mais attaquer confusément toutes les idées philosophiques de tout un siècle, appeler du nom de philosophie le mépris des cultes, la haine du pouvoir, l'anarchie, le brigandage, le massacre, la terreur; dénoncer à tous les ressentimens la philosophie, comme la cause de tous les maux & de tous les crimes de la révolution; attaquer en elle la raison humaine, le plus beau don du ciel, comme ennemie de la religion [...] enfin déchirer indistinctement tout homme à qui l'on a donné le titre de philosophe, faire de ce mot un cri de guerre & de proscription: cette conduite ne peut appartenir qu'à des ennemis de la religion, de la paix publique, du gouvernement, de la patrie, de l'humanité.[198]

---

194. *Le Courrier des spectacles* (12 messidor An VII), 'séances, nouvelles, annonces de livres', p.2. Il ne peut s'agir que de la première livraison de la traduction d'A. Lasalle, car les deux volumes des *Œuvres philosophiques et morales du chancelier François Bacon* publiés en 1797 par le libraire Calixte Volland sont en fait la réédition de l'*Analyse* de Deleyre sans la vie de Bacon.
195. *OFB*, t.1, p.lxxx.
196. 'Nouvelles intéressant la littérature, les sciences ou les arts', *La Décade philosophique, littéraire et politique*, n° 14 (20 pluviôse An VIII), p.309-10. Sur ce journal, voir Marc Régaldo, 'La *Décade* et les philosophes du XVIIIe siècle', *Dix-huitième siècle* 2 (1970), p.113-30; André Tiran, 'Les idéologues, la *Décade philosophique politique et littéraire* et Jean-Baptiste Say', *Journal of interdisciplinary history of ideas* 9:17 (2020), p.2-57.
197. Dominique Joseph Garat, *Mémoires historiques sur le XVIIIe siècle et sur M. Suard*, 2 vol. (1820; Paris, 1821).
198. Cet article, signé d'un R, fait suite à celui d'un ecclésiastique anonyme 'qui s'est distingué avant la révolution par ses talens & par ses succès dans la prédication', appelant à un traité de paix entre la philosophie et la religion

Roederer mentionne 'les sénateurs Volney, Cabanis, Garat', présentés selon lui par leurs détracteurs 'comme des philosophes d'une doctrine perverse', aux côtés de membres de l'Institut et autres 'savans chers à la France, respectés dans l'Europe, placés aux premiers rangs dans l'état, comme ils le sont dans les sciences' (Laplace, Lagrange, Berthollet, Monge et d'autres), attaqués 'collectivement, en invectivant contre le savoir qui les distingue, & en montrant l'enseignement des sciences naturelles, comme des chaires publiques d'athéisme'.[199] Si Roederer mentionne Bacon, il ne le fait que pour parler de Diderot dont il estime la mémoire salie par les ennemis de l'*Encyclopédie*: 'Diderot, dont ils auroient pu être juges, s'il n'avait fait que les bijoux indiscrets, mais en qui ils ne peuvent reconnoître un digne émule de Bacon, le plan de l'Encyclopédie étant un ouvrage au-dessus de leur portée, Diderot est sous leurs pieds.'[200] Aucun de ces défenseurs des sciences et de la philosophie ne saisit donc l'occasion de la parution de cette nouvelle et ambitieuse traduction des œuvres de Bacon pour arracher le précurseur de l'*Encyclopédie* à ceux qui entendent en faire un étendard de l'antiphilosophisme. Nul ne songe à soutenir le traducteur attaqué.

Lasalle ne répond pas non plus par voie de presse aux attaques de ses détracteurs. Il réagit néanmoins dans les pages du onzième volume de sa traduction, c'est-à-dire dans les derniers mois de l'année 1801, par un 'avertissement au lecteur' puis par une série de remarques disséminées dans les notes des volumes suivants. Le traducteur marque d'emblée tout ce qui l'oppose – lui, le philosophe déclassé et retiré du monde – à Jean-André de Luc: 'Nous avons appris, dans notre retraite, que plusieurs hommes de lettres, entre autres M. Deluc, membre de la société royale de Londres, et d'une infinité d'autres académies, avoient bien voulu interrompre leurs études, pour nous détourner des nôtres, et se nuire à eux-mêmes, en nous disant publiquement des injures.'[201] Lasalle, qui décrit ses adversaires comme

---

(s'agit-il de Grégoire?). *Journal de Paris*, n° 127 (7 pluviôse An XII [28 janvier 1804]), p.787-89. Roederer signait ses contributions d'un R; voir Jean-Luc Chappey, 'Pierre-Louis Roederer et la presse sous le Directoire et le Consulat: l'opinion publique et les enjeux d'une politique éditoriale', *Annales historiques de la Révolution française* 334 (octobre-décembre 2003), http://journals.openedition.org/ahrf/867 (date de dernière consultation le 28 octobre 2024).

199. *Journal de Paris*, n° 127 (7 pluviôse An XII [28 janvier 1804]), p.788.
200. *Journal de Paris*, n° 127 (7 pluviôse An XII [28 janvier 1804]), p.788-89.
201. *OFB*, t.11, p.i.

'deux ou trois *Druides*',[202] ne répond pas seulement à de Luc (dont il n'a pu lire à ce moment-là que *Bacon tel qu'il est*), mais semble également répondre aux attaques qui ont suivi dans la presse, y compris aux lettres de Le Sage qu'il a pu prendre pour lui, même s'il n'y est jamais cité nommément. Quant à l'abbé Emery, s'il ne l'a jamais attaqué (et pour cause, les deux volumes du *Christianisme de Bacon* paraissent deux ans avant les trois premiers volumes de sa traduction), il n'est pas impossible que Lasalle l'inclue lui aussi parmi ces 'hommes de lettres' qui cherchent 'à faire du bruit à [ses] dépens'.[203] Exhorté à se défendre plus énergiquement par 'des amis judicieux', Lasalle, qui n'a pourtant jamais hésité à se montrer querelleur, hésite à défendre sa traduction en se lançant dans une joute incertaine: 'Nous n'ignorons pas que le public s'amuse quelquefois de ces petites querelles littéraires […] cependant des raisons assez fortes nous empêchent pour le moment de lui procurer ce genre d'*ennui* ou d'*amusement*.' Les raisons 'assez fortes' de sa soudaine pusillanimité, au nombre de huit, sont détaillées dans le reste de l'avertissement. Il évoque tout d'abord la volonté de ne pas s'avilir en se livrant à des disputes qui font peu honneur à ce que devrait être la fonction du philosophe et de l'homme de lettres dans la société: 'C'est peut-être à cette indécente conduite qu'ils doivent imputer le *rôle subalterne* qu'ils jouent depuis tant de siècles.'[204] Vient ensuite la complexité explosive qui caractérise les questions de religion et de politique et que le traducteur rechigne à affronter: 'C'est un immense *brasier*, couvert d'une *cendre* désormais *très légère*: je pourrois, en me défendant ainsi, faire cent fois plus de mal qu'on ne peut m'en faire en m'attaquant; et mieux vaut ne point lutter du tout que de se défendre à demi.'[205] Ces questions sont d'autant plus délicates que, dans le cas de Bacon, il s'agirait pour Lasalle de donner son avis sur des points qui selon lui concernent au premier chef 'les Anglois'.

Mais c'est surtout que le traducteur refuse de parler de lui-même, exercice pénible mais indispensable à qui veut 'se défendre complètement contre un écrit tout rempli de personnalités et même d'invectives assez grossières'.[206] Lasalle parlant de lui-même dans la plupart des notes de bas de page dont il émaille sa traduction, cette quatrième explication a sans doute de quoi faire sourire, d'autant

---

202. *OFB*, t.11, p.vi.
203. *OFB*, t.11, p.vi.
204. *OFB*, t.11, p.ii.
205. *OFB*, t.11, p.iii.
206. *OFB*, t.11, p.iii.

qu'il ajoute avec la modestie feinte qui le caractérise souvent: 'je suppose que l'auteur dont on se souvient le plus, c'est celui qui, dans ses écrits, sait le mieux s'oublier lui-même, pour ne se souvenir que de ses lecteurs.'[207] Il était sans doute aisé de faire assaut de modestie face à un de Luc si manifestement sûr de sa supériorité. Lasalle fait valoir ensuite qu'il suffit de lire le monologue introductif, principal objet des attaques du géologue genevois, pour trouver dans les passages que celui-ci ne cite pas 'des assertions formelles qui pulvérisent toute cette critique'.[208] Il ne précise cependant pas lesquelles. Lasalle estime que sa traduction, à laquelle il travaille encore lorsque parait le onzième volume, ne lui laisse guère le temps de rédiger une réponse circonstanciée à la critique de de Luc, qu'il remet donc à plus tard, notamment parce que son éditeur – dit-il – le presse de finir. Il donne enfin pour ultime raison son désir de ne pas s'abaisser à répondre à l'attaque de de Luc en l'attaquant à son tour. Refusant de ressembler à ce 'censeur injuste', il affirme, avec une sorte d'abnégation aux accents très chrétiens, mais sous laquelle on devine la mauvaise foi, vouloir au contraire le couvrir d'éloges:

> La seule vengeance que je voudrois tirer de lui, ou de tout autre homme de lettres qui, après avoir été cité avec éloge, dans mes écrits, me paieroit de ce juste hommage par un *pamphlet* injurieux, où il ne me rendroit pas une seule fois justice, ce seroit de chercher, dans ses autres écrits, et dans ce *pamphlet* même, quelques *vérités utiles*, quoique mal appliquées, et de leur donner *place* dans mes *notes*, en payant à l'inventeur le tribut d'éloges qui lui seroit dû, et en le remerciant aussi de m'avoir rendu, par des critiques mêmes qui porteroient à faux, *plus attentif* et *plus exact*, pour en prévenir de mieux fondées. Telle est la seule vengeance digne de cette jeunesse à laquelle notre traduction est destinée, du *chancelier Bacon* et de son interprète.[209]

S'il refuse de défendre sa traduction, il ne peut cependant s'empêcher quelques piques à l'encontre de de Luc. Il ajoute ainsi à un passage de l'*Histoire des vents* où il est question d'observations météorologiques au sommet des montagnes une note sur le mont Blanc dans laquelle la raillerie pointe sous l'approximation: 'Un physicien de Genève (je crois que c'est M. *Deluc*) a fait une observation

---

207. *OFB*, t.11, p.iv.
208. *OFB*, t.11, p.iv.
209. *OFB*, t.11, p.vii.

à peu près semblable sur le *Mont-Blanc*.'[210] Plus loin, dans une note ajoutée à sa traduction de la *Nouvelle Atlantide* au sujet de l'emploi du mot 'chaperon', l'ambiguïté n'est plus de mise et le point de traduction n'est qu'un prétexte à la moquerie: 'Le texte original semble dire, un *capuchon*; genre d'ornement que nous croyons devoir adjuger à *M^r. Deluc*, pour récompenser sa *religieuse exactitude*.'[211] Dans le volume suivant – qui comprend les *Essais de morale et de politique* –, Lasalle délaisse le persiflage, mais répond à de Luc sans le nommer dans plusieurs notes de bas de page consacrées à la religion en général et aux convictions religieuses de Bacon en particulier.

La première note est ajoutée au tout début de l'essai que Bacon consacre à la mort, à propos d'un passage sur la peur de la mort qu'instillent les contes chez les adultes comme chez les enfants. Quelle est la nature de ces contes qui suscitent chez 'les hommes faits' la peur de mourir? Pour Lasalle, il s'agit des *'contes religieux'* qui poussent les hommes à redouter la mort par crainte de ce que l'au-delà leur réserve. C'est ce genre de proposition qui a conduit le traducteur et commentateur du philosophe à 'avancer que le *chancelier Bacon* étoit beaucoup *moins dévot* qu'il ne le paroît à certaines gens qui ne le sont pas plus que lui, et qui ont les mêmes raisons pour le paroître quelquefois'.[212] Plus loin, dans une autre note, Lasalle décrit la mort comme le 'passage de l'être au néant' et ajoute un commentaire pour le moins anticlérical à une phrase dans laquelle Bacon évoque 'le lugubre appareil des obsèques': 'Lorsqu'il ne faut plus qu'un peu de frayeur pour tuer le malade, un prêtre arrive et l'achève. Non, la religion ne sait point adoucir les terreurs des mortels qui se sentent mourir; et le terrible mot que l'homme noir prononce, les pousse, d'un seul coup, vers la mort qu'il annonce.'[213]

L'essai suivant, sur l'unité de l'Eglise chrétienne, est l'occasion pour Lasalle de doubler le texte de très longues notes contre l'Eglise et de répondre bien plus clairement aux attaques de de Luc, en affirmant que 'Le *principal lien* de la *société humaine* est le *besoin réciproque* et non la *religion*',[214] en s'élevant contre 'la partie dogmatique, mystérieuse et

---

210. *OFB*, t.11, p.146.
211. *OFB*, t.11, p.443.
212. *OFB*, t.12, p.10n.
213. *OFB*, t.12, p.12n.
214. *OFB*, t.12, p.18. Le traducteur renvoie ici explicitement à un long passage de la troisième partie de *Bacon tel qu'il est*, dans lequel de Luc affirme qu'aucune société ne peut se constituer sans le socle de la religion: 'Il est donc certain que la *Religion* [...] sous quelque forme qu'elle ait existé parmi les *Peuples*, loin

inintelligible des religions qui divise les hommes', puis en réconciliant la religion et le savoir: 'le vrai moyen de détruire les préjugés qui ont obscurci la vraie religion, c'est d'éclairer les nations; car la vraie méthode pour dissiper l'obscurité, n'est pas de déclamer contre les ténèbres, mais d'apporter un flambeau.'[215]

Les trois derniers volumes de sa traduction sont pour Lasalle l'occasion de s'attaquer de nouveau nommément à de Luc, sans doute parce qu'il a eu entre-temps connaissance des deux volumes du *Précis de la philosophie de Bacon*, puisque les volumes 13 à 15 paraissent entre la fin de l'année 1802 et le premier trimestre de l'année 1803. Il renoue aussi avec la verve sarcastique qu'il avait pourtant rapidement abandonnée. Dans la note sur la duchesse de Bourgogne qu'il ajoute à sa traduction de l'*Histoire d'Henri VII*,[216] le traducteur, qui peste une fois de plus contre les approximations de l'auteur – 'Cet ouvrage que je traduis est tout tissu de comparaisons dans le même goût' –, profite d'une remarque sur l'art de traduire pour tourner de Luc en ridicule: 'Cependant M. *Deluc*, membre de soixante et dix-sept académies, et qui a bien mérité de la république des lettres par un commentaire fort sec sur l'humidité, prétend que je dois traduire *Bacon* mot à mot: pour moi qui n'ai ni l'honneur ni le besoin d'être *académicien*, j'aime mieux passer pour un traducteur infidèle, que traduire littéralement une sottise.'[217] Dans le volume suivant, à la fin de l'*Histoire d'Henri VII*, au détour d'une phrase dans laquelle Bacon suggère qu'il est des façons plus utiles d'employer son argent que de l'envoyer au pape, Lasalle ajoute une note acerbe dans laquelle il épingle le pape et de Luc, dont il fait étrangement le zélé serviteur: 'Quel blasphème! ce n'est pas sans nous faire une sorte de violence que nous le traduisons; car il est clair que l'argent donné au *pape* est toujours utile, sinon à celui qui le donne, du moins à celui qui le reçoit. Mais le saint-père nous ayant fait ordonner par M. *Deluc*, son résident à Londres, de traduire Bacon avec une exactitude canonique, il a fallu obéir.'[218] Lasalle croyait-il vraiment de Luc catholique et, qui plus est, l'envoyé du Vatican à Londres? Une telle erreur semble peu probable puisqu'il savait qu'il était genevois et donc très probablement protestant. Il a peut-être

---

d'avoir été un moyen de les *opprimer*, a été la seule cause de leur existence, c'est-à-dire, de la formation de la *société*.' Voir de Luc, *Bacon*, p.68-71.
215. *OFB*, t.12, p.29 et 31.
216. Voir Chapitre 3, note 137.
217. *OFB*, t.13, p.324. Voir plus haut, note 142.
218. *OFB*, t.14, p.249-50.

cherché à insulter son détracteur en le traitant de catholique,[219] mais il a sans doute plus vraisemblablement cherché par cette appellation à l'inclure dans les rangs de ceux qui, en France, s'opposent alors de plus en plus violemment à la science: les acteurs du 'réveil catholique' qui entendent faire front commun contre des institutions savantes jugées trop puissantes et une science dévoyée par l'athéisme.[220]

Quoi qu'il en soit, Lasalle redouble ses attaques dans le dernier volume de sa traduction. Soulignant à l'adresse du lecteur une phrase de 'Diomède, ou le zèle religieux' dans *La Sagesse des anciens* – '*les dieux du paganisme n'étant pas entachés de cette jalousie qui est l'attribut propre du vrai Dieu*'[221] –, Lasalle commente en note: 'Il seroit très difficile de me persuader que cette observation n'est point une *ironie*, et que notre auteur étoit aussi dévot que M. Deluc feint de le croire.'[222] Lasalle évoque à nouveau l'idée (que de Luc prête à Bacon) selon laquelle la religion est le ciment de la société,[223] dans une autre note de *La Sagesse des anciens*:

219. C'est l'avis de Joseph de Maistre qui, rapportant les attaques de de Luc, écrit en note: 'Il est assez plaisant que, parmi tant d'injures que M. Lasalle pouvait adresser à M. de Luc, il ait choisi celle de *papiste* qui fait dresser les cheveux: avis important à tous ceux qui se mêlent de défendre le christianisme sans être *papistes*! les incrédules les traitent de *papistes*, et les papistes d'*incrédules*. Puisqu'ils sont sûrs d'exciter si peu de reconnaissance, en vérité ils feraient mieux de garder le silence'; *Œuvres complètes*, t.6, chap.20, p.500, n.2. Voir plus loin sur Joseph de Maistre et Bacon.
220. Voir Jean-Luc Chappey, 'Catholiques et sciences au début du XIXe siècle', *Cahiers d'histoire: revue d'histoire critique* 87 (2002), http://journals.openedition.org/chrhc/1653 (date de dernière consultation le 28 octobre 2024).
221. Bacon a écrit *La Sagesse des anciens* en latin, revenant sur le texte avant sa mort. La traduction anglaise d'Arthur Gorges a été faite sur la dernière version du texte latin; cette phrase est placée entre parenthèses: '(the heathen gods not having so much as a touch of that jealousie, which is an attribute of the true God)': *The Wisdome of the ancients, written in latine by the Right Honourable Sir Francis Bacon [...] done into English by Sir Arthur Gorges Knight* (Londres, J. Kirton, 1658), p.83. La première traduction française, de Jean Baudoin, en propose la traduction suivante (la phrase y est également entre parenthèses: '(Estant véritable que les dieux des Gentils n'estoient nullement ialoux de leur culte, qui est le propre du vraye Dieu)'; Francis Bacon, *La Sagesse mystérieuse des anciens*, traduit par J. Baudoin (Paris, Julliot, 1619), 'Diomède', n.p.
222. *OFB*, t.15, p.97.
223. Voir plus haut, note 214. Lasalle a probablement trouvé dans la lecture du *Nouveau spectacle de la nature*, d'Antoine-Théodore Chevignard de La Pallue, une inspiration pour cette seconde remarque sur les 'besoins réciproques', ainsi que la matière d'autres notes portant sur la météorologie ou les phénomènes naturels. Voir Antoine-Théodore Chevignard, *Nouveau spectacle de la nature*,

M. *Deluc*, dans le *pamphlet* qu'il a publié contre nous, ou plutôt contre *Bacon*, prétend que les sociétés humaines ont eu pour première base des opinions religieuses: on voit ici que le *chancelier Bacon* n'est pas de ce sentiment. Les hommes, selon lui, selon nous et selon l'expérience, n'ont pas été réunis en société par des motifs si relevés, mais par leurs *besoins réciproques*, et par l'espérance des secours qu'ils pourroient tirer les uns des autres.[224]

Il revient une dernière fois à de Luc dans une note de l'essai 'Des principes et des origines des fables' ajoutée à la fin d'un paragraphe aux accents très matérialistes:[225]

Je prie le lecteur de fixer son attention sur cette phrase soulignée, et de juger par lui-même de cette dévotion que M. *Deluc* et quelques autres *papistes* attribuent au *chancelier Bacon*; mais, quoique je traduise cet horrible blasphème avec la plus scrupuleuse fidélité, je suis bien éloigné de l'adopter; et pour peu qu'on me demande si ces phénomènes dont parle l'auteur doivent être attribués à *certaines loix de la matière*, encore *inconnues*, ou à une *substance d'une nature particulière*; je répondrai, avec cette circonspection et cette ingénuité qui me caractérise, que je n'en sais rien.[226]

Lasalle n'a ensuite plus jamais évoqué de Luc. Quant à celui-ci, il est impossible de savoir s'il a eu connaissance, directement ou indirectement, de ces piques quelque peu dérisoires. Il retourne à Bacon dans son ouvrage de 1804 sur le fluide galvanico-électrique et mentionne même Lasalle en citant une note tirée du quatrième volume de sa traduction,[227] mais il semble n'avoir pas poursuivi sa lecture au-delà du sixième volume et n'avoir donc pas lu les commentaires sarcastiques qu'y distillait celui qu'il avait attaqué avec une si remarquable obstination. Cette étrange 'querelle' quitte rapidement les quelques

---

contenant des notions claires et précises, et des détails intéressants sur les objets dont l'homme doit être instruit, comme la structure du monde et de l'univers, les phénomènes et météores, les hautes montagnes, volcans, tremblement de terre, tempête, animaux et végétaux rares, 2 vol. (Paris, Deterville, An VI [1798]), t.1, p.339 et suivantes.
224. *OFB*, t.15, p.60.
225. 'car *les abstractions relatives au mouvement ont aussi enfanté une infinité d'opinions sur les âmes, les vies*; comme si, *ne pouvant expliquer toutes ces choses par la matière et sa forme, on étoit obligé, pour en rendre raison, de supposer qu'elles dépendent de principes qui leur sont propres et particuliers.*' *OFB*, t.15, p.242-43.
226. *OFB*, t.15, p.243.
227. Jean-André de Luc, *Traité élémentaire sur le fluide électrico-galvanique*, t.1, p.34-35. Voir J. L. Heilbron, 'Jean-André Deluc and the fight for Bacon', p.80-81.

journaux qui s'en étaient faits l'écho et cesse, pour ainsi dire, faute de 'combattants': de Luc n'a parlé qu'à son camp, Lasalle a réagi à demi-mots sans chercher à rallier d'autres figures de la République des lettres à sa cause. Ce qui aurait pu être une querelle n'en a finalement jamais été une.

Attendue pendant longtemps, repoussée plusieurs fois par Lasalle lui-même, cette traduction monumentale est sans doute arrivée trop tard, à un moment où, comme le souligne Jean-Luc Chappey, le monde scientifique s'éloigne du modèle de l'encyclopédie vivante pour se restructurer autour de chaires spécialisées. Par trois fois candidat malheureux à un fauteuil de la classe des sciences morales et politiques de l'Institut national, Lasalle, qui n'est pas inconnu des institutions savantes, n'est sans doute pas identifié – à l'instar d'un Cabanis ou d'un Destutt de Tracy – comme un 'idéologue' qu'il s'agirait de défendre contre les campagnes des 'publicistes en soutane'.[228] Les ouvrages philosophiques de Lasalle datent d'avant la Révolution et, même s'ils sont encore cités sporadiquement,[229] ils ont déjà été dépassés sur le terrain 'physico-moral' par les *Rapports du physique et du moral de l'homme* de Cabanis (1802) – qui cite abondamment Bacon –, comme sa théorie des 'compensations' le sera quelques années plus tard par les travaux de Hyacinthe Azaïs. Des années plus tard, Joseph-Marie de Gérando, candidat victorieux contre Lasalle à la classe des sciences morales en 1800, renvoie dos à dos le traducteur et son détracteur sans leur accorder plus qu'une simple note dans son *Histoire comparée des systèmes de philosophie*: de Luc 's'est à peu près borné à revendiquer [pour la philosophie de Bacon] le caractère religieux qui lui appartient' sans pour autant en donner un résumé satisfaisant; quant à Lasalle, ses préfaces, notes et commentaires 'expriment plutôt les idées particulières du traducteur que la pensée de son modèle, pensée que souvent il a mal saisie, que souvent il a même supprimée, altérée à dessein', raison pour laquelle il a 'été dénoncé avec vigueur' par de Luc 'dans un écrit publié en 1800 sous le titre de Bacon tel qu'il est'.[230] Malgré ses activités scientifiques

---

228. J.-L. Chappey, 'Catholiques et sciences au début du XIXe siècle'.
229. Entre 1799 et 1804, le nom de Lasalle apparaît à divers titres dans la presse, et ses œuvres sont citées, notamment à l'occasion de la parution posthume de la *Théorie de l'ambition* d'Hérault de Séchelles (1801) car d'aucuns soupçonnent Lasalle d'en être au moins partiellement l'auteur (voir Chapitre 2).
230. Joseph-Marie de Gérando, *Histoire comparée des systèmes de philosophie*, 2e partie: *Histoire de la philosophie moderne* (1804), 2e éd., t.2 (Paris, 1847), note C, p.91.

et la publication (confidentielle) en 1797 de ses *Nouvelles récréations mathématiques* – à un moment où les mathématiques sont justement la cible des tenants du 'réveil catholique' –, Lasalle reste malgré lui en dehors des nouveaux réseaux scientifiques, et nul ne semble donc songer à lui comme à un représentant des sciences à défendre contre ceux qui entendent en 'renverser l'hégémonie'.[231]

---

231. J.-L. Chappey, 'Catholiques et sciences au début du XIXe siècle'.

5. L'éclipse

> 'J'ai vu l'esprit de mon siècle, et j'ai publié cette traduction. C'est ce que pourrait dire M. Lasalle, et ce mot expliquerait son entreprise. Il s'est attaché à Bacon, parce qu'il y trouvait toutes les erreurs de notre siècle, et parce qu'il avait besoin de la renommée de ce philosophe pour faire lire quinze volumes assommants, que pas un français n'aurait achetés s'ils n'avaient été recommandés par le prestige du nom.'[1]

> 'Il ne suffit pas de compter les livres, il faut encore réfléchir sur leur cheminement.'[2]

Qu'est-il advenu de la traduction de Lasalle et du Bacon chrétien qu'Emery, de Luc et d'autres ont cherché à promouvoir contre celui, supposément athée, de l'*Encyclopédie*? La destinée de la première est intimement liée à celle du second.

Comme on l'a vu au chapitre 1, à peine les trois derniers volumes étaient-ils sortis des presses de l'imprimeur dijonnais Louis-Nicolas Frantin qu'à la mort brutale de celui-ci en février 1803, sa veuve, prise d'un 'scrupule de conscience, à l'instigation, dit-on, du confesseur du défunt, a fait livrer à l'épicier les volumes en feuilles, mêlés à dessein de la traduction de Lasalle, comme s'il eût été un annotateur impie et peu fidèle au texte religieux de son auteur'.[3] On retrouve cette terrible

---

1. Joseph de Maistre, *Examen de la philosophie de Bacon* (1836), dans *Œuvres complètes*, t.6, p.514.
2. Daniel Roche, *Les Républicains des lettres: gens de culture et Lumières au XVIIIe siècle* (Paris, 1988), p.47.
3. J.-B.-M. Gence, *Notice biographique et littéraire*, p.132. Voir chapitre 1, notes 151 et 152.

anecdote dans une courte biographie rédigée des années plus tard en hommage à l'un des fils Frantin, devenu historien:

> M. Frantin père était donc décédé sans fortune, laissant une dernière publication, sa belle édition des *Œuvres complètes* de Bacon, traduites en français par Lasalle, *avec des notes critiques et littéraires*, 1799-1802, 15 volumes in-8°. Un libraire de Paris offrait de ces livres de fonds un prix assez élevé. Malheureusement les notes du traducteur, beaucoup trop nombreuses, étaient on ne saurait moins chrétiennes. MM. Frantin (l'historien et son frère) ne crurent pas que leur conscience leur permît de laisser mettre dans le commerce ce qui était à leurs yeux un mauvais livre, et l'édition tout entière, encore presque intacte, fut mise au pilon.[4]

Elle est également reprise par Clément-Janin qui semble la tenir d'une autre source, mais la rapporte néanmoins au conditionnel:

> [Frantin] achevait d'imprimer une traduction des *Œuvres de Bacon* quand il mourut, d'une attaque d'apoplexie, le 17 février 1803.
>
> Ce Bacon ayant froissé les susceptibilités religieuses de quelques personnes tenant de près à la famille, les deux fils Frantin n'hésitèrent pas, dit-on, à en sacrifier l'édition. Elle aurait été mise au pilon. Des exemplaires échappèrent pourtant à la destruction. Il s'en trouvait un dans la bibliothèque de M. H. Walferdin, ancien représentant du peuple en 1848, et annotateur de la belle édition de Diderot de 1821.[5]

Si l'anecdote est vraie, surtout telle que la rapporte Gence, c'est une cruelle ironie du sort pour celui qui, dans un poème sur l'*Encyclopédie* inséré dans *Le Désordre régulier* en 1786, écrivait sur un ton moqueur ces vers prémonitoires:

> Chez l'épicier le livre était de poids;
> Pour l'effeuiller, il eût fallu six mois.[6]

Clément-Janin a cependant raison de préciser que certains exemplaires ont échappé à l'action destructrice de Suzanne Vernisy et de ses fils. Gence ajoute d'ailleurs que le libraire Renouard avait pu recevoir plusieurs exemplaires de la collection de quinze volumes, et Lasalle lui-même en avait manifestement eu un certain nombre. Dans une lettre adressée au ministre de l'Intérieur le 18 décembre 1815,

---

4. Joseph-Théophile Foisset, *M. Frantin* (Dijon, 1864), p.10.
5. M.-H. Clément-Janin, *Imprimeurs et libraires*, p.77.
6. A. Lasalle, *Désordre*, p.193.

5. L'éclipse

il affirme avoir 'déposé dans toutes les bibliothèques publiques, 20 et quelques volumes, notamment la Traduction et les commentaires des œuvres du chancelier Bacon, en 15 vol.'[7] Il l'écrit de nouveau en juillet de l'année suivante: 'J'ai 25 volumes, sur différents sujets, dans toutes les grandes Bibliothèques, y compris celle de l'Institut, où j'ai des entrées; ouvrages dont les plus notables sont ma Traduction, avec commentaires, des Œuvres du chancelier Bacon, en 15 volumes.'[8] La bibliothèque municipale de Semur-en-Auxois conserve un exemplaire complet de sa traduction, dont le premier volume comporte un *ex dono* de la main de Lasalle – 'donné à Franç. Menassier par le Traducteur son Ami, l'an 8e' –, mais, en dehors de ce cas précis, il est bien sûr impossible de savoir si la petite quinzaine d'exemplaires détenus par les bibliothèques publiques françaises correspondent à ceux que Lasalle affirme avoir distribués.

Lecteurs

La présence – ou l'absence – de la traduction de Lasalle dans les catalogues de ventes aux enchères de bibliothèques privées entre 1804 et 1850 peut permettre de se faire une idée de sa circulation. L'examen de 155 catalogues de vente de bibliothèques privées de plus de 1000 volumes – souvent des collections remarquables constituées par des bibliophiles – conservés à la Bibliothèque nationale de France sous la cote DELTA, pour des ventes effectuées entre 1805 et 1851,[9] montre que sur la période étudiée cinquante-quatre bibliothèques privées contiennent une ou plusieurs œuvres de Bacon, y compris la

---

7. Pierrefitte, Archives nationales, inventaire des papiers de la division des Sciences et lettres du ministère de l'Instruction publique (sous-série F/17), t.2, F/17/3173, Dossier d'indemnité d'Antoine de Lasalle, homme de lettres, 1821, lettre du 18 décembre 1815.
8. F/17/3173, Dossier d'indemnité d'Antoine de Lasalle, lettre du 6 juillet 1816.
9. Ces 155 catalogues ne représentent pas la totalité des catalogues détenus par la BnF pour la période étudiée. Tous ne sont pas exhaustifs (certains ne font état que des ouvrages remarquables, mais les œuvres de Bacon en font le plus souvent partie); un très petit nombre de ces catalogues porte sur des bibliothèques privées de province. Ont été écartés de l'échantillon retenu les catalogues de bibliothèques très spécialisées, par exemple sur la littérature de voyage ou les ouvrages d'auteurs anciens. Toutes contiennent plus de mille volumes, neuf d'entre elles appartenaient à un membre de l'Institut. Les bibliophiles du Grolier Club de New York font état de 168 catalogues imprimés de ventes de livres entre 1804 et 1830: *Printed catalogues of French book auctions and sales by private treaty 1643-1830 in the library of the Grolier Club* (New York, 2004).

traduction de Lasalle, notamment des exemplaires en latin imprimés en Hollande au dix-septième siècle, mais aussi des exemplaires en anglais et en français, dont les traductions de Maugars, de Raguet, ou de Baudoin, et l'*Analyse* de Deleyre.[10] Pour donner quelques points de comparaison, les données collectées dans le cadre du projet ERC MEDIATE indiquent pour la France que, sur 116 catalogues de vente de collections moins importantes (moins de 1000 ouvrages) sur la période 1804-1830, Francis Bacon est présent dans 32 pour cent des cas, ce qui fait de lui l'un des auteurs les plus présents, même si ses œuvres restent loin derrière la Bible ou les œuvres d'Ovide et de Virgile (présentes respectivement dans 82 et 77 pour cent des catalogues).[11] Si la traduction de Lasalle ne se trouve dans aucun des catalogues du corpus du projet MEDIATE, elle apparaît en revanche dans vingt des cinquante-quatre catalogues qui comportent une ou plusieurs œuvres de Bacon sur les 155 analysées ici. Dans quatorze catalogues cette traduction est la seule œuvre de Bacon présente. Quatre catalogues font état d'exemplaires incomplets: la collection Fauconnier ne détenait que les six premiers volumes et Jean-François Née de La Rochelle n'avait acheté que les trois premiers, soit par choix, soit par impossibilité du fait de la destruction rapide des derniers exemplaires. Un ouvrage présent dans une vente peut provenir d'une autre bibliothèque privée et avoir été obtenu par rachat, ce qui a pour effet de gonfler artificiellement le chiffre des exemplaires détenus. Ainsi, tout porte à croire que c'est bien l'ensemble incomplet de douze volumes en demi-reliure (que l'on suppose amputé de la dernière livraison des volumes 13 à 15) acheté pour 21 francs en 1816 lors de la vente Lecoutteux qui se retrouve deux ans plus tard dans le catalogue de la vente des livres de Jean-Baptiste Suard, où il a trouvé acheteur

---

10. Sur la méthodologie de l'exploitation des catalogues de vente de bibliothèques privées, voir l'article pionnier de Daniel Mornet, 'Les enseignements des bibliothèques privées (1750-1780)', *Revue d'histoire littéraire de la France* 3, 17e année (1910), p.449-96; Helwi Blom et autres, 'Printed private library catalogues as a source for the history of reading in seventeenth- and eighteenth-century Europe', dans *The Edinburgh history of reading: early readers*, éd. Mary Hammond (Edimbourg, 2020) p.249-69; (dir.), *Les Ventes de livres et leurs catalogues: XVIIe-XXe siècle*, éd. Annie Charon et Elisabeth Parinet (Paris, 2000); D. Roche, *Républicains des lettres*, 1re partie: 'Les cheminements du livre'.

11. Je remercie vivement Alicia Montoya, PI pour le projet ERC Consolidator MEDIATE ('Measuring Enlightenment: disseminating ideas, authors, and texts in Europe, 1665-1830'), pour les données qu'elle a généreusement partagées avec moi et pour ses précieux conseils méthodologiques; voir www.mediate18.nl (date de dernière consultation le 29 octobre 2024).

pour quelques francs de plus. Il est en revanche impossible de savoir si un ensemble complet ne présentant aucun signe distinctif particulier est passé ou non entre les mains de plusieurs propriétaires.[12] Il ne faut pas exclure non plus que la traduction de Lasalle, complète ou non, se soit trouvée dans des bibliothèques privées qui n'ont jamais été vendues aux enchères et jamais cataloguées.

Un catalogue de vente de bibliothèque reflète très souvent les goûts qui étaient ceux du collectionneur deux ou trois décennies plus tôt. On peut penser que la plupart des exemplaires présents dans cet échantillon ont été achetés dans les années qui ont immédiatement suivi la publication des derniers volumes. Même en supposant que certaines occurrences sont des doublons et signalent des rachats, le chiffre obtenu est plutôt élevé. A titre de comparaison, l'*Analyse* de Deleyre, qui reste l'édition de référence jusqu'à la parution de celle de Lasalle et même après, n'est présente que dans six catalogues.[13] Enfin, malgré la publicité orchestrée par de Luc lui-même, trois catalogues seulement mentionnent son *Précis*, tandis que son *Bacon tel qu'il est* n'apparaît nulle part.

Si ce pamphlet est absent des catalogues de vente, on en trouve toutefois une trace dans le cercle restreint des amateurs et des professionnels du livre. En 1810, dans la première édition de son *Manuel du libraire et de l'amateur de livres*, Jacques-Charles Brunet mentionne en seconde position la traduction de Lasalle dans la liste des éditions de Bacon – latines, anglaises, hollandaises ou françaises – susceptibles d'intéresser les bibliophiles et donne comme prix indicatif 67 francs pour les quinze volumes et 137 francs pour les rares exemplaires tirés sur 'grand papier'.[14] Quatre ans plus tard, l'édition de Lasalle figure toujours en bonne place dans la liste de Brunet, qui indique

---

12. Dans le catalogue qu'Antoine-Augustin Renouard dresse de sa propre collection bibliophilique en 1819, il précise à propos de son exemplaire qu'un extrait d'une lettre du traducteur à l'imprimeur Frantin s'était malencontreusement trouvée imprimée à la page 261 du t.12: 'Et tout cela fut imprimé comme faisant partie de la note elle-même. Cette méprise, promptement aperçue, occasionna la réimpression des pages 261-68, l'une et l'autre demi-feuille se trouvent dans cet exemplaire, auquel sont aussi jointes deux lettres de M. La Salle.' *Catalogue de la bibliothèque d'un amateur*, t.1, p.193. On peut supposer que ce détail ajoutait à la rareté de l'exemplaire détenu.
13. Qu'il s'agisse de l'édition parisienne de 1755, de la réimpression hollandaise de 1777 ou de celle que publie le libraire parisien Arthus-Bertrand en 1803. Je n'inclus pas dans cette liste la réimpression publiée par Calixte Volland en 1797 car elle n'est pas explicitement identifiable comme telle.
14. Jacques-Charles Brunet, *Manuel du libraire et de l'amateur de livres*, 3 vol. (Paris, 1810), t.1, p.85.

un prix en hausse à 75 francs pour le tirage ordinaire et 150 francs pour le tirage limité, que l'amateur peut comparer à celui des éditions anglaises de Millar en cinq volumes, 'très bonnes et très recherchées', publiées à Londres en 1765 et 1778, la première ayant été vendue 166 francs par le libraire Bertrand.[15] Les mêmes informations sont reprises dans l'édition de 1820 du manuel, alors que Renouard, dans son *Catalogue de la bibliothèque d'un amateur* publié quelques mois plus tôt, entreprenait de défendre la traduction qu'il avait publiée:

> On a reproché à cette traduction de n'être pas assez exacte, et ce reproche n'est pas tout-à-fait sans fondement. Mais M. de Luc et quelques autres avec lui se sont plu à créer des fantômes pour les combattre, et ont supposé au traducteur des intentions que certainement il ne s'est jamais mises en tête. Selon eux, il étoit jeté en avant par un parti; c'étoit une nouvelle conspiration des philosophes, régulièrement organisée, et dont M. La Salle étoit la première trompette. Bien loin de cela, M. La Salle, l'auteur de la Balance naturelle, et du Désordre régulier, est tout simplement un homme d'opinions fort singulières, qui, travaillant seul, à Semur, y a fait sa traduction à sa fantaisie, sans prendre conseil ni congé de qui que ce soit.[16]

A partir de 1834, Brunet change de ton. Lui qui avait jusque-là mentionné les quinze volumes sans commentaire particulier ajoute dans son *Supplément* la mise en garde suivante, qu'il formule comme une réponse à Renouard:

> Nous avons parlé de la traduct. française des *Œuvres de Bacon* par Lasalle, en 15 vol. in-8°, ajoutons qu'elle est inexacte, et que l'auteur y a même quelquefois substitué ses propres idées à celles du philosophe anglais. C'est ce qu'a prouvé le célèbre physicien de Luc dans un opuscule intitulé *Bacon tel qu'il est* [...] M. Renouard, *catal. d'un amateur*, I, 193, justifie les intentions du traducteur.[17]

Brunet, qui n'indique plus aucun prix pour les quinze volumes de Lasalle, conseille en revanche aux amateurs d'acheter le *Précis* de de Luc. Quatre ans plus tard, la nouvelle édition du *Manuel du libraire*

---

15. Jacques-Charles Brunet, *Manuel du libraire et de l'amateur de livres*, 3 vol. (Paris, 1814), t.1, p.141.
16. A.-A. Renouard, *Catalogue de la bibliothèque d'un amateur*, t.1, p.193.
17. Jacques-Charles Brunet, *Nouvelles recherches bibliographiques pour servir de supplément au manuel*, 3 vol. (Paris, 1834), t.1, p.112.

comporte le paragraphe ajouté dans le *Supplément*, à ceci près que la traduction 'inexacte' y est désormais qualifiée de 'fort inexacte' et que le prix indicatif a été révisé en conséquence, puisqu'il est de 45 à 60 francs pour le tirage ordinaire et n'est plus que de 80 francs pour le tirage sur 'grand papier'.[18] Le contexte politique et économique influe très certainement sur l'estimation du prix des livres, mais, tout en maintenant la traduction de Lasalle dans son manuel, Brunet semble tout de même avoir révisé son jugement après avoir eu (tardivement) connaissance des critiques de de Luc. Il ne revient pas sur cette opinion négative dans les éditions ultérieures de son manuel.[19]

Malgré les attaques dont elle a été l'objet au moment de sa publication comme au cours des décennies qui ont suivi, et malgré le sort apparemment réservé aux derniers volumes par les héritiers Frantin, la traduction de Lasalle a donc eu un nombre non négligeable d'acheteurs. La présence d'un ouvrage dans une collection privée n'implique cependant pas forcément sa lecture; il est donc difficile de savoir si les exemplaires vendus – qu'il s'agisse de la collection complète des quinze volumes ou de volumes dépareillés – ont touché leur lectorat, notamment la jeunesse à laquelle les destinait le traducteur lui-même. On peut supposer que des exemplaires ont pu être consultés par les élèves de certaines écoles centrales ou des lycées qui les ont remplacées à partir de 1803, là où l'ouvrage avait été acheté ou reçu en dépôt, mais ces lectures n'ont pas laissé de traces. Les Archives nationales conservent néanmoins un document particulièrement intéressant: les notes de lecture de l'officier de marine Jacques-Philippe Mérigon de Montgéry (1782-1839). Rédigées sur quarante et un cahiers numérotés, ces notes portent sur des ouvrages français ou étrangers des dix-septième, dix-huitième et dix-neuvième siècles et sur une grande variété de sujets: navigation, physique, chimie, histoire naturelle, histoire militaire, grandes découvertes, stratégie militaire, histoire ancienne et moderne, géographie, météorologie ou encore philosophie.[20] Les notes prises dans treize des quinze volumes de la traduction de Lasalle (les volumes 13 et 15, apparemment lus, n'ont donné lieu à aucune prise de note) occupent soixante-quinze pages

---

18. Jacques-Charles Brunet, *Manuel du libraire*, 4ᵉ éd., 3 vol. (Paris, 1842), t.1, p.230.
19. Dans l'édition de 1860, le prix des quinze volumes n'était plus, malgré leur rareté, que de '40 à 60fr. et un peu plus en Gr. Pap.'
20. Paris, Archives nationales, *Manuscrits de M. de Montgéry*, Service hydrographique de la Marine, papiers d'hydrographes (dix-septième au dix-neuvième siècle), MAR/2JJ/105-12.

du cahier n° 23. Montgéry recopie sans aucun commentaire certains passages – de quelques lignes à plus d'une page entière – en notant à chaque fois la référence précise. S'il s'intéresse au texte de Bacon, il semble s'intéresser davantage aux notes du traducteur, notamment celles dans lesquelles il décrit des expériences ou rapporte l'observation de certains phénomènes naturels. Il recopie ainsi en entier la longue note ajoutée au *Novum organum* dans laquelle Lasalle informe ses lecteurs qu'une sorte de sous-marin a été testée avec succès à Bordeaux et s'intéresse également de près au supplément ajouté par le traducteur à l'expérience 886 de *Sylva sylvarum* dans lequel il est question d'une machine volante.[21] Montgéry semble prendre ces notes de lecture, très variées, pour son édification personnelle, mais il le fait aussi en pensant à une application concrète. On retrouve ainsi la note de Lasalle sur le sous-marin dans un mémoire de Montgéry sur 'la navigation et la guerre sous-marine' publié dans les *Annales maritimes* de 1823. Le chapitre 3, qui porte plus précisément sur 'les navires sous-marins', s'ouvre sur la citation du passage du *Novum organum* auquel se rattache le commentaire du traducteur, et renvoie le lecteur à un autre passage sur la navigation sous-marine que Montgéry tire cette fois de la traduction de la *Nouvelle Atlantide*.[22] Passant en revue les différentes tentatives de construction de sous-marins aux dix-septième et dix-huitième siècles, Montgéry reprend la note de Lasalle à ce sujet et résume la manière dont le traducteur imagine la machine bordelaise. Il ajoute en note à propos de Lasalle: 'Cet écrivain a peut-être voulu parler des premières expériences de Fulton, dont il aurait été inexactement informé, habitant une petite ville de l'intérieur.'[23] Montgéry, qui lit d'ailleurs parfaitement l'anglais, confirme dans ce mémoire qu'il a lu avec autant d'intérêt les œuvres de Bacon que les annotations de Lasalle.

Isidore Geoffroy Saint-Hilaire (1805-1861) a également lu Bacon

---

21. *OFB*, t.6, p.240-41; t.9, p.348-49. Voir *Manuscrits de Montgéry*, MAR/2JJ/107, f.15 et 16*v*, 26-32. Les notes prises dans ce cahier l'ont été après 1820. Le *Journal encyclopédique* du 1er août 1772 rend compte de l'essai, le 28 mai de la même année, dans la baie de Biscaye, d'un 'bateau à huit rames qui va sous l'eau' inventé par Dionis, de l'académie de Bordeaux. Lasalle avait sans doute déjà remis sa traduction du *Novum organum* au moment où ont eu lieu, en juillet 1800, les essais du Nautilus de Fulton.
22. *Annales maritimes et coloniales: année 1823, 2e partie, t.2*, éd. Louis-Marie Bajot (Paris, 1823), 'Navires sous-marins', p.302. Montgéry précise à chaque fois en note qu'il cite la traduction 'par A. Lasalle'.
23. L.-M. Bajot, *Annales*, p.311.

– *Sylva sylvarum* et la *Nouvelle Atlantide* – dans la traduction de Lasalle et, au-delà du texte traduit, s'intéresse lui aussi de près aux commentaires du traducteur.[24] Même s'il cite le *Novum organum* dans une édition latine, Geoffroy Saint-Hilaire précise que toutes les citations de Bacon en français proviennent de la traduction de Lasalle.[25] Comme il l'avait annoncé dans le second volume de son *Histoire naturelle*, il revient dans le dernier volume sur une note du 'savant traducteur de Bacon' à l'occasion d'un passage sur les monstres dans lequel il compare ce qu'en dit Montaigne et ce qu'écrit Bacon dans le *Novum organum* en s'appuyant pour cela sur une note de Lasalle dans laquelle ce dernier attribue au philosophe anglais 'des idées assez analogues à celles de Montaigne', rapprochement que Geoffroy Saint-Hilaire juge toutefois abusif.[26] Avant eux, Antoine Destutt de Tracy s'était aussi servi de la traduction de Lasalle comme texte de référence, auquel il renvoyait le lecteur 'pour que l'on puisse aisément vérifier la justesse ou la fausseté de mes remarques'. Il signale en appendice, dans les notes qui accompagnent un 'Sommaire raisonné de Bacon', quelques passages omis ou déplacés par le traducteur, qui escamote avec trop de désinvolture certaines parties que Destutt juge essentielles à la bonne compréhension du texte original:

> Il est nécessaire de remarquer que M. Antoine la Salle commence par retrancher les deux premiers alinéas de ce morceau, lesquels, par leur sens propre et par leurs rapports avec les morceaux précédens, prouvent évidemment, suivant moi, que celui-ci est le programme de l'histoire générale de la nature; que du surplus qu'il a traduit, il en fait le préambule des deux histoires particulières des vents, et de la vie et de la mort; que de plus il dénature la phrase qui le termine; et qu'ensuite il s'en prévaut pour dire que ces deux histoires font partie de la 3e partie de la grande Rénovation, et que c'est à tort que les éditeurs anglais les ont mises dans la 4e; et que tout cela le conduit à donner une idée de la distribution et de l'ensemble de ce grand ouvrage, qui ne paraît pas du tout exacte, qui du moins n'est pas celle qui résulte de la présente analyse. Aussi n'a-t-il pas traduit non plus l'avertissement de Guillaume Rawley que l'on va trouver ci-après, et qui contredit formellement son système; et a-t-il supprimé de même

---

24. Isidore Geoffroy Saint-Hilaire, *Histoire naturelle générale des règnes organiques*, 3 vol. (Paris, 1854-1862). Il annonce dans une note qu'il reviendra ultérieurement sur l'une des notes de Lasalle; voir t.2, p.384.
25. I. Geoffroy Saint-Hilaire, *Histoire naturelle générale*, t.1, p.211, n.1.
26. I. Geoffroy Saint-Hilaire, *Histoire naturelle générale*, t.3, p.337, n.1.

l'avis particulier qui précède l'histoire de la vie et de la mort. (Voyez les tomes 7 et 10 de sa traduction).[27]

Destutt de Tracy s'empresse toutefois de préciser: 'malgré les observations critiques que j'ai été obligé de faire, je ne regarde pas moins cette traduction comme un secours utile pour entendre l'auteur, et comme un service rendu à la littérature française.'[28]

La traduction de Lasalle a donc eu des lecteurs au-delà du cercle aussi étroit que bruyant de ses détracteurs. On peut d'ailleurs se demander si en dehors de de Luc – qui l'a achetée et lue (tout au moins les premiers volumes) en y cherchant avec une attention scrupuleuse les passages contre lesquels il pourrait exercer sa vindicte – ceux qui ont relayé ses critiques avaient eu les volumes traduits par Lasalle entre les mains. Il est permis d'en douter puisque tous rapportent les propos de de Luc sans jamais citer la traduction attaquée. On retiendra cependant que les notes du traducteur, ces notes innombrables et envahissantes, ont pu être lues et commentées avec autant d'attention que le texte de Bacon et qu'en dehors de la polémique religieuse lancée par de Luc, ce sont surtout les remarques de Lasalle sur les sciences au sens large qui ont retenu l'attention de ceux qui ont laissé une trace de leurs lectures.

Itinéraire d'une traduction

Si les quinze volumes de Lasalle disparaissent sans doute assez rapidement des rayonnages des libraires, et ne sont plus disponibles que dans de rares bibliothèques publiques, d'autres éditions et traductions de Bacon sont publiées pendant la première moitié du dix-neuvième siècle, certains de ces ouvrages reprenant plus ou moins explicitement la traduction de Lasalle.

Le juriste Jean-Baptiste de Vauzelles, qui publie en 1824 une nouvelle traduction du traité sur la justice universelle de Bacon,[29] semble promettre une ou plusieurs autres traductions dans son *Histoire de la vie et des ouvrages de Bacon*: 'Mais avant de traduire des écrits qu'on cite, ou plutôt qu'on invoque trop souvent sur parole, nous

---

27. Antoine Destutt de Tracy, *Elemens d'idéologie*, 3ᵉ partie (Paris, 1805), p.583n. Voir également p.580n.
28. A. Destutt de Tracy, *Elémens d'idéologie*, p.562.
29. Francis Bacon, *Essai d'un traité sur la justice universelle, ou les Sources du droit, suivi de plusieurs opuscules*, traduit par Jean-Baptiste de Vauzelles (Paris, 1824).

avons cru devoir faire connaître la personne de l'auteur.'[30] Les deux volumes qu'il consacre à Bacon n'ont cependant jamais été suivis des traductions annoncées, alors même que Vauzelles, reprenant l'antienne d'un Bacon 'très peu lu', se lamente encore en 1834 que beaucoup de 'gens de lettres ne connaissent eux-mêmes Bacon que par l'infidèle quoique élégante analyse de Deleyre', semblant ainsi passer par pertes et profits la traduction de Lasalle alors même qu'il loue la façon dont ce dernier a donné aux lecteurs français une version de l'*Histoire d'Henri VII* débarrassée des défauts du texte original pour mieux mettre en valeur ses beautés.[31] La même année, Marie-Nicolas Bouillet, professeur de philosophie à Paris, fait paraître des *Œuvres philosophiques de Bacon* en trois volumes, 'publiées d'après les textes originaux, avec notice, sommaire et éclaircissement'.[32] Bouillet expose dans un 'Avertissement de l'éditeur' les raisons qui ont présidé à cette publication et qui rappellent singulièrement celles qu'avançait déjà Lasalle:

> Nous avons voulu d'abord reproduire, et mettre à la disposition du plus grand nombre des lecteurs, des ouvrages importans pour la philosophie, qui étaient devenus rares, ou qui, dans la volumineuse collection des œuvres complètes de l'auteur, se trouvaient comme perdus au milieu d'écrits de genres fort différens; nous avons voulu en outre accompagner ces ouvrages de secours qui pussent en faciliter l'intelligence et en propager la lecture: nous devions en un mot donner une édition et un commentaire.[33]

Bouillet explique avoir écarté de cette édition les ouvrages qui n'avaient pas de lien direct avec la philosophie, comme les traités juridiques, l'*Histoire d'Henri VII*, des ouvrages d'histoire naturelle (Bouillet emploie le mot 'Physique') – comme l'*Histoire des vents*, l'*Histoire de la vie et de la mort* ou l'*Histoire de la densité* –, mais aussi les textes plus politiques et la correspondance. Les textes choisis pour cette édition (où ne figure pas non plus *Sylva sylvarum*) ont été assortis de notes dans lesquelles Bouillet indique, notamment pour

---

30. J.-B. de Vauzelles, *Histoire de la vie et des ouvrages de Bacon*, t.1, p.iii-iv.
31. J.-B. de Vauzelles, *Histoire de la vie et des ouvrages de Bacon*, t.1, p.iv; t.2, p.113-14. S'il ne ménage pas Deleyre, à l'*Analyse* duquel il consacre une page (voir p.240-41), il ne fait aucun commentaire sur la traduction de Lasalle, mais donne la liste des autres publications du traducteur, apparemment comme gage de son sérieux (voir p.243-44).
32. Voir Chapitre 3, note 110.
33. *Œuvres philosophiques de Bacon*, éd. M.-N. Bouillet, t.1, p.i.

De augmentis, la provenance des citations d'auteurs anciens. Après s'être à nouveau félicité de rendre 'à la circulation les écrits d'un homme que tout le monde reconnaît pour le père de la philosophie moderne' et de 'servir à la fois la gloire de Bacon et les intérêts de la philosophie elle-même', Bouillet achève cet avertissement par une note étonnante: 'Aucun des écrits de Bacon n'avait encore été imprimé en France, à l'exception du *De Augmentis Scientiarum*, qui fut publié en 1624, à Paris, un an après sa première publication à Londres.'[34] Une 'Notice sur Bacon', suivie d'une 'Notice des écrits et des principaux jugemens sur la vie et sur la philosophie de Bacon' et d'une autre sur les 'principales éditions et traductions' de ses œuvres, précède une biographie de Bacon en latin, écrite par Rawley, puis une introduction et un sommaire détaillé. Chacun des deux autres volumes est précédé d'une introduction spécifique. Bouillet a cependant omis de préciser à ses lecteurs qu'à l'instar de la vie de Bacon rédigée par Rawley, tous les textes réunis sont proposés en latin. Si Bouillet évoque assez longuement la traduction de Lasalle, c'est pour lui reprocher de ne pas y avoir fait figurer certains des textes qui ne se retrouvent pourtant pas dans sa propre édition, comme l'*Histoire de la densité*, et pour avoir 'accompagné les principaux ouvrages de notes et de commentaires qui tendent trop souvent à dénaturer les intentions de l'auteur; ce qui a donné lieu à de nombreuses réclamations et a provoqué les réfutations de Lesage et de Deluc'.[35] Il y revient dans le troisième volume de son édition, dans un passage de l'introduction qui porte sur les *Essais* de Bacon. Bouillet précise qu'ils occupent le douzième volume de la traduction de Lasalle, mais que celle-ci est incomplète puisque Lasalle 'a omis sans en prévenir, les Essais XLIII et XLIV, *de Ædificis* et *de Hortis*'. Bouillet ajoute que Lasalle accompagne sa traduction 'de notes très nombreuses', dans lesquelles 'le plus souvent, il ne cherche qu'une occasion de développer ses propres idées' et que, ces notes servant 'fort peu à l'intelligence du texte', il n'a pu 'en tirer presque aucun parti'.[36]

Deux ans après la parution des volumes de Bouillet, Jean Alexandre Buchon, érudit libéral qui, à l'instigation d'Emile de Girardin, a entrepris de rassembler en une collection unique – le *Panthéon littéraire* – une large sélection de 'chefs d'œuvre de l'esprit humain', publie un volume d'*Œuvres philosophiques, morales et politiques*

---

34. *Œuvres philosophiques de Bacon*, éd. M.-N. Bouillet, t.1, p.iv.
35. *Œuvres philosophiques de Bacon*, éd. M.-N. Bouillet, t.1, p.lxxi.
36. *Œuvres philosophiques de Bacon*, éd. M.-N. Bouillet, t.3, p.xxviii.

de François Bacon, assorties d'une notice biographique.[37] Ce n'est pas la première fois que Buchon s'intéresse à Bacon. En 1820, il avait ouvert le discours préliminaire placé en tête du premier volume de sa traduction de Dugald Stewart par une longue citation en latin du *De augmentis* de Bacon, qu'il n'avait d'ailleurs pas pris la peine de traduire.[38] Pour le *Panthéon littéraire*, Buchon, qui salue le travail de Bouillet et de Vauzelles, évoque rapidement la traduction de Lasalle, entre autres éditions des œuvres de Bacon: 'Antoine de La Salle avait entrepris de donner une traduction de ses œuvres complètes. Il en a publié 15 vol. in 8° (Dijon, 1800), qui contiennent les ouvrages principaux, qu'il a fait précéder d'une exposition de la philosophie de Bacon et accompagné de longues notes, destinées à réfuter les principes philosophiques de Bacon ou à redresser ses erreurs scientifiques.'[39] L'édition proposée par Buchon rassemble en un volume de presque 800 pages imprimées sur deux colonnes les deux premiers textes qui composent la 'Grande Instauration des sciences' – *De la dignité et de l'accroissement des sciences* et *Nouvel organe* – suivis d'un résumé des autres textes regroupés sous le titre de 'Phénomènes de l'univers', dont *Sylva sylvarum*, l'*Histoire de la vie et de la mort*, les *Essais de morale et de politique*, la *Sagesse des anciens* et d'autres 'œuvres diverses' comme la *Nouvelle Atlantide*.[40] L'édition proposée est entièrement en français, et ce n'est qu'à la toute fin de sa notice introductive que Buchon indique avoir 'pris la traduction de La Salle pour les ouvrages principaux' en les accompagnant de textes supplémentaires qui 'ont été traduits par MM. Dufey fils, Guy, Collet' et lui-même.[41] La traduction de Lasalle a donc continué de circuler partiellement dans la collection du *Panthéon littéraire* – le volume sera réimprimé en 1838 –, amputée cependant de certains textes et surtout de ses notes.

En 1840, Alfred Lorquet, professeur de philosophie au collège royal d'Amiens, rassemble en un même volume trois œuvres qui viennent d'être inscrites au programme du baccalauréat: le *Discours*

---

37. Le prospectus initial du *Panthéon littéraire* promettait cent volumes 'renfermant la matière de mille volumes' à un prix abordable, Bacon représentant la philosophie aux côtés de Montaigne et des 'moralistes français'.
38. Dugald Stewart, *Histoire abrégée des sciences métaphysiques, morales et politiques, depuis la renaissance des lettres*, traduit par J. A. C. Buchon, 3 vol. (Paris, 1820-1823), 'Discours préliminaire du traducteur français', t.1, p.vi-xi.
39. *Œuvres de Bacon*, éd. J. A. C. Buchon, p.xvi.
40. *Œuvres de Bacon*, éd. J. A. C. Buchon, 'Table des matières contenues dans ce volume', p.783-88.
41. *Œuvres de Bacon*, éd. J. A. C. Buchon, 'Notice', p.xvi.

de la méthode de Descartes, des extraits de la *Théodicée* de Leibniz et le *Novum organum* de Bacon dans une 'traduction nouvelle'.[42] Lorquet justifie la publication de ce volume par le fait que l'ouvrage de Descartes était devenu difficile à trouver, mais surtout que 'ce qui manquait complètement, c'était une traduction du *Novum organum*.' Les précisions qu'il donne ensuite sont plus étonnantes puisqu'il affirme: 'Il n'en existe à notre connaissance qu'une seule en français, mais qui se trouve comme noyée dans une édition fort considérable et plus rare encore des œuvres de Bacon, par M. de Vauzelles.'[43] De toute évidence, Lorquet attribue ici à Vauzelles la traduction de Lasalle, qu'il ne reprend cependant pas, préférant 'en offrir une version à laquelle nous avons donné tous nos soins, et que nous avons rendue, le plus qu'il était possible, fidèle à la pensée de l'auteur'. Pour ce travail, il affirme s'être appuyé sur l'édition latine de Bouillet et devoir 'beaucoup aux sommaires qui précèdent le texte et aux notes qui l'expliquent'.[44] Le nom de Lasalle disparaît donc ici avec sa traduction. Il resurgit quelques années plus tard lorsqu'en 1843, Francis Marie Riaux, professeur de philosophie à la faculté des lettres de Rennes, propose à son tour en deux volumes une traduction revue et corrigée de certaines œuvres de Bacon: *De la dignité et de l'accroissement des sciences*, *Nouvel organum*, *Essais de morale et de politique* et *De la sagesse des anciens*.[45] À aucun moment, ni dans l'introduction générale du premier volume, ni dans l'avertissement placé en tête du second, Riaux n'indique quelle traduction il a 'revue et corrigée' alors même qu'il n'hésite pas à indiquer au lecteur que telle citation ou telle autre est tirée de l'*Histoire de la vie et des ouvrages de Bacon*, de Vauzelles.[46] Il s'agit pourtant bien de celle de Lasalle, sauf dans le cas de l'essai 46 'Des bâtiments', pour lequel Riaux précise en

---

42. *Discours de la méthode, Novum organum et Théodicée publiés en un seul volume, avec des notes, à l'usage des classes de philosophie*, éd. et traduit par Alfred Lorquet (Paris, 1840).
43. *Novum organum*, éd. A. Lorquet, p.vi.
44. *Novum organum*, éd. A. Lorquet, p.vi.
45. *Œuvres de Bacon*, éd. Francis Marie Riaux, 2 vol. (Paris, 1843). Riaux explique ce titre étrange de *Nouvel organum* dans une note du t.2 (p.1n): 'la pensée de Bacon étant de donner une nouvelle logique, et d'opposer son *Organum* à l'*Organon* d'Aristote, nous avons cru devoir conserver une trace de cette intention en laissant subsister dans la traduction française le mot *Organum*, qui seul peut rappeler cette double pensée.'
46. C'est d'ailleurs à Riaux qu'est attribuée la traduction des textes de Bacon dans la notice du catalogue de la BnF.

note 'La traduction de cet essai est de Baudoin, qui a publié avant Lassalle [*sic*] les *Essais de Bacon*', semblant laisser entendre que les autres textes sont donnés dans la traduction de celui-ci, sans le dire plus explicitement.[47] Cette note apparaît cependant tardivement à la fin du second tome et, avant de la lire, le lecteur doit comprendre à quelle traduction il a affaire en s'appuyant sur de rares indices. Dans le premier tome, Riaux reprend par exemple à la fin de *De la dignité et de l'accroissement des sciences* une note de Lasalle lui-même placée à la fin de l'aphorisme 88. La note est donnée sans guillemets, mais Riaux indique en l'écorchant le nom de son auteur: 'Lassalle'.[48] Il fait de même à plusieurs reprises tout au long du second volume, précisant par exemple qu'un paragraphe de la préface de *Novum organum* n'a pas été traduit par Lasalle ou reprenant quelques explications et éclaircissements donnés en note par ce dernier, en précisant à l'intention des lecteurs: 'Lassalle dit que', 'suivant Lassalle' ou encore 'Lassalle explique'.[49] Riaux compare également les commentaires de Lasalle et ceux de Bouillet, faisant passer le traducteur pour un simple commentateur.[50] Les deux volumes publiés par Riaux n'escamotent pas le nom d'Antoine Lasalle, mais laissent dans l'ombre la véritable nature de sa contribution. Si Lorquet attribuait sa traduction à Vauzelles, Riaux ne se résout pas à dire avec franchise que c'est son travail qu'il reprend et corrige. Le *Dictionnaire de l'économie politique* de Charles Coquelin et Gilbert Guillaumin, dont la première édition paraît en 1852, présente la traduction de Riaux comme une 'nouvelle traduction'.[51] Il faudra attendre 1869 et la sixième édition du *Manuel de philosophie à l'usage des collèges* pour que la vérité soit rétablie et que non seulement la traduction de Lasalle soit citée, mais qu'il soit écrit explicitement que c'est celle dont Riaux s'est servi.[52] Dans la monumentale compilation (plus de 1000 pages) d'extraits aphoristiques qu'il publie en 1870, Christophe Michel Roguet, militaire et sénateur sous le Second Empire, concède que 'La Salle est le premier qui ait donné, en français, une collection assez complète des plus importantes œuvres',

---

47. *Œuvres de Bacon*, éd. F. M. Riaux, t.2, p.353n. Bouillet avait déjà indiqué que cet essai ne figurait pas dans la traduction de Lasalle; voir plus haut, p.238.
48. *Œuvres de Bacon*, éd. F. M. Riaux, t.1, p.440.
49. *Œuvres de Bacon*, éd. F. M. Riaux, t.2, p.4, 25, 86, 162 et 224.
50. *Œuvres de Bacon*, éd. F. M. Riaux, t.2, p.86.
51. *Dictionnaire de l'économie politique*, éd. Charles Coquelin et Gilbert Guillaumin, 2 vol. (Paris, 1852-1853), t.1, p.98-99.
52. Amédée Jacques et autres, *Manuel de philosophie à l'usage des collèges* (1847; Paris, 1869), p.578.

mais ne précise pas que la traduction des extraits qu'il rassemble est de lui. Seuls les lecteurs avisés sauront donc que le volume du *Panthéon littéraire*, que Roguet précise avoir utilisé pour constituer cet assemblage de citations, propose les œuvres de Bacon dans la traduction de Lasalle.[53] D'autres traductions ont ensuite été publiées au vingtième siècle; parmi elles, seule celle des *Essais de morale et de politique* publiée en 1999 aux éditions de l'Arche reprend la traduction de Lasalle en faisant apparaître clairement le nom du traducteur.[54]

Contre Bacon

Rapidement devenue rare, voire indisponible, la traduction de Lasalle a donc survécu en pointillé et pour certains textes seulement pendant près de deux siècles, au gré des reprises et rééditions plus ou moins explicites. Qu'en est-il du Bacon chrétien dont les ardents promoteurs avaient presque réussi à faire censurer les quinze volumes imprimés par Frantin? A l'instar de la traduction de Lasalle, les œuvres qui tentaient de promouvoir ce Bacon pieux ont été attaquées à leur tour. Les critiques les plus virulentes sont venues des milieux catholiques eux-mêmes dès la parution du *Christianisme de Bacon* d'Emery. Ce dernier, déjà largement attaqué pour avoir accepté le serment civique du 10 août 1792, se voit accusé par un certain abbé Le Normant, ancien grand vicaire de La Rochelle, de mettre en avant la pensée d'un adversaire du catholicisme avec son ouvrage sur Bacon.[55] Le coup est d'autant plus rude que l'auteur – qui ne signe pas de son nom – appelle à censurer le livre d'Emery.[56] S'il admet que celui-ci pouvait à bon droit intenter 'un juste procès' aux 'Philosophes du jour' qui ont 'prétendu s'honorer de [la] personne' de Bacon 'et l'ont présenté comme le héros de leur impiété', il rejette sans ménagement l'idée qu'un catholique – qui plus est un prêtre – puisse se faire l'apologiste

---

53. [Christophe Michel Roguet], *Bacon* (Paris, 1870). Roguet renvoie ses lecteurs au volume de Buchon par un système de chiffres et de lettres censé lui permettre de rattacher chaque extrait à l'œuvre d'où il est tiré.
54. Francis Bacon, *Essais de morale et de politique*, traduit par Antoine de La Salle (Paris, 1999). Cette édition ne reprend pas les notes du traducteur.
55. [Abbé Le Normant], *Réfutation de l'ouvrage intitulé: Christianisme de François Bacon [...] ou Réponse à un ecclésiastique sur cet ouvrage* (s.l.n.d.), quarante pages numérotées à partir de la p.6. Pour l'attribution à Le Normant de cette publication anonyme, voir Antoine Louis Bertrand, *Bibliothèque sulpicienne*, 3 vol. (Paris, 1900), t.2, p.20.
56. *Réfutation*, p.39.

d'un 'zélé protestant', responsable 'de la ruine de la religion catholique dans la Grande-Bretagne'.[57] L'auteur de la *Réfutation* donne le détail des multiples griefs qu'il nourrit contre celui qu'il accuse au mieux de naïveté face à un Bacon qui n'a d'autre intention à ses yeux 'que servir la haine des rites de l'Eglise romaine'[58] et de dévoyer les Evangiles de saint Paul, saint Luc et saint Matthieu dont il fait 'un usage délirant'. Contre celui qui ne voit pas que la plume de Bacon – qu'il compare au calviniste Pierre Jurieu – est 'attachée à faire disparaître jusqu'aux dernières traces de la catholicité, à en effacer tous les souvenirs', Le Normant va jusqu'à enrôler 'l'Analyste des ouvrages de Bacon', c'est-à-dire Deleyre, qui, s'il ne partage pas toutes ses vues, 'rend Bacon avec sagacité'.[59] Plus étrange encore, le détracteur catholique d'Emery semble se ranger derrière le protestant de Luc lorsqu'il dit espérer 'lui faire voir *Bacon tel qu'il est*, et tout autre qu'il ne l'a vu', gageant que le supérieur général des sulpiciens 'sera le premier à supprimer les éloges pompeux qu'il donne à ses controverses'.[60] Quoi qu'il en soit, la conclusion est sans appel et Le Normant semble cette fois accuser de Luc et son *Précis* autant qu'Emery: 'L'hérésie exposée par extraits, ses systèmes fournis en précis, s'épurent-ils par-là de leur venin? [...] Que l'Ecrivain eût appelé l'Académie, le Littérateur, le Physicien, l'Astronome, le Naturaliste; c'est tout ce qui lui étoit permis; mais pour le Controversiste anglican, il falloit l'abandonner à l'infortunée Albion, et laisser les mers entre lui et nous.'[61]

La réaction la plus intéressante, sur le fond comme sur la forme, est sans aucun doute celle du contre-révolutionnaire catholique Joseph de Maistre, qui rédige entre 1806 et 1816 un *Examen de la philosophie de Bacon*, publié à titre posthume en 1836, réédité plus de quinze fois par la suite et considéré comme l'une de ses œuvres les plus importantes.[62]

---

57. *Réfutation*, n.p.
58. *Réfutation*, p.11.
59. *Réfutation*, p.11-12, 15.
60. *Réfutation*, p.8. C'est moi qui souligne.
61. *Réfutation*, p.40.
62. Joseph de Maistre, *Examen de la philosophie de Bacon*, 2 vol. (Paris, 1836). Pour la période de rédaction, voir Carolina Armenteros, *The French idea of history: Joseph de Maistre and his heirs, 1794-1854* (Ithaca, NY, 2011), p.82. Amédée de Margerie donne 1815 comme date d'achèvement de l'ouvrage; J. de Maistre, *Œuvres complètes*, t.6, p.viii. Richard Lebrun précise que de Maistre avait pris des notes sur Bacon en vue de l'examen de sa philosophie dans un carnet intitulé 'Philosophie D' portant la date de 1806: voir Joseph de Maistre, *An Examination of the philosophy of Bacon*, traduit par Richard A. Lebrun (Montréal, 1998), p.xiv.

Dans une lettre qu'il adresse au comte de Noailles depuis Saint-Pétersbourg, où il exerce les fonctions de ministre plénipotentiaire du roi Victor-Emmanuel Ier, Maistre confie ne pas vraiment savoir pourquoi il s'est intéressé de près à la philosophie de Bacon, transformant sa lecture en une confrontation pugilistique: 'Je ne sais comment je me suis trouvé conduit à lutter mortellement avec le feu Chancelier Bacon. Nous avons *boxé* comme deux *forts* de Fleet-Street; et s'il m'a arraché quelques cheveux, je pense bien aussi que sa perruque n'est plus à sa place.'[63] Dans la préface qu'il rédige pour l'*Examen de la philosophie de Bacon* dans le sixième tome des œuvres complètes de Joseph de Maistre, Amédée de Margerie (doyen de la faculté des lettres de l'Université catholique de Lille) évoque la traduction de Lasalle et suppose que c'est 'la traduction très-libre' dont Maistre faisait usage qui l'a poussé à 'lui faire juger des intentions cachées de l'ancêtre par les intentions avouées de sa postérité' car 'les éloges libéralement décernés par la secte encyclopédique à ce qu'il y a de plus mauvais dans les principes de Bacon' ont 'largement contribué à animer Joseph de Maistre contre lui'.[64] Sans mentionner spécifiquement la traduction de Lasalle, Sainte-Beuve reprend quelques années plus tard cette analyse dans la *Revue des deux mondes*:

> M. de Maistre n'a pas été amené d'emblée à combattre Bacon, pas plus que Voltaire. Extraordinairement frappé de la révolution française (il faut toujours en revenir là), l'ayant jugée *satanique* dans son esprit, il en vint à se tourner contre Rousseau d'abord, puis surtout contre Voltaire, comme étant le grand fauteur *satanique* et anti-chrétien. Quant à Bacon, il mit plus de temps et de détours; il aimait évidemment à le lire et à le citer [...] Pourtant, il nous l'avoue, à voir les éloges universels et assourdissants décernés à Bacon par tout le XVIIIe siècle encyclopédique, il entra en véhémente suspicion à son égard, et depuis ce moment le procès du chancelier commença.[65]

Maistre est avant tout l'adversaire déclaré des Lumières et de l'*Encyclopédie*, et la violence de ses critiques reflète effectivement le choc

---

En 1818, Maistre annonce à Bonald que l'ouvrage est achevé; voir J. de Maistre, *Œuvres complètes*, t.14, lettre 536, p.138.

63. J. de Maistre, *Œuvres complètes*, t.13, lettre 434, p.178.
64. J. de Maistre, *Œuvres complètes*, t.6, p.xxxiv.
65. Charles-Augustin Sainte-Beuve, 'Joseph de Maistre', *Revue des deux mondes (1829-1971)*, nouvelle série, t.3, n° 3 (1er août 1843), p.331-96 (384-85). Ce texte est aussi publié dans ses *Portraits littéraires*, 3 vol. (Paris, s.d.), t.2, p.387-466.

qu'a représenté pour lui la Révolution.[66] Outre qu'elle est absolument contraire à ses convictions monarchistes, la Révolution française, et notamment l'arrivée des troupes révolutionnaires en Savoie, le pousse à l'exil en 1792 et le contraint à laisser derrière lui l'essentiel de sa bibliothèque, dont beaucoup d'ouvrages du dix-huitième siècle, comme le montre le catalogue de sa 'première bibliothèque'.[67] Jean-Louis Darcel précise à ce sujet qu'en 'quittant la Savoie révolutionnée, Maistre abandonne à son sort le XVIIIe siècle et ses "Lumières"' et n'y reviendra plus lorsqu'il s'agira de reconstruire sa collection perdue.[68] Pour le Savoyard, le rejet des Lumières est certes idéologique, mais il est d'autant plus violent qu'il relève aussi de la blessure personnelle. Emile Faguet rappelle que ses contemporains le disent 'absolutiste féroce, théocrate enragé, légitimiste intransigeant [...] en toutes choses partisan des dogmes les plus durs, les plus étroits et les plus inflexibles'.[69] Jacques Maximilien Bins de Saint-Victor évoque de son côté dans son introduction aux *Soirées de Saint-Pétersbourg* la virulence passionnée de l'écriture maistrienne:

> Au milieu d'une route semée d'écueils, il marche d'un pas assuré, le flambeau des traditions à la main; et sa raison en reçoit des lumières qu'elle fait rejaillir sur tous les objets dont elle sonde les profondeurs. Jamais la philosophie abjecte du dix-huitième siècle ne rencontra d'adversaire plus redoutable: ni la science, ni le génie, ni les renommées ne lui imposent: il avance sans cesse, abattant devant lui tous ces colosses aux pieds d'argile; il a des armes de toute espèce pour les combattre: c'est le cri de l'indignation; c'est le rire amer du mépris; c'est le trait acéré du sarcasme; c'est une dialectique qui atterre; ce sont des traits d'éloquence qui foudroient.[70]

66. Voir à ce sujet Jean-Yves Pranchère, *L'Autorité contre les Lumières: la philosophie de Joseph de Maistre* (Genève, 2004).
67. Jean-Louis Darcel, 'Catalogue de la bibliothèque de Joseph de Maistre', *Revue des études maistriennes* 1 (1975), p.1-92. Une édition latine de *Sylva sylvarum* (1661) figure dans le catalogue de la première bibliothèque, catalogue qui ne semble cependant pas exhaustif puisqu'il ne contient pas tous les ouvrages achetés par Maistre juste avant la Révolution et aucun de ceux acquis après 1791.
68. Jean-Louis Darcel, 'Les bibliothèques de Joseph de Maistre 1768-1821', *Revue des études maistriennes* 9 (1985), numéro thématique: *Joseph de Maistre et les livres*, éd. Jean-Louis Darcel et Richard A. Lebrun, p.7-123 (3).
69. Emile Faguet, *Politiques et moralistes du dix-neuvième siècle*, 1re série, 3e éd. (Paris, 1891), p.1.
70. Joseph de Maistre, *Les Soirées de Saint-Pétersbourg, ou Entretiens sur le gouvernement temporel de la providence*, 2 vol. (Paris, 1821), t.1, p.xv-xvi.

Saint-Victor reprend ici un vocabulaire associé au dix-huitième siècle – la raison, les lumières – et même à Bacon – la route, le flambeau – pour les mettre au service de la tradition et de la pensée conservatrice contre une science qui n'a plus de lien avec la Providence. Carolina Armenteros parle à juste titre à propos de l'*Examen de la philosophie de Bacon* d'une 'œuvre de détestation' ('a work of detestation'),[71] même si Maistre attaquait déjà Bacon dans *Les Soirées de Saint-Pétersbourg*. De ce point de vue, la véhémence de l'*Examen* rappelle (avec beaucoup plus d'esprit) celle des ouvrages de de Luc, même si, comme on va le voir, tout oppose ces deux ouvrages et leurs auteurs respectifs.

Joseph de Maistre l'annonce d'emblée au lecteur: il veut lui présenter le 'nouvel instrument' par lequel Bacon entendait réformer l'étude de la nature et perfectionner les sciences, et 'voir ensuite, puisqu'il a eu la prétention de donner à la fois l'exemple et le précepte, de quelle manière il a exécuté ses propres lois, et jusqu'où il s'est élevé par sa méthode'.[72] Il ne tarde pas à dévoiler son opinion sur ces sujets puisqu'il affirme sans ambages, quelques lignes plus bas, que l'état des sciences que décrit Bacon n'est 'qu'un roman de son imagination' et que, si le chancelier anglais s'est trompé à ce point sur les connaissances de son époque, c'est du fait de son 'ignorance, qui le rendait étranger à toutes les branches des sciences naturelles' et de son 'malheureux orgueil caché dans les replis du cœur humain, qui porte l'homme, même sans qu'il s'en aperçoive, à dédaigner tout ce qu'il ne sait pas, tout ce qu'il ne comprend pas, tout ce qu'il n'aime pas'.[73] Quant au 'nouvel organe' – traduction selon lui malvenue du latin *organum* qu'il préconise de conserver tel quel –, il écrit: 'J'honore la sagesse qui propose un *nouvel organe* autant que celle qui proposerait une *nouvelle jambe*. Ces *Méthodes*, ces *Instaurations*, ces *Nouveaux organes*, ces *Elans philosophiques*, etc., ne sont que des mots qui ne doivent point être pris à la lettre, des jeux d'esprit qui peuvent au plus servir d'exemples, mais jamais de moyens.'[74] Le ton est donné, et Maistre poursuit son introduction en peignant Bacon en maître du paradoxe cherchant à 'défendre son rêve favori de l'abrutissement général'.[75] Il déroule sa critique sur vingt et un chapitres au gré desquels il analyse à grand renfort de citations les aspects essentiels de la philosophie et

---

71. C. Armenteros, *The French idea of history*, p.14.
72. J. de Maistre, *Œuvres complètes*, t.6, p.2.
73. J. de Maistre, *Œuvres complètes*, t.6, p.2.
74. J. de Maistre, *Œuvres complètes*, t.6, p.8.
75. J. de Maistre, *Œuvres complètes*, t.6, p.4.

de la méthode scientifique de Bacon comme l'induction, l'expérimentation et les découvertes, le mouvement, l'optique, les sens, la matière, les idées innées, l'âme, les causes finales ou encore la religion.

Richard Lebrun résume les deux principaux reproches que Maistre adresse à Bacon: avoir réduit toutes les sciences à la seule physique, du point de vue méthodologique en faisant de la méthode en physique le seul moyen de rechercher la vérité, mais aussi du point de vue de la vérité elle-même, toute vérité étant réduite à la physique et, par cette double réduction, avoir inévitablement promu le matérialisme et l'athéisme.[76] Maistre écrit ainsi:

> Pour Bacon, il n'y a qu'une science, la physique expérimentale; les autres ne sont pas proprement des sciences, vu qu'elles ne résident que dans l'opinion. Les sciences sont toujours vides d'œuvres, c'est-à-dire que le théologien, le moraliste, le métaphysicien, etc., ne pourront jamais enfermer une de leurs démonstrations dans un bocal, la soumettre à la filière, au marteau ou à l'alambic, etc.; ainsi la certitude n'appartient qu'aux sciences physiques et les sciences morales ne sont que l'amusement de l'opinion.[77]

Silvia Manzo souligne également l'intérêt particulier que Maistre porte à certains aspects de ce qui relève à ses yeux du matérialisme baconien: sa conception de l'âme, la primauté des 'causes physiques' sur la recherche des causes finales et l'usage que Bacon fait du texte biblique, qu'il tord à sa convenance pour y trouver la confirmation de ses théories matérialistes.[78] Pour Maistre, tout est pour ainsi dire à jeter dans l'œuvre de celui dont la 'réputation est l'ouvrage de notre siècle', même si Richard Lebrun souligne l'intérêt admiratif que Maistre a pu porter par ailleurs aux écrits juridiques de Bacon, intérêt confirmé par les archives de l'auteur puisque l'un des premiers textes que Maistre traduit de l'anglais vers 1774 est 'le chapitre LVI de l'essai du chancelier Bacon: *De l'Administration de la justice*'.[79]

---

76. Richard A. Lebrun, 'Joseph de Maistre, Cassandra of science', *French historical studies* 6:2 (1969), p.214-31 (221-22).
77. J. de Maistre, *Œuvres complètes*, t.6, p.23.
78. Silvia Manzo, 'Francis Bacon's quasi-materialism and its nineteenth-century reception (Joseph de Maistre and Karl Marx)', *Journal of early modern studies* 9:2 (2020), p.109-38 (114).
79. J. de Maistre, *Œuvres complètes*, t.6, p.66. Voir J. de Maistre, *An Examination of the philosophy of Bacon*, p.xiii-xiv. Sur cette première traduction, voir J.-L. Darcel et R. A. Lebrun, *Joseph de Maistre et les livres*, p.18; voir également Jeannette et Jean Rebotton, 'Joseph de Maistre et la découverte de l'anglais: ses premiers

L'induction baconienne, longuement examinée, n'est finalement qu'un 'syllogisme contracté, et rien de plus'.[80] Piètre homme de science, Bacon n'a jamais écrit 'une seule ligne qui ait servi à la découverte d'une vérité physique ou à décider d'une controverse entre physiciens', et ses partisans mêmes, 'sentant bien à quel point il est nul dans les sciences', en sont sans cesse réduits à faire valoir 'leur grand argument, savoir que *Bacon n'invente pas, mais qu'il apprend à inventer*'.[81] Mauvais latiniste, Bacon n'est pas plus capable de suivre et d'exprimer une idée que de savoir véritablement ce qu'il cherche 'au point de confondre la recherche des causes avec celle des essences' et, 'après avoir très-clairement distingué les *natures* et les *formes*, c'est-à-dire les *qualités* et les *essences*', les confond et finit par 'nous parler sérieusement de l'essence d'une qualité'.[82] Plus concrètement, Bacon fait preuve d'une 'ignorance profonde de la pesanteur et des lois du mouvement',[83] ne comprend pas davantage le fonctionnement des instruments d'optique, ne sait pas vraiment si, pour chauffer ou allumer un feu, un verre doit 'être concave ou convexe' et n'entend rien à la 'progression de la lumière'.[84] S'interrogeant sur 'le but général de la philosophie de Bacon' (c'est le titre du chapitre 12), Maistre offre un résumé cinglant: 'Il voulait tout détruire dans l'empire des sciences et tout refaire à sa guise. Il chassait la théologie des académies, et la repoussait dans l'église.'[85] Plus loin il ajoute que 'toute la philosophie de Bacon tend à faire envisager le mouvement comme essentiel à la matière', matière qu'il envisage d'ailleurs comme éternelle, 'dogme capital de l'incrédulité, et d'autant plus dangereux qu'un œil médiocrement exercé peut fort bien ne pas en apercevoir d'abord les terribles conséquences'.[86]

Le matérialisme de Bacon ne le conduit pas seulement à développer une conception erronée de la matière. Si celui que Maistre décrit comme 'un voleur de nuit' qui n'a pas intérêt à 'porter la lumière'[87]

---

pas', *Revue des études maistriennes* 11 (1990), p.29-43. Une édition anglaise en un volume in-12° des *Essays, or Counsels* de Bacon fait partie de la liste des ouvrages achetés par Maistre entre 1788 et 1792, mais, d'après J. et J. Rebotton, cette première traduction daterait de 1776.

80. J. de Maistre, *Œuvres complètes*, t.6, p.17.
81. J. de Maistre, *Œuvres complètes*, t.6, p.72 et 63.
82. J. de Maistre, *Œuvres complètes*, t.6, p.112-13.
83. J. de Maistre, *Œuvres complètes*, t.6, p.149n.
84. J. de Maistre, *Œuvres complètes*, t.6, p.171-72.
85. J. de Maistre, *Œuvres complètes*, t.6, p.223.
86. J. de Maistre, *Œuvres complètes*, t.6, p.333n.
87. J. de Maistre, *Œuvres complètes*, t.6, p.337n et 376.

admet que c'est Dieu qui a créé la matière, son sévère examinateur n'est pas dupe: 'chaque ligne de Bacon, écrit-il, conduit au matérialisme, mais nulle part il ne s'est montré plus habile sophiste, hypocrite plus raffiné, plus profond, plus dangereux, que dans ce qu'il a écrit sur l'âme.'[88] En s'appuyant sur 'la distinction si rebattue de l'*âme raisonnable* et de l'*âme sensible*', Bacon cherche à 'se débarrasser de cette âme intelligente qui le gênait' pour en réserver la doctrine à la théologie.[89] Pour Bacon, la science ne peut et ne doit se préoccuper que de 'cette âme sensible, *qui nous est commune avec les animaux*' et qui ne peut être séparée du corps; son 'but très évident', ajoute Maistre, 'est de ne montrer dans l'homme que l'âme sensible' et de faire une lecture volontairement tronquée du récit mosaïque pour soumettre les mots de la Bible 'aux plus honteuses spéculations'.[90]

Entre deux passages où il rappelle que 'les erreurs' de Bacon 'sont ce qu'il y a de mieux chez lui' et qu'il n'en veut 'qu'à sa nullité et à ses extravagances',[91] Maistre glisse imperceptiblement vers des questions purement religieuses. Il l'affirme, 'rien ne déplaisait plus à Bacon que l'union de la théologie et de la philosophie'; quant à 'l'alliance de la religion et de la science', le chancelier d'Angleterre la 'présente comme un fléau de l'esprit humain'.[92] Pour celui qui entend offrir à ses lecteurs un 'Bacon déplissé',[93] le véritable mystère est la crédulité coupable avec laquelle les commentateurs de Bacon les moins suspects d'athéisme se sont laissé abuser par 'ce sphinx':[94]

> Il reste cependant un grand problème à examiner, celui de savoir comment il est possible que des écrits où l'on trouve de si nombreuses et de si tristes preuves, je ne dis pas seulement d'une incrédulité anti-chrétienne, mais d'une impiété fondamentale et d'un véritable matérialisme, présentent en même temps assez de traits religieux pour avoir fourni à l'estimable abbé Emery, le sujet de son livre intéressant.[95]

Tout en louant 'l'auteur du *Christianisme de Bacon*', dont il avoue cependant avoir davantage apprécié l'ouvrage sur Leibniz, Maistre lui

---

88. J. de Maistre, *Œuvres complètes*, t.6, p.277.
89. J. de Maistre, *Œuvres complètes*, t.6, p.278 et 280.
90. J. de Maistre, *Œuvres complètes*, t.6, p.284-87.
91. J. de Maistre, *Œuvres complètes*, t.6, p.204.
92. J. de Maistre, *Œuvres complètes*, t.6, p.450 et 472.
93. J. de Maistre, *Œuvres complètes*, t.6, p.495.
94. J. de Maistre, *Œuvres complètes*, t.6, p.488.
95. J. de Maistre, *Œuvres complètes*, t.6, p.501.

reproche d'avoir édulcoré à dessein le texte baconien en supprimant 'la partie des paradoxes et des contradictions apparentes qui tombent sur le dogme' et s'exclame: 'avec cette méthode de suppressions, on parviendrait, je crois, à christianiser le *Dictionnaire philosophique*.'[96] Cet argument rappelle bien sûr en les inversant les accusations portées par de Luc à l'encontre de Lasalle, qui avait selon lui supprimé du texte baconien tout ce qui allait à l'encontre de la lecture radicale qu'il en faisait.

Le très catholique auteur des *Soirées de Saint-Pétersbourg* va cependant plus loin et finit par mettre tous les errements de Bacon sur le compte du protestantisme:

> Je ne sais au reste si l'on a assez réfléchi que les contradictions de Bacon en fait de religion, sont une suite nécessaire de la religion qu'il professait. Ce système repousse toute croyance fixe et commune. Le dogme y est assujetti aux hommes, il est examiné, balancé, accepté, abdiqué, comme il plaît à l'homme; de sorte que tout protestant qui affirme ne parle que pour lui.[97]

Ce passage est important car il est une des clefs principales de cet *Examen de la philosophie de Bacon*, même si Richard Lebrun se montre plus nuancé sur ce point et considère la question de la religion comme secondaire, faisant valoir avec raison que Maistre cite avec admiration Boyle et Newton.[98] Jean-Yves Pranchère rappelle toutefois que, pour Joseph de Maistre, si la plupart des philosophes des Lumières ne sont pas protestants, 'ils n'en sont pas moins le terme d'un processus inauguré par le protestantisme' et dont Bacon et Locke, avec l'avènement de l'empirisme scientifique, représentent la deuxième étape.[99] Maistre passe certes au crible les principaux écrits de philosophes anglais, les cite longuement, et son but est bien de démontrer par une analyse minutieuse que Bacon est 'l'esprit le plus faux, le plus détestable raisonneur, le plus terrible ennemi de la science qui ait jamais existé'. Mais au-delà de cette exégèse – et parce que sa critique de Bacon se déploie largement sur le terrain religieux – il

---

96. J. de Maistre, *Œuvres complètes*, t.6, p.503.
97. J. de Maistre, *Œuvres complètes*, t.6, p.504-505.
98. 'If Maistre turned on Bacon, it had to be for more substantive reasons than difference of religion or nationality.' Voir J. de Maistre, *An Examination of the philosophy of Bacon*, p.xiv.
99. J.-Y. Pranchère, *L'Autorité contre les Lumières*, p.282-83. Pranchère précise que, pour Maistre, Locke et Bacon 'ne sont pas protestants par hasard'.

intervient aussi, de manière très frappante, dans la 'querelle' avortée qui avait opposé quelques années plus tôt Lasalle et le protestant de Luc. Alors que de Luc s'attaquait à Lasalle pour défendre Bacon, Maistre défend Lasalle (qu'il range pourtant parmi les athées) contre de Luc pour mieux attaquer Bacon.

Pour Margerie, comme on l'a vu, la traduction de Lasalle, que Maistre a utilisée en plus 'du texte anglais et du texte latin', n'a fait qu'aggraver l'image de Bacon aux yeux de son détracteur, tant elle était caractérisée par 'une teinte irréligieuse que les notes et les commentaires rendaient plus foncée encore'.[100] Carolina Armenteros va dans le même sens et n'hésite pas à faire de Lasalle un 'jacobin',[101] à l'opposé des convictions antirévolutionnaires de Joseph de Maistre. Margerie souligne cependant – sans vraiment les expliquer – les liens étranges et paradoxaux qui se tissent dans l'*Examen* entre l'historien catholique et le traducteur impie de Bacon. Il considère ainsi que Maistre a eu d'autant plus de facilité à s'attaquer au Bacon *de Lasalle* qu'il est 'rare d'échapper entièrement à l'influence d'une traduction habituellement consultée', et il ajoute: 'surtout quand elle verse du côté où déjà le lecteur incline'.[102] Lasalle aurait donc – comme a voulu le démontrer de Luc – présenté dans sa traduction un Bacon matérialiste et au mieux déiste, mais, alors que pour le géologue genevois c'est trahir le philosophe anglais, qui était un fervent chrétien, pour Margerie, le Bacon de Lasalle avait permis à Maistre de trouver la justification a priori de ses critiques. Ce n'est certes pas faux, mais une telle interprétation supposerait que Maistre n'ait eu connaissance des écrits de Bacon que par la traduction de Lasalle, ce qui est très loin d'être le cas. Maistre a lu Bacon en latin comme en anglais (et a même tenté de le traduire brièvement) avant de lire la traduction de Lasalle, et il paraît donc exagéré de considérer qu'il ait pu se laisser duper par le texte soi-disant athée et matérialiste produit par le traducteur et férocement dénoncé par de Luc. La question de la religion explique en revanche pourquoi Maistre dénigre à la fois Le Sage[103] et de Luc,

---

100. J. de Maistre, *Œuvres complètes*, t.6, p.xxxiv. Le texte anglais est celui de 'la petite édition anglaise des Œuvres de Bacon, publiée par le docteur Schaw [*sic*]' en 12 volumes (Londres, 1802). Voir J. de Maistre, *Œuvres complètes*, t.4, p.272n.
101. C. Armenteros, *The French idea of history*, p.83.
102. J. de Maistre, *Œuvres complètes*, t.6, p.xxxiv, note.
103. Maistre parle peu de Le Sage, sauf pour l'accuser d'avoir le premier évoqué l'existence d'atomes gravifiques et ultra-mondains, 'cette puissance, écrit Maistre, qui recule Dieu décemment sans l'exclure tout à fait'. J. de Maistre, *Œuvres complètes*, t.6, p.312; voir aussi p.309.

mais passe somme toute assez rapidement sur le catholique Emery et son *Christianisme de François Bacon*, dont il se contente de souligner la naïveté et la tendance à choisir ses citations.

Si Maistre a lu Bacon en plusieurs langues, il a aussi lu attentivement le *Précis de la philosophie de Bacon* de de Luc. Les notes qu'il prend au fil de ces deux volumes au cours de l'année 1806 occupent 142 des 867 pages de notes de lecture consignées dans le registre 'Philosophie C' de ses archives personnelles, tandis que les 'notes sur Bacon pour servir de matériaux à l'examen de sa philosophie' occupent les pages 3 à 92 du registre 'Philosophie D'.[104] Il a très certainement lu aussi son *Bacon tel qu'il est*, ainsi que les ouvrages scientifiques du géologue genevois, qu'il cite également, mais qu'il a sans doute lus plus tard. Le mépris qu'il éprouve pour de Luc est palpable d'un bout à l'autre de l'*Examen*, mais il évolue au fil des pages et l'on a le sentiment que Maistre s'est fait plus incisif à mesure qu'il lisait les ouvrages de l'académicien, qu'il finit par évoquer avec agacement comme 'ce chaud partisan de Bacon',[105] puis de plus en plus fréquemment comme 'l'auteur du *Précis*'[106] ou, sur un ton plus sarcastique, 'le savant auteur' ou encore 'le docte auteur du *Précis*'.[107] Maistre montre très clairement le parti qu'il prend dans la 'querelle' qui avait opposé de Luc à Lasalle en retournant contre le géologue l'expression par laquelle celui-ci désignait avec mépris le traducteur, parlant ainsi à de nombreuses reprises de de Luc comme de 'l'interprète de Bacon'.[108] Ce dernier, qui se targue à longueur de page d'être un traducteur plus exact que Lasalle, se voit à son tour reprocher par Maistre son manque de rigueur: 'cette traduction n'est pas rigoureusement exacte'; 'l'auteur du *Précis* traduit ici son maître; mais il n'ose le traduire exactement'; 'l'auteur du *Précis* traduit encore mal ici son maître.'[109] Contrairement à l'abbé Emery, Maistre ne fait montre d'aucune indulgence vis-à-vis de de Luc. Constatant que personne parmi les panégyristes de Bacon n'a repris sa 'méthode d'exclusion' (le fait de ne pas s'en tenir à un trop petit nombre de faits et d'expériences et de procéder ensuite par élimination), Maistre ajoute qu'il ne connaît 'd'autre exception que

---

104. J.-L. Darcel et R. A. Lebrun, *Joseph de Maistre et les livres*, p.129.
105. J. de Maistre, *Œuvres complètes*, t.6, p.213.
106. Voir par exemple J. de Maistre, *Œuvres complètes*, t.6, p.315, 382, 420 et 422.
107. J. de Maistre, *Œuvres complètes*, t.6, p.400 et 412.
108. Voir par exemple J. de Maistre, *Œuvres complètes*, t.6, p.378, 381, 412 ou encore 505, où Maistre distingue clairement 'l'interprète' du 'traducteur'.
109. J. de Maistre, *Œuvres complètes*, t.6, p.400n, 420, 422n.

celle de M. de Luc', et il note: 'lui-même, par l'usage qu'il en fait sur des objets de la plus haute importance, a fort bien prouvé que les physiciens avaient raison.'[110] Maistre entend montrer que de Luc a retenu le pire de la philosophie naturelle de son illustre modèle et que, tout en voulant arracher Bacon à la modernité incrédule des Lumières, il a, sans s'en rendre compte, suivi la trace des philosophes: 'M. de Luc se cherchant à lui-même des collègues admirateurs pour encenser Bacon, et se trouvant fort embarrassé par le petit nombre et la qualité, n'a pas dédaigné de descendre pour grossir sa liste jusqu'à une *école normale* de France', s'abaissant à citer l'académicien Garat qui, selon Maistre 'n'avait jamais lu Bacon [...] et de plus n'avait pas même salué de loin les premiers rudiments des sciences naturelles'.[111] Maistre tourne de Luc en ridicule pour avoir repris naïvement la théorie des 'esprits' que Bacon 'voyait partout et qu'il avait imaginés pour mettre des mots à la place des choses', pour en avoir fait des 'fluides impondérables' et avoir présenté le chancelier comme 'le père de la physique pneumatique'.[112] Plus loin, il raille encore l'admiration que de Luc voue à Bacon dans un domaine que le Genevois connaît pourtant bien: la météorologie. Tout ce qu'a pu dire Bacon sur l'origine des vents 'et les autres points de météorologie qui s'y rapportent' ne vaut rien, ce qui n'empêche pas 'l'un de ses plus grands admirateurs' de s'émerveiller de ce que Maistre présente avec ironie comme une lapalissade en citant de Luc: 'Bacon [...] remarquait déjà *que le vent n'est autre chose que l'air lui-même lorsqu'il est en mouvement* [...] merveilleux axiome.'[113] Plus loin il ironise encore sur la physique de de Luc, cette fois en dehors de tout lien direct avec l'œuvre de Bacon. Citant un passage de son *Introduction à la physique terrestre*[114] sur l'eau et le feu, Maistre commente à propos de ce qu'il décrit comme 'une

---

110. J. de Maistre, *Œuvres complètes*, t.6, p.32n.
111. J. de Maistre, *Œuvres complètes*, t.6, p.66-67.
112. J. de Maistre, *Œuvres complètes*, t.6, p.186.
113. J. de Maistre, *Œuvres complètes*, t.6, p.210.
114. Jean-André de Luc, *Introduction à la physique terrestre par les fluides expansibles, précédée de deux mémoires sur la nouvelle théorie chymique, considérée sous divers points de vue, pour servir de suite et de développement aux recherches sur les modifications de l'atmosphère*, 2 vol. (Paris, An XI [1803]). Le passage cité est le suivant: 'M. de Luc me dit [...] que *l'eau constitue la partie pondérale de l'air inflammable, et que tout combustible n'est inflammable que par l'eau; en sorte que du moment où il a perdu son eau, la flamme cesse et la combustion s'achève dans les charbons.*' Voir *Introduction*, t.1, p.119.

pâture sèche et insipide': 'Je reçois ces vérités avec reconnaissance: c'est un aliment pour mon esprit, comme tout autre vérité.'[115]

Dans le chapitre qu'il consacre à la religion chez Bacon – qu'il accuse d'être 'hypocrite comme il était flatteur, vénal, machiavéliste, etc.'[116] –, Maistre s'en prend une fois de plus à de Luc, qu'il accuse d'avoir mis ses pas dans ceux de son maître. Il s'est, écrit Maistre, 'constamment et hautement présenté au monde comme l'un des plus zélés défenseurs de la révélation, ce port, ce lieu de repos de toutes les contemplations humaines. Il n'a cessé d'en appeler à Moïse et même il a écrit des ouvrages considérables pour établir que la nature entière rend témoignage à la Genèse'[117] et, pourtant, ce 'grand prédicateur de la révélation' a affirmé, comme Bacon, que la métaphysique était fondée sur la physique et même que le Déluge biblique pouvait être expliqué et prouvé par la physique. Il reproche même au 'savant interprète de Bacon' de s'appuyer sur une 'traduction protestante' du premier chapitre de la Genèse.[118] Et Maistre conclut non sans ironie:

> Etant né religieux il obéit en partie dans ses écrits à son excellent caractère, en partie aussi à cet esprit de secte qui en a trompé bien d'autres. Je dirai qu'avec toute sa raison, qui est aussi grande que sa probité et sa science, il ne laisse pas de renverser d'une main ce qu'il tâche d'établir de l'autre, et de prêter de plus le flanc au ridicule de la manière la plus saillante, en se permettant d'oublier qu'*un insurgent n'a pas le droit de prêcher l'obéissance sous prétexte qu'il est ou* moins *ou* autrement *révolté qu'un autre.*[119]

On se souvient que Maistre s'était amusé du qualificatif de 'papiste' lancé comme une insulte par Lasalle au protestant de Luc.[120] Le traducteur n'échappe cependant pas non plus à la critique. Il est probable que Maistre n'ait jamais lu de Lasalle que sa traduction – et ses notes de bas de page – et qu'il n'ait donc pu se faire une idée de sa personnalité et de ses idées qu'à travers elle. Il relève ainsi les liens avec les encyclopédistes et les acteurs de la Révolution que Lasalle met souvent en avant au fil des pages. Il note aussi, comme de Luc, l'anticléricalisme affiché par le traducteur qu'il range parmi

---

115. J. de Maistre, *Œuvres complètes*, t.6, p.408.
116. J. de Maistre, *Œuvres complètes*, t.6, p.502.
117. J. de Maistre, *Œuvres complètes*, t.6, p.506.
118. J. de Maistre, *Œuvres complètes*, t.6, p.381.
119. J. de Maistre, *Œuvres complètes*, t.6, p.508.
120. Voir Chapitre 4, note 219.

les déistes – autant dire parmi les athées. Il reproche enfin à Lasalle d'attribuer en note la persécution de Galilée aux catholiques,[121] et l'accuse de calomnier l'Eglise: 'Comment ces monstrueuses calomnies ont-elles pu trouver place dans l'esprit d'un écrivain qui a su se recommander à ses lecteurs par une foule de pensées intéressantes dont il a orné sa traduction?'[122] La citation placée en exergue du présent chapitre montre que Maistre voyait également en Lasalle un opportuniste ayant flairé l'air du temps avec cette traduction en quinze volumes qui ne devrait légitimement intéresser personne, non pas, cette fois, à cause de la piètre qualité et de l'orientation idéologique de la traduction, mais à cause des défauts rédhibitoires du texte traduit. De même qu'il reprochait à de Luc d'accepter naïvement la philosophie de Bacon sans jamais la remettre en cause, il lui arrive (mais plus rarement) de reprocher au traducteur de se laisser emprisonner par le texte baconien sans pouvoir triompher de son inconséquence. A propos d'une phrase sur la lumière du soleil – 'l'ombre de la terre n'arrive point jusqu'au soleil' – Maistre s'exclame:

> Non, jamais depuis qu'il fut dit FIAT LUX! l'oreille humaine n'entendit rien d'égal. En vain l'officieux traducteur s'efforce de donner à cette proposition un sens tolérable. Pour lui rendre toute la justice qu'elle mérite, la langue française n'a qu'un mot, et, pour trouver ce mot dans le Dictionnaire de l'Académie, il ne faut pas s'avancer jusqu'à la troisième lettre de l'alphabet.

Il ajoute en note à propos d'une note explicative de Lasalle sur le même passage: 'M. Lasalle nous persuadera difficilement que *en deçà du soleil* signifie *au-delà de la terre*.'[123] Plus loin il reproche à Lasalle de n'avoir 'pas compris l'ineffable bévue de Bacon' sur un point d'astronomie,[124] ou de se moquer tout bonnement de ses lecteurs: 'M. Lasalle, en traduisant cette énormité, se croit obligé en conscience de nous dire *qu'à cette époque Descartes et Newton n'avaient pas paru*. [...] L'habile traducteur se moque un peu de nous.'[125] Les critiques que de Luc formule à longueur de volume à l'encontre de Lasalle ne lui ayant pas échappé, Maistre reprend avec un plaisir à peine dissimulé le motif du 'Bacon tel qu'il est', dont le géologue avait fait son programme,

---

121. J. de Maistre, *Œuvres complètes*, t.6, p.470.
122. J. de Maistre, *Œuvres complètes*, t.6, p.462-63.
123. J. de Maistre, *Œuvres complètes*, t.6, p.176.
124. J. de Maistre, *Œuvres complètes*, t.6, p.199n.
125. J. de Maistre, *Œuvres complètes*, t.6, p.188n.

pour sermonner le traducteur: 'M. Lasalle traduit: *Les vapeurs ainsi que les exhalaisons* peuvent être *la matière première des vents*. Pourquoi cette inexactitude *peuvent être*, au lieu de *sont*? […] Il le dit lui-même: *C'est Bacon qu'on me demande*. Donnez-nous donc Bacon tel qu'il est, et non comme vous tâchez de le refaire.' Il y revient encore après avoir cité un commentaire de Lasalle – 'Car enfin qu'est-ce qu'un esprit vert?'[126] –, et lui lance: 'Mais *si c'est Bacon lui-même qu'on vous demande*, permettez-nous de vous demander aussi, estimable traducteur, pourquoi vous nous dites à toutes les pages *qu'il n'y a pas moyen d'être exact, que le texte n'est pas supportable, qu'il faut absolument qu'on accorde la permission de supprimer, de changer, d'altérer, d'adoucir, etc.*'[127] Il ne faut toutefois pas en conclure que Maistre prend ici, même temporairement, le parti de de Luc. Il ne reproche jamais à Lasalle que de se laisser aller à corriger le texte qu'il traduit au lieu d'en laisser paraître tous les défauts. Contrairement à de Luc, il ne lui reproche jamais non plus d'intervenir sur le texte par idéologie. Agacé par un passage de l'*Histoire de la vie et de la mort*, Maistre se range d'ailleurs symboliquement du côté de Lasalle, dont il partage les jugements sur le texte: 'On me demande, comme à M. Lasalle, *Bacon lui-même*: le voilà donc tel qu'il est.'[128]

Malgré quelques désaccords sur la manière de traduire, il lui sait gré de faire montre vis-à-vis de Bacon d'une autonomie et d'une clairvoyance qui n'ont jamais été l'apanage de de Luc, même si cette clairvoyance est à ses yeux teintée de cynisme: 'L'esprit droit et lumineux du traducteur ne pouvait se faire illusion sur la nullité absolue de son auteur; mais comme il fallait absolument soutenir son entreprise, il s'y prend d'une autre manière', c'est-à-dire en minorant les défauts (sans les nier) et en mettant systématiquement en avant les points positifs. On pourrait croire qu'en accolant à Lasalle les qualificatifs 'droit' et 'lumineux' Maistre ironise comme il le fait par ailleurs avec de Luc. Il n'en est rien et, à l'instar d'un Lasalle défendant Bacon malgré ses manquements, Maistre trouve systématiquement des circonstances atténuantes au traducteur de Bacon. Lorsqu'il se trompe et confond 'hylen' et 'hymen' et traduit '*il n'est pas dit qu'au commencement Dieu créa* l'hymen' au lieu de traduire, comme le suggère Maistre, 'au commencement Dieu créa le ciel et la terre, MAIS NON LA MATIERE (*hylen*)', celui-ci ajoute:

---

126. *OFB*, t.10, p.216n.
127. J. de Maistre, *Œuvres complètes*, t.6, p.240.
128. J. de Maistre, *Œuvres complètes*, t.6, p.243.

> L'erreur est d'un joli genre; mais il faut rendre justice au traducteur, il a fait de son hymen tout ce qu'on en peut faire [...] Il fallait surtout une sagacité peu commune pour traduire sans ridicule la page qui commence par ces mots *Telesio tamen* hyle *pacuit, etc.* en partant de l'erreur que j'indique ici. Cependant M. Lasalle s'en est assez bien tiré.[129]

Chose remarquable à plus d'un titre, Maistre va jusqu'à consacrer la dernière partie de son *Examen* au travail du traducteur, dont les défauts ne sont rien au regard de ses qualités d'annotateur et de commentateur:

> M. Lasalle est encore une autre preuve bien frappante (quoique d'un ordre tout à fait différent) des contradictions qui se trouvent dans l'esprit d'un homme tiraillé par des doctrines opposées. Il s'est donné une peine déplorable, il a employé beaucoup de talents et de connaissances pour traduire, pour commenter, pour exalter un auteur toujours inutile lorsqu'il n'est pas dangereux, et dont il ne peut s'empêcher de parler lui-même avec le plus grand mépris; mais à travers une foule de traits lancés dans cette traduction et contre la religion et contre le sacerdoce avec une aigreur et un mauvais ton qui s'approchent quelquefois de la brutalité, combien d'esprit, de raison et de solide instruction! Combien de choses finement vues et finement exprimées! Combien de maximes charmantes! Combien même d'hommages rendus à tous les bons principes avec une certaine franchise, une certaine spontanéité qu'on sent bien mieux qu'on ne peut la définir, et qui porte chaque lecteur équitable à croire que tout ce qu'il y a de bon dans ce travail est de l'auteur, et que tout ce qui s'y rencontre de mauvais appartient au siècle ou à Bacon! Ce qui revient au même.[130]

S'il ne partage pas, loin s'en faut, les idées politiques qu'il lui attribue, Maistre apprécie sans aucun doute l'honnêteté avec laquelle Lasalle relève les lacunes ou les imprécisions du texte baconien et fait 'justice de son auteur avec une impartialité qui n'est pas commune chez les traducteurs'.[131] Il compatit plus d'une fois avec ce traducteur qui 'a honte et demande formellement pardon pour son auteur',[132] et se réjouit de lire malgré tout sous sa plume des remises en cause du texte traduit et des principes scientifiques et philosophiques qui s'y trouvent

---

129. J. de Maistre, *Œuvres complètes*, t.6, p.363n-64n.
130. J. de Maistre, *Œuvres complètes*, t.6, p.508-509.
131. J. de Maistre, *Œuvres complètes*, t.6, p.322n.
132. J. de Maistre, *Œuvres complètes*, t.6, p.186n.

énoncés, comme dans ce passage de l'*Histoire des vents* où Lasalle juge que la proposition de 'voiles d'un genre nouveau' imaginée sur le papier par Bacon 'est si grossière et si peu réfléchie qu'elle ne mérite pas même d'être examinée'.[133] Compatissant, Maistre accumule les exemples et note: 'Ici, comme en cent autres endroits, le traducteur perd patience.'[134] Contrairement à de Luc, qui reprochait à Lasalle de retrancher du texte de Bacon les passages qui le gênaient, Maistre préfère y voir une marque de considération pour l'auteur traduit (mais sûrement aussi pour le lecteur), d'autant qu'il est sensible au fait que le traducteur prend soin d'indiquer les modifications qu'il opère: 'Je ne trouve point ce morceau dans la traduction de M. Lasalle, écrit Maistre à propos d'un passage de *Sylva Sylvarum*, il lui a paru sans doute passer toutes les bornes du ridicule. Ces sortes de suppressions sont un service qu'il rend de temps en temps à son auteur et lui-même nous en avertit franchement.'[135] La prosopopée introductive placée par Lasalle en tête du premier volume de sa traduction, et qui concentrait sur elle une grande partie de l'ire de de Luc, trouve tout à fait grâce aux yeux de Maistre. Là où de Luc ne voyait qu'une succession de mensonges, Maistre voit au contraire surgir le véritable Bacon par la bouche d'un traducteur 'qui s'était, pour ainsi dire, imprégné de l'esprit de son auteur'. Le Savoyard, qui a initialement conçu son *Examen* pour être publié en deux tomes, va jusqu'à affirmer que 'le tome second' de son ouvrage 'justifie complètement la vérité de cette prosopopée'.[136]

L'indulgence dont Maistre fait preuve vis-à-vis de Lasalle – 'un philosophe avoué' – n'a pas échappé à Richard Lebrun qui souligne le contraste avec les critiques adressées au très chrétien de Luc. L'explication est en partie à chercher pour Lebrun dans ce que Maistre écrit dans une note à propos de Cabanis: 'je n'aime certes ni Condillac ni Cabanis; cependant il faut avouer que ce dernier est plus courageux, plus logicien et plus honnête homme que l'autre. Cabanis est un franc disciple de Locke; et la franchise, de quelque manière qu'elle se présente, n'est jamais sans une espèce de mérite.'[137] Attaché à cette franchise, Maistre préférerait donc l'honnêteté de ses 'ennemis déclarés' à la duplicité de ses ennemis masqués, c'est-à-dire les protestants et les

---

133. J. de Maistre, *Œuvres complètes*, t.6, p.186n; *OFB*, t.11, p.203-205.
134. J. de Maistre, *Œuvres complètes*, t.6, p.189n-90n.
135. J. de Maistre, *Œuvres complètes*, t.6, p.231n.
136. J. de Maistre, *Œuvres complètes*, t.6, p.489-90.
137. J. de Maistre, *Œuvres complètes*, t.6, p.291n.

jansénistes.[138] Même si Maistre ne laisse jamais vraiment entendre qu'il 'n'aime pas' Lasalle, cette explication est vraisemblable: il admire sans aucun doute sa franchise et son honnêteté. Mais il faut peut-être aussi aller chercher du côté de la connivence littéraire. Richard Lebrun souligne à juste titre à quel point la question du style est centrale chez un Joseph de Maistre conscient de cultiver une plume si inimitable qu'elle lui interdit tout anonymat. Dans une lettre adressée au duc d'Avaray, il déplore ce style 'trop connu' qui le met sans cesse en danger d'être découvert – 'cet[te] espèce de timbre qui me trahit toujours' – même dans les textes dont il juge le contenu 'insipide'.[139] Celui dont Remy de Gourmont a pu écrire qu'il s'est 'promené comme en délire, une hachette à la main' dans la forêt du texte baconien et qu'il est revenu de cette expédition 'plein de sang et de colère, lui le philosophe ironique et froid, contre le philosophe lyrique', a manifestement trouvé en Lasalle – qui entendait 'dépouiller […] de sa simarre notre chancelier'[140] et le mettre en quelque sorte à nu – un compagnon de voyage capable lui aussi de se frayer un chemin dans cette 'forêt pleine de ronces, de houx et d'épines'.[141]

Cette proximité littéraire se fait d'abord jour, comme l'a bien vu Gourmont, dans la façon dont les deux hommes appréhendent le texte baconien. Comme Lasalle, qui reprochait à Bacon son goût prononcé pour la métaphore, Maistre attaque le philosophe anglais sur le plan de l'écriture, lui reprochant les 'vices de son style philosophique, qui ne ressemble à rien'.[142] Il fustige celui qui résiste si peu 'à l'envie d'être poëte', qui se contente des images qui se présentent à son esprit en lui faisant oublier la justesse[143] et s'exclame: 'Toujours une image ou une comparaison à la place du raisonnement! C'est la manière éternelle de Bacon.'[144] Comme le fait Lasalle, Maistre critique Bacon pour son goût

---

138. J. de Maistre, *An Examination of the philosophy of Bacon*, p.xxix-xxx. Richard Lebrun précise que cette explication a été avancée par Jean-Yves Pranchère, dans une lettre qui lui était adressée.
139. Lettre du 15 juillet 1804 à M. d'Avaray, dans *Mémoires politiques et correspondance diplomatique de J. de Maistre*, éd. Albert Blanc (Paris, 1859), p.127; citée par R. A. Lebrun, 'Introduction: assessing Maistre's style and rhetoric', dans *The New enfant du siècle: Joseph de Maistre as a writer*, éd. Caroline Armenteros et Richard A. Lebrun (St Andrews, 2010), p.1-18 (3).
140. Voir Chapitre 3, note 67.
141. Remy de Gourmont, *Promenades philosophiques*, 1re série (1905; Paris, 1913), 'François Bacon et Joseph de Maistre', p.21.
142. J. de Maistre, *Œuvres complètes*, t.6, p.192.
143. J. de Maistre, *Œuvres complètes*, t.6, p.4.
144. J. de Maistre, *Œuvres complètes*, t.6, p.7.

immodéré des néologismes qui sont 'chez lui une véritable maladie' et qui lui donnent le sentiment d'avoir 'acquis une idée lorsqu'il a inventé un mot'.[145] Ailleurs, il cite justement avec délectation une note de *Sylva sylvarum* dans laquelle le traducteur reproche à Bacon de ne pas avoir 'les idées claires' et de recourir à des expédients stylistiques: 'le terme propre échappe; on se prend aux métaphores, et de physicien on devient rhéteur.'[146] Maistre note à ce propos tel passage 'curieux' dans lequel 'l'adroit traducteur, entièrement vaincu par sa conscience, abandonne solennellement Bacon comme raisonneur, et se met à le louer à perte de vue, en qualité de poëte', et conclut avec une admiration manifeste: 'Je ne crois pas qu'on ait jamais fait d'aucun écrivain de la classe de Bacon une critique à la fois plus bouffonne et plus sanglante.'[147]

La proximité littéraire entre Maistre et Lasalle se manifeste de manière plus évidente encore dans une certaine communauté d'écriture et l'usage d'une prose incisive que l'on pourrait justement qualifier, en reprenant les mots mêmes de l'auteur de l'*Examen*, de 'bouffonne et sanglante'. S'il ne goûte pas le style de la prose du philosophe anglais, Maistre apprécie en effet le panache sarcastique du Lasalle commentateur de Bacon, 'qui a toujours soin d'aiguiser le trait et de le faire sentir'[148] et dont le style et l'esprit s'accordent bien avec la manière d'écrire de celui dont Lamartine disait que 'la vérité pure ne lui plaisait pas assez' et qu'il lui fallait l'assaisonner avec 'le sel de l'exagération'.[149] Richard Lebrun a décrit à juste titre la prose remarquable de Maistre comme un mélange foisonnant 'd'ironie, de satire, d'insultes, de citations tirées d'autorités très diverses, d'exemples historiques ou géographiques choisis avec soin et de raisonnements dont les arguments étaient sans doute fondés sur des prémisses peut-être un peu douteuses'.[150] Cette description pourrait aussi bien s'appliquer aux notes de bas de page dont Lasalle a exagérément émaillé sa traduction. Maistre reprend ainsi parfois avec délectation le vocabulaire caractéristique du traducteur et évoque

---

145. J. de Maistre, *Œuvres complètes*, t.6, p.533.
146. J. de Maistre, *Œuvres complètes*, t.6, p.193. Voir *OFB*, t.9, p.439.
147. J. de Maistre, *Œuvres complètes*, t.6, p.523-24.
148. J. de Maistre, *Œuvres complètes*, t.6, p.490.
149. Alphonse de Lamartine, *Cours familier de littérature*, t.7 (Paris, 1859), entretien 42, p.425.
150. R. Lebrun, 'Introduction', p.11: 'Irony, satire, insult, citations from a wide range of authorities and carefully chosen historical and geographical examples, reasoned arguments based on perhaps questionable premises.'

comme en écho le 'galimatias' de la philosophie baconienne, terme qu'il utilise de nouveau dans sa conclusion.[151] Il retient de Lasalle ses exclamations emportées: 'ces jugements rapides et spontanés, arrachés par la force de la vérité'[152] qui lui rappellent les siens. Comme en hommage, Maistre reprend précisément ces exclamations: 'Ceci est exquis!' note-t-il ainsi après une citation de Bacon en latin qu'il juge fantaisiste. Au fil des pages, il distille en note ou parfois entre parenthèses dans le corps du texte des commentaires qui font écho – tant sur le fond que sur la forme – à ceux de Lasalle: 'Quelle étrange analogie!', 'Quel instituteur de la physique pneumatique et de la météorologie moderne!', 'Quelle économie de bois!', '(quelle science!)', 'quel amphigouri!'[153] Il cite abondamment les épiphonèmes du traducteur lui-même,[154] comme pour souligner une affinité qui n'a d'ailleurs pas échappé aux lecteurs attentifs de l'*Examen de la philosophie de Bacon*, comme le philosophe François Huet, qui reproduit en 1837 quelques-unes de ces 'exclamations plaisantes',[155] ou encore l'ancien député catholique Athanase Renard qui les cite à son tour en préambule d'un essai sur 'l'école de Bacon'.[156]

Maistre met également en avant la verve humoristique du commentateur de Bacon: 'j'ai cité dans le cours de cet ouvrage, une foule de plaisanteries échappées à l'habile traducteur à mesure qu'il rencontrait sur sa route de nouvelles extravagances. Parmi ces plaisanteries il en est d'exquises.'[157] Il s'amuse ainsi de lire sous la plume du traducteur que Bacon 'n'avait guère observé le ciel que de son lit',[158] et cite avec plaisir une autre note de *Sylva sylvarum* dans laquelle Lasalle prédit le sort funeste réservé à celui qui tentera l'expérience proposée par Bacon: 'Selon toutes les apparences, la bouteille éclatera et crèvera

---

151. J. de Maistre, *Œuvres complètes*, t.6, p.504 et 515. Voir *OFB*, t.9, p.144. Maistre retourne parfois aussi le vocabulaire du traducteur contre lui. Il déplore par exemple qu'un Bacon 'contagieux' ait perverti son traducteur, qui 'se met à *Baconiser* ouvertement' en débitant un 'joli galimatias' au risque de se contredire (voir J. de Maistre, *Œuvres complètes*, t.6, p.113).
152. J. de Maistre, *Œuvres complètes*, t.6, p.515.
153. J. de Maistre, *Œuvres complètes*, t.6, p.141n, 149n, 195n, 233n, 241, 522n.
154. Voir par exemple J. de Maistre, *Œuvres complètes*, t.6, p.193, 515, 534.
155. Voir Chapitre 3, note 116.
156. Athanase Renard, *Les Philosophes et la philosophie: histoire, critique et doctrine* (Langres et Paris, 1879), p.6. Renard n'a pas lu la traduction de Lasalle et puise les citations qu'il en donne directement dans l'*Examen* de Joseph de Maistre.
157. J. de Maistre, *Œuvres complètes*, t.6, p.516.
158. J. de Maistre, *Œuvres complètes*, t.6, p.116n. Voir *OFB*, t.5, p.349.

les yeux de l'observateur',[159] ou une autre dans laquelle le traducteur, manifestement excédé, suggère d'arroser des carottes 'avec du vin de Tokai'.[160] Maistre, qui s'imaginait boxant avec le philosophe anglais, a trouvé en Lasalle un pugiliste audacieux qui lui ressemble. Face au texte baconien, la conduite la plus sage est de s'en moquer, 'et c'est ce que fait communément le traducteur sans se gêner aucunement'.[161] La conclusion de l'*Examen* est un hommage au 'talent très distingué' du traducteur irrévérencieux, à son esprit 'aiguisé par l'ironie', en même temps qu'un ultime soufflet contre la figure tutélaire des encyclopédistes: 'un auteur qui a besoin *presque toujours*, pour sortir du cercle étroit de son latin et se présenter dans le grand monde, d'avoir de telles obligations au plus obligeant des traducteurs, et qui demeure encore, après toutes ces opérations, assez ridicule pour nous faire pâmer de rire à chaque page!'[162]

S'il en avait eu connaissance, nul doute qu'Antoine Lasalle eût apprécié à sa juste valeur l'éloge prononcé par l'ennemi des encyclopédistes et des Lumières, par le chantre de la réaction catholique. Il aurait certainement goûté cet ultime paradoxe: être défendu face à de Luc, non par ceux dont il avait sans doute espéré en vain un mot de soutien, mais par le plus féroce détracteur de celui dont il se voulait autant le traducteur que le continuateur. L'*Examen* est cependant publié presque quinze ans après la mort de son auteur et sept ans après celle de Lasalle, qui n'a jamais rien su de l'estime que ce conservateur sévère avait pour l'œuvre de sa vie. Avec cet ouvrage, Maistre met un terme définitif à la dispute étrange qui avait opposé à distance de Luc à Lasalle en prenant partie pour le traducteur contre 'l'interprète' protestant. Il marque aussi la façon dont on lira Bacon en France dans la seconde moitié du dix-neuvième siècle et sans doute au-delà, et donne enfin aux quinze volumes de la traduction de Lasalle une visibilité inespérée. Après 1836, elle est citée sporadiquement jusqu'au siècle suivant, même si c'est presque toujours par l'intermédiaire du Bacon maistrien.

Le philosophe chrétien François Huet publie en 1837 dans la revue qu'il dirige à Gand, où il enseigne, un essai consacré à Bacon et Joseph de Maistre, quelques mois seulement après la parution de l'*Examen*. On a vu qu'il avait relevé lui aussi les exclamations de

---

159. J. de Maistre, *Œuvres complètes*, t.6, p.188n. Voir *OFB*, t.8, p.9.
160. J. de Maistre, *Œuvres complètes*, t.6, p.247n. Voir *OFB*, t.8, p.410.
161. J. de Maistre, *Œuvres complètes*, t.6, p.247.
162. J. de Maistre, *Œuvres complètes*, t.6, p.315, 519-20.

Lasalle, rapportées avec délectation par Maistre; il reprend également chez Bouillet l'idée – largement répandue encore aujourd'hui – qu'à cause de 'l'enthousiasme si universel' des encyclopédistes pour Bacon, traduire ses ouvrages était devenu 'une entreprise nationale' tandis que 'cette gloire [Bacon] devenait une propriété nationale' et qu'y 'toucher, eut été un crime de haute trahison'.[163] C'est surtout ce que Maistre écrit sur Bacon qui intéresse Huet, qui voit dans 'cet écrivain si brillant, si ingénieux [...] et toujours si original par un mélange d'idées mystiques et de piquants aperçus, de vues sublimes et de boutades aristocratiques' celui qui, dès *Les Soirées de Saint-Pétersbourg*, 'vient demander compte au chancelier d'Angleterre de sa réputation usurpée et lui fait son procès en forme'.[164] Huet reprend la métaphore pugilistique qu'affectionnait Maistre qui, avec cet *Examen* posthume, 'saisit son adversaire corps à corps, le retourne sous toutes ses faces, examine, sans se laisser imposer par les autorités, l'esprit général, la marche, le style de ses écrits, en découvre les vues secrètes, et accable partout Bacon de sarcasmes d'autant plus pitoyables que les citations en font la meilleure part'. Huet ne semble pas avoir jugé utile de noter que les citations dont Maistre fait un si piquant usage sont presque toutes issues de la traduction de Lasalle, mais il confie en note à ses lecteurs s'être 'assuré que les citations de De Maistre sont toujours exactes et souvent textuelles'.[165] Il voit cependant les limites du réquisitoire auquel se livre l'ancien sénateur savoyard. Même si ce dernier exerce un contrepoids salutaire face au concert de louanges, Huet estime qu'il 'épuise toutes les ressources de la raillerie et du persifflage'[166] au risque de trahir le but qu'il s'est fixé. C'est pourtant bien les conclusions de Maistre qu'il reprend à son compte en reconnaissant que ce 'rude jouteur' a permis de remettre Bacon à ce qu'il considère comme sa juste place. Imaginant avec amusement les thuriféraires du chancelier face aux pages érudites et ironiques de l'écrivain catholique, Huet en livre un grand nombre d'extraits qui ont tous en commun de montrer Maistre donnant des leçons de science à un Bacon ramené au rang de mauvais élève. Mais Huet reprend aussi les arguments de Maistre contre ce Bacon incapable de s'enthousiasmer pour autre chose que les sciences physiques et accusant 'amèrement la théologie d'avoir souillé ses sciences de prédilection' et refusant, en véritable 'Luther du

---

163. F. Huet, 'Bacon et Joseph de Maistre', p.67-68.
164. F. Huet, 'Bacon et Joseph de Maistre', p.70.
165. F. Huet, 'Bacon et Joseph de Maistre', p.70 et 70n.
166. F. Huet, 'Bacon et Joseph de Maistre', p.71.

monde intellectuel', que la Bible leur serve de socle.[167] Il reproche aussi à Bacon, comme Maistre, mais surtout comme Lasalle avant eux, sa 'nomenclature bizarre' et la 'grande obscurité de son style',[168] mais passe cependant sur la place particulière qu'occupe Antoine Lasalle dans l'ouvrage de Joseph de Maistre: la traduction en quinze volumes est bien citée par Huet, mais elle ne l'est qu'à travers le filtre maistrien. Huet conclut sa présentation du baconisme en attribuant l'"étonnante révolution qui fit entrer le genre humain dans une ère nouvelle' non à Bacon et à sa méthode scientifique, mais au christianisme, 'véritable origine de la civilisation moderne et des progrès scientifiques sur lesquels cette civilisation repose'.[169]

Vingt ans plus tard, Charles de Rémusat, philosophe et homme politique libéral fraîchement élu à l'Académie des sciences morales et politiques, publie un ouvrage très complet sur Bacon et son influence.[170] Il propose aux lecteurs une biographie très fouillée ainsi qu'une analyse érudite de sa philosophie et les renvoie vers les ouvrages ou les éditions d'Emery, Vauzelles, Riaux et Bouillet. Rémusat a lu Joseph de Maistre et a connaissance – sans doute indirectement – de la traduction de Lasalle, mais ne les évoque tous deux qu'avec mépris. Résumant la position de Bacon sur les mystères et la théologie sacrée – 'plus un mystère semble étrange, plus grande est la victoire de la foi' –, Rémusat précise en note que 'cette pensée, qu'un traducteur de Bacon, Lasalle, s'obstine à trouver ironique', rappelle ce que Locke écrivait au sujet des miracles.[171] Plus loin, dans un chapitre sur la classification des sciences dans lequel il explique aux lecteurs que le titre de *Novum organum* faisait référence à 'l'*Organum* d'Aristote', il ajoute une note sur un commentaire ironique de Maistre: 'Veut-on savoir avec quel degré de bonne foi ou de sérieux Joseph de Maistre critique Bacon? Il suffit de lire cette phrase', dans laquelle le Savoyard compare ce 'nouvel organe' à une 'nouvelle jambe'.[172] Alors même qu'il intitule le 'livre III' de son ouvrage 'Examen de la philosophie de Bacon', Rémusat cite en le traduisant un commentaire de Spedding (dont la nouvelle édition des œuvres de Bacon est sortie quelques mois

---

167. F. Huet, 'Bacon et Joseph de Maistre', p.79-80.
168. F. Huet, 'Bacon et Joseph de Maistre', p.80-81.
169. F. Huet, 'Bacon et Joseph de Maistre', p.90-91.
170. Charles de Rémusat, *Bacon: sa vie, son temps et son influence jusqu'à nos jours* (Paris, 1857).
171. C. de Rémusat, *Bacon*, p.193.
172. C. de Rémusat, *Bacon*, p.215, n.2.

plus tôt) sur l'*Examen* 'de M. Lemaistre [*sic*]' dont il dénonce 'l'inexactitude (*unfairness*) passionnée' et 'une ignorance presque incroyable'.[173] Pour l'académicien, Joseph de Maistre s'est trompé sur tout, même sur sa critique de l'induction, puisqu'il a interverti les principes de l'induction aristotélicienne et ceux de l'induction baconienne.[174] Il revient plus loin à Lasalle, qu'il range aux côtés de Naigeon parmi les disciples de Diderot, 'l'un en commentant, l'autre en traduisant Bacon' sans véritablement œuvrer à la réhabilitation du chancelier qu'ils ne trouvent ni l'un ni l'autre 'à leur hauteur' et 'accusent d'avoir sacrifié à son siècle'. Lasalle 'a traduit Bacon avec plus d'esprit que de fidélité, le transformant, autant que possible, en philosophe français du dix-huitième siècle' avec un projet qui n'était autre que celui de la Convention, qui avait eu 'la singulière idée de décréter aux frais de la République la traduction des œuvres de Bacon, *pour hâter les progrès de la philosophie et de la raison*'. C'est d'ailleurs cette traduction et elle seule qui, aux yeux de Rémusat, explique 'le livre malheureux de Joseph de Maistre'.[175] Enfin, il n'est guère plus indulgent envers Le Sage et de Luc, dont les contributions écrites 'avec peu de nerf et de précision' présentent la science 'd'une manière à la fois vague et systématique qui ne convient plus à l'esprit scientifique actuel'.[176]

Une douzaine d'années après Rémusat, Athanase Renard consacre à Bacon et son 'école' la première partie de son ouvrage sur *Les Philosophes et la philosophie*, sous-titrée 'naturalisme ou matérialisme scientifique, athéisme, positivisme'. S'il a lui aussi lu Bacon en latin comme en français, il l'a surtout lu au prisme de l'*Examen* de Joseph de Maistre, dont il estime qu'il 'ne sera certainement pas réfuté: les baconiens se garderont bien de l'essayer'.[177] Il renvoie ses lecteurs à cet ouvrage, ou aux œuvres de Bacon lui-même, mais il estime néanmoins 'en avoir assez dit pour ceux qui n'en auront pas le temps'.[178] La traduction de Lasalle a également retenu son attention, non seulement parce que Maistre la cite abondamment, mais parce que Renard lui-même y trouve matière à réflexion. Il mentionne et cite

---

173. C. de Rémusat, *Bacon*, p.272. Voir *The Works of Francis Bacon*, t.1, p.464, n.2: 'It would have been well for Lemaistre's reputation, if the Examen, which was published after his death, had been suppressed. It is disfigured by passionate unfairness, and in many passages by ignorance almost incredible.'
174. C. de Rémusat, *Bacon*, p.315, n.2.
175. C. de Rémusat, *Bacon*, p.425-26.
176. C. de Rémusat, *Bacon*, p.393n.
177. A. Renard, *Les Philosophes et la philosophie*, p.6.
178. A. Renard, *Les Philosophes et la philosophie*, p.24.

ainsi à son tour certains passages de la prosopopée introductive de Lasalle, et notamment celui dans lequel le traducteur prête à Bacon des propos très critiques envers 'l'insidieuse tutelle' du trône et de l'autel. Comme Maistre avant lui, Renard lui trouve des circonstances atténuantes, même s'il ne peut se résoudre à croire au Bacon que lui présente Lasalle:

> On comprend que Lasalle, tout imprégné de Bacon qu'il venait de traduire aussi longuement que péniblement, se soit imaginé, sous le coup d'un pareil labeur, que tout le monde l'avait lu et compris comme lui; mais d'Alembert et Condorcet lui-même auraient pu lui dire qu'il s'en exagérait singulièrement l'influence, et je crois pouvoir ajouter qu'il en dénature aussi les intentions.[179]

La prosopopée imaginée par le traducteur, Bacon, 'génie vaniteux et fourvoyé', n'aurait pas pu l'écrire en conscience sans mettre en péril ses intérêts propres et, si Renard la cite, c'est comme 'hypothèse' et 'sujet de méditation'.[180] Renard ne reprend cependant de la traduction de Lasalle que ce que Maistre en a lui-même cité: il ne l'a pas lue et ne l'a vraisemblablement jamais eue entre les mains puisqu'il lui attribue seize volumes au lieu de quinze.

A la fin du siècle, deux ouvrages consacrés à Bacon reviennent conjointement sur la traduction de Lasalle et l'*Examen* de Maistre. En 1893, George Fonsegrive (1852-1917), romancier et philosophe proche du catholicisme social, fait paraître une monographie sur le philosophe anglais.[181] La traduction de Lasalle, que Fonsegrive semble avoir au moins succinctement consultée, est présentée une fois de plus comme l'aboutissement de l'engouement des philosophes pour un Bacon considéré comme le plus universel des philosophes. Fonsegrive en est convaincu, c'est la Convention qui 'sanctionne pour ainsi dire cet enthousiasme en décrétant, le 25 brumaire an III, sur le rapport de Lakanal, que la traduction des œuvres de Bacon sera imprimée aux frais de la nation'.[182] Suiveur de Deleyre, Lasalle a, comme lui, cherché à 'faire de Bacon un libre-penseur et un athée' en modifiant le texte original, poussant l'abbé Emery à tenter 'd'enlever aux libres-penseurs l'autorité du philosophe' en montrant qu'il n'avait eu 'rien tant à cœur que de procurer la gloire de Dieu par

---

179. A. Renard, *Les Philosophes et la philosophie*, p.33.
180. A. Renard, *Les Philosophes et la philosophie*, p.33.
181. George Fonsegrive, *François Bacon* (Paris, 1893).
182. G. Fonsegrive, *François Bacon*, p.322.

la contemplation de ses œuvres'.[183] Fonsegrive rappelle que c'est dans ce contexte que Joseph de Maistre a rédigé son *Examen*, qui n'était pour lui 'qu'un moyen de combat contre le XVIIIe siècle'. Fonsegrive reprend l'argument esquissé par Margerie: le Bacon envers lequel Maistre se montre si peu charitable n'est autre que celui 'de Lasalle et Deleyre'. En bon polémiste 'il va droit à l'adversaire, le démasque et l'attaque sans pitié. Il frappe souvent plus fort que juste' et fait fi des conventions académiques, mais Fonsegrive admet que, malgré ses sarcasmes, Maistre a écrit bien plus qu'un pamphlet: 'une critique par endroits assez profonde'[184] à laquelle certains ont fait un mauvais procès. Si Maistre 'ne le comprend pas toujours en détail', il ne s'est pas trompé sur l'antichristianisme de Bacon. Pour Fonsegrive comme pour Maistre, 'Bacon est un adversaire déclaré' qui n'a 'eu aucune véritable philosophie',[185] et les conclusions de l'auteur de l'*Examen* 'sont les conclusions mêmes d'à peu près tous les historiens contemporains de la philosophie', de Rémusat à Kuno Fischer en passant par Claude Bernard ou le positiviste Auguste Comte. Aux yeux de George Fonsegrive, Maistre a vu avant tout le monde le paradoxe du chancelier d'Angleterre qui, malgré son incompétence scientifique, a toutefois 'fourni au naturalisme moderne sa base et son point de départ'.[186] Fonsegrive évoque en conclusion le lauréat du prix Bordin par lequel l'Académie des sciences morales avait récompensé en 1887 le meilleur essai sur la philosophie de Francis Bacon.[187] Le prix était allé à Charles Adam (1857-1940), normalien et professeur de philosophie à l'université de Dijon, dont l'essai paraît trois ans plus tard dans une version remaniée.[188] Après une présentation détaillée de la vie et des ouvrages du philosophe, une partie sur la science, notamment dans ses rapports à la poésie et à la religion, une comparaison entre la méthode des philosophes et celle des savants pour arriver à celle de Bacon – histoire des phénomènes, induction et rôle de l'imagination –, Adam aborde la question de l'influence de Bacon sur son temps, mais surtout sur le dix-huitième siècle et le siècle suivant. La dernière partie de l'essai porte sur les rapports entre

---

183. G. Fonsegrive, *François Bacon*, p.323.
184. G. Fonsegrive, *François Bacon*, p.324.
185. G. Fonsegrive, *François Bacon*, p.325.
186. G. Fonsegrive, *François Bacon*, p.327 et 329.
187. Voir Jules Barthélemy-Saint-Hilaire, *Etude sur François Bacon, suivie du rapport à l'Académie des sciences morales et politiques sur le concours ouvert pour le prix Bordin* (Paris, 1890).
188. Charles Adam, *La Philosophie de François Bacon* (Paris, 1890).

Bacon et la religion 'pendant ces trois siècles' et se termine par un dernier chapitre sur 'Bacon et Joseph de Maistre'. C'est à Rémusat qu'Adam accorde le mérite d'avoir définitivement contredit l'idée que le dix-huitième siècle français avait découvert un Bacon encore inconnu au siècle précédent alors qu'il était 'plus étudié peut-être et mieux compris' au dix-septième siècle. Ensuite, ajoute Adam, 'on le lut beaucoup moins, si on le célébra davantage.'[189] Après avoir évoqué Voltaire, Diderot et Deleyre (qu'il soupçonne d'avoir choisi de donner une 'analyse' de la philosophie de Bacon plutôt qu'une traduction afin de pouvoir laisser de côté tout ce qui ne correspondait pas à l'hagiographie projetée), Adam évoque une première fois la traduction de Lasalle et rejette l'idée qu'elle ait pu être le projet de la Convention et imprimée aux frais de la nation puisque, précise-t-il avec raison, le rapport de Lakanal n'a jamais eu de suite. Après un siècle des Lumières majoritairement acquis au baconisme en raison de sa méfiance envers les hypothèses et de ses 'préoccupations utilitaires',[190] siècle au cours duquel les encyclopédistes avaient prêté à Bacon des 'passions antireligieuses' qui n'étaient pas les siennes, Charles Adam aborde le siècle suivant qu'il présente d'emblée non pas comme celui de la réhabilitation du Bacon chrétien, mais comme celui de la 'défaveur' de Bacon, l'un et l'autre siècle rivalisant d'excès dans un sens comme dans l'autre: 'comme c'est en France surtout qu'on avait eu pour ce philosophe un véritable culte, ce fut un Français aussi qui entreprit d'abattre l'idole',[191] ce Français n'étant autre que Joseph de Maistre. Le triple idéal du dix-neuvième siècle tel que le définit Adam – 'aimer l'art pour l'art et le bien pour le bien, mais aussi la science pour la science'[192] et non pour ses seules applications pratiques – s'accompagne d'un retour en force de la théorie scientifique et des mathématiques autour des années 1830: 'On fut choqué de lire dans les livres du philosophe tant de pages où la vérité scientifique se trouvait réduite aux proportions de l'utile seulement.'[193] La question des rapports entre religion et sciences dans la philosophie de Bacon occupe cependant une place importante dans l'analyse de Charles Adam. Après avoir montré que le siècle des Lumières avait indûment présenté Bacon comme l'ennemi de la religion au nom des sciences,

---

189. C. Adam, *Philosophie de Bacon*, p.346.
190. C. Adam, *Philosophie de Bacon*, p.374.
191. C. Adam, *Philosophie de Bacon*, p.376.
192. C. Adam, *Philosophie de Bacon*, p.386.
193. C. Adam, *Philosophie de Bacon*, p.387.

il revient à la traduction de Lasalle, coupable d'avoir confirmé les mensonges du dix-huitième siècle finissant en annotant 'avec soin tous les passages où Bacon se montrait favorable au christianisme' et en les dénaturant 'par ses commentaires irréligieux'.[194] Tout en citant abondamment la prosopopée introductive du traducteur, Adam, bien informé, ajoute: 'Les propriétaires de cette traduction eurent honte à leur tour d'un tel procédé: ils retirèrent du commerce tous les exemplaires qui restaient, et les détruisirent. Mais ils ne purent détruire du même coup l'impression fâcheuse qui en demeura dans les esprits contre Bacon.'[195] A ses yeux, les quinze volumes traduits par Lasalle ont donc eu une influence bien plus importante et bien plus tenace que le laissait supposer l'indifférence avec laquelle ils avaient été accueillis en France à leur parution et plus encore leur diffusion écourtée. Malgré les attaques de de Luc – dont Adam ne cite que le *Précis* – et les efforts de l'abbé Emery pour mettre en avant le christianisme de Bacon, Joseph de Maistre s'en est pris au chancelier anglais sans voir qu'il s'attaquait à l'épouvantail distordu fabriqué par les encyclopédistes. Ce 'fanatique', ce 'rêveur solitaire', cet 'illuminé' était pourtant 'l'esprit le moins disposé à entrer dans les vues de Bacon'.[196] Pour Adam, la traduction de Lasalle n'a fait que renforcer le contexte idéologique général dans lequel Maistre s'est attaqué au philosophe sans le comprendre. S'il a raison de souligner les excès du procès à charge auquel se livre le penseur catholique, il passe à côté des reproches que celui-ci adresse à Bacon au chapitre des sciences, indépendamment de leurs rapports avec la religion. Il passe aussi à côté du rôle joué par Lasalle dans la genèse de l'*Examen* de Maistre en ne voyant guère en lui que le reflet des préoccupations du siècle passé.

La *Revue de Lille*, revue catholique à laquelle collabore régulièrement Amédée de Margerie, publie en 1894 une longue étude en trois parties de l'abbé Théodore Delmont intitulée 'La gloire de François Bacon d'après les derniers travaux de la critique'.[197] Il s'agit d'un compte-rendu de lecture de l'ouvrage de Fonsegrive, dont Delmont retient d'emblée que 'la gloire du philosophe anglais subit une éclipse

---

194. C. Adam, *Philosophie de Bacon*, p.405.
195. C. Adam, *Philosophie de Bacon*, p.405-406.
196. C. Adam, *Philosophie de Bacon*, p.408.
197. Théodore Delmont, 'La gloire de François Bacon d'après les derniers travaux de la critique', *Revue de Lille* 10, 5ᵉ année (mai-juillet 1894), p.95-110, 154-71 et 328-36.

considérable' et que Joseph de Maistre n'a fait qu'exprimer, en des termes sans doute excessifs, l'avis général.[198] L'abbé Delmont compare le déclin du 'génie sublime' du dix-huitième siècle à la transmutation d'un 'or pur' en 'plomb vil'[199] et note que le dix-neuvième siècle n'a pas tout de suite changé d'avis sur le philosophe anglais, en partie à cause du 'travail du pieux et illustre abbé Emery', mais aussi du fait de la persistance de l'image fausse qu'en avaient véhiculé les encyclopédistes et 'Lasalle, son traducteur infidèle'.[200] C'est tout ce que l'auteur de l'article retient de Lasalle: une traduction infidèle qui a perpétué le mensonge du siècle passé. Il insiste avec Fonsegrive sur le rôle déterminant de Joseph de Maistre – qui écrit presque quatre-vingts ans auparavant – dans la défaveur de Bacon au dix-neuvième siècle: 'c'est de ce livre que date véritablement la *révision sévère* à laquelle notre époque a soumis les titres de gloire de Bacon.'[201] Quelques années plus tard, Rémy de Gourmont, reprenant en l'inversant la métaphore alchimique de Delmont, semble vouloir aller plus loin en faisant de Maistre l'inventeur de Francis Bacon:

> Mais j'admire plus encore le critique dont les mains créatrices donnent une vie et une force terrible à tout ennemi qu'elles touchent. Le cerveau de Joseph de Maistre est une forge qui, au lieu de dévorer les statues de bronze qu'on y jette, les rend intactes et plus belles, purifiées de toutes souillures, de toutes tares, de toutes rugosités. On lui donne un alchimiste à réduire, elle vomit un Prométhée.[202]

Pour Théodore Delmont, Bacon n'a été qu'un 'prophète' du progrès scientifique, et les quelques apports authentiques du chancelier à la construction des sciences modernes se trouvent largement dépassés à l'aube du vingtième siècle. Il ne reste de lui que sa 'gloire littéraire', et on ne l'admire plus que comme 'le plus éloquent des prosateurs anglais' de son temps.[203] Que reste-t-il de Bacon à la fin du dix-neuvième siècle? 'Rien, d'après M. Barthélémy Saint-Hilaire. – Tout, d'après quelques admirateurs attardés, qui voient en lui Shakespeare lui-même. Bacon ne mérite ni cet excès d'honneur ni cette indignité.'[204]

---

198. T. Delmont, 'Gloire de Bacon', 1re partie, p.96-97.
199. T. Delmont, 'Gloire de Bacon', 1re partie, p.98.
200. T. Delmont, 'Gloire de Bacon', 2e partie, p.165.
201. T. Delmont, 'Gloire de Bacon', 2e partie, p.167.
202. R. de Gourmont, *Promenades philosophiques*, p.32.
203. T. Delmont, 'Gloire de Bacon', 3e partie, p.334.
204. T. Delmont, 'Gloire de Bacon', 3e partie, p.336.

5. L'éclipse

Presqu'un siècle après la parution des quinze volumes d'une traduction grâce à laquelle Lasalle voulait faire lire Bacon, que l'on disait si peu lu, et entendait ainsi contribuer au progrès des Lumières et de la Révolution, il ne reste donc presque plus trace de cette ambitieuse entreprise. Si Rémy de Gourmont présente Lasalle comme 'le seul et unique traducteur des œuvres complètes de Bacon', c'est le Bacon de Maistre qu'il retient – faisant même de ce dernier le traducteur de Bacon – sans avoir vu ce que le sénateur catholique devait à Lasalle dans le corps à corps qu'il avait engagé avec le philosophe: 'C'est par Joseph de Maistre que j'ai été initié à la "philosophie de Bacon". Cela fait que j'admire Bacon quand je le lis traduit, travaillé, repensé et concentré par de Maistre; beaucoup plus que lorsque j'ouvre ses œuvres véritables.'[205]

---

205. R. de Gourmont, *Promenades philosophiques*, p.32.

Epilogue

> 'Je vous l'avois promis, le *galetas d'un philosophe*; rien de plus curieux à examiner que cet asyle aërien, où l'homme de lettres se réfugie contre le tumulte & la foule des sots: entrons, on ne s'attend pas à trouver chez lui un arrangement aussi bizarre: des livres enfumés sur des tablettes; les philosophes, les politiques & les poëtes couchés pêle-mêle; des lettres; un journal de Bouillon; un almanach de Berne; un volume des œuvres de Buffon; beaucoup de papiers raturés, biffés, déchirés, où ses pensées, la plupart mal digérées, doivent sous une autre forme se transmettre au lecteur; à côté de sa table, une infinité d'autres livres sur le carreau [...] sa table oblongue offre un amas confus de papiers où lui seul se reconnoît.'[1]

Le lundi 7 juin 1830, 'heure de midi', en exécution d'un arrêté du préfet de la Seine et à la requête du directeur de l'Enregistrement et des domaines, François Xavier Eck se rend au n° 114 de la rue Saint-Jacques, dans un petit immeuble qui sera détruit entre 1884 et 1894 pour laisser place aux nouveaux bâtiments de la Sorbonne. Il est accompagné de M. Fieffé, maire de ce qui est alors le onzième arrondissement de la capitale, de Me Claude François Chodron, notaire royal à Paris, et de l'un de ses clercs. Le n° 114 est un hôtel garni de ce quartier Saint-Jacques dont Anaïs Bazin de Raucou écrit qu''il y végète une population indigente, vouée à de pénibles travaux,

---

1. Louis-Sébastien Mercier, 'Le galetas littéraire' (1787), dans *Mon bonnet de nuit, suivi de Du théâtre*, éd. Jean-Claude Bonnet (Paris, 1999), p.882.

à de grossières industries, dont une partie va cherchant ce butin de la borne et du ruisseau qu'un réveil matinal dispute au balayage officiel; qui s'entasse, maigre, pâle, maladive, en des réduits fétides où elle reçoit et communique des principes de mort.'[2] Un almanach de 1816 donne son nom: hôtel du Nord.[3] Il est tenu par Marie Letoulat, femme Reisner. Les notaires l'informent qu'en tant que gardienne des scellés, elle sera tenue de prêter serment. Un commissaire-priseur, Thomas Louis Chauvelot, est également présent pour estimer la valeur des effets contenus dans le logement, une fois que les scellés apposés le 4 mars auront été ôtés par le juge de paix de l'arrondissement, Jean Marie Louis Séverin Boursier, chargé de contrôler préalablement qu'ils sont bien 'joints et entiers'.

Les présents suivent Marie Letoulat jusqu'au grenier 'éclairé par un jour de souffrance' qui n'a sans doute jamais si bien porté son nom. C'est là qu'ont été entreposés les quelques objets qui vont être prisés pour le compte des Domaines, appelés 'à recueillir à titre de déshérence la succession de Mr Antoine Lasalle, rentier [...] décédé à l'Hôtel Dieu dans le courant du mois de décembre dernier sans laisser d'héritier connu ni aucun qui se soient présentés pour recueillir sa succession'.[4] L'inventaire lui-même ne prend guère de temps; Antoine Lasalle possédait une vingtaine de livres 'en très mauvais état et dépareillés prisés ensemble un franc'.[5] Quelques mois plus tôt, François Xavier Eck avait noté 'environ quarante Bouquins'[6] dépendant de la succession et entreposés dans le grenier du garni: avait-il mal évalué leur nombre ou Marie Letoulat a-t-elle entre-temps revendu les moins abîmés? Nous n'en saurons rien. L'inventaire fait aussi état de la présence d'une 'grande malle en bois'.[7] Le premier rapport du juge de paix précisait en mars qu'elle avait été trouvée fermée dans le grenier du garni et qu'elle contenait 'des manuscrits

---

2. Anaïs Bazin de Raucou, *L'Epoque sans nom: esquisses de Paris 1830-1833*, 2 vol. (Paris, 1833), t.2, p.60.
3. J. D***, *Almanach de 25,000 adresses de Paris pour l'année 1816* (Paris, 1816), p.429.
4. Paris, Archives nationales, MC/ET/XV/1781, registres et minutes de Me Chodron, 'Inventaire à la requête du Domaine suite au décès de Mr. Lasalle' (7 juin 1830), f.1.
5. 'Inventaire à la requête du Domaine', f.1.
6. Paris, Archives départementales, D. 11U^1 107, 'Scellés après décès de Mr. Antoine Lasalle, rentier' (4 mars 1830), f.1*v*.
7. 'Inventaire à la requête du Domaine', f.1.

[et] a été par nous entourée d'une bande de ruban de fil fixée par quelques cachets'.[8]

Cette grande malle en bois, Antoine Lasalle en a toujours fait grand cas. En 1797, il écrit depuis Semur à Charles Dumont et, entre autres détails concernant la recherche d'un éditeur pour sa traduction, lui parle d'une malle dont on peut supposer qu'il s'agit de la même: 'J'ai chargé une personne en place de tirer ma malle des mains de la Dame Richer, mesure que j'avais prise de peur de compromettre, avec le voleur qu'elle a engendré, tel ou tel de mes amis qui auroit bien voulu se mêler de cette affaire.' Il possède également 'un grand coffre' resté, dit-il, 'chez Gaudon, un ancien hôte',[9] et qu'il souhaiterait vendre, sans en préciser le contenu. Quelques semaines ou quelques mois plus tard, il informe le même Dumont du devenir de la malle: 'Le membre du gouvernement dont je vous parlais dans ma dernière a fait enlever la malle déposée chez la Dame Richer, et l'a fait transporter chez le citoyen Régnier, inspecteur des armes blanches, Quai d'Orsai, près la rue du Bacq.'[10] C'est dans cette lettre qu'il en évoque le contenu incertain: 'Cette malle doit contenir plusieurs volumes de Jean-Jacques Rousseau; tels que l'Emile, l'histoire de son séjour en Suisse, deux volumes de sa correspondance, ses discours & De plus un bel hyppocrate, 2 vol in 8 du Manuel du Naturaliste.' Lasalle a un besoin pressant d'argent et compte une fois de plus sur ses amis pour 'cette lettre à la main, passer chez le citoyen Régnier; le saluer très amicalement de ma part [et] le prier de remettre les livres cy-dessus'. Il s'agit de les vendre et de vendre aussi 'le coffre qui est chez Gaudon'.[11] Au début de l'année suivante, le traducteur reparle 'de la malle et de ce coffre qui est resté chez Gaudon'[12] dont le citoyen Crussaire avait promis de s'occuper six semaines auparavant. Plus que jamais pressé par ses créanciers, il cherche une fois de plus à en hâter la vente. La malle et le coffre, qui passent ainsi de main en main,

---

8. 'Scellés après décès', f.1v.
9. BnF, Ms NAF 12300, lettre 2, 13 août [An v], f.1v.
10. Ms NAF 12300, lettre 9, 17 fructidor [An v], f.14v. On trouve trace du citoyen Reynier (et non Régnier), inspecteur des armes blanches, demeurant alors 'aux ci-devant Jacobins de la rue Dominique', sollicité au cours du mois de floréal An VII pour inspecter cinq caisses d'armes blanches expédiées depuis Cologne. Voir François Alphonse Aulard, *Paris pendant la réaction thermidorienne et sous le Directoire: recueil de documents pour l'histoire de l'esprit public à Paris*, 5 vol. (Paris, 1902), t.5, p.518.
11. Ms NAF 12300, lettre 9, 17 fructidor [An v], f.14v-15.
12. Ms NAF 12300, lettre 13, 25 nivôse [An vi], f.22v.

reflètent la précarité sans fin du traducteur errant, qui n'a sans doute pas eu les moyens de voyager avec ces volumineux bagages entre Paris et Semur-en-Auxois et les a laissés derrière lui.

Il est impossible d'affirmer avec certitude que la fameuse malle est sans l'ombre d'un doute celle que Lasalle a longtemps cherché à vendre avec obstination, mais, dans le grenier du n° 114 de la rue Saint-Jacques, pas de trace du grand coffre. En dehors de la malle elle-même et des livres, Thomas Louis Chauvelot avise 'un lot de chiffons et de vieux papiers ne méritant pas description, prisé le tout un franc'.[13] Eck avait noté l'impossibilité d"appréhender l'importance'[14] des documents trouvés dans la malle, et le juge de paix persiste d'ailleurs à évoquer des 'manuscrits' et 'divers papiers', sans en fournir une description, même sommaire. Lucien Michel Lemoine, greffier assermenté du juge de paix, également présent dans le grenier, rappelle aux notaires qu'une somme de 15 francs, trouvée dans les affaires du défunt, lui avait été remise en mars au moment de l'apposition des scellés.

L'inventaire à peine terminé, la femme Reisner déclare qu'elle n'a connaissance d'aucune somme restant due à la succession, mais réclame pour elle-même 'la somme de dix-huit francs cinquante centimes composée savoir de celle de huit francs pour un mois de loyer du cabinet occupé par le défunt, de sept francs cinquante centimes pour fourniture de déjeuner pendant un mois et trois francs aux commissionnaires qui ont porté le défunt à l'Hôtel-Dieu'.[15] Ce décompte à la précision sordide dit bien ce qu'ont été les derniers jours du traducteur des œuvres de Francis Bacon, logé et nourri pauvrement et à crédit, puis transporté mourant à l'hôpital des pauvres par deux commissionnaires anonymes.

Deux heures auront suffi à régler la succession du traducteur. Ses maigres effets ont ensuite été déposés au bureau des Domaines. Des derniers livres que Lasalle avait avec lui à sa mort, nous ne saurons rien. Avait-il conservé ceux qu'il avait voulu vendre pour payer son loyer? Avait-il surtout gardé ceux qu'il avait traduit? Ces questions resteront sans doute à jamais sans réponse.

Le commissaire-priseur Chauvelot a emporté la malle, son contenu, les livres et les 15 francs, à charge pour lui d'en 'faire la remise quand

---

13. 'Inventaire à la requête du Domaine', f.1v.
14. 'Scellés après décès', f.1.
15. 'Inventaire à la requête du Domaine', f.1v.

et à qui de droit'.[16] Le notaire Chodron a, pour sa part, conservé les papiers inventoriés sous la cote unique.

Par amitié, un homme s'est cependant inquiété du sort des maigres possessions du traducteur. Jean-Baptiste Gence, l'ami de toujours, raconte s'être rendu après le décès de Lasalle chez le juge de paix, rue Garancière, accompagné de 'l'ami Crussaire' et du libraire Mansut, dont la boutique est située rue Saint-Jacques, au n° 122.[17] Gence est-il cet homme à jamais anonyme dont la présence est consignée par le juge de paix le jour de la levée des scellés et de l'inventaire?

> 3° M.
> Lequel a dit qu'il se présente pour assister à nos opérations pour la sûreté et la conservation des droits et intérêts de ceux qu'il représente. Et a signé lecture faite.[18]

Gence raconte en tout cas que deux cartons ont servi à transporter les papiers et chiffons qui se trouvaient dans la malle. En insistant auprès de M. Claude, archiviste des Domaines, Gence obtient de pouvoir consulter 'ces papiers, en cahiers sans ordre et sans suite, ou feuilles volantes, d'une écriture presque illisible', mais qui ne pouvait résister à l'œil exercé de cet archiviste du Dépôt des chartes. Parvenu à déchiffrer à grand peine 'plusieurs extraits d'ouvrages et les titres de différentes compositions',[19] il en dresse la liste et la dépose dans l'un des cartons, à l'usage de ceux qui auront la curiosité de les ouvrir un jour. Les cartons ont disparu, leur contenu disséminé ou détruit, et la liste avec, mais Gence la reproduit au moins succinctement à la fin de sa *Notice*. Elle éclaire une dernière fois les pratiques de lecture et de travail d'Antoine Lasalle; elle donne aussi à voir une vie d'écrits qui ne seront jamais publiés et sont aujourd'hui irrémédiablement perdus.

Lasalle copiait ainsi – pratique alors courante – des articles de dictionnaires, de journaux de physique ou d'histoire naturelle sur des sujets aussi divers que l'électricité, le galvanisme ou la météorologie. Ce sont peut-être ceux qui lui ont servi à rédiger une partie des notes de sa traduction: il en a noirci 'une trentaine de cahiers, séparés ou réunis', de tous formats sans ordre manifeste.[20] Gence a également trouvé, aux côtés d'extraits de dialogues de

---

16. 'Scellés après décès', f.3*v*.
17. J.-B.-M. Gence, *Notice biographique et littéraire*, p.147.
18. 'Scellés après décès', f.2*v*.
19. J.-B.-M. Gence, *Notice biographique et littéraire*, p.148.
20. J.-B.-M. Gence, *Notice biographique et littéraire*, p.149.

Platon, 'des lettres sur la chasse de Pan de Bacon', des pages consacrées à l'art oratoire de Socrate et à la forme interrogative de ses dialogues. Sous le titre général de 'Magasin' se trouvent réunies des notes qui ont pu servir à la rédaction de la *Méchanique morale* et ont trait à la physiognomonie, la logique, l'art d'inventer et de juger. Viennent ensuite une série de cahiers numérotés qui totalisent selon Gence 1200 pages in-8° recouvertes 'd'une écriture fine, abrégée et presque indéchiffrable pour ceux qui ne l'ont pas connue'.[21] Plusieurs autres cahiers contiennent des tables de calculs ou des tables logarithmiques, mais aussi des suites de chiffres et des martingales mises au point par Lasalle dans l'espoir – vain – de gagner au jeu. Il note pêle-mêle des centaines de sujets d'articles qu'il n'écrira jamais et plus encore de questions restées sans réponses. Il consacre cinquante-six pages au doute méthodique de Descartes et quarante-huit autres à une théorie du bonheur et de la vertu. Les thèmes relevés par Gence – sans qu'il soit possible de les situer chronologiquement dans la vie du traducteur pour en déduire une possible évolution – reflètent la grande variété des centres d'intérêt de Lasalle autant que sa pratique compulsive de l'écriture: une critique de *L'Art de raisonner* de Condillac et une autre sur *La Force du gouvernement actuel* de Benjamin Constant voisinent avec 315 paragraphes sur l'art d'écrire, plusieurs dizaines de pages sur la tachygraphie, un recueil de pensées morales dont le premier article est consacré à 'Amour et haine' et le cinquante et unième aux voyages. Gence exhume aussi des textes sur la politique, sur la liberté de la presse, sur l'armée en temps de paix, sur le mariage et le célibat, sur les riches et les pauvres et sur la Constitution de 1795. Il y a encore plusieurs milliers de poèmes en vers ('environ trois mille'), auxquels s'ajoutent 2000 'vers homonymiques, rimant du mot entier'.[22] Les 'aphorismes plus ou moins graves, sur différents sujets, soit philosophiques, soit critiques' se mêlent aux 'épigrammes gaies et par trop libres, ou même [aux] calembours qui accusent plutôt l'esprit d'isolement et de moquerie de l'auteur délaissé, que son cœur naturellement bon'.[23] Plus surprenante: une liasse d'écrits sur des sujets religieux contenant un *Mémoire sur l'utilité des dogmes religieux* et un *Dialogue sur Dieu*. La découverte de ces textes dans les papiers de celui que de Luc et d'autres avaient accusé d'être

---

21. J.-B.-M. Gence, *Notice biographique et littéraire*, p.150
22. J.-B.-M. Gence, *Notice biographique et littéraire*, p.153.
23. J.-B.-M. Gence, *Notice biographique et littéraire*, p.153.

un athée virulent est l'occasion pour Gence de remonter dans ses souvenirs: au moment de la fermeture des églises à Paris (en novembre 1793, sur ordre du procureur-syndic Chaumette), il avait formé avec Lasalle le projet d'ouvrir un cours gratuit sur l'existence de Dieu, c'est-à-dire, précise-t-il, 'non seulement un Etre créateur, mais un Dieu conservateur et rémunérateur'. Il se souvient aussi qu'à l'époque le futur traducteur signait ses lettres Anaxagore Lasalle 'par une double allusion à la créance en Dieu de cet ancien philosophe, et à la lampe qui s'éteint faute de nourriture'.[24]

L'élément le plus poignant de cette liste de travaux en suspens est sans aucun doute un lot de deux manuscrits sur Bacon dont Gence donne le détail. Il s'agit en premier lieu d'un dialogue entre le traducteur et Louis-Sébastien Mercier dans lequel Lasalle se justifie de n'avoir pas traduit certains textes de Bacon qui lui semblaient faire double emploi ou relever 'd'une physique ou d'une philosophie mauvaise ou surannée'. Nous ne saurons sans doute jamais si ce dialogue reflétait une discussion véritable avec celui que Lasalle cite dans les remerciements du premier volume de sa traduction ou s'il s'agit d'une conversation imaginaire.

Le second manuscrit relève également, à sa manière, du dialogue, mais il s'agit là d'un dialogue de sourds. Ce texte de 148 pages, format in-4°, porte un titre éloquent: 'Dénonciation d'un libelle calomnieux publié contre Antoine Lasalle, traducteur des ouvrages de Bacon, par le révérend père Deluc'.[25] Contrairement aux promesses faites dans les notes de sa traduction, Lasalle n'a donc jamais renoncé à répondre à celui qui l'avait si violemment attaqué dans ce qui ne mérite pas d'autre nom à ses yeux que celui de 'libelle'. La longueur même de ce texte montre assez la rancœur du traducteur et contraste avec l'indifférence feinte des quelques commentaires laconiques et moqueurs qu'il a choisi de rendre publics. Elle montre aussi que la blessure infligée par son détracteur ne s'est sans doute pas refermée. Cette réponse a-t-elle servi d'exutoire et avait-elle vocation dès l'origine à rester dans un tiroir? A-t-elle attendu en vain qu'un éditeur accepte de la publier ou que son auteur se décide à l'envoyer? Quoiqu'il en soit, Lasalle a conservé avec lui jusqu'à sa mort le texte, que l'on devine sarcastique, qu'il avait au moins rêvé d'adresser, publiquement ou non, au 'révérend père Deluc'. Nul doute que Joseph de Maistre s'en serait délecté.

24. J.-B.-M. Gence, *Notice biographique et littéraire*, p.151.
25. J.-B.-M. Gence, *Notice biographique et littéraire*, p.153.

Les deux cartons de manuscrits, sans doute détruits faute de pouvoir être vendus – qui sait si le manuscrit qui se trouve aujourd'hui dans les collections de la Folger Library en est issu? – ont finalement connu le sort de celui qui les avait noircis de son écriture nerveuse et dont le corps, livré au scalpel des étudiants de médecine, a disparu sans laisser de trace dans les registres d'inhumation des cimetières parisiens. Un demi-siècle avant de s'éteindre, pauvre et oublié, dans ce 'galetas littéraire' si bien décrit par Mercier, Lasalle, à qui il convient de laisser le dernier mot de ce livre qui tente de lui redonner une existence de papier et de rendre hommage à son travail, résumait déjà une vie qu'il n'avait pourtant pas encore vécue:

> Combien de fois la fortune m'a-t-elle ballotté de la maladie à la pauvreté, des dangers aux fatigues dans un métier pour lequel je n'étais point fait; des insultes de mes inférieurs aux mépris de l'ignorance puissante, des malheurs de mes amis aux miens; cependant j'ai eu beau chercher, beau regarder sur la terre, je n'ai point encore trouvé d'homme plus heureux que moi; j'en appelle sur cela au témoignage de ceux qui m'ont connu; au moment même où je compose ce livre, le plus horrible de ma vie, au moment où le gouffre de l'indigence s'ouvre devant moi, sans presque d'espoir de m'en tirer, parce que j'ai fait pour cela tout ce que je sçavois faire, sans argent, sans crédit, méprisé comme pauvre, oublié comme tel, entouré d'amis dont les maux doublent les miens; pourquoi ne suis-je pas excessivement malheureux? C'est que je ne me sens point coupable, une conscience me reste, & cette conscience est tout.[26]

Antoine de La Salle, Antonio, Anaxagore Lasalle, voyageur au long cours, aventurier, marin et ci-devant officier, membre de l'académie de Virginie, philosophe, traducteur, 'pauvre Pierre', Diogène du Luxembourg et 'peintre' au soir de sa vie, aura donc vécu soixante-quinze ans d'une vie romanesque dont il avait, depuis toujours, écrit chaque ligne.

---

26. A. Lasalle, *Balance naturelle*, t.1, p.246.

Bibliographie

Sources primaires
Sources manuscrites et archives

Actes de l'état civil reconstitué, Paris, 5Mil 27, naissances (1754), n° 447708 (Paris, Archives départementales).

L'Américain, Rôles long cours, f.39, n° 154 (1772), 1P7 129 (Brest, Service historique de la Défense).

Arrêté du Comité de salut public, 2 brumaire An IV (aide au traducteur Blavet), AF/II/70/517, f.96-97 (Pierrefitte, Archives nationales).

'Autograph essay signed by Antoine La Salle', Ms Y.c.3662 (Washington, Folger Shakespeare Library).

'Chargement de *L'Américain*, 450tx, au Cap François', Bateaux pour les colonies (octobre 1772), 1P10 1 à 8 (6), (Brest, Service historique de la Défense).

'Commissions d'armement: autorisations d'armer en guerre et en marchandises délivrées par les directeurs de la Compagnie des Indes', 9-B-76 (1750-1779), 2Mi 109 R12, f.107 (Vannes, archives départementales du Morbihan).

Correspondance (1774), 1P1 12 (Brest, Service historique de la Défense).

Denis, Ferdinand, 'Notes prises au courant de la plume', Ms 3881 (Manuscrits du fonds Ferdinand Denis, Paris, bibliothèque Sainte-Geneviève).

Deux lettres d'Antoine Delasalle à Vic d'Azyr (Rome, 15 novembre 1791 et 1er juin 1792), Ms SRM 174A dossier 8 bis (Paris, bibliothèque de l'Académie nationale de médecine).

Deux lettres d'Antoine Lasalle à l'abbé Grégoire (après juillet 1794), n° 247-48, Fonds abbé Grégoire, 510AP/2 (Pierrefitte, Archives nationales).

Etats de service des gens de mer, Saint-Malo, n° 140, 1P8 12 (Brest, Service historique de la Défense).

Fragments du chancelier Bacon […], par le chevalier d'Arcy, Ms 2858 (Paris, bibliothèque de l'Arsenal).

Grand Saint-Pierre, Rôles long cours, f.33, n° 132 (1771), 1P7 127 (Brest, Service historique de la Défense).

'Inventaire à la requête du Domaine suite au décès de Mr. Lasalle' (7 juin 1830), registres et minutes de M{^{c}} Chodron, MC/ET/XV/1781 (Paris, Archives nationales).

Inventaire des papiers de la division des Sciences et lettres du ministère de l'Instruction publique (sous-série F/17), t.2, F/17/3173, Dossier d'indemnité d'Antoine de Lasalle, homme de lettres, 1821 (Pierrefitte, Archives nationales).

Jean-André Deluc papers, Ms 179, Correspondance, boîtes 4 et 5 (Yale University Library Manuscripts and Archives).

Lettre d'Antoine Lasalle à François-Joseph Grille (1{^{er}} février 1812), Collection de lettres autographes du fonds François Grille, Rés. Ms 0625 (Angers, bibliothèque municipale).

Lettre d'Antoine Lasalle à Henri Grégoire, n° 27, archives privées du Fonds abbé Grégoire, 510AP/2 (Pierrefitte, Archives nationales).

Lettre d'Antoine Lasalle à Marie-Jean Hérault de Séchelles (n.d.), f.152-52*v*, Papiers trouvés chez Séchelles, F/7/4742 (Pierrefitte, Archives nationales).

Lettre d'Antoine Lasalle au Dr Vallot, secrétaire perpétuel de l'académie de Dijon (26 décembre 1803), Collection des manuscrits isolés de la bibliothèque municipale de Dijon, Ms 2140 (Dijon, bibliothèque municipale).

Lettre de M. Pape à Jean-André Deluc (11 septembre 1800), Ms 179, B04 Folder 103 (*Deluc papers*, Yale University Library Manuscripts and Archives).

Lettre du capitaine de Vigny au ministre de la Marine (26 juin 1775), MAR B 4 124, f.215 (Paris, Archives nationales).

Lettre du sous-préfet de l'arrondissement de Semur au préfet de la Côte-d'Or concernant Antoine Lasalle (26 thermidor An VIII), AD021/1M/000675 (Dijon, Archives départementales de la Côte-d'Or).

Manuscrits de M. de Montgéry, Service hydrographique de la Marine, papiers d'hydrographes (dix-septième au dix-neuvième siècle), MAR/2JJ/105-12 (Paris, Archives nationales).

Minutes et répertoires du notaire Fiacre Jutet, MC/ET/VIII/619, 18 juillet 1625 (Paris, Archives nationales).

'Observations sur la physique et l'économie, par M. de La Salle : lues à la séance n° 165 du 2 mai 1793', MSAUC 172/Pièce 21, Fonds ancien (Paris, Bibliothèque interuniversitaire de la Sorbonne).

Papiers des comités d'Instruction publique de la Législative et de la Convention, t.4, F/17/1320, dossier 5, pièces 21-68, Commission temporaire des arts, [231] Arrêté du comité d'Instruction publique prescrivant la remise sur le bureau des 'manuscrits de la traduction de la philosophie de Bacon qui se trouve dans les papiers d'Hérault de Séchelles', 20 brumaire An III (Pierrefitte, Archives nationales).

'Procès-verbal d'ouverture du testament d'Alexandre-Joseph de Montmorency-Bours', K//545/79 (bobine 2), 'Pièces d'intérêt familial relatives aux princes du sang' (maisons de Bourbon, de Condé, de Conti et d'Orléans et leurs alliances, 1736-1760) (Paris, Archives nationales).

Quinze lettres d'Antoine de La Salle, chef de l'école physico-morale, à Charles Dumont, directeur de l'Imprimerie nationale (Ans IV-V), Ms NAF 12300 (Paris, Bibliothèque nationale de France).

'Registre des délibérations et séances de la Société philomatique', Ms 2081-83, Fonds ancien (Paris, Bibliothèque interuniversitaire de la Sorbonne).

Registres des lettres de maîtres ès arts délivrées par l'Université de Paris, de 1632 à 1793, t.9: *1768-29 juillet 1793*, Ms latin 9161 (Paris, Bibliothèque nationale de France).

Registres militaires, 40e demi-brigade de ligne, 1er messidor An XI-3 prairial An XIII (matricules 1 à 3000), SHD/GR21 YC 350 (Vincennes, Service historique de la Défense).

Rôle d'armement n° 11 du navire *Le Superbe* (mars 1774), 2P 13-5.4–Superbe–1774 (Lorient, Service historique de la Défense).

Rôle de désarmement du navire *Le Superbe* (juin 1775), 2P 46-1.12–Superbe–1774-1775 (Lorient, Service historique de la Défense).

Rôle d'équipage du *Grand St-Pierre* et feuille de compte, Volontaires, Saint-Malo (1771), 1P8 22 (Brest, Service historique de la Défense).

Royal Literary Fund, 'Case files of applicants (1790 onward)', Ms Loan 96 RLF 1 (Londres, British Library).

Royal Literary Fund, 'Minute books', Ms Loan 96 RLF 2 (Londres, British Library).

'Scellés après décès de Mr. Antoine Lasalle, rentier' (4 mars 1830), D. 11U[1] 107 (Paris, Archives départementales).

Supplément de deux chapitres du livre des essais moraux de François Bacon, Ms 1789 (Carpentras, bibliothèque Inguimbertine, collection Peiresc).

'Sur le sophisme que le chancelier Bacon nomme "idole de la tribu"', manuscrits de Georges Louis Le Sage, Ms fr. 2048 (Genève, bibliothèque de Genève).

Table alphabétique des ouvrages donnés à la Société philomatique depuis le 9 novembre 1789, avec une liste des membres correspondants de la Société, MS 1743, Fonds ancien (Paris, Bibliothèque interuniversitaire de la Sorbonne).

Terre-Neuve, bulletin n° 27 (avril 1770), 1P10 30 (Brest, Service historique de la Défense).

Testament de Mgr le prince de

Tingry (27 avril 1787), Etude Bro, MC/ET/XCII/925 (Paris, Archives nationales).

Traduction des essais de morale et de politique de Bacon, par le comte d'Aydie, Ms 74-170 (Périgueux, bibliothèque municipale).

Sources imprimées

1. Presse

L'Ami de la religion, journal ecclésiastique, politique et littéraire.
L'Ami des lois.
Annales de la religion, ou Mémoires pour servir à l'histoire des XVIIIe et XIXe siècles.
L'Année littéraire, ou Suite des lettres sur quelques écrits de ce temps.

Bibliothèque britannique: sciences & arts.
Bulletin de littérature, des sciences et des arts.

La Clef du cabinet des souverains.
Correspondance littéraire, philosophique et critique.
Le Courrier des spectacles, ou Journal des théâtres.

La Décade philosophique, littéraire et politique.

L'Esprit des journaux françois et étrangers.

Gazette nationale, ou le Moniteur universel.
Le Globe.
Göttingische Anzeigen von gelehrten Sachen unter der Aufsicht der königl. Gesellschaft der Wissenschaften.

L'Indépendant.

Journal de la langue françoise, soit exacte, soit ornée.

Journal de Paris.
Journal des débats.
Le Journal des débats politiques et littéraires.
Journal encyclopédique.
Journal politique de l'Aube.
Journal typographique et bibliographique.

Magasin encyclopédique, ou Journal des sciences, des lettres et des arts.
Mercure de France, littéraire et politique.

Le Nouvelliste littéraire, des sciences et des arts.

The Port folio.

Revue de Lille.
Revue des deux mondes.

2. Ouvrages

Alibert, Jean-Louis, *Physiologie des passions, ou Nouvelle Doctrine des sentimens moraux*, 2 vol. (Paris, 1825).

Almanach du Palais royal pour l'année 1785 (Paris, Royez, 1785).

Aubert de La Chenaye Desbois, François Alexandre, *Dictionnaire généalogique, héraldique, chronologique et historique*, 2 vol. (Paris, Duchesne, 1757).

Aubert de Vitry, François Jean Philibert, *J.-J. Rousseau à l'Assemblée nationale* (Paris, s.n., 1789).

Azaïs, Hyacinthe, *Des compensations dans les destinées humaines* (Paris, 1809).
–, *Explication universelle*, 4 vol. (Paris, 1826-1828).

Bacon, Francis, *Advancement of learning*, éd. Michael Kiernan (Oxford, 2000).
[–], *A Confession of the faith written by the Right Honourable Francis Bacon* (Bristol, Felix Farley, 1752).
–, *De dignitate et augmentis scientiarum libri IX ad regem suum* (Londres, J. Haviland, 1623).
–, *Essai d'un traité sur la justice universelle, ou les Sources du droit, suivi de plusieurs opuscules*, traduit par Jean-Baptiste de Vauzelles (Paris, 1824).
–, *Essais de morale et de politique*, traduit par Antoine de La Salle (Paris, 1999).
–, *Essayes or councels, civill and morall […] newly enlarged* (Londres, Hanna Barret et Richard, 1625).
–, *Francisci de Verulamio, summu Angliæ cancellarii: instauratio magna* (Londres, Apud Joannem Billium Typographum Regium, 1620).
[–], *Gleanings of refreshments in Gods vineyard* (Londres, Thomas Slater, 1651).
–, *The Historie of life and death* (Londres, Humphrey Mos[e]ley, 1638).
–, *The Historie of the raigne of King Henry the seventh* (Londres, Matthew Lownes and William Barret, 1622).
–, *The Naturall and experimentall history of winds, &c.*, traduit par R. G[entili] (Londres, Humphrey Moseley et Thomas Dring, 1653).
–, *Neuf livres de la dignité et de l'accroissement des sciences*, traduit par G. de Golefer (Paris, J. Dugast, 1632).
–, *New Atlantis: a work unfinished*, dans *Sylva sylvarum, or a Naturall historie, in ten centuries, written by the Right Honourable Francis Lo. Verulam Viscount St. Alban, published after the authors death, by William Rawley doctor of divinitie, late his Lordships chaplaine* (Londres, J. H. for William Lee, 1627).
–, *La Nouvelle Atlantide et autres textes littéraires*, traduit par Mickaël Popelard (Paris, 2022).
–, *Œuvres de Bacon*, éd. Francis Marie Riaux, 2 vol. (Paris, 1843).
–, *Œuvres philosophiques de Bacon*, éd. Marie-Nicolas Bouillet, 3 vol. (Paris, 1834).
–, *Œuvres philosophiques et morales du chancelier François Bacon*, 2 vol. (Paris, Calixte Volland, 1797).
–, *Œuvres philosophiques, morales et politiques de François Bacon*, éd. J. A. C. Buchon (Paris, 1836).
–, *Operum moralium et civilium tomus: qui continent historia regni Henrici septimi Angliæ regis*, 2 vol. (Londres, Richard Whitaker, 1638).
–, *The Oxford Francis Bacon*, t.6: *Philosophical studies c. 1611-c. 1619*, éd. Alan Stewart et Harriet Knight (Oxford, 1996).
–, *The Oxford Francis Bacon*, t.11: *Novum organum*, éd. et traduit par Graham Rees et Maria Wakely (Oxford, 2004).
–, *The Oxford Francis Bacon*, t.15:

The Essays, or Counsels, civil and moral, éd. Michael Kiernan (Oxford, 1985).

–, *The Philosophical works of Francis Bacon […] methodized and made English, from the originals*, éd. et traduit par Peter Shaw, 3 vol. (Londres, J. J. and P. Knapton *et al.*, 1733).

–, *Le Progrez et avancement aux sciences divines & humaines*, traduit par A. Maugars (Paris, Pierre Billaire, 1624).

–, *La Sagesse mystérieuse des anciens*, traduit par J. Baudoin (Paris, Julliot, 1619).

–, *Sylva sylvarum, or a Naturall historie, in ten centuries, written by the Right Honourable Francis Lo. Verulam Viscount St. Alban, published after the authors death, by William Rawley doctor of divinitie, late his Lordships chaplaine* (Londres, J. H. for William Lee, 1627).

–, *Sylva sylvarum, sive Historia naturallis in decem centuria distributa anglice olim conscripta a Francisco Bacono […] nunc Latio transcripta a Jacobo Grutero* (Lugdunum Batavorum [Leyde], apud Franciscum Hackium, 1648).

–, *The Two books of Francis Bacon: of the proficience and advancement of learning, divine and humane* (Londres, Henrie Tomes, 1605).

–, *The Wisdome of the ancients, written in latine by the Right Honourable Sir Francis Bacon […] done into English by Sir Arthur Gorges Knight* (Londres, J. Kirton, 1658).

–, *The Works of Francis Bacon*, éd. James Spedding et autres, 14 vol. (Londres, 1857-1874).

Bajot, Louis-Marie (éd.), *Annales maritimes et coloniales: année 1823, 2ᵉ partie, t.2* (Paris, 1823).

Bazin de Raucou, Anaïs, *L'Epoque sans nom: esquisses de Paris 1830-1833*, 2 vol. (Paris, 1833).

[Bédor, Henry], 'Le pauvre Pierre', *Journal politique de l'Aube* (26 juin 1825), p.2-3.

Bellart, Nicolas-François, *Œuvres de N.-F. Bellart, procureur général à la cour royale de Paris*, 6 vol. (Paris, 1827-1828).

Bersot, Ernest, *Etudes sur le XVIIIᵉ siècle* (Paris, 1855).

Bertin, Théodore Pierre, 'Préface', dans *La Vie de François Bacon, baron de Vérulam, vicomte de Saint-Alban et chancelier d'Angleterre, suivie des maximes de cet illustre auteur*, traduit par Théodore Pierre Bertin (Londres et Paris, Defer de Maisonneuve, 1788), p.v-xii.

–, *Système universel et complet de sténographie* (Paris, Didot l'aîné, An III).

Biographie des hommes vivants, ou Histoire par ordre alphabétique de la vie publique de tous les hommes qui se sont fait remarquer par leurs actions ou leurs écrits, par une société de gens de lettres et de savants, 5 vol. (Paris, 1816-1819).

Biographie universelle, ou Dictionnaire de tous les hommes, t.11 (Bruxelles, 1845).

Bonnet, Charles, *Contemplation de la nature* (Amsterdam, M.-M. Rey, 1764).

–, *Contemplazione della natura*, traduit par Lazzaro Spallanzani et Francesco Ferrara, 2ᵉ éd. (Venise, Giovanni Vitto, 1781).

Boyer, Abel, *Le Dictionnaire royal françois–anglois et anglois–françois* […] *nouvelle édition, revue, corrigée, & augmentée considérablement*, 2 vol. (1702; Londres, J. Brotherton, W. Innys et al., 1752).

Brunet, Jacques-Charles, *Manuel du libraire et de l'amateur de livres*, 3 vol. (Paris, 1810).

–, *Manuel du libraire et de l'amateur de livres*, 3 vol. (Paris, 1814).

–, *Manuel du libraire*, 4ᵉ éd., 3 vol. (Paris, 1842).

–, *Nouvelles recherches bibliographiques pour servir de supplément au manuel*, 3 vol. (Paris, 1834).

Buffon, Georges-Louis Leclerc de, *Œuvres complètes*, 14 vol. (Paris, Imprimerie royale, 1774-1789).

Cabanis, Pierre Jean Georges, *Coup d'œil sur les révolutions et sur la réforme de la médecine* (Paris, An XII [1804]).

–, *Rapports du physique et du moral de l'homme*, 2 vol. (Paris, An X [1802]).

Cagnoli, Antonio, *Traité de trigonométrie rectiligne et sphérique, contenant des méthodes et des formules nouvelles, avec des applications à la plupart des problèmes d'astronomie*, traduit par Nicolas-Maurice Chompré (Paris, Didot aîné, 1786).

Callet, François, *Tables portatives de logarithmes* (Paris, F. Didot, An III [1795]).

Camus, Charles Etienne Louis, *Traité des forces mouvantes pour la pratique des arts et métiers* (Paris, C. Jombert, 1722).

Cassini de Thury, César-François, 'Sur les opérations géométriques faites en France dans les années 1737 & 1738', *Histoire de l'Académie royale des sciences, année 1739* (Paris, Imprimerie royale, 1741), p.119-34.

Catalogue des lettres autographes provenant du cabinet de feu M. Antoine-Augustin Renouard, vente du 21 juin 1855 (Paris, 1855).

Catalogue des livres de la bibliothèque de feu M. Daunou (Paris, 1841).

Catalogue des tableaux composant le cabinet de feu M. Hüe (Paris, 1824).

Chambaud, Lewis, *Dictionnaire françoîs & angloîs*, 2 vol. (Londres, A. Millar, 1761).

Chevignard, Antoine-Théodore, *Nouveau spectacle de la nature, contenant des notions claires et précises, et des détails intéressants sur les objets dont l'homme doit être instruit, comme la structure du monde et de l'univers, les phénomènes et météores, les hautes montagnes, volcans, tremblement de terre, tempête, animaux et végétaux rares*, 2 vol. (Paris, Deterville, An VI [1798]).

'Compte-rendu de *Bacon tel qu'il est*', *Göttingische Anzeigen von gelehrten Sachen unter der Aufsicht der königl. Gesellschaft der Wissenschaften*, 68ᵉ étude (27 avril 1801), p.673-76.

Coquelin, Charles, et Gilbert Guillaumin (éd.), *Dictionnaire de l'économie politique*, 2 vol. (Paris, 1852-1853).

Correspondance inédite de Grimm et Diderot (Paris, 1829).

Cotte, Louis, *Mémoires sur la météorologie, pour servir de suite & de supplément au Traité de météorologie, publié en 1774*, 2 vol. (Paris, Imprimerie royale, 1788).

–, *Notice des grands hivers dont il est fait mention dans l'histoire et dans les recueils des sociétés savantes* (s.l.n.d. [après 1799]).

–, *Traité de météorologie* (Paris, Imprimerie royale, 1774).

D'Alembert, Jean, 'Discours préliminaire des éditeurs', dans *Encyclopédie*, t.1 (1751), p.i-xlv, http://enccre.academie-sciences.fr/encyclopedie/section/S01-85e1e524ff91/?p=v1-p42& (date de dernière consultation le 14 octobre 2024).

–, *Mélanges de littérature, d'histoire et de philosophie*, 2 vol. (Berlin et Paris, Briasson, 1753).

–, *Mélanges de littérature, d'histoire et de philosophie*, 4 vol. (Amsterdam, Chatelain, 1759).

–, *Mélanges de littérature, d'histoire et de philosophie*, 5 vol. (Amsterdam, Chatelain, 1767).

–, *Mélanges de littérature, d'histoire et de philosophie*, éd. Martine Groult (Paris, 2018).

–, *Morceaux choisis de Tacite, traduits en françois avec le latin à côté, avec des notes en forme d'éclaircissemens sur cette traduction, & des observations sur l'art de traduire, à l'usage de ceux qui étudient dans les universités & les collèges, par M. D'Alembert* (Lyon, Bruyset, 1763).

–, *Morceaux choisis de Tacite, traduits en françois avec le latin à côté: on y a joint des notes, des observations sur l'art de traduire, & la traduction de quelques autres morceaux de différens auteurs, anciens & modernes, par M. D'Alembert*, 2 vol. (Paris, Moutard, 1784).

Deleyre, Alexandre, *Analyse de la philosophie du chancelier François Bacon*, 2 vol. (Paris, Desaint & Saillant et Prault, 1755).

–, *Analyse de la philosophie du chancelier François Bacon, avec sa vie*, 2 vol. (Leyde, Les Libraires associés, 1778).

–, *Idées sur l'éducation nationale* ([Paris], Convention nationale, [1793]).

Denis, Ferdinand, 'Lasalle, Antoine de', dans *Nouvelle biographie générale depuis les temps les plus reculés jusqu'à nos jours*, éd. Jean Chrétien Hoefer, 46 vol. (Paris, 1853), t.29, col.730-31.

Desbordes Valmore, Marceline, *Œuvres poétiques de Marceline Desbordes Valmore* (Paris, 1922).

Destutt de Tracy, Antoine, *Elemens d'idéologie*, 3e partie (Paris, 1805).

Diderot, Denis, 'Clavecin oculaire', dans *Encyclopédie*, t.3 (1753), p.511-12, http://enccre.academie-sciences.fr/encyclopedie/article/v3-1131-2/ (date de dernière consultation le 22 octobre 2024).

–, 'Encyclopédie', dans *Encyclopédie*, t.5 (1755), p.635*r*-48*v*, http://enccre.academie-sciences.fr/encyclopedie/article/v5-1249-0/ (date de dernière consultation le 14 octobre 2024).

–, 'Prospectus de l'*Encyclopédie*', dans *Encyclopédie*, t.1 (1751), p.1-5, http://enccre.academie-sciences.fr/encyclopedie/section/S01-ac333ee72ea6/?p=v1-p991&

(date de dernière consultation le 14 octobre 2024).
Discours prononcé dans l'Académie françoise, par M. de Buffon le samedi 25 août 1753 (s.l., s.n., 1753).
[Dutens, Louis], *Le Tocsin* ([Rome], s.n., 1769).

[Emery, Jacques-André], *Le Christianisme de François Bacon, chancelier d'Angleterre, ou Pensées et sentimens de ce grand homme sur la religion*, 2 vol. (Paris, Nyon aîné, An VII [1798-1799]).
[–], *Esprit de Leibniz, ou Recueil de pensées choisies sur la religion, la morale, l'histoire, la philosophie, etc.*, 2 vol. (Lyon, Bruyset, 1772).
[–], *Pensées de Leibniz, sur la religion et la morale*, 2 vol. (Paris, An XI [1803]).
Encyclopédie françoise, latine et angloise, ou Dictionnaire universel des arts et des sciences, 2 vol. (Londres et Lyon, Jean-Marie Buryset, 1761).
Examen critique de la constitution de 1793, par feu Salle (Paris, Vve Gorsas, An III).
Examen critique de la constitution, par Salle (s.l.n.d.).

Fénelon, François, *Les Aventures de Télémaque, fils d'Ulysse*, 2 vol. (Paris, Antoine-Augustin Renouard, 1795).
Féraud, Jean-François, *Dictionnaire critique de la langue française*, 3 vol. (Marseille, Jean Mossy, 1787-1788).
Fontenelle, Bernard Le Bovier de, *Histoire des oracles* (Paris, G. de Luyne, 1687).
[Forbin, Claude de], *Mémoires du comte de Forbin*, 2 vol. (Amsterdam, aux dépens de la Compagnie, 1730).
Formey, Jean Henri Samuel, 'Ebauche du système de la compensation', dans *Anti-Emile* (Berlin, Joachim Pauli, 1763), p.231-54.

[Galitzine, Dimitri], *Défense de Mr de Buffon contre les attaques injustes et indécentes de M. Deluc et Sage* (La Haye, De Groot, 1793).
Garat, Dominique Joseph, *Mémoires historiques sur le XVIIIe siècle et sur M. Suard*, 2 vol. (1820; Paris, 1821).
Gence, Jean-Baptiste-Modeste, 'A Urbain Domergue', *Journal de la langue françoise, soit exacte, soit ornée* (21 mai 1791), p.279.
–, *Biographie littéraire de Jean-Baptiste-Modeste Gence* (Paris, 1835).
–, *Entretiens sur les principes de la philosophie, dans lequel des idées systématiques modernes en métaphysique sont discutées, et les notions de la raison ramenées à celles des rapports qu'exprime la pensée active de l'homme, par l'affirmation et l'induction* (Paris, 1830).
–, *Notice biographique et littéraire du philosophe français Antoine Lasalle* (Paris, 1837).
–, 'Notice sur Antoine Lasalle', dans *Biographie universelle, ancienne et moderne*, t.70 (Paris, 1842), p.315-16.
Geoffroy Saint-Hilaire, Isidore, *Histoire naturelle générale des règnes organiques*, 3 vol. (Paris, 1854-1862).
Gérando, Joseph-Marie de, *Histoire comparée des systèmes de philosophie*,

2ᵉ partie: *Histoire de la philosophie moderne* (1804), 2ᵉ éd., t.2 (Paris, 1847).

–, *Histoire comparée des systèmes de philosophie, relativement aux principes des connaissances humaines*, 2 vol. (Paris, An XII [1804]).

Gerbier, Jean-Baptiste, *Mémoire pour la comtesse de Montmorency contre le prince de Tingry, le comte de Montmorency et le sieur Desclaux de La Salle* (Paris, L. Cellot, 1766).

Grégoire, Henri, *Réforme de la liturgie*, éd. Jérôme Aymard-Ruby (Paris, 2022).

–, *Traité de l'uniformité et de l'amélioration de la liturgie, présenté au Concile national de 1801* (Paris, An X [1801-1802]).

Grimm, Friedrich Melchior, *Correspondance littéraire, philosophique et critique de Grimm et Diderot depuis 1753 jusqu'en 1790*, éd. J.-A. Taschereau et A. Chaudé, 16 vol. (Paris, 1829-1831), https://artflsrv04.uchicago.edu/philologic4.7/grimm/ (date de dernière consultation le 1ᵉʳ novembre 2024).

Guyot, Edme-Gilles, *Nouvelles récréations physiques et mathématiques, nouvelle édition* (Paris, Gueffier, 1772).

Guyot Desfontaines, Pierre-François, *Observations sur les écrits modernes*, 34 vol. (Paris, Chaubert, 1735-1743).

[Heguerty, Pierre André d'], *Remarques sur plusieurs branches de commerce et de navigation* (Amsterdam, Schreuder et Mortier le jeune, 1758).

Hérault de Séchelles, Marie-Jean, *Œuvres littéraires*, éd. Emile Dard (Paris, 1907).

Hoefer, Jean Chrétien (éd.), *Nouvelle biographie générale depuis les temps les plus reculés jusqu'à nos jours*, 46 vol. (Paris, 1853).

Hume, David, *Histoire d'Angleterre, contenant la maison de Tudor*, traduit par Mme B[elot], t.7 (Amsterdam, s.n., 1763).

Jacques, Amédée, et autres, *Manuel de philosophie à l'usage des collèges* (1847; Paris, 1869).

J. D***, *Almanach de 25,000 adresses de Paris pour l'année 1816* (Paris, 1816).

[Jèze], *Etat, ou Tableau de la ville de Paris, nouvelle édition* (Paris, Prault, Guillyn, Duchesne, Pancoucke, 1765).

La Chapelle, Jean-Baptiste de, *Institutions de géométrie*, 2 vol. (Paris, Debure l'aîné, 1746).

Lasalle, Antoine, *La Balance naturelle, ou Essai sur une loi universelle appliquée aux sciences, arts et métiers, et aux moindres détails de la vie commune*, 2 vol. (Londres [Auxerre], s.n., 1788).

–, *Le Désordre régulier, ou Avis au public sur les prestiges de ses précepteurs & sur ses propres illusions* (Berne [Auxerre], s.n., 1786).

–, *Méchanique morale, ou Essai sur l'art de perfectionner et d'employer ses organes, propres, acquis et conquis*, 2 vol. (Genève [Semur], [Junot], 1789).

–, *Nouvelles récréations mathématiques, pour servir de suite à celles d'Ozanam et de Montuclas*

(Semur, Imprimerie Junot, An VII [1798-1799]).
– (trad.), *Œuvres de François Bacon*, 15 vol. (Dijon, Frantin, 1799-1803).
–, *L'Ordre irrégulier, ou Pièces diverses, que les sots et méchans ne doivent pas lire* (Semur, Junot, An IV [1796]).
[–], *Règle universelle, pour la recherche des causes, dans la théorie, & celle des moyens dans la pratique* (s.l.n.d.).
–, *Sur les hivers mémorables qui se correspondent, en différens siècles, suivant une période de 100 à 101 ans, ou ses multiples* (Dijon, An XII [1804]).
[Le Normant, abbé], *Réfutation de l'ouvrage intitulé: Christianisme de François Bacon […] ou Réponse à un ecclésiastique sur cet ouvrage* (s.l.n.d.).
Lorquet, Alfred (éd. et trad.), *Discours de la méthode, Novum organum et Théodicée publiés en un seul volume, avec des notes, à l'usage des classes de philosophie* (Paris, 1840).
[Luc, Jacques François de], *Lettre critique sur la fable des abeilles* (Genève, Henri-Albert Gosse, 1746).
–, *Observations sur les savants incrédules, et sur quelques-uns de leurs écrits* (Genève, s.n., 1762).
Luc, Jean-André de, *Bacon tel qu'il est, ou Dénonciation d'une traduction françoise des œuvres de ce philosophe, publiée à Dijon par M. Ant. La Salle* (Berlin, 1800).
–, *Idées sur la météorologie*, 2 vol. (Paris, Veuve Duchesne, 1787).
–, *Introduction à la physique terrestre par les fluides expansibles, précédée de deux mémoires sur la nouvelle théorie chymique, considérée sous divers points de vue, pour servir de suite et de développement aux recherches sur les modifications de l'atmosphère*, 2 vol. (Paris, An XI [1803]).
–, *Lettres physiques et morales sur l'histoire de la terre et de l'homme*, 5 vol. (Paris, Duchesne, 1779).
–, *Lettres sur le christianisme adressées à M. le pasteur Teller* (Berlin, 1801).
–, *Lettres sur l'éducation religieuse de l'enfance* (Berlin, Librairie du Bureau des arts, 1799).
–, *Lettres sur l'histoire physique de la terre, adressées à M. le professeur Blumenach, renfermant de nouvelles preuves géologiques et historiques de la mission divine de Moyse* (Paris, Nyon aîné, An VI [1798]).
–, *Précis de la philosophie de Bacon*, 2 vol. (Paris, An XI [1802]).
–, *Traité élémentaire sur le fluide électrico-galvanique*, 2 vol. (Paris, 1804).

Maistre, Joseph de, *Examen de la philosophie de Bacon*, 2 vol. (Paris, 1836).
–, *Examen de la philosophie de Bacon*, 2 vol. (1836; Lyon, 1864).
–, *An Examination of the philosophy of Bacon*, traduit par Richard A. Lebrun (Montréal, 1998).
[–], *Mémoires politiques et correspondance diplomatique de J. de Maistre*, éd. Albert Blanc (Paris, 1859).
–, *Œuvres complètes*, 14 vol. (Lyon, 1893).
–, *Les Soirées de Saint-Pétersbourg, ou Entretiens sur le gouvernement temporel de la providence*, 2 vol. (Paris, 1821).

Mallet, David, *La Vie de François Bacon, baron de Vérulam, vicomte de Saint-Alban et chancelier d'Angleterre, suivie des maximes de cet illustre auteur*, traduit par Théodore Pierre Bertin (Londres et Paris, Defer de Maisonneuve, 1788).

Maupin, *L'Art de la vigne* (Paris, Musier, 1779).

Mémoires de l'Institut national des sciences et des arts: sciences morales et politiques, t.4 (Paris, vendémiaire An XI).

Mémoires politiques et correspondance diplomatique de J. de Maistre, éd. Albert Blanc (Paris, 1859).

Men*** [Menassier], Franç[ois], *Unité de l'univers, ou la Clef des systèmes* (Paris, An X [1802]).

Mercier, Louis-Sébastien, *De J.-J. Rousseau considéré comme l'un des premiers auteurs de la Révolution* (Paris, Buisson, 1791).

–, *Mon bonnet de nuit, suivi de Du théâtre*, éd. Jean-Claude Bonnet (Paris, 1999).

–, et autres (éd.), *Œuvres complètes de J.-J. Rousseau*, 38 vol. (Paris, Poinçot, 1788-1793).

Morellet, André, *Mémoires de l'abbé Morellet*, 2 vol. (Paris, 1821).

Mutin, Jean, et autres, *La Philosophie rendue à ses vrais principes, ou Cours d'études sur la religion, la morale et les principes* (Paris, An VIII-IX [1800]).

Naigeon, Jacques-André, *Encyclopédie méthodique: philosophie ancienne et moderne*, t.1 (Paris, Panckoucke, 1791).

'Néologisme', dans *Encyclopédie*, t.11 (1765), p.94b-95a, http://enccre.academie-sciences.fr/encyclopedie/article/v11-378-0/ (date de dernière consultation le 25 octobre 2024).

Newton, Isaac, *Traité d'optique*, traduit par Pierre Coste (Paris, Montalant, 1722).

Nollet, Jean-Antoine, *Leçons de physique expérimentale*, 6 vol. (Paris, Guérin, 1743).

Nuvoletti, Giulio (trad.), *Campana a martello* (s.l., s.n., 1791).

[–] *Dialoghi dei vivi, o Trattenimenti sulle materie correnti* (Paris, Presso Baudoin stampatore dell'AN, 1792).

– (trad.), *Gian Giacomo Rousseau all' Assemblea nazionale, o Commentario postumo di questo filosofo sul Contratto Sociale: versione con note* (Philadelphie, PA, s.n., 1791).

Ozanam, Jacques, *Récréations mathématiques et physiques*, 2 vol. (Paris, Jean Jombert, 1694).

–, *Récréations mathématiques et physiques [...] par feu M. Ozanam, nouvelle édition par M. de C.G.F. [Montucla de Chanla, géomètre forézien]*, 4 vol. (Paris, C.-A. Jombert, 1778).

Peignot, Gabriel, *Essai chronologique sur les hivers les plus rigoureux, depuis 396 ans av. J.C. jusqu'en 1820 inclusivement* (Paris, 1821).

Pestré, Jean, 'Baconisme, ou philosophie de Bacon', dans *Encyclopédie*, t.2 (1752), p.8-10, http://enccre.academie-sciences.fr/encyclopedie/article/v2-75-0/ (date de dernière consultation le 14 octobre 2024).

Porny, M. [Antoine Pyron Du Martre], *Nouveau dictionnaire françois & anglois*, 2 vol. (Londres, J. Nourse et S. Hooper, 1763).

Procès-verbaux du comité d'Instruction publique de la Convention nationale, 7 vol. (Paris, 1891-1958).

Quérard, Joseph-Marie, *La France littéraire*, t.4: *H-LAZ* (Paris, 1830).

Quesnay de Beaurepaire, Alexandre-Marie, *Mémoire, statuts et prospectus concernant l'Académie des sciences et beaux-arts des Etats-Unis de l'Amérique* (Paris, Cailleau, 1788).

Rabbe, Alphonse, et autres (éd.), *Biographie universelle et portative des contemporains […] ouvrage entièrement neuf*, 5 vol. (Paris, 1834).

Radcliffe, Ann, *L'Italien, ou le Confessional des pénitens noirs*, traduit par André Morellet, 3 vol. (Paris, Denné jeune, 1797).

Rémusat, Charles de, *Bacon: sa vie, son temps et son influence jusqu'à nos jours* (Paris, 1857).

Renouard, Antoine-Augustin, *Catalogue de la bibliothèque d'un amateur, avec notes bibliographiques, critiques et littéraires*, 4 vol. (Paris, 1819).

Riche, Gaspard-Clair-François-Marie, et Augustin-François de Silvestre, *Rapports généraux des travaux de la Société philomatique de Paris (déc. 1788-jan. 1792)*, t.1 (Paris, Ballard, s.d.).

Robertson, William, *Histoire de l'Amérique, livres IX et X contenant l'histoire de la Virginie jusqu'à l'année 1688 et celle de la Nouvelle-Angleterre jusqu'en 1652: ouvrage posthume de feu Robertson*, traduit par André Morellet, 2 vol. (Paris, Denné jeune, 1798).

Robinet, Jean-Baptiste, *De la nature*, 4 vol. (Amsterdam, E. van Harrevelt, 1763-1766).

Roche, Regina Maria, *Les Enfans de l'abbaye*, traduit par André Morellet, 6 vol. (Paris, Denné jeune, 1797).

[Roguet, Christophe Michel], *Bacon* (Paris, 1870).

Rousseau, Jean-Jacques, *Les Confessions*, dans *Œuvres complètes*, éd. Bernard Gagnebin et Marcel Raymond, t.1 (Paris, 1959), p.1-656.

–, *De la Suisse*, éd. Frédéric S. Eigeldinger (Paris, 2002).

–, *Lettre à D'Alembert sur les spectacles* (1758), dans *Œuvres complètes*, éd. Bernard Gagnebin et Marcel Raymond, t.5 (Paris, 1995), p.1-125.

–, *Lettres écrites de la montagne* (Amsterdam, Rey, 1764).

–, *Œuvres posthumes de Jean-Jacques Rousseau*, 9 vol. (Genève, 1781-1783).

Roussel, Pierre, *Système physique et moral de la femme, ou Tableau philosophique de la constitution, de l'état organique, du tempérament, des mœurs, & des fonctions propres au sexe* (Paris, Vincent, 1775).

Saint-Martin, Louis-Claude de, *Œuvres posthumes de Mr de St Martin*, 2 vol. (Tours, 1807).

Saladin, Jean-Baptiste-Michel, *Rapport au nom de la Commission des vingt-un* (Paris, Rondonneau et Baudouin, An III).

Séances des Ecoles normales, recueillies par des sténographes, et revues par les professeurs, 10 vol. (Paris, 1800).

Spallanzani, Lazzaro, *Expériences pour servir à l'histoire de la génération des animaux et des plantes*, traduit par Jean Senebier (Genève, B. Chirol, 1785).

Sterne, Laurence, *Voyage sentimental en France et en Italie*, traduit par P.-J. Fresnais (Dijon, L.-N. Frantin, 1797).

Stewart, Dugald, *Histoire abrégée des sciences métaphysiques, morales et politiques, depuis la renaissance des lettres*, traduit par J. A. C. Buchon, 3 vol. (Paris, 1820-1823).

Thiéry, Luc-Vincent, *Guide des amateurs et des étrangers voyageurs à Paris*, 2 vol. (Paris, Hardouin & Gattey, 1786-1787).

Toaldo, Giuseppe, *Essai météorologique sur la véritable influence des astres*, traduit par Joseph Daquin (Chambéry, s.n., 1784).

Trousseau, *Mémoire pour le prince de Tingry, légataire universel, avec charge de substitution, du comte de Montmorency-Bours, et le comte de Montmorency-Logny, appelé à la substitution, intimés contre la dame comtesse de Montmorency-Bours, appelante* (Paris, G. Desprez, 1766).

Van Swinden, Jan Hendrick, *Lettres sur les grands hivers, adressées au citoyen Cotte* (s.l.n.d. [après 1796]).

Vauzelles, Jean-Baptiste de, *Histoire de la vie et des ouvrages de Bacon*, 2 vol. (Paris, 1833).

Vlacq, Adriaan, *La Trigonométrie rectiligne et sphérique où il est traité de la construction des tables de sinus, tangentes, sécantes et logarithmes [...] corrigée et augmentée par M. Ozanam* (Paris, C. Jombert, 1720).

V[oltaire], *Lettres philosophiques* (Amsterdam, E. Lucas, 1734).

W[eis]s, 'Notice sur Pierre Roussel', dans *Biographie universelle, ancienne et moderne*, t.36 (Paris, 1842), p.631.

Young, Edward, *Les Nuits*, traduit par Pierre Le Tourneur, 2 vol. (Paris, Dejay, 1769).

Sources secondaires

Articles et chapitres d'ouvrages

Andersson, Daniel C., 'Appetites, matter and metaphors: Aristotle, *Physics* I, 9 (192a22-23), and its renaissance commentators', dans *Francis Bacon on motion and power*, éd. Guido Giglioni et autres (Cham, 2016), p.41-59.

Armando, David, et autres, 'L'harmonie au prisme du mesmérisme: recompositions scientifiques, politiques et morales au tournant des XVIIIe et XIXe siècles', *La Révolution française* 24 (2023), http://journals.openedition.org/lrf/7470 (date de dernière consultation le 1er novembre 2024).

Aughterson, Kate, 'Redefining the plain style: Francis Bacon, linguistic extension, and semantic change in *The Advancement of* learning', *Studies in philology* 97:1 (2000), p.96-143.

Beaulieu, Jean-Philippe, 'Betje Wolfe traductrice de Madame de Genlis', dans *D'une écriture l'autre: les femmes et la traduction sous l'Ancien Régime*, éd. Jean-Philippe Beaulieu (Ottawa, 2004), p.265-78.

Belhoste, Bruno, et Denis Hazebrouck, 'Récréations et mathématiques mondaines au XVIIIe siècle: le cas de Guyot', *Historia mathematica* 41 (2014), p.490-505.

Benatti, Luisa, '"Antoine de La Salle! Chi era costui?" Un "philosophe" davanti al suo secolo', *Studi francesi* 37 (1993), p.70-81.

Ben-Tov, Asaph, 'August Tittel (1691-1756): the (mis)fortunes of an eighteenth-century translator', *Erudition and the Republic of Letters* 2:4 (2017), p.396-430.

Berman, Antoine, 'La traduction des œuvres anglaises aux XVIIIe et XIXe siècles: un tournant', *Palimpsestes* 6 (1993), p.15-21.

Blom, Helwi, et autres, 'Printed private library catalogues as a source for the history of reading in seventeenth- and eighteenth-century Europe', dans *The Edinburgh history of reading: early readers*, éd. Mary Hammond (Edimbourg, 2020) p.249-69.

Boisseau, Maryvonne, 'Présentation', *Palimpsestes* 20 (2007), http://journals.openedition.org/palimpsestes/81 (date de dernière consultation le 25 octobre 2024).

Bouillier, Francisque, 'Les compensations dans la vie humaine', *Séances et travaux de l'Académie des sciences morales et politiques*, 44e année, nouvelle série, t.22 (1884), p.5-46.

–, 'Les "compensations" d'après le peuple et les moralistes', *Revue politique et littéraire* 7 (janvier-juillet 1884), 3e série, 4e année, n° 5 (2 février 1884), p.134-40.

–, 'Les "compensations" d'après les philosophes', *Revue politique et littéraire* 6 (7 février 1884), p.168-75.

Bret, Patrice, 'Le défi linguistique de l'Europe des Lumières: la traduction, creuset des circulations scientifiques internationales (années 1680-années 1780)', dans *Les Circulations internationales en Europe, années 1680-années 1780*, éd. Pierre-Yves Beaurepaire et Pierrick Pourchasse (Rennes, 2010), p.323-36.

–, '"Enrichir le magasin où l'on prend journellement": la presse savante et la traduction à la fin du XVIIIe siècle', *Archives internationales d'histoire des sciences* 63:170-71 (2013), p.359-81.

–, 'The letter, the dictionary and the laboratory: translating chemistry and mineralogy in eighteenth-century France', *Annals of science* 73:2 (juin 2016), p.122-42.

–, et Jean-Luc Chappey, 'Pratiques et enjeux scientifiques, intellectuels et politiques de la traduction (vers 1660-vers 1840) – vol.1 – Les enjeux politiques des traductions entre Lumières et Empire', *La Révolution française* 12

(2017), http://journals.openedition.org/lrf/1768 (date de dernière consultation le 15 octobre 2024).

–, 'Pratiques et enjeux scientifiques, intellectuels et politiques de la traduction (vers 1660-vers 1840) – vol.2 – Les enjeux scientifiques des traductions entre Lumières et Empire', *La Révolution française* 13 (2018), http: //journals.openedition.org/lrf/1972 (date de dernière consultation le 15 octobre 2024).

Bury, Emmanuel, 'Trois traducteurs français aux XVIe et XVIIe siècles: Amyot, Baudoin, d'Ablancourt', *Revue d'histoire littéraire de la France*, 97e année, n° 3 (mai-juin 1997), numéro thématique: *Les Traductions dans le patrimoine français*, p.361-71.

Candaux, Jean-Daniel, 'Typologie et chronologie des réseaux de correspondance de Georges-Louis Le Sage, 1744-1803', *Dix-huitième siècle* 1:40 (2008), p.105-13.

Capelle, Alex, 'L'éphémère présence culturelle française en Virginie à la fin du XVIIIe siècle', *XVII-XVIII: bulletin de la Société d'études anglo-américaines des XVIIe et XVIIIe siècles* 28 (1989), p.71-86.

Carabba, Carlo, 'La première traduction du *Novum organum*', dans *Bacon et Descartes: genèse de la modernité philosophique*, éd. Elodie Cassan (Lyon, 2016), p.161-76.

Ceci, Andrea, 'Une sultane indienne à Paris: Alina d'Eldir, magnétiseuse', *La Révolution française* 24 (2023), http://journals.openedition.org/lrf/7315 (date de dernière consultation le 1er novembre 2024).

Chabaud, Gilles, 'Littérature savante et assignation culturelle: le *Dictionnaire encyclopédique des amusemens des sciences mathématiques et physiques*', *Littératures classiques* 3:85 (2014), p.217-32.

Chappey, Jean-Luc, 'Catholiques et sciences au début du XIXe siècle', *Cahiers d'histoire: revue d'histoire critique* 87 (2002), http://journals.openedition.org/chrhc/1653 (date de dernière consultation le 28 octobre 2024).

–, 'Pierre-Louis Roederer et la presse sous le Directoire et le Consulat: l'opinion publique et les enjeux d'une politique éditoriale', *Annales historiques de la Révolution française* 334 (octobre-décembre 2003), http://journals.openedition.org/ahrf/867 (date de dernière consultation le 28 octobre 2024).

–, 'La société nationale des Neuf Sœurs (1790-1793): héritages et innovations d'une sociabilité littéraire et politique', dans *Réseaux et sociabilité littéraire en Révolution*, éd. Philippe Bourdin et Jean-Luc Chappey (Clermont-Ferrand, 2007), p.51-86.

–, et Maria Pia Donato, 'Voyages et mutations des savoirs: entre dynamiques scientifiques et transformations politiques, fin XVIIIe-début XIXe siècle', *Annales historiques de la Révolution française* 3:385 (2016), p.3-22.

Chappey, Jean-Luc, et Antoine Lilti, 'Les demandes de pensions des écrivains, 1780-1820', *Revue d'histoire moderne et contemporaine* 57:4 (2010), p.156-84.

Chappey, Jean-Luc, et Virginie Martin, 'A la recherche d'une "politique de traduction": traducteurs et traductions dans le projet républicain du Directoire (1795-1799)', *La Révolution française* 12 (2017), http://journals.openedition.org/lrf/1732 (date de dernière consultation le 15 octobre 2024).

Charles, Shelly, 'Traduire au XVIIIe siècle', *SVEC* 2005:10, p.133-47.

Chopelin, Paul, 'Annales religieuses, politiques et littéraires', dans *Dictionnaire des anti-Lumières et des antiphilosophes*, éd. Didier Masseau, 2 vol. (Paris, 2017), t.1, p.51-55.

Cloutier, Annie, 'Entre préjugé et pratique: Louis Sébastien Mercier, homme de lettres et journaliste', *Etudes littéraires* 40:3 (2009), p.15-28.

Compère, Marie-Madeleine, 'Les pensions à Paris (1789-1820)', *Revue du Nord* 317 (1996), p.823-35.

Cordier, Henri, 'La suppression de la Compagnie de Jésus et la mission de Peking', *T'oung Pao* 17:3 (juillet 1916), p.271-347, et 17:4-5 (octobre-décembre 1916), p.516-623.

Crignon, Claire, et Sandrine Parageau, 'Bacon et les formes de l'expérience: nouvelles lectures', *Archives de philosophie* 84:1 (2021), p.7-15.

Darcel, Jean-Louis, 'Les bibliothèques de Joseph de Maistre 1768-1821', *Revue des études maistriennes* 9 (1985), numéro thématique: *Joseph de Maistre et les livres*, éd. Jean-Louis Darcel et Richard A. Lebrun, p.7-123.

–, 'Catalogue de la bibliothèque de Joseph de Maistre', *Revue des études maistriennes* 1 (1975), p.1-92.

Daston, Lorraine, 'Enlightenment calculations', *Critical inquiry* 21:1 (automne 1994), p.182-202.

Delmont, Théodore, 'La gloire de François Bacon d'après les derniers travaux de la critique', *Revue de Lille* 10, 5e année (mai-juillet 1894), p.95-110, 154-71 et 328-36.

Delon, Michel, 'Le nom, la signature', dans *La Carmagnole des muses: l'homme de lettres et l'artiste dans la Révolution*, éd. Jean-Claude Bonnet (Paris, 1988), p.277-332.

–, 'Savoir totalisant et forme éclatée', *Dix-huitième siècle* 14 (1982), p.13-26.

Denoix, L., 'La Compagnie des Indes au XVIIIe siècle, ses activités diverses', *Revue d'histoire économique et sociale* 34:2/3 (1956), p.141-52.

Desagher, Julia, 'Les jardins de l'hôtel de Noailles au XVIIIe siècle', dans *Une Maison de plaisance au XVIIIe siècle: l'hôtel de Noailles à Saint-Germain-en-Laye*, éd. Françoise Brissard et Gabriel Wick (Paris, 2016), p.81-100.

Devaux, G., et L. Desgraves, 'Jean Rouelle à Bordeaux', *Revue historique de Bordeaux et du département de la Gironde* 24 (1975), p.183-90.

Dieckmann, Herbert, 'The influence of Francis Bacon on Diderot's *Interprétation de la* nature', *Romanic review* 34 (1er janvier 1943), p.303-30.

Dietz, Bettina, 'Introduction', *Annals of science* 73:2 (juin 2016), numéro thématique: *Translating and translation in the history of science*, p.117-21.

Duprat, Annie, 'Un réseau de libraires royalistes à Paris sous la Terreur', *Annales historiques de la Révolution française*, http://journals.openedition.org/ahrf/180 (date de dernière consultation le 22 octobre 2024).

Duveen, Denis I., et Herbert S. Klickstein, 'Alexandre-Marie Quesnay de Beaurepaire's *Mémoire et prospectus*', *The Virginia magazine of history and biography* 63:3 (juillet 1955), p.280-85.

Fattori, Maria, 'Baconiana: nuove prospective nella ricerzione e fortuna delle opera di Francis Bacon', *Rivista di storia della filosofia* 3 (2003), p.405-22.

Fauque, Danielle, 'Les écoles d'hydrographie en Bretagne au XVIIIe siècle', *Mémoires de la Société d'histoire et d'archéologie de Bretagne* 78 (2000), p.369-400.

Feyel, Gilles, 'Journal des débats (1789-1805)', dans *Dictionnaire des anti-Lumières et des antiphilosophes*, éd. Didier Masseau, 2 vol. (Paris, 2017), t.2, p.823-29.

Foucault, Michel, 'La vie des hommes infâmes', *Cahiers du chemin* 29 (1997), p.12-29; réédité dans Collectif Maurice Florence, *Archives de l'infâmie* (Paris, 2009), p.7-30.

Fressoz, Jean-Baptiste, et Fabien Lochier, 'L'agir humain sur le climat et la naissance de la climatologie historique, XVIIe-XVIIIe siècles', *Revue d'histoire moderne et contemporaine* 62:1 (2015), p.48-78.

Garncarzyk, Dimitri, 'Originaux, traductions et langue neutre: pistes pour une théorie de la traduction-relais au XVIIIe siècle', *TRANS-* 22 (2017), https://journals.openedition.org/trans/1693 (date de dernière consultation le 1er novembre 2024).

Gengembre, Gérard, 'De la révolution politique à la révolution poétique en passant par la contre-révolution, ou "le moment 1800"', *La Révolution française* 7 (2014), http://journals.openedition.org/lrf/1185 (date de dernière consultation le 1er novembre 2024).

Geoffroy, Annie, 'Louise de Keralio, traductrice, éditrice, historienne et journaliste, avant 1789', dans *Lectrices d'Ancien Régime*, éd. Isabelle Brouard-Arends (Rennes, 2003), p.103-12.

Goulemot, Jean M., 'Aventures des imaginaires de la dissidence et de la marginalité, de Jean-Jacques Rousseau à Jean-Paul Marat', *Tangence* 57 (mai 1998), p.12-22.

–, et Didier Masseau, 'Rousseau, Jean-Jacques (1712-1778), antiphilosophe', dans *Dictionnaire des anti-Lumières et des antiphilosophes*, éd. Didier Masseau, 2 vol. (Paris, 2017), t.2, p.1371-80.

Gury, Jacques, 'Le philosophe et la morue: histoire philosophique et politique de la pêche et du commerce de la morue de la Terre-Neuve', *Dix-huitième siècle* 33 (2001), p.81-100.

Halleux, Chanel de, 'La société de Fanny de Beauharnais pendant la Révolution française: réseaux et mondanité au service de l'homme de lettres', *Lumen* 35 (2016), p.95-109.

Haudrère, Philippe, 'Jalons pour une histoire des compagnies des Indes', *Revue française d'histoire d'outre-mer* 78:290 (1er trimestre 1991), p.9-27.

Heilbron, John L., 'Jean-André Deluc and the fight for Bacon around 1800', dans *Advancements of learning: essays in honour of Paolo Rossi*, éd. John L. Heilbron (Florence, 2007), p.77-100.

Hersant, Yves, 'N.d.T.', *Athanor* 10:2 (1999/2000), numéro thématique: *La Traduzione*, éd. Susan Petrelli, p.251-56 (251). Article initialement paru dans *Violence et traduction*, éd. Fabienne Durand-Bogaert (Paris, 1994).

Hopkins, David, 'Dryden as translator', *Translation and literature* 2 (1993), p.132-40.

Huet, François, 'Le chancelier Bacon et le comte Joseph de Maistre', *Nouvelles archives historiques, philosophiques et littéraires*, 1re livraison (avril 1837), p.65-94.

Huguet, Françoise, 'Les pensions et institutions privées secondaires pour garçons dans la région parisienne (1700-1940)', *Histoire de l'éducation* 90 (2001), numéro thématique: *L'Etablissement scolaire*, p.205-21.

Jardine, Lisa, '*Experientia literata* or *Novum organum*? The dilemma of Bacon's scientific method', dans *Francis Bacon's legacy of texts*, éd. William A. Sessions (New York, 1990), p.47-67.

Juratic, Sabine, 'Traduction francophone, édition scientifique et communication savante au siècle des Lumières: premiers enseignements d'une enquête en cours', dans *La Traduction comme dispositif de communication dans l'Europe moderne*, éd. Patrice Bret et Jeanne Peiffer (Paris, 2020), p.19-39.

–, et autres, 'La traduction, un objet éditorial', dans *Histoire des traductions en langue française: XVIIe et XVIIIe siècles*, éd. Yves Chevrel et autres (Lagrasse, 2014), p.187-248.

Krampl, Ulrike, 'Education et commerce à Paris à la fin de l'Ancien Régime: l'offre d'enseignements de langues modernes', *Histoire de l'éducation* 140-41 (2014), p.135-56, http://journals.openedition.org/histoire-education/2834 (date de dernière consultation le 15 octobre 2024).

Lavezzi, Elisabeth, 'Le clavecin irisé', *Revue d'histoire littéraire de la France* 2:101 (2001), p.327-39.

Lebrun, Richard A., 'Introduction: assessing Maistre's style and rhetoric', dans *The New enfant du siècle: Joseph de Maistre as a writer*, éd. Caroline Armenteros et Richard A. Lebrun (St Andrews, 2010), p.1-18.

–, 'Joseph de Maistre, Cassandra

of science', *French historical studies* 6:2 (1969), p.214-31.

Leca-Tsiomis, Marie, 'Les dictionnaires en Europe: présentation', *Dix-huitième siècle* 1:38 (2006), p.4-16.

Le Corre, Annick, 'Le grand commerce malouin', *Annales de Bretagne* 65:3 (1958), p.275-331.

Léger, Benoît, 'Vie et mort du traducteur: de l'Ancien Régime au Second Empire (1727-1857)', *TTR* 19:1 (2006), p.31-52.

Lehman, Christine, 'Les multiples facettes des cours de chimie en France au milieu du XVIIIe siècle', *Histoire de l'éducation* 130 (2011), http://journals.openedition.org/histoire-education/2336 (date de dernière consultation le 24 octobre 2024).

Le Moël, Sylvie, 'L'enjeu des langues: enseignement des langues et formation des traducteurs', dans *Histoire des traductions en langue française: XVIIe et XVIIIe siècles*, éd. Yves Chevrel et autres (Lagrasse, 2014), p.89-94.

Le Ru, Véronique, 'D'Alembert (1717-1783) et l'art de traduire', dans *Transferts linguistiques, hybridations culturelles*, éd. Céline Denat et Patrick Wotling (Reims, 2015), p.179-92.

Macherey, Pierre, 'De la philosophie à la politique: l'œuvre de Jules Barni traducteur de Kant', dans *Traduire les philosophes*, éd. Jacques Moutaux et Olivier Bloch (Paris, 2000), p.393-406.

Malherbe, Michel, 'Bacon, Diderot et l'ordre encyclopédique', *Revue de synthèse* 115 (1994), p.13-37.

–, 'Bacon, l'*Encyclopédie* et la Révolution', *Les Etudes philosophiques* 3 (juillet-septembre 1985), p.387-404.

Manzo, Silvia, 'Francis Bacon's quasi-materialism and its nineteenth-century reception (Joseph de Maistre and Karl Marx)', *Journal of early modern studies* 9:2 (2020), p.109-38.

Marin, Catherine, 'La mission française de Pékin après la suppression de la Compagnie de Jésus en 1773', *Transversalités* 3:107 (2008), p.9-28.

Martin, Alison E., 'Outward bound: women translators and scientific travel writing, 1780-1800', *Annals of science* 73:2 (juin 2016), p.157-69.

Masseau, Didier, 'Qu'est-ce que les anti-Lumières?', *Dix-huitième siècle* 1:46 (2014), p.107-23, https://www.cairn.info/revue-dix-huitieme-siecle-2014-1-page-107.htm (date de dernière consultation le 1er novembre 2024).

Michel, Olivier, 'Les artistes français et l'académie des Arcades au XVIIIe siècle', dans *Vivre et peindre à Rome au XVIIIe siècle* (Rome, 1996), p.95-107.

Monnier, Raymonde, 'Itinéraire d'un traducteur de la Révolution à la Restauration: Pierre-François Henry traducteur de James Harrington', *Annales historiques de la Révolution française* 384 (avril-juin 2016), p.3-24.

Monti, Maria Teresa, 'Le "réseau" de Spallanzani: circulation de théories, procédures et spécimens', *History and philosophy of the life sciences* 26:2 (2004), p.137-55.

Mornet, Daniel, 'Les enseignements des bibliothèques privées (1750-1780)', *Revue d'histoire littéraire de la France* 3, 17e année (1910), p.449-96.

Moutaux, Jacques, 'Présentation', dans *Traduire les philosophes*, éd. Jacques Moutaux et Olivier Bloch (Paris, 2000), p.11-18.

Negroni, Barbara de, 'Le ruban du père Castel', *Cahiers philosophiques* 1:140 (2015), p.64-66.

Nicolet, Claude, 'L'Institut des idéologues', *Mélanges de l'Ecole française de Rome: Italie et Méditérannée* 108:2 (1996), p.659-76.

Noguès, Boris, 'Les collèges de la faculté des arts de Paris au XVIIIe siècle', http://rhe.ish-lyon.cnrs.fr/colleges_facsarts/ (date de dernière consultation le 21 octobre 2024).

–, 'La maîtrise ès arts en France aux XVIIe et XVIIIe siècles: rites universitaires, épreuves scolaires et usages sociaux d'un grade', *Histoire de l'éducation*, http://journals.openedition.org/histoire-education/2069 (date de dernière consultation le 21 octobre 2024).

Owen Aldridge, Alfred, 'Le problème de la traduction au XVIIIe siècle et aujourd'hui', *Revue belge de philologie et d'histoire* 39:3 (1961), numéro thématique: *Langues et littératures modernes – Moderne taal en letterkunde*, p.747-58.

Parise, Marialuisa, 'Bacon's *idola* in vernacular translations: 1600-1900', dans *Francis Bacon on motion and power*, éd. Guido Giglioni et autres (Cham, 2016), p.273-89.

Peaucelle, Jean-Louis, 'Un "éléphant blanc" en pleine Révolution française: les grandes tables de logarithmes de Prony comme substitut au cadastre', *Gérer et comprendre* 107 (mars 2012), p.74-86.

Pellerin, Pascale, 'Bourlet, Simon-Jérôme (abbé de Vauxcelles)', dans *Dictionnaire des anti-Lumières et des antiphilosophes*, éd. Didier Masseau, 2 vol. (Paris, 2017), t.1, p.258-62.

Perrot, Marie-Clémence, 'La politique linguistique pendant la Révolution française', *Mots* 52 (septembre 1997), numéro thématique: *L'Etat linguiste*, p.158-67.

Peterschmitt, Luc, 'Bacon et la chimie: à propos de la réception de la philosophie naturelle de Francis Bacon aux XVIIe et XVIIIe siècles', *Methodos* 5 (2005), http://journals.openedition.org/methodos/385 (date de dernière consultation le 1er novembre 2024).

Pope, Peter E., 'Le Petit Nord de Saint-Malo', *Annales de Bretagne* 125:3 (2018), numéro thématique: *Saint-Malo: construction d'un pôle marchand (1500-1660)*, p.195-222.

Proust, Jacques, 'Le paradoxe du *Fils naturel*', dans *Diderot studies IV*, éd. Otis Fellows (Genève, 1963), p.209-20.

Rebotton, Jeannette, et Jean Rebotton, 'Joseph de Maistre et la découverte de l'anglais: ses premiers pas', *Revue des études maistriennes* 11 (1990), p.29-43.

Régaldo, Marc, 'La *Décade* et les philosophes du XVIIIe siècle', *Dix-huitième siècle* 2 (1970), p.113-30.

Robin, Régine, 'Franc-maçonnerie et Lumières à Semur-en-Auxois en 1789', *Revue d'histoire économique et sociale* 43:2 (1965), p.234-41.

Rosso, Corrado, 'Un philosophe oublié: La Salle', dans *Actes du huitième congrès international des Lumières, Bristol, 21-27 juillet 1991*, 2 vol. (Oxford, 1992), t.1, p.313-16; repris dans Corrado Rosso, *Aspects inédits du XVIIIe siècle, de Montesquieu à la Révolution* (Pise, 1992), p.245-52.

Rota Ghibaudi, Sylvia, et A. Lanoix, 'L'influence de Rousseau en Italie pendant la Révolution', *Annales historiques de la Révolution française*, 34e année, n° 170 (octobre-décembre 1962), p.482-96.

Sacquin, Michèle, 'Les manuscrits de Rousseau pendant la Révolution', *Revue de la BnF* 3:42 (2012), p.56-69.

Sainte-Beuve, Charles-Augustin, 'Joseph de Maistre', *Revue des deux mondes (1829-1971)*, nouvelle série, t.3, n° 3 (1er août 1843), p.331-96.

–, *Portraits littéraires*, 3 vol. (Paris, s.d.).

Sardin, Pascale, 'De la note du traducteur comme commentaire: entre texte, paratexte et prétexte', *Palimpsestes* 20 (2007), p.121-36.

Sauzeau, Thierry, 'Les filières d'apprentissage des gens de mer aux XVIIIe-XIXe siècles', *Technique & culture*, http://journals.openedition.org/tc/1393 (date de dernière consultation le 21 octobre 2024).

Serjeantson, Richard, 'Francis Bacon and "The Summe of the Bible"', *Notes and queries* (juin 2017), p.318-21.

Sgard, Jean, 'L'échelle des revenus', *Dix-huitième siècle* 14 (1982), numéro thématique: *Au tournant des Lumières: 1780-1820*, p.425-33.

Smiley, Joseph R., 'The subscribers of Grimm's *Correspondance littéraire*', *Modern language notes* 62:1 (1947), p.44-46.

Smith, Carl T., et Paul A. Van Dyke, 'Armenian footprints in Macao', *Revista de cultura* 8 (2003), p.20-39.

Sosnowski, Jean-Claude, 'L'unité de l'univers de François Ménassier, ou la Révolution française à Semur', *Bulletin de la Société des sciences historiques et naturelles de Semur-en-Auxois* 113 (2005), p.87-95.

Soulard, Delphine, 'L'œuvre des premiers traducteurs français de John Locke: Jean Le Clerc, Pierre Coste et David Mazel', *Dix-septième siècle* 4:253 (2011), p.739-62.

Tadié, Alexis, 'The language of quarrels', *Paragraph* 40:1 (2017), p.81-96.

Tautz, Birgit, 'The messy side of the Enlightenment: eighteenth-century translators, reviewers, and the traces they left behind', *The Germanic review: literature, culture, theory* 95:4 (2020), p.241-56.

Thomas, François, 'Traduction de la philosophie', dans *Histoire des traductions en langue française: XVIIe et XVIIIe siècles*, éd. Yves Chevrel et autres (Lagrasse, 2014), p.511-94.

Thuillier, Guy, 'Un aventurier philosophe: Antoine de Lasalle', *La Revue administrative* 97, 17e année (janvier/février 1964), p.21-28.

–, 'Un aventurier philosophe II: la "Méchanique morale" d'Antoine de Lassale', *La Revue administrative* 99, 17e année (mai/juin 1964), p.238-44.

–, 'Hérault de Séchelles et la théorie de l'ambition', *La Revue administrative* 50, 9e année (mars-avril 1956), p.133-39.

Tiran, André, 'Les idéologues, la *Décade philosophique politique et littéraire* et Jean-Baptiste Say', *Journal of interdisciplinary history of ideas* 9:17 (2020), p.2-57.

Vial, Charles-Eloi, 'Joseph de Maistre, le prophète fulminant', dans *Les Grandes Figures de la droite: de la Révolution française à nos jours*, éd. Jean-Christophe Buisson (Paris, 2020), p.55-70.

Vincent, Julien, '"Maudit soit le talent qui n'a pas la vertu pour compagne": l'abbé Grégoire face à la lâcheté des hommes de lettres (1789-1839)', dans *'La Modernité dure longtemps': penser les discordances des temps avec Christophe Charle*, éd. François Jarrige et Julien Vincent (Paris, 2020).

Vœtzel, René, 'L'Etre suprême pendant la Révolution française (1789-1794)', *Revue d'histoire et de philosophie religieuses*, 38e année, n° 3 (1958), p.250-72.

Ouvrages

Adam, Charles, *La Philosophie de François Bacon* (Paris, 1890).

Amiable, Louis, *Une Loge maçonnique d'avant 1789: la R∴ L∴ Les Neuf Sœurs* (Paris, 1897).

Arbour, Roméo, *Un Editeur d'œuvres littéraires au XVIIe siècle: Toussaint Du Bray (1604-1636)* (Genève, 1992).

Armenteros, Carolina, *The French idea of history: Joseph de Maistre and his heirs, 1794-1854* (Ithaca, NY, 2011).

–, et Richard A. Lebrun (éd.), *Joseph de Maistre and the legacy of Enlightenment*, SVEC 2011:01.

– (éd.), *The New enfant du siècle: Joseph de Maistre as a writer* (St Andrews, 2010).

Arnaud, A., et autres, *Biographie nouvelle des contemporains*, t.11 (Paris, 1923).

Aulard, François Alphonse, *Paris pendant la réaction thermidorienne et sous le Directoire: recueil de documents pour l'histoire de l'esprit public à Paris*, 5 vol. (Paris, 1902).

Baratay, Eric, et Elisabeth Hardouin-Fugier, *Zoos: histoire des jardins zoologiques en Occident (XVIe-XXe siècle)* (Paris, 1998).

Barbier, Antoine-Alexandre, *Dictionnaire des ouvrages anonymes*, t.4 (Paris, 1877).

Barnett, Graham Keith, *The History of public libraries in France from the Revolution to 1939* (s.l., 1973).

Barthélemy-Saint-Hilaire, Jules, *Etude sur François Bacon, suivie du rapport à l'Académie des sciences morales et politiques sur le concours ouvert pour le prix Bordin* (Paris, 1890).

Beaurepaire, Pierre-Yves (éd.), *La Communication en Europe* (Paris, 2014).

Bénichou, Paul, *Le Temps des prophètes: doctrines de l'âge romantique* (Paris, 1977).

Bensaude-Vincent, Bernadette, et Bruno Bernardi (éd.), *Rousseau et les sciences* (Paris, 2003).

Bercegol, Fabienne, et autres (éd.), *Une 'Période sans nom': les années 1780-1820 et la fabrique de l'histoire littéraire* (Paris, 2016).

Berman, Antoine, *Jacques Amyot, traducteur français* (Paris, 2012).

Bertrand, Antoine Louis, *Bibliothèque sulpicienne*, 3 vol. (Paris, 1900).

Bertrand, Gilles, *Le Grand Tour revisité* (Rome, 2008).

Bonnet, Jean-Claude (éd.), *La Carmagnole des muses: l'homme de lettres et l'artiste dans la Révolution* (Paris, 1988).

Bouillier, Francisque, *Etudes familières de psychologie et de morale* (Paris, 1884).

Bourdeau, Vincent, et autres (éd.), *Les Encyclopédismes en France à l'ère des révolutions (1789-1850)* (Besançon, 2020).

Bourdin, Philippe, et Jean-Luc Chappey (éd.), *Réseaux et sociabilité littéraire en Révolution* (Clermont-Ferrand, 2007).

Boutier, Jean, et autres (éd.), *Naples, Rome, Florence: une histoire comparée des milieux intellectuels italiens (XVIIe-XVIIIe siècles)* (Rome, 2005).

Bret, Patrice, et Jeanne Peiffer (éd.), *La Traduction comme dispositif de communication dans l'Europe moderne* (Paris, 2020).

Brière, Jean-François, *La Pêche française en Amérique du Nord* (Québec, 1990).

Brissard, Françoise, et Gabriel Wick (éd.), *Une Maison de plaisance au XVIIIe siècle: l'hôtel de Noailles à Saint-Germain-en-Laye* (Paris, 2016).

Cabanis, André, *La Presse sous le Consulat et l'Empire (1799-1814)* (Paris, 1975).

Campardon, Emile, *Les Spectacles de la foire*, 2 vol. (Paris, 1877).

Castongay-Bélanger, Joël, *Les Ecarts de l'imagination: pratiques et représentations de la science dans le roman au tournant des Lumières* (Montréal, 2008).

[Chaix d'Ange, Gustave], *Dictionnaire des familles françaises anciennes ou notables à la fin du XIXe siècle*, 20 vol. (Evreux, 1903-1929).

Chappey, Jean-Luc, *Ordres et désordres biographiques: dictionnaires, listes de noms, réputation des Lumières à Wikipédia* (Seyssel, 2013).

–, *La Révolution des sciences: 1789 ou le sacre des savants* (Paris, 2020).

Charon, Annie, et Elisabeth Parinet (éd.), *Les Ventes de livres et leurs catalogues: XVIIe-XXe siècle* (Paris, 2000).

Chastelux, Henri-Paul-César de, *Notes prises aux archives de l'état-civil de Paris, avenue Victoria, 4, brûlées le 24 mai 1871* (Paris, 1875).

Chevrel, Yves, et autres (éd.), *Histoire des traductions en langue française: XVIIe et XVIIIe siècles*, éd. Yves Chevrel et autres (Lagrasse, 2014).

Clément-Janin, Michel-Hilaire, *Les Imprimeurs et libraires dans la Côte-d'Or* (Dijon, 1883).

Compère, Marie-Madeleine, et Dominique Julia, *Les Collèges français (XVIe-XVIIIe siècles): répertoire*, 3 vol. (Paris, 1984), t.3: *Paris*.

Creighton, Douglas G., *Jacques-François Deluc of Geneva and his friendship with Jean-Jacques Rousseau* (Oxford, MS, 1982).

Dard, Emile, *Un Epicurien sous la Terreur: Hérault de Séchelles (1759-1794), d'après des documents inédits* (Paris, 1907).

Darnton, Robert, *Bohème littéraire et Révolution: le monde des livres au XVIIIe siècle* (1983; Paris, 2010).

–, *Mesmerism and the end of Enlightenment in France* (Cambridge, MA, 1986).

Delisle, Jean (éd.), *Portraits de traducteurs* (Ottawa, 1999).

– (éd.), *Portraits de traductrices* (Ottawa, 2002).

–, et Judith Woodsworth (éd.), *Les Traducteurs dans l'histoire* (Ottawa, 1995).

Del Litto, Victor, *La Vie intellectuelle de Stendhal: genèse et évolution de ses idées (1802-1821)* (Genève, 1997).

Delon, Michel (éd.), *Dictionnaire européen des Lumières* (Paris, 1997).

–, *L'Idée d'énergie au tournant des Lumières (1770-1820)* (Paris, 1988).

Derainne, Lucien, *Qu'il naisse l'observateur: penser l'observation entre 1750 et 1850* (Genève, 2022).

Dhombres, Jean, et Béatrice Didier (éd.), *L'Ecole normale de l'An III*, t.4: *Leçons d'analyse de l'entendement, art de la parole, littérature, morale* (Paris, 2008).

Dupuy, Paul (éd.), *Le Centenaire de l'Ecole normale, 1795-1895* (Paris, 1895).

Duranton, Henri (éd.), *Le Pauvre Diable: destins de l'homme de lettres au XVIIIe siècle* (Paris, 2006).

E. P. A., *Œuvres de Hérault de Séchelles: nouvelle édition, revue, corrigée et augmentée, d'après les mss. de l'auteur* (Paris, 1848).

Faguet, Emile, *Politiques et moralistes du dix-neuvième siècle*, 1re série, 3e éd. (Paris, 1891).

Fellows, Otis (éd.), *Diderot Studies IV* (Genève, 1963).

Ferrand, Nathalie, *Dans l'atelier de Jean-Jacques Rousseau* (Paris, 2022).

Filleul, Paul, *Le Duc de Montmorency Luxembourg* (Paris, 1939).

Findlen, Paula (éd.), *Empires of knowledge: scientific networks in the early modern world* (Abingdon, 2019).

Foisset, Joseph-Théophile, *M. Frantin* (Dijon, 1864).

Fonsegrive, George, *François Bacon* (Paris, 1893).

Fontaine, Laurence, *Vivre pauvre: quelques enseignements tirés de l'Europe des Lumières* (Paris, 2022).

Fransen, Sietske, et autres (éd.), *Translating early modern science* (Leyde, 2017).

Gaignard, Henri G., *Connaître Saint-Malo* (Paris, 1992).

Gaines, Richard Heyward, *Richmond's first academy, projected by M. Quesnay de Beaurepaire in 1786* (Richmond, 1892).

Gianico, Marilina, et Christine Hammann-Décoppet (éd.), *Le Geste autobiographique: écrire sa vie (XVIIe-XVIIIe siècles)* (Paris, 2021).

Giglioni, Guido, et autres, *Francis Bacon on motion and power* (Cham, 2016).

Gosselin, Jean-Edme-Auguste, *Vie de M. Emery*, 2 vol. (Paris, 1861).

Gougeaud-Arnaudeau, Simone, *Madame Helvétius, 1722-1800* (Paris, 2020).

Gourmont, Remy de, *Promenades philosophiques*, 1re série (1905; Paris, 1913).

Grafton, Anthony, *The Footnote: a curious history* (Cambridge, MA, 1999).

Guelliot, Octave, *Joseph Crussaire, dessinateur et graveur* (Largentière, 1924).

Guillevic, Catherine, *L'Impact d'une ville nouvelle dans la Bretagne du XVIIIe siècle: Lorient & la Compagnie des Indes* (Rennes, 2015).

Guillois, Antoine, *Le Salon de Madame Helvétius: Cabanis et les idéologues* (1894; Genève, 2013).

Halleux, Chanel de, 'Fanny de Beauharnais (1737-1813): une hôtesse mondaine en quête de renommée littéraire', thèse de doctorat, Université libre de Bruxelles, 2017-2018.

Hammann, Christine, *Déplaire au public: le cas Rousseau* (Paris, 2012).

Hatin, Eugène, *Bibliographie historique et critique de la presse périodique française* (Paris, 1866).

Haudrère, Philippe, *Les Compagnies des Indes orientales: trois siècles de rencontre entre Orientaux et Occidentaux* (Paris, 2006).

Heilbron, John L. (éd.), *Advancements of learning: essays in honour of Paolo Rossi* (Florence, 2007).

–, et René Sigrist (éd.), *Jean-André Deluc: historian of earth and man* (Genève, 2011).

Henriot, Marcel, *Le Club des jacobins de Semur* (Dijon, 1933).

Hillmann, Henning, *The Corsairs of Saint-Malo: network organization of a merchant elite under the Ancien Régime* (New York, 2021).

Hübner, Marita, *Jean André Deluc (1727–1817): protestantische Kultur und moderne Naturforschung* (Göttingen, 2010).

Israel, Jonathan, *Democratic Enlightenment: philosophy, revolution, and human rights, 1750-1790* (Oxford, 2011).

Jaquet, Chantal (éd.), *L'Héritage baconien au XVIIe et au XVIIIe siècles* (Paris, 2000).

Jolly, Claude, *Cabanis* (Paris, 2021).

Jovy, Ernest, *Quelques lettres de M. Emery au physicien Georges-Louis Le Sage conservées à la bibliothèque de Genève* (Paris, 1916).

Keller, Vera, et autres (éd.), *Archival afterlives* (Leyde, 2018).
Kendall, Paul Murray, *The Art of biography* (1965; New York, 1985).
Kerber, Linda K., *Federalists in dissent: imagery and ideology in Jeffersonian America* (1970; Ithaca, NY, et Londres, 1980).

Lagrave, Jean-Paul de, et autres, *Madame Helvétius et la Société d'Auteuil* (Oxford, 1999).
Lamartine, Alphonse de, *Cours familier de littérature*, t.7 (Paris, 1859).
Larbaud, Valéry, *Sous l'invocation de saint Jérôme* (Paris, 1946).
Le Blanc, Charles, et Luisa Simonutti (éd.), *Le Masque de l'écriture: philosophie et traduction de la Renaissance aux Lumières* (Genève, 2015).
Le Bozec, Christine, *La Première République, 1792-1799* (Paris, 2014).
Lefèvre, Sylvie, *Antoine de La Sale: la fabrique de l'œuvre et de l'écrivain* (Genève, 2006).
Le Meur, Cyril, *Les Moralistes français et la politique à la fin du XVIIIe siècle* (Paris, 2002).
Lilti, Antoine, *Le Monde des salons: sociabilité et mondanité à Paris au XVIIIe siècle* (Paris, 2005).
Le Livre du centenaire du Journal des débats, 1789-1889 (Paris, 1889).
Locherer, Jean-Jacques, *Hérault de Séchelles* (Paris, 1984).
Lochier, Fabien, *Le Savant et la tempête: étudier l'atmosphère et prévoir le temps au XIXe siècle* (Rennes, 2008).
Lombez, Christine (éd.), *Traduire en langue française en 1830* (Arras, 2012).

Lora, Ronald, et W. H. Longton (éd.), *The Conservative press in eighteenth- and nineteenth-century America* (Westport, CT, 1999).
Luxembourg, Lilo K., *Francis Bacon and Denis Diderot* (Copenhague, 1967).

McMahon, Darrin M., *Enemies of the Enlightenment: the French Counter-Enlightenment and the making of modernity* (Oxford, 2001).
Mandelbaum, Jonathan Renato, 'La Société philomatique de Paris de 1788 à 1835: essai d'histoire institutionnelle et de biographie collective d'une société savante parisienne', thèse de doctorat, EHESS, 1980.
Martin, Jean-Clément (éd.), *La Contre-Révolution en Europe* (Rennes, 2001).
– (éd.), *La Révolution à l'œuvre: perspectives actuelles dans l'histoire de la Révolution française* (Rennes, 2005).
Masseau, Didier (éd.), *Dictionnaire des anti-Lumières et des antiphilosophes*, 2 vol. (Paris, 2017).
–, *Les Ennemis des philosophes: l'antiphilosophie au temps des Lumières* (Paris, 2000).
Mercier-Faivre, Anne-Marie, et Chantal Thomas (éd.), *L'Invention de la catastrophe au XVIIIe siècle* (Genève, 2008).
Monglond, André, *La France révolutionnaire et impériale*, t.8 (Paris, 1930).
Montgomery, Scott L., *Science in translation: movements of knowledge through cultures and times* (Chicago, IL, 2000).

Moreau, Pierre, 'Ferdinand Denis: *Journal* (1829-1848), publié avec une introduction et des notes', thèse de doctorat, Université de Paris, 1932.

Mortier, Roland, *Le Prince d'Albanie, un aventurier au siècle des Lumières* (Paris, 2000).

Mostefai, Ourida, *Le Citoyen de Genève et la République des lettres: étude sur la controverse autour de 'La Lettre à D'Alembert' de Jean-Jacques Rousseau* (Oxford, 2003).

–, *Jean-Jacques Rousseau écrivain polémique: querelles, disputes et controverses au siècle des Lumières* (Leyde, 2016).

Moulin, Joanny, et autres (éd.), *La Vérité d'une vie: études sur la véridiction en biographie* (Paris, 2019).

Moutaux, Jacques, et Olivier Bloch (éd.), *Traduire les philosophes* (Paris, 2000).

Nadault de Buffon, Henri (éd.), *Correspondance inédite de Buffon*, 2 vol. (Paris, 1860).

Pavy-Guilbert, Elise, et Sophie Marchand, *L'Esprit de système au XVIIIe siècle* (Paris, 2017).

Pelletier, Gérard, *Rome et la Révolution française: la théologie et la politique du Saint-Siège devant la Révolution française (1789-1799)* (Rome, 2004).

Peltonen, Markku (éd.), *The Cambridge companion to Bacon* (Cambridge, 1996).

Pitaud, Bernard, *Un Prêtre sous la Révolution et l'Empire: Jacques-André Emery* (Paris, 2021).

Prampolini, Giovanni, *Giulio Nuvoletti: poeta e letterato (Scandiano, 1734-1811): la sua vita, il suo tempo, le sue opere* (Scandiano, 2005).

Pranchère, Jean-Yves, *L'Autorité contre les Lumières: la philosophie de Joseph de Maistre* (Genève, 2004).

Printed catalogues of French book auctions and sales by private treaty 1643-1830 in the library of the Grolier Club (New York, 2004).

Pym, Anthony, *Method in translation history* (Abingdon, 1998).

Renard, Athanase, *Les Philosophes et la philosophie: histoire, critique et doctrine* (Langres et Paris, 1879).

Ribière, Henri, *Essai sur l'histoire de l'imprimerie dans le département de l'Yonne et spécialement à Auxerre, suivi du catalogue des livres, brochures et pièces imprimées dans cette ville, de 1580 à 1857* (Auxerre, 1858).

Robin, Régine, *La Société française en 1789: Semur-en-Auxois* (Paris, 1970).

Roche, Daniel, *Le Peuple de Paris* (1981; Paris, 1998).

–, *Les Républicains des lettres: gens de culture et Lumières au XVIIIe siècle* (Paris, 1988).

Roman, Alain, *Saint-Malo au temps des négriers* (Paris, 2001).

Rossigneux-Méheust, Mathilde, *Vies d'hospice: vieillir et mourir en institution au XIXe siècle* (Paris, 2018).

Rosso, Corrado, *Les Tambours de Santerre: essais sur quelques éclipses des Lumières au XVIIIe siècle* (Pise, 1986).

Rota Ghibaudi, Sylvia, *La Fortuna di Rousseau in Italia, 1750-1815* (Turin, 1961).

Roth, Suzanne, *Les Aventuriers au XVIII*e *siècle* (Paris, 1980).

Roy-Marraci, Véronique, 'La *Correspondance littéraire* de Grimm et Meister de 1776 à 1789: écrire et lire un périodique des princes éclairés d'une révolution à l'autre', thèse de doctorat, Université de Tours, 1999.

Saad, Mariana, *Cabanis: comprendre l'homme pour changer le monde* (Paris, 2016).

Schwieger, Joseph, 'Der Philosoph Pierre Hyacinthe Azaïs', thèse de doctorat, Université de Bonn, 1913.

Starobinski, Jean, *Action et réaction: vie et aventures d'un couple* (Paris, 1999).

–, *Jean-Jacques Rousseau: la transparence et l'obstacle* (1971; Paris, 1995).

Steinberg, Sylvie, *Une Tache au front: la bâtardise aux XVI*e *et XVII*e *siècles* (Paris, 2016).

Stroev, Alexandre, *Les Aventuriers des Lumières* (Paris, 1997).

Svagelski, Jean, *L'Idée de compensation en France, 1750-1850* (Lyon, 1981).

Tadié, Alexis, *Francis Bacon: le continent du savoir* (Paris, 2016).

Téron aîné, *Changes et arbitrages de l'Helvétie et de Genève*, 2 vol. (Genève, 1806).

Thomas, André (éd.), *La Société philomatique de Paris et deux siècles d'histoire de la science en France* (Paris, 1990).

Van Damme, Stéphane, *Les Voyageurs du doute: l'invention d'un altermondialisme libertin (1620-1820)* (Paris, 2023).

Van Dyke, Paul A., *The Canton trade: life and enterprise on the China coast, 1700-1845* (Hong Kong, 2005).

Vaulabelle, Alfred de, *Histoire générale de Semur-en-Auxois* (Semur, 1905).

Vaysse de Villiers, Jean, *Routes de Paris au Havre, à Honfleur, Fécamp et Dieppe* (Rouen, 1840).

Venturi, Franco, *Europe des Lumières: recherches sur le 18*e *siècle*, traduit par Françoise Braudel (La Haye, 1971).

Verger, Jacques (éd.), *Le Centenaire de l'Ecole normale (1795-1865)* (Paris, 1994), https://books.openedition.org/editionsulm/1538 (date de dernière consultation le 25 octobre 2024).

Veysman, Nicolas, *Mise en scène de l'opinion publique dans la littérature des Lumières* (Paris, 2004).

Viala, Alain, *Naissance de l'écrivain* (Paris, 1985).

Viatte, Auguste, *Les Sources occultes du romantisme, illuminisme et théosophie, 1770-1820*, 2 vol. (1928; Paris, 1969).

Volpilhac-Auger, Catherine (éd.), *Jean-Jacques Rousseau traducteur de Tacite* (Saint-Etienne, 1995).

Index

Abbaye de Sainte-Geneviève, 78
Académie de Virginie, 49, 77, 86-87, 131, 280
Académie des sciences, 144
Académie des sciences, arts et belles-lettres (Dijon), 93
Académie des sciences morales et politiques, 176n, 264, 267
Académie française, 15
Accademia dei Forti, 111n
Accademia degli Aborigeni, 111n
Accademia dell'Arcadia (Académie des Arcades), 110-11
Adam, Charles, 267-69
Alborghetti, Giuseppe, 110-11
Alembert, Jean Le Rond d', 2, 13, 19, 21, 110, 179, 190n, 266
   Mélanges de littérature, d'histoire et de philosophie, 21-22, 24
   Morceaux choisis de Tacite, 22-23, 142, 148-49, 154-55, 159, 173
   traducteur, 22-24, 142, 148-49, 154-55, 159, 173
Alibert, Jean-Louis, 104, 126-30
   Physiologie des passions, 127
   Système physique et moral de la femme, 104
Amboise, Pierre, 47, 138n
L'Ami de la religion, 213
Amyot, Jacques, 5
Annales de la religion, 212, 216n
Annales maritimes, 234
Année littéraire, 12, 68
antiphilosophisme, 20, 98, 112, 114, 155, 184-85, 187-90, 192, 204, 206, 209, 212-18, 232, 242, 245, 250, 253, 258, 265-66
Antisthène, 20
Apremont, Emmanuel d', 58, 60
Aristote, 240n, 264-65
arithmétique, 62n, 88, 90
Artaud de Montor, Alexis-François, 5
Arthus-Bertrand, Claude, libraire, 231n
Artois, Charles-Philippe de France, comte d', *puis* roi de France (Charles X), 102, 115, 122
astronomie, 67-68, 70, 78, 80-82, 88, 124, 145, 159, 243, 255
athéisme, 53, 108, 193, 198, 208, 218, 223, 227, 247, 249, 251, 255, 265-66, 279
Athénée, 101
Aubert de Vitry, François Jean Philibert, 123, 126
   J. J. Rousseau à l'Assemblée nationale, 9
Audet de La Mésanguère, Gabriel Antoine Nicolas, 58, 60-61
Auger, Athanase, abbé, 102
Auxerre, 7n, 11n, 13, 73, 93, 109
Aydie, Antoine Armand d', 3
Azaïs, Hyacinthe, 101-102, 225

Bacon, Francis
   De la dignité des sciences, 16, 35-40 *passim*, 47, 133, 135, 140, 164, 172, 181, 183, 192, 195, 200, 239-44

Essais, 3, 22-23, 66, 133, 138, 155, 157, 221, 224, 236, 238-42, 247
Histoire d'Henri VII, 133, 139, 143, 156, 163, 222, 237
Histoire de la vie et de la mort, 35, 133, 153, 235-40 *passim*, 256
Histoire des vents, 35, 80n, 133, 135, 147, 156, 166, 168-69, 220, 235, 237, 258
induction baconienne, 21, 101, 161, 247-48, 265, 267
lectures publiques de, 145
matérialisme de, 247-49, 265
Nouvelle Atlantide, 4n, 133, 138, 168, 197, 221, 234-35, 239
Novum Organum, 1-2, 16-20 *passim*, 24-25, 30, 35-41 *passim*, 71n, 73, 94, 133-34, 143, 154-55, 158, 160-61, 169-73 *passim*, 180, 188, 200, 204, 214, 234-35, 240-41, 264
et la religion, 194-96, 200-201, 211-12, 214, 216, 221-23, 242-43, 247-50 *passim*, 254, 266-69
Sagesse des anciens, 35, 133, 138, 223, 239-40
style de, 14, 147, 149-52 *passim*, 155, 158, 161, 170, 259-60, 263-64
Sylva Sylvarum, 35, 47, 62-63, 71, 133-36, 138n, 140, 145n, 147-50 *passim*, 158, 161-62, 165n, 167-72 *passim*, 234-35, 237, 239, 245n, 258, 260-61
Bailly, Jean Sylvain, 87, 113-14
Banbury, le berger de, 168
Barbeyrac, Jean, 160
Barère, Bertrand, 26
Barthélémy-Saint-Hilaire, Jules, 267n, 270
Baudoin, Jean, 31, 223n, 230, 241
Bayle, Pierre, 100
Béarn, 55-58
Beauharnais, Marie-Anne-Françoise Mouchard de Chaban, *dite* Fanny de, 118-19
Beccaria, Cesare, *Traité des délits et des peines*, 33
Bellart, Nicolas-François, 104-105

Belot, Octavie, 139, 140n
Bergasse, Nicolas, 113
Berlin, 21, 188, 200, 205
Bernard, Claude, 267
Bernardin de Saint-Pierre, Jacques-Henri, 106n
Berne, 11n, 13, 273
Bernis, François Joachim de Pierre de, cardinal, 111
Berthet, Noël, préfet, 43, 121
Berthier, Jacques, chanoine, 18, 38-41, 43, 65, 116-21, 131, 182
Berthier de Gandry, Jacques, 65-66
Berthollet, Claude-Louis, 218
Bertin, Théodore Pierre, 7n, 23-25
Beyerley, John, 124-25
Bible, 189, 194n, 230, 243, 249, 254, 264
bibliophilie, 40, 229, 231
Bibliothèque britannique, 214-15
Bibliothèque de Semur-en-Auxois, 38, 116n, 182, 229
Bibliothèque nationale, 10, 34, 48, 229
Bibliothèque Sainte-Geneviève, 34, 48, 50
bibliothèques privées, 9, 14, 40, 111, 228, 245
catalogues de ventes aux enchères des, 229-32
Blavet, Jean-Louis, abbé, 28, 31
Bologne,
Specola, 79n
Bonnet, Charles, *Contemplation de la nature*, 80
Bossuet, Jacques Bénigne, 1
Bouillet, Marie-Nicolas, 157-58, 237-41, 263-64
Bouillier, Francisque, 48-51 *passim*, 55, 59, 75, 78n, 100, 102, 104n, 130, 176-77, 181
Bourlet de Vauxcelles, Simon-Jérôme, 209-10, 214
Boyer, Abel, *Dictionnaire royal françois-anglois*, 137-38
Boyle, Robert, 250
Brachet, Jean-Baptiste de, 116
Braschi-Onesti, Romoaldo, cardinal, 111

Brongniart, Alexandre, 78
Brunet, Jacques-Charles, 231-33
    Manuel du libraire et de l'amateur de livres, 231
    Nouvelles Recherches bibliographiques, 232-33
Brunswick, Charles, duc de, 207
Bruzard, Louis Maurice, 116
Buchon, Jean-Alexandre, 173, 238-39, 241n
Bucquet, Jean-Baptiste-Michel de, 143-44
Buffon, Alexandre Henri Nadault de, 185
Buffon, Georges Louis Leclerc, comte de, 13, 15, 41n, 116, 184-88n, 202, 216, 273
    Discours prononcé dans l'Académie françoise, 15n
    Histoire et théorie de la terre, 187
    Manuel du naturaliste, 275
Buisson, François, imprimeur-libraire, 32
Bureau de l'envoi des lois, 118
Bureau des beaux-arts, 43, 121
Bureau du cadastre, 89
Burke, Edmund, 113
Byron, George Gordon Noel, 110

Cabanis, Pierre Jean Georges, 102-104, 106n, 126, 218, 225, 258
    Rapports du physique et du moral de l'homme, 225
Cadix, 69, 72, 109
Caffarelli du Falga, Louis-Marie, 106, 172
Cagnoli, Antonio, 89
Calabre, Jean de, 48
Calandrelli, Giuseppe, 110
Callet, François, 88n-89
Camus, Charles Etienne Louis, *Traité des forces mouvantes*, 80
Candole, Augustin-Pyrame de, 85
Cap de Bonne-Espérance, 72
Cap-Français, 68-69
Casanova, Giacomo Girolamo, 98
Cassini de Thury, César François, 80, 81n
Castel, Louis-Bertrand, abbé, 94n

catholicisme, 210, 222-23, 226, 242-44, 250-52, 255, 261-63, 266, 269, 271
causes finales, 49, 201-202, 214, 247-48
causes physiques, 168, 171, 215, 247
Causse, Jacques, imprimeur, 40
Causse, Pierre, imprimeur, 39
Chambaud, Lewis, *Dictionnaire françoîs et anglois*, 137
Chaptal, Jean-Antoine, 42-45, 85, 120-21, 182
Chateaubriand, François-René de, 124
Chéron de Boismorand, Claude Jean, 99
Chevignard de La Pallue, Antoine-Théodore, *Nouveau Spectacle de la nature*, 223n
Chine, 63, 68, 70, 72, 74-75, 77, 98
    Canton, 73
    Macao, 73
Chodron, Claude François, notaire, 56, 273-74, 276-77
La Clef du cabinet des souverains, 91, 202n, 203n, 215
Clément XIV, pape, 74
Collège royal, 8, 77, 108
Collegio Romano, 110-11
comité d'Instruction publique, 27, 30-31, 79, 106, 120, 121n
Compagnie des Indes orientales, 70n, 76
compensations, théorie des, 99-102, 114, 115n, 117, 176n, 225
Comte, Auguste, 267
Condillac, Etienne Bonnot de, 258
    L'Art de raisonner, 278
Condorcet, Jean-Antoine-Nicolas de Caritat, marquis de, 87, 103, 113, 266
Constant, Benjamin, 278
Constitution de 1791, 9, 10n, 113
Constitution de 1795, 278
Convention nationale, 26-28, 39, 79, 106n, 121n, 178, 265-66, 268
Coquelin, Charles, 241
Cordonnier, Hyacinthe, *dit* Thémiseul de Saint-Hyacinthe, 99
Correspondance littéraire, 12, 18

cosmographie, 90
Cotte, Louis, 41n, 92, 168, 205n, 216
  Mémoires sur la météorologie, 80
Le Courrier des spectacles, 41n, 107n, 216-17n
Crussaire, François-Joseph, 117-19, 124, 275, 277

Danjou, Jacquin Jean, 70
Daquin, Joseph, 80n
Darcy, Patrice, *dit* chevalier d'Arcy, 3
Daubenton, Louis Jean-Marie d'Aubenton, *dit*, 87
Daunou, Pierre-Claude-François, 122
Décade philosophique, 27-28, 41-42, 217
Decken, Juliane Philippine de, 206
Delasalle, Antoine, *voir* Lasalle, Antoine
Deleyre, Alexandre, 13-14, 19, 27, 28n, 210, 243, 266-68
  Analyse de la philosophie du chancelier François Bacon, 3, 14, 20-23, 29, 141, 202n, 217n, 230-31, 237
Delille, Jacques, abbé, 27
Delmont, Théodore, abbé, 269-70
Denis, Ferdinand, 48, 50, 54, 70, 77, 96, 177
Denis, Joseph-André, 29-30, 36-37, 48, 88, 109, 140
Denné, Philippe, libraire, 32-33
Dennie, Joseph, 207-208
Desbordes, Constant, 131
Desbordes-Valmore, Marceline, 130-31
Descartes, René, 177, 181, 255, 278
  Discours de la méthode, 240
Desenne, Victor, imprimeur-libraire, 102
Desfontaines, Pierre-François Guyot, abbé, 160
Desforges, Jacques, abbé,
  élixir antispasmodique, 94
  voiture volante, 94
Des Laurents, Eléonore Pulchérie, 61, 74
Destutt de Tracy, Antoine Louis Claude, 225, 235-36
Détroit de la Sonde, 73
Dictionnaire de l'Académie française, 255

Diderot, Denis, 1-3, 13-14, 18, 20, 23, 25, 54, 94n, 160, 218, 228, 265, 268
  De l'interprétation de la nature, 18-19
Dieterich, Johann Christian, libraire, 207
Dijon, 39-40, 43, 45, 90n, 116, 227, 267
Drebbel, Cornelis, 81, 145
droits de l'homme, 197
Dryden, John, 5
Du Bray, Toussaint, 31
Du Faÿ de La Tour-Maubourg, Louise-Madeleine, 59
Dumont de Sainte-Croix, Charles-Henri-Frédéric, 29-30, 33-37, 54, 79, 88-89, 117-19, 133, 135, 140, 179-80, 275
Dureau de La Malle, Jean-Baptiste, 28
Dutens, Louis, *Le Tocsin*, 9, 112

Ecole de médecine, 144
Ecole normale, 27, 146, 253
Emery, Jacques-André, abbé, 211-14, 227, 243, 249, 264, 266, 269-70
  Christianisme de Bacon, 211, 215-16, 219, 242, 252
  Pensées de Leibniz, 213
Encyclopédie, 1-4, 14, 17, 20n, 42, 52, 93n, 188-90, 199-200, 208, 211-14, 218, 227-28, 244, 254, 262-63, 268-70
  'Baconisme, ou philosophie de Bacon', 2
  'Clavecin oculaire', 94n
  'Discours préliminaire des éditeurs', 2
  'Encyclopédie', 2
  'Néologisme', 149
  'Prospectus de l'*Encyclopédie*', 2
Encyclopédie françoise, latine et angloise, 137
Encyclopédie méthodique (*voir aussi* Naigeon, Jacques-André), 20n, 23n, 39, 202
Eon de Beaumont, Charles d', 124
Esménard, Jean-Baptiste, 210n
Esope, 31
L'Esprit des journaux français et étrangers, 97n, 99n, 110n

expériences
- horticoles, 63, 136, 262
- sur la bouteille de Leyde, 82
- sur la décrépitation du salpêtre, 145
- sur l'électricité, 82-83, 277
- sur la fiabilité des thermomètres, 81
- sur le galvanisme, 277
- sur la génération, 96
- sur le mercure, 162
- sur la propagation du son, 64, 80, 136
- sur le sang humain, 83
- sur le vide, 83

Fénelon, François de Salignac de La Mothe, *Les Aventures de Télémaque*, 39
Féraud, Jean-François, *Dictionnaire critique de la langue française*, 149
Féroux, Christophe-Léon, abbé, 109
Ferrara, Francesco, 80n
Fischer, Kuno, 267
foire de Leipzig, 207
foire Saint-Germain, 99
Fonsegrive, Georges, 266-70
Fontenelle, Bernard Le Bovier de, *Histoire des oracles*, 136
Forbin, Claude de, 80n
formes de gouvernement, 196
- empire, 28n, 123, 177n, 211n, 213n, 241
- monarchie, 66, 113-14, 117n, 123, 245
- république, 51, 87, 114, 117, 198, 265
Formey, Jean Henri Samuel, 100
Fougeret de Monbron, Louis-Charles, 98
Frantin, Louis-Nicolas, imprimeur, 38-40, 43, 45, 51, 92, 167, 227-28, 231n, 233, 242
Fresnais, Pierre-Joseph, 40
Frosini, Antonio Maria, cardinal, 111
Fulton, Robert, 234

Galilée, 255
Galitzine, Dimitri, 188n
Garat, Dominique Joseph, 4, 12-15, 19, 41n, 102, 104, 106, 122, 145, 161, 172, 184n, 216-18, 253
Mémoires historiques sur le XVIIIe siècle et sur M. Suard, 217
Gassendi, Pierre, 172
Gazette nationale, 27n, 41, 202n-203n
Gence, Jean-Baptiste Modeste, 7n-10, 12-13, 17, 25-30 *passim*, 34-35, 38, 42, 45, 50-51, 54, 59-60, 68-69, 75, 80, 88, 96n, 97-105 *passim*, 108-12, 115-18, 124-28 *passim*, 131, 168-69, 177-78, 183, 228, 277-79
Genlis, Caroline-Stéphanie-Félicité du Crest, comtesse de, 5
Gentili, Robert, 135
Geoffroy Saint-Hilaire, Isidore, 234-35
George III, roi de Grande-Bretagne et d'Irlande, 205
Gérando, Joseph-Marie de, 107, 172
Histoire comparée des systèmes de philosophie, 225
Gerdil, Giacinto Sigismondo, cardinal, 111
Gibraltar, 69, 72
Girardin, Emile de, *Panthéon littéraire*, 173, 238
Le Globe, 130
Golefer, Gilbert de, 37, 47, 140, 165
Gorée, 67
Göttingen
- Société royale des sciences de, 208
- Université de, 187, 205
Göttingische Anzeigen von gelehrten Sachen, 208
Grand-Tour, 78
Grégoire, Henri, abbé, 26, 28-29, 64-65, 78, 89, 95, 104, 117, 120, 122, 216, 218n
Traité de l'uniformité et de l'amélioration de la liturgie, 216
Grille, François-Joseph, 121n
Gruter, Jacob, 136, 138n, 162
Gueneau de Montbeillard, Philippe, 116-17
Guillaumin, Gilbert, 241
Guiraudet, Charles-Philippe-Toussaint, 43, 121
Guyot, Edme-Gilles, 90

Hanovre, 205-207n, 209
Harlay, Louise Madeleine de, 57
harmonie générale de l'univers, 62, 100
Harwood, Edward, 125
Helvent de Villegris, Claude, 68
Helvétius, Anne-Catherine de Ligniville, Mme, 104, 118
Helvétius, Claude Adrien, 184
Hérault de Séchelles, Marie Jean, 26, 28, 36-37, 64, 102, 104-109, 113, 120, 126n, 178, 196
  Codicille politique et pratique d'un jeune habitant d'Epône, 105
  Théorie de l'ambition, 10, 225n
Héricart de Thury, Louis-Etienne, 85
histoire naturelle, 32, 79n, 86, 146, 199, 235, 237, 277
Hoefer, Jean Chrétien, 50
Holbach, Paul Thiry d', 19
Hôpital Saint-Louis, 51, 126-31 *passim*
Hospice des ménages, 123
Hôtel-Dieu, 131, 276
Hôtel du Nord, 126, 131, 274
Hôtel Notre-Dame, 118, 124, 126, 129
Hôtel Saint-Claude, 126
Hôtel Saint-Quentin, 126
Hue, Jean-François, 124
Huet, François, 159, 261-64
Humboldt, Alexandre von, 204
Hume, David, *Histoire d'Angleterre*, 139-40
Huygens, Christian, 100

Imprimerie nationale, 30
Inde, 72, 81
Institut national des sciences et des arts, classe des sciences morales, 46, 104, 106-107, 172, 225
Italie, 9, 25, 51, 77, 79-80, 96, 98-99, 108-11, 115, 120, 124n; *voir aussi* Rome

Jacobins, 85, 112, 114, 116-17, 188, 251, 275n
Janvier, Antide, 124
Jardin royal (Jardin des plantes), 144
jargon, 147-48, 154

Java, 72-73
Johnson, Samuel, *Dictionary of the English language*, 137
Joly, Antoine-Nicolas, 116-17
Journal des débats, 130, 211, 213-14
Journal encyclopédique, 18-19, 25, 234n
Journal étranger, 14
Journal de la langue française, 17
Journal de Paris, 12-13, 168, 185, 214-18
Journal de physique, 204
Journal politique de l'Aube, 130
Journal des sçavants, 14
Journal typographique, 42
Junot, Jean-Andoche, 123n
Jurieu, Pierre, 243
Jussieu, Antoine-Laurent de, 87
Jutet, Fiacre, notaire, 31-32

Keralio, Louise de, 5

La Caille, Nicolas-Louis de, 80
Lacépède, Bernard-Germain de, 87
La Chapelle, Jean-Baptiste de, abbé, *Institutions de géométrie*, 80
Lacombe, Jacques, 90
Lafayette, Gilbert du Motier, marquis de, 114
Lagasse, Henri, 210n
Lagrange, Joseph-Louis, 113, 218
Lahire, Philippe de, 81n, 92
Lakanal, Joseph, 26-28, 266, 268
Lalande, Joseph Jérôme Lefrançois de, 78, 86-87, 104
Lalevée, Nicolas, 44
La Sale, Antoine de, 47
Lasalle, Antoine
  affection hypochondriaque, 182
  'l'Anaxagore moderne', 49, 279-80
  'le Bacon français', 17, 161, 172
  La Balance naturelle, 14-15, 28, 48-49, 66, 70, 96, 100, 102, 104-107, 109, 111, 114, 129, 160, 175, 177, 180, 184, 232
  bâtardise, 58-59
  Le Désordre régulier, 11-14, 17, 21, 39, 49, 61, 95, 100, 102, 105, 106n, 129, 141, 152, 160, 168, 176, 178-79, 183-84, 186, 228, 232

'le Diogène du Luxembourg', 49, 131, 280
formation, 7-8, 60-61, 66-68, 75-77, 80
illumination, 177
induction antonine (*ou* ondulation intellectuelle), 25, 101, 161
malle d'effets personnels, 36-37, 125, 179, 274-77
marginalité, 182-83
Méchanique morale, 10n, 16-19, 24-25, 49, 51n, 62, 71n, 77n, 91, 94, 101, 105-18 *passim*, 161, 176, 278
méridienne à coup de canon, 95
Nouvelles Récréations mathématiques, 89-91, 226
opinions politiques, 6, 26, 53, 105, 108-109, 113-14, 116, 122-23, 192-93, 196-98, 216, 219, 257, 278
L'Ordre irrégulier, 50n, 77n, 97, 116n, 119, 143, 158n
paranoïa, 95, 175, 182
'le pauvre Pierre', 127-31, 280
pauvreté, 21, 30-31, 42, 45, 54, 96, 117, 124-26, 129-31, 183, 186, 276, 280
philosophie de plein air, 104, 126-27, 146
Règle universelle pour la recherche des causes, 49
religion, 105, 108, 112, 194-96, 219, 221-23, 254, 257, 278-79
réveil-matin philosophique, 95
serinette, 95
Sur les hivers mémorables, 92, 167
surdité, 64-65, 78-79, 182
théorie du bonheur, 108, 179, 181, 278
latin, 8-9, 11, 40, 60-61, 78, 135-39, 142, 146, 148-50, 154, 156, 162, 173, 188, 190-98 *passim*, 214, 223n, 230-31, 235, 238-40, 245-51 *passim*, 261-62, 265
La Ville-Collet, Jean-Baptiste Nicolas de, 69
Lavoisier, Antoine Laurent de, 86
Lefèvre, Louis, père jésuite, 74-75

Leibniz, Gottfried Wilhelm, 205, 211, 213, 216, 249
Théodicée, 240
Lelorgne de Savigny, Marie Jules César, 85
Lenoir de La Roche, Jean-Jacques, 122
Le Normant, abbé, *Réfutation de l'ouvrage intitulé: Christianisme de François Bacon*, 242-43
Le Sage, Georges-Louis, 165, 188n, 212n, 214-15, 219, 238, 251, 265
Lescar, Marie de, 55
Le Tourneur, Pierre-Prime-Félicien, 140, 159-60, 172, 178
Ligeret, Jean-François, 116
Linné, Carl von, 85, 146-47
Locke, John, 250
logarithmes, 88-89, 91, 278
Loge de la Bonne Foi, 117
Loge des Neuf-Sœurs, 104, 118
Londres, 8, 124, 187, 205, 218, 222, 232, 238
Lorient, 68, 70, 76
Lorquet, Alfred, 239-41
Louis XIV, roi de France, 65
Louis XV, roi de France, 123
Louis XVI, roi de France, 59, 63, 123
Louis XVIII, roi de France, 119n, 122
Louis-le-Grand, lycée, 64, 78
Luc, André de, 4, 25, 62n, 108, 174n, 176, 186-216n, 218-27 *passim*, 231-33, 236, 238, 243, 246, 250-58 *passim*, 262, 265, 269, 277, 279
Bacon tel qu'il est, 188-89, 196, 199-201, 205-208, 210-11, 214, 219, 225, 231-32, 243, 252, 255-56
lecteur de la reine Charlotte, 187
Lettres au pasteur Teller, 189n, 199-200, 207
Lettres physiques et morales sur l'histoire de la terre et de l'homme, 187-88
membre de sociétés savantes, 174, 187, 205

Précis de la philosophie de Bacon, 199-200, 202, 214-15, 232, 252, 269
professeur de philosophie et de géologie, 205
Traité élémentaire sur le fluide électrico-galvanique, 224n
Luc, Jacques François de, horloger
amitié avec Rousseau, 187
Lettre critique sur la Fable des abeilles, 187
Observations sur les savants incrédules, 187
Lumières, les, 20, 97-98, 187, 244-46, 250, 253, 262, 268, 271

Macquer, Pierre Joseph, 143-44
Magasin encyclopédique, 38-39, 41
magnétisme, 101, 116n
Magon, Jean-Baptiste, 70
Maistre, Joseph de, 3-4, 159, 223n, 227, 245, 247-71, 279
 Examen de la philosophie de Bacon, 243-44, 246
 Les Soirées de Saint-Pétersbourg, 246
 traducteur de Bacon, 247
Malesherbes, Chrétien Guillaume de Lamoignon de, 33, 177
Mallet, David, *Vie de Bacon*, 23-24
Mandeville, Bernard, *La Fable des abeilles*, 187
Mansut, Nicolas-François, libraire, 126, 277
Manuel de philosophie à l'usage des collèges, 241
Manzoni, Alessandro, *Les Fiancés*, 47
Maraldi, Jacques Philippe, 81
Marat, Jean-Paul, 116, 183n
Margerie, Amédée de, 243n, 244, 251, 267, 269
Marivaux, Pierre Carlet de Chamblain de, 183n
Marseille, 25, 68-69, 80, 110, 116
Mary du Moulin, M., 47
Massa, Ruffin-Castus, 107
matérialisme, 193, 208-209, 224, 247-49, 251, 265
Mathieu de Mirampal, Jean-Baptiste Charles, 107
Maugars, André, 37, 140, 230

Maupin, M., agronome, *L'Art de la vigne*, 80
Maury, Jean-Sifrein, abbé, 113
Meister, Jacques-Henri, 12
Menassier, François, 46, 116, 229
Mercier, Louis-Sébastien, 102, 104, 122, 178, 273, 279-80
Mercure de France, 209, 211n
Mérigon de Montgéry, Jacques-Philippe, 233-34
Mersenne, Marin, abbé, 165
Meslé de Grandclos, Pierre-Jacques, 66
météores, 80, 168, 224n
météorologie, 80, 88, 168, 186, 223, 233, 253, 261
 observations, 162, 175, 220, 253, 277
 prévisions, 92-94, 167
Métra, Louis-François, 206-207
 Correspondance littéraire secrète, 207n
Millin de Grandmaison, Aubin-Louis, 38, 85
Milton, John, 105
Mirabeau, Honoré Gabriel Riqueti de, 9, 103, 114
Monge, Gaspard, 218
Montaigne, Michel de, 95, 235, 239n
Montmorency-Bours, Alexandre Joseph de, 55-59, 64
Montmorency-Bours, Daniel de, 55
Montmorency-Luxembourg, Anne-Charles-Sigismond de, 58
Montmorency-Luxembourg, Anne Christian de, 119
Montmorency-Luxembourg, Charles II Frédéric de, 178
Montmorency-Luxembourg, Charles-François-Christian de, 7, 21, 56-61 *passim*, 63, 65
Montmorency-Luxembourg, Christian-Louis de, 57
Montucla, Jean-Etienne, 87, 90
Morellet, André, abbé, 32-34
Moseley, Humphrey, 135
Mounier, Jean-Joseph, 113
Mutin, Jean, 213

Naigeon, Jacques-André (*voir aussi Encyclopédie méthodique*), 20, 23, 202, 265

Napoléon Ier, empereur des Français, 123n
Narcisse, Ignace, marchand arménien, 75
Necker, Jacques, 114
Née de La Rochelle, Jean-François, 230
néologisme, 148-53
Neufchâteau, Nicolas-François de, 39, 43, 121
Newton, Isaac, 83, 205, 250, 255
 gravitation universelle, 100
 Traité d'optique, 80
Nicolle, Victor-Jean, 115, 117-18
Nollet, Jean Antoine, *Leçons de physique expérimentale*, 80
Le Nouvelliste littéraire, 212
Nuvoletti, Giulio, abbé, 9, 25, 111-12, 115, 179
 Campana a martello, 9, 10n, 112
 Dialoghi dei vivi, 10, 113-15
 Gian Giacomo Rousseau all' Assemblea nazionale, 10, 112, 179n
 'Somma dei delitti dal principio della Rivoluzione Francese fino alla morte del Re', 115

Observatoire Caetani (Rome), 82
Observatoire de Paris, 81
Observatoire du Collegio Romano, 110-11
Offray de La Mettrie, Julien, *L'Homme machine*, 187
Omptéda, Christian Friedrich Wilhelm von, 205
Orlandi, Pietro, 110
Ovide, 179n, 230
Ozanam, Jacques, 90

Panckoucke, Charles-Joseph, 210n
pantographe, 97
Pape, M. de, médecin du prince de Waldeck, 188, 205-207
Paris, 10, 25-26, 30, 33-35, 38, 40, 43, 45, 54-56, 60, 65, 68-70, 76-81, 84, 86-87, 89, 99, 113, 116-19, 121, 124-26, 188, 228, 237-38, 273-76, 279, 280
 Picpus, 59-60
 rue des Cordiers, 126
 rue de l'Estrapade, 126
 rue de la Harpe, 118, 124, 126, 129
 rue Saint-Jacques, 126, 273, 276-77
 Saint-Germain l'Auxerrois, paroisse de, 54-55, 124, 126
Pastoret, Claude Emmanuel Joseph Pierre de, 122
Pech, Paul, abbé, 109, 112
Peignot, Gabriel, 92
pensions d'éducation, 8
 enseignement, 60-61
 pension Audet, 58, 60-61
 pension Cloutier, 60
 pension Colin, 60
 pension Lottin, 60
 pension Watrin, 60
Pestré, Jean, 2
physionotrace, 51, 97
physique, 62, 71, 75, 78-80, 82-83, 90, 134, 143, 152, 158-59, 187, 197, 199, 212, 214-15, 233, 237, 247-48, 252, 254, 261, 263, 277, 279
Picpus, collège de, 59-60
Pie VI, pape, 111-12
Platon, 19, 278
Poisson, Siméon Denis, 85
poissons volants, 145
Pologne, 54-57, 110
The Port folio, 208, 210
Portugal, 71, 73
positivisme, 265
Prévost, Antoine-François, abbé, 14
Prévost, Pierre, physicien, 107
prosopographe (*voir* pantographe)
protestantisme, 9, 160, 222, 243, 250-51, 254, 258, 262
Pyron Du Martre, Antoine, *Nouveau Dictionnaire françois et anglois*, 137

Quatre-Nations, collège des (collège Mazarin), 7, 60n
Quesnay de Beaurepaire, Alexandre-Marie, 86-87

Rabaut Saint-Etienne, Jean-Paul, 113
Radcliffe, Ann, *L'Italien, ou le Confessionnal des pénitents noirs*, 32
Raguet, Gilles Bernard, abbé, 230
Rawley, William, 194n, 235, 238
Raynal, Guillaume, abbé, 14

Réaumur, René Antoine Ferchault de, 92
Rémusat, Charles de, 264-68 *passim*
Renard, Athanase, 261, 265-66
Renouard, Antoine-Augustin, 38-40, 45, 51, 92n, 145, 202n, 228
   Catalogue de la bibliothèque d'un amateur, 40, 231n, 232
République des lettres, 174-75, 222
Reuillon de Braint, Claude, 116-17
Révélation, 190, 201, 214, 254
Révolution française, 4, 9, 11, 26, 32-33, 48-49, 54, 60, 79, 84, 86, 90, 108-109, 111, 113-16, 117n, 120, 122n, 127, 142, 144, 178, 196, 205, 211, 217, 225, 243-45, 251, 254, 264, 271
   émigration sous la, 26, 110-11, 116
   influence en Italie, 111, 115
   Terreur, 10n, 26, 29, 58, 81, 217
Riaux, Francis Marie, 240-41, 264
Riccoboni, Marie-Jeanne, 5
Riche de Prony, Gaspard-Clair-François-Marie, 20n, 89
Richelieu, Armand Emmanuel du Plessis de Chinon, duc de, 122
Robertson, William, 140
   Histoire de l'Amérique, 32
Robespierre, Maximilien Marie Isidore de, 26, 78n, 116
Robinet, Jean-Baptiste, 100
Roche, Regina Maria, *Les Enfants de l'abbaye*, 32
Rocolet, Pierre, libraire, 31
Roederer, Pierre-Louis, 217-18
Roguet, Christophe Michel, 241-42
Rome, 9, 10n, 25, 78, 79n, 82n, 109-12, 115-18, 125
Rouelle, Guillaume-François, 86, 144
Rouelle, Hilaire-Martin, 144
Rouelle, Jean, 86,
Rousseau, Jean-Jacques, 9-10, 13-14, 19, 58, 74, 112, 116, 123, 126, 177-82, 185-90 *passim*, 244
   Les Confessions, 177-78
   Emile, ou De l'éducation, 178, 275
   La Nouvelle Héloïse, 178
Roussel, Pierre, 104
Royal Academy, 174

Royal Literary Fund, 124-25
Royal Society (Dublin), 205
Royal Society (Londres), 187, 205, 218

Sainte-Beuve, Charles-Augustin, 244
Saint-Domingue, 67-69, 72
   grand scarabée lumineux, 72, 79n
Saint-Germain-en-Laye, 62-63
   Hôtel de Noailles,
   arbre creux (fabrique), 62-63
Saint-Malo, 66-69, 70, 75-77
   école d'hydrographie de, 8, 66, 76, 79
Saint-Martin, Louis-Claude de, 49, 214n
Salgues, Jacques-Barthélémy, 105
Salle, Jean-Baptiste, 10
Say, Jean-Baptiste, 217n
Scarpellini, Feliciano, 82, 110
science amusante, 90-91
Seconde Restauration, 4
Semur-en-Auxois, 26, 29, 36, 42-44, 46, 65, 81, 84, 89, 91, 109, 116-21, 126, 145, 151, 182, 232, 275-76
   Bibliothèque municipale, 38, 116n, 182, 229
Sénac de Meilhan, Gabriel, 3, 108
Shakespeare, William, 140, 270
Shaw, Peter, 135n, 195-96
Sheridan, Richard Brinsley, 23
Sieyès, Emmanuel-Joseph, abbé, 9, 103, 113
Silvestre, Augustin-François-Edouard de, 20, 42, 78, 85n, 102, 109, 117, 122, 124
Smith, Adam, 28, 31, 140
Socrate, 19, 20, 122, 179n, 278
Société de minéralogie (Iéna), 205
Société philomathique de Paris, 20, 49, 78, 81, 83-85, 87-89, 109-10, 122, 126, 131
Société royale de médecine, 110
Société des scrutateurs de la nature (Berlin), 187n, 205
Sonde, détroit de la, 73
Sorbonne, la, 56, 126, 273
Spallanzani, Lazzaro, 80, 96, 111
sténographie, 23

Sterne, Laurence, *Le Voyage sentimental*, 40
Stewart, Dugald, 239
stoïcisme, 127-28, 130
Suard, Jean-Baptiste-Antoine, 13, 217, 230
Suisse, 77, 98, 108-109, 179, 186, 275
Sumatra, 73
syllogisme, 171, 248

tachygraphie, 95, 278
Tacite, 22, 28
Talleyrand-Périgord, Charles-Maurice de, 113
Targa, François, libraire, 31
Tasse, Torquato Tasso, *dit* le, 31
Tenon, Jacques, 86
Terre-Neuve, 67, 69, 71-72, 77, 82, 98
  pêche à la morue, 68
théophilanthropie, 210
Thermidor (9 thermidor an II), 116
Thouin, André, 86
Tittel, August, 5
Toaldo, Giuseppe, 80, 92, 168
trigonométrie, 88n, 89
Turin, 115, 122

vaisseaux
  L'Américain, 69-70, 72, 76n
  Le Grand Saint-Pierre, 68-71 *passim*, 76, 109
  Le Superbe, 64, 70, 73-74, 76
Vallot, Jacques-Nicolas, 90n, 93
Van Swinden, Jan Hendrick, 92

Vauzelles, Jean-Baptiste de, 201n, 236-37, 239-41, 264
  Histoire de la vie et des ouvrages de Bacon, 236, 240
Versini, Suzanne (veuve Frantin), 227-28
Vicq d'Azir, Félix, 87, 110
Villenave, Mathieu Guillaume de, 60, 68
Virgile, 152, 230
Vlacq, Adriaan, 88n
Voland, Sophie, 18n
Volney, Constantin-François Chassebœuf de La Giraudais, *dit*, 102, 104, 218
Voltaire, François Marie Arouet, *dit*, 4, 9, 14, 112, 190n, 244, 268
  Dictionnaire philosophique, 250
  Lettres philosophiques, 1
Volland, Calixte, libraire, 217n, 231n

Walferdin, François-Hippolyte, 228
Warszicki, Agnès-Emérentienne de, 55
Wetstein, Henri, imprimeur, 40
Williams, David, 124
Wolfe, Betje, 5

Young, Arthur, *Voyages en France*, 85n
Young, Edward, 23, 140, 172
  Les Nuits, 159-60

Zannovich, Stiépan, 99
Zénon, 127-28